QRMS 译丛

装备科技译著出版基金

风险性可靠性维修性分析中的多准则及多目标决策模型

Multicriteria and Multiobjective Models for Risk, Reliability and Maintenance Decision Analysis

[巴西] 阿迪尔·特谢拉·德·阿尔梅达

[巴西] 克里斯蒂亚诺·亚历山大·维尔吉尼奥·卡瓦尔坎特

[巴西] 马塞洛·哈津·阿伦卡尔

[巴西] 罗德里戈·何塞·皮雷斯·费雷拉　　　　著

[巴西] 阿迪尔·特谢拉·德·阿尔梅达·弗赫

[巴西] 塔莱斯·维特里·加塞兹

郭虎生　游藩　译

祝玉林　审校

国防工业出版社

·北京·

著作权合同登记　图字:军-2019-023 号

图书在版编目(CIP)数据

风险性可靠性维修性分析中的多准则及多目标决策模
型/(巴西)阿迪尔·特谢拉·德·阿尔梅达等著;郭
虎生,游藩译. —北京:国防工业出版社,2020.10
书名原文:Multicriteria and Multiobjective
Models for Risk, Reliability and Maintenance
Decision Analysis
ISBN 978-7-118-12112-4

Ⅰ.①风…　Ⅱ.①阿…　②郭…　③游…　Ⅲ.①装备保
障-决策模型　Ⅳ.①E145.6

中国版本图书馆 CIP 数据核字(2020)第 127187 号

※

国防工业出版社出版发行
(北京市海淀区紫竹院南路 23 号　邮政编码 100048)
三河市腾飞印务有限公司印刷
新华书店经售
*
开本 710×1000　1/16　印张 21¾　字数 385 千字
2020 年 10 月第 1 版第 1 次印刷　印数 1—2000 册　定价 96.00 元

(本书如有印装错误,我社负责调换)

国防书店:(010)88540777　　书店传真:(010)88540776
发行业务:(010)88540717　　发行传真:(010)88540762

译 者 序

　　本书是国外在可靠性维修性保障性领域的最新发展研究成果,内容包括多目标及多准则决策理论、多目标及多准则决策技术在风险性、可靠性和维修性决策中的具体应用,围绕风险性、可靠性和维修性相关内容建立不同的组织化决策流程,给出了构建合适模型的框架,并且介绍了解决多目标多准则决策问题常用方法的案例。本书理论性与实践性结合紧密,提出的决策理论和建立的多目标决策模型有助于提高和细化维修中决策手段、有效性准则和逻辑决断,实用性强,对我国武器装备建设、提高装备保障效费比具有重要意义。

　　在翻译过程中,译者深深为本书的丰富内容和作者的严谨治学所感动。因此,也尽可能按照作者的写作标准完成翻译工作。为确保译文的准确性和专业性,我们将译稿多次发送给国内从事决策研究和可靠性理论研究的专家审阅,希望他们能对关键问题的翻译提出专业水准的意见。

　　译稿分工如下:郭虎生(第1、3章及附录),韩月晨(第2章),游藩(第4章),向阳奎(第5、6章),丁闯(第7、8章),孟波(第9、10章),肖斌(第11、12章),祝玉林(审校、编辑排版工作)。在此对相关人员一并致谢,同时感谢国防工业出版社编辑们极为严谨、辛苦的劳作。

　　因水平有限,译文中难免有翻译不当乃至错误之处,敬请读者批评指正。

译者

2020 年 1 月

序

    任何组织为了获得战略成功都希望有一套成熟组织化的决策流程为依托。毕竟,任何决策都与技术风险、可靠性和维修性息息相关。总的来说,好的决策可避免对人身和环境的潜在威胁,同样也影响组织的战略发展。对于某一系统来说,这些因素都可以整合为一个单一的决策问题,例如电力供应系统。在这种系统中,电力中断或事故会影响医疗卫生和其他紧急服务、城市交通、空中交通管制等,极大危害了人类的安全。这些事故都与系统中的风险性、可靠性和维修性决策相关。通常,这些决策不仅需要同时考虑一个目标,而且需要建立多目标和多指标下的决策模型。随着智能网格概念在电力供应系统的流行,多目标模型变得越来越重要。

    本书可以使读者对运筹学和管理科学有一个深入的理解并对其中重要领域的应用形成体系认识。本书的内容围绕风险性、可靠性和维修性相关内容建立不同的组织化决策流程,同时对风险性、可靠性和维修性的基本概念进行了介绍。

    作者们作为研究风险性、可靠性和维修性学科以及运筹学的活跃科学家,将这些领域的研究成果有机地联系起来。自 20 世纪 90 年代以来,作者具有相关领域 20 多年的经验积累,在风险性、可靠性和维修性领域出版了多部专著,研究成果丰硕。

    作为国际运筹协会联合会(IFORS)的主席,我很乐意将这本运筹学和管理学的出色著作推荐给读者,从而建立决策流程与相关领域的联系,以极大地推动社会的进步。

Nelson Maculan Filho

前　言

近年来,多目标决策问题已成为风险性、可靠性和维修性(RRM)领域的研究热点。大部分决策问题需要同时考虑使多个目标达到最优化,成体系的决策过程对于任何一个期待成功的组织来说都至关重要。同时,与风险性、可靠性和可维修性领域相关的决策直接关系到相关部门的战略发展结果。

风险性、可靠性和可维修性在诸多方面影响着社会和部门的发展,现代企业和政府必须满足与之相关的需求来保障员工、客户和社会的安全。需要提供一种新的模式来判断风险的可接受程度,并提供能满足社会和管理急需的多维度风险评估方法。现阶段,产品的高品质和服务的高质量日趋重要,因此可靠性和可维修性也愈发重要。企业在减少成本和提高产品质量这个矛盾过程中离不开其对发展战略目标的考量。安全和环境问题会给企业发展带来严重的负面影响,风险分析、可靠性需求分析以及维修政策制定都需要一种稳健的方式。因此,MCDM/A 方法在涉及风险性、可靠性和可维修性方面的战略问题建模中变得必不可少。

本书在厘清 RRM 相关概念和基本知识的同时,总结了处理与 RRM 相关问题的多指标概念和方法。与 RRM 相关的概念和基本知识也在书中有所体现。在此基础上,构建了一种统一的框架来建造决策模型,同时在后续章节中对相关模型开展了进一步的讨论。

通常,决策过程或者解决多目标优化过程的缩写为 MCDM(Multi-Criteria Decision Making 多准则决策制定) 和 MCDA (Multi-Criteria Decision Aiding/ Analysis 多准则决策分析/辅助)。在本书中,不刻意强调这两种缩写的区别。为了全书的统一表述,MCDM/A 在全书中可以理解为 MCDM 和 MCDA 的广义表达,即所关注的决策制定、决策分析以及辅助决策。

本书的学术视野涵盖了应用概率论和决策理论。从应用概率论来看,涵盖了决策分析和可靠性理论,即其他学科的风险分析和可维修性。从决策理论来看,涵盖了广义的 MCDM/A。此外,数学领域也有所涉及,比如所用到 RRM 中的多目标优化方法。

本书适合两个领域的学者和工程人员:

一是风险分析、可靠性和维修性领域中对多目标决策分析方法感兴趣的

人群;

二是将多目标优化方法应用到 RRM 相关领域的人群。

对第一种人群应该注意加强多目标和多准则知识的学习,有利于建立更合适的决策模型。通常,对第二种人群,则需求增加对 RRM 概念和方法的掌握,有利于更好地将优化理论与 RRM 工程实际相结合。

本书提出了一种可以应用在 RRM 领域的新颖决策模型,因此增强决策理论和 RRM 理论基础概念的理解十分重要。书中对 RRM 领域的决策应用展开了回顾。书中探讨了将这些决策模型应用到 RRM 中出现的不足,继而对改正这些缺点的方法进行了完善研究。书中给出了在 RRM 中建立多准则模型的方法,包括对特定问题如何选择合适的多准则方法。书中同样涵盖了这些领域的研究进展。书中给出的多准则决策模型大部分已经在相关领域得到了应用和发展。

本书不仅适合相关领域的学者和工程人员,同样可以作为以下专业的参考书:可靠性、可维修性和风险管理。

本书可以分为三个部分,共 12 章。第一部分主要是介绍 MCDM/A 概念和方法以及决策流程(第 1 章、第 2 章)。第二部分为第 3 章,介绍 RRM 的基本概念和基础知识。第三部分(第 4 章至第 12 章)作为本书的核心,主要介绍 MCDM/A 在不同类型决策问题中的具体应用方法。

第 1 章回顾了多目标优化在决策问题中的应用情况,同时对建立决策模型所需的基本元素进行了描述。本章和第 2 章主要关注决策流程和 MCDM/A 方法。尽管所给描述和概念主要针对书中涉及的风险性、可靠性和可维修性领域,也可以用在其他相关领域。近年来,MCDM/A 方法逐渐成为 RRM 领域的研究热点,对此也在书中给出了相应的解释。

第 2 章主要介绍 MCDM/A 方法和决策流程,并且给出了 MCDM/A 决策模型建模过程。书中讨论了在补偿方法和非补偿方法情况下,不同 MCDM/A 方法的选择。这一建模过程适用于各个领域,本章重点考虑其在 RRM 环境下的应用。本章介绍了一些不常用的 MCDM/A 方法,诸如确定性累加方法多属性价值理论(MAVT)和概率论中的聚类方法。其他方法如 ELECTRE 和 PROMETHEE 等在本章也做了阐述。

第 3 章主要介绍 RRM 的相关概念。在建立 RRM 决策模型的过程中,相关概念对于指导选择建模过程和方法十分重要,进而进一步影响决策结果。第 3 章包括一些风险分析的技术,诸如:HAZOP、FMEA、FTA、ETA、QRA 和 ALARP 原则;成本效益;风险可视技术。本章关于可靠性和可维修性方面主要介绍了随机失效模型、可靠性和失效函数、维修性和可靠性作用关系、FMEA/FMECA、冗余系统、可修复性和不可修复性系统、维修目标和维修管理技术(TPM,RCM)。此外,还介绍了专家先验知识的方法。

第 4 章至第 12 章在前两部分的基础上,介绍了 MCDM/A 方法在 RRM 领域决策问题中的具体应用,进一步揭示在面对具体决策问题时如何展开分析和建模。第 4 章通过介绍一种多维度风险分析决策模型的通用结构,回顾了现有的多维度风险分析方法。利用这种分析结构,对天然气管道和地下电力分布系统进行了具体的多维风险分析。同时,对电力系统、自然灾害、反恐和核力量等具体事件上的多维度风险分析也展开了深入讨论。

第 5 章对预防性维修决策展开了讨论,比如如何选取合适的时间间隔来制定计划性预防维修措施。本章研究了预防性维修建模中的经典优化方法,同时结合第 2 章中的 MCDM/A 模型对预防性维修建模展开了深入的研究。

第 6 章中介绍了基于状态的维修理论(CBM),包括如何将 MCDM/A 方法应用在基于状态的维修中。本章研究了一种基于时延理论的 MCDM/A 模型,并应用于电力分布企业的研究之中,结果显示 MCDM/A 方法具有良好的应用前景。

第 7 章介绍了一种选择供应商和合同商的维修服务采购决策方法。本章讨论了解决此类问题应该如何选择指标,以及与此相关的 5 种 MCDM/A 模型。

第 8 章讨论了备件计划模型。本章给出了基于库存和成本概率的 MCDM/A 模型,用于合理计划备件的规模,该模型有效地考虑到了可靠性和可维修性的影响。本章研究了另一种具有同样效果的 MCDM/A 决策模型,该模型利用多目标遗传算法计划备件数量。此外,研究了基于状态维修条件下的备件模型。

第 9 章探讨了冗余分配问题,同时考虑了这些问题的组合复杂性。因此,针对这些问题的多目标建模过程,必须着重把握冗余分配问题在多目标优化过程中的平衡。本章研究了将 MCDM/A 模型应用于电力系统中二元备份冗余系统的通信系统冗余分配之中。这个模型同时考虑了突发情况和成本。

第 10 章研究了可靠性、可维修性和风险分析下系统设计中设计选型的决策问题。本章介绍了 MCDM/A 模型在汽车设计选型中的应用以及利用 MCDM/A 模型对设计选型进行风险评估,同时给出了具体应用案例。

第 11 章包含了如何利用 MCDM/A 模型在维修计划制定中确定优先级任务。在 RCM 框架中提出了利用模型建立多维预测条件下的失效模式,同时给出了案例。本章提出的第二种模型主要考虑工业计划中关重件识别问题。本章还介绍了 TPM,简要探讨了 MCDM/A 问题在其中的应用前景。

第 12 章阐述了其他方面的 RRM 决策问题,比如备用方案的选择、维修活动的排序、自然灾害的风险评估、电力系统的可靠性、生产维修计划的整合、维修班组的规模和接受可靠性测试等。

需要读者对前两部分即 MCDM/A 和 RRM 知识有了较深的理解和认识,才可以开始对第三部分决策模型内容的学习。如果读者已具备前两部分的知识储备,可以直接从第三部分开始学习。如果读者只掌握 MCDM/A 相关知识,需要学习第 2 章内容,才能熟悉 MCDM/A 决策模型的构造过程。

感谢广大同事、学生和学院专家的帮助,以及他们在决策系统和信息发展中心(CDSID)将 MCDM/A 方法应用于 RRM 环境中所做出的努力。还要感谢赞助者和自 1990 年以来一直支持我们的商业组织。同时感谢 Springer 出版社编辑的专业帮助和合作。最后,感谢我们的家人长期以来一如既往给予我们的帮助和鼓励。

Adiel Teixeira de Almeida
Cristiano Alexandre Virgínio Cavalcante
Marcelo Hazin Alencar
Rodrigo José Pires Ferreira
Adiel Teixeira de Almeida-Filho
Thalles Vitelli Garcez
2015 年 2 月于巴西

目　录

第1章 多目标多准则决策问题与模型

摘要 任何组织的决策过程都可能是其成功的关键因素。许多决策问题需要同时处理多个目标。本章介绍了具有多个目标的决策问题,描述了构建决策模型所需的基本元素,重点研究了多准则方法(MCDM,MCDA,MCDM/A),其中研究了决策者的偏好结构。综述了多目标多准则方法的分类,讨论了多目标多准则方法的补偿合理性和非补偿合理性。介绍了 MCDM/A 方法的概念和基本要素,包括多属性环境下的偏好结构、准则内评价和准则间评价。介绍了建立决策模型过程的基本要素和过程中的参与者。从决策过程的角度出发,讨论了描述性决策方法、标准性决策方法、规范性决策方法和建构主义决策方法的区别。虽然这些概念是通常背景下提出的,但这一描述大都涉及本书探讨的主要背景:风险性、可靠性和可维修性(Risk,Reliability and Maintenance,RRM)。RRM 环境中的决策问题可能会影响任何组织机构的战略结果,以及人类生活(例如安全)和环境。在此之前,解释了 MCDM/A 在 RRM 环境下出现的原因及方法。重点介绍了 MCDM/A 模型的服务生产系统以及产品生产系统的一些特点。

1.1 引　言

在经典优化问题中,从一组可能的可选方案中选择一种方案,不管这个目标函数是代表收益还是损失,这个目标函数总是存在最大值或最小值。但在多目标或多准则问题中,需要实现多个目标的最优化。在许多情况下,不同目标可能相互冲突。这些目标值随着选择不同方案导致的结果而发生改变。因此,需要对多个目标函数同时进行处理。在某些特定情况下,这就意味着这些目标需要得到全面的优化。每个目标都由一个变量表示,通过给定替代方案来评估该变量的性能,可以评估给定替代方案的性能。根据所使用的多准则方法,可以将此变量称为准则或属性。

应用缩略词 MCDM(多准则决策制定)和 MCDA(多准则决策辅助)来表示多准则背景下的决策过程或问题。MCDA 也可以作为多准则决策分析的代表。通常情况下,缩写 MCDM/A 在本书中表示与 MCDM 和 MCDA(Decision Making, Decision Analysis and Decision Aiding,决策制定、决策分析和决策辅助)相关的许多方法。

决策过程涉及几个准则之间的权衡,这一概念自几个世纪前就已提出了。

本杰明·富兰克林(Benjamin Franklin)1722 年的一篇文章经常被引用,以表明针对某一特定类型决策问题的多准则评估性质。多准则评估只有一种选择的方法,该方法有两种结果:要么实现,要么不实现。他在一封提出决策程序的信中表达了这一点(Hammond 等,1998;Figueira 等,2005):

"这件事对你很重要,你在信中征求了我的意见,……我的方法是把半张纸用一条线分成两栏:一栏是赞成因素 pro,另一栏是反对因素 cont,然后在各自的下面列出所有的理由并把它们都放在一个视图中。我努力估计它们各自的权重;当我发现两边各有一个理由看起来相等时,我把它们都去掉。如果我找到一个赞成理由等于两个反对理由,我就把这三个去掉。如果我判断两个理由是反对的,等于三个理由是赞成的,我就把这五个去掉;这样,我终于找到了平衡点;如果经过一两天的进一步考虑,双方都没有出现任何重要的新情况,我就会作出相应的决定。"

本杰明·富兰克林称这个过程为审慎代数。很久以后,根据这一程序提出了一种称为偶数交换的 MCDM/A 方法(Hammond 等,1998a;Hammond 等,1999)。

公元前 300 年左右,人们对在选择行动方案的两个选项之间进行权衡来判断的想法是一致的,在古希腊哲学家柏拉图与普罗泰格拉的对话中,他建议将之前的两种标准——赞成(快乐)和反对(痛苦)——进行平衡:

"我应该回答:对于快乐和痛苦,它们有什么不同吗?没有其他方法可以衡量它们。你是否像一杆熟练的秤,把快乐和痛苦,以及它们的接近度和距离,放在天平里称重,然后说出哪一个比另一个重。如果你用快乐来衡量快乐,你当然会得到更多更大的快乐;若以痛苦衡量痛苦,你得到的越来越少;若以快乐衡量痛苦,就在选择行动的过程中,使痛苦被快乐所超越,无论是快乐的比重大一些,还是痛苦的比重大一些;你会避免那种快乐被痛苦超越的行为。我的朋友们,你们不承认这是真的吗?我相信你们不会否认这一点。"

这些引文只是很久以前报道的许多典故中的两篇,这些典故体现了在准则之间作出权衡以便在决策过程中评估备选方案的洞察力。通过结合几个目标来考虑寻找最佳行动途径,优化的概念体现在这些观点中。

MCDM/A 算法的历史出处和未来展望可以在 Koksalan 等人(2011)和 Edwards 等人(2007)的文献中得到体现。

本章首先讲述的是关于具有多个目标的决策问题,并描述了构建决策模型所需的基本元素。本章与第 2 章紧密相关,主要讨论决策过程、多准则方法和多目标方法。然后,重点放在本书所探讨背景下发现的主要问题和场景的风险性、可靠性和可维修性(RRM),尽管它们也可以应用于任何其他背景中。

1.2　多目标多准则算法

多数著作将多目标与多准则算法分开描述。因此,可以说一个涉及复合目标的问题可以使用多目标算法或多准则算法来解决。MCDM/A 算法以决策者的偏好结构以及价值取向为依据。为得到最优选择,决策者的偏好将被纳入决策模型,通过此方法,多个准则将被同时分析。多目标优化方法将从一组备选方案中识别出帕累托边界,即一组非支配备选方案。如果下列条件成立,则可认为一种备选方案 A1 优于另一种备选方案 A2:

(1) 备选方案 A1 在所有条件下都不差于 A2;

(2) 备选方案 A1 至少在一项条件下优于 A2。

非支配选择的集合由一些不受该集合中任何其他选项支配的集合组成。

在这种方法中,决策者的首选项没有被考虑。这意味着没有指明具体的最终解决方案,因为决策者的首选项没有被合并到模型中以达到整合。

另外,根据决策者的喜好,使用 MCDM/A 方法将目标组合起来。这些偏好包括决策者对标准的主观评价。这种主导性是问题的内在组成部分,是不可或缺的。否则,这就意味着该模型可以与任何其他模型问题联系起来,却没有将决策者面临的真正问题考虑进去。因此,处理这种主观性的方法论问题一直是MCDM/A 研究的主要目的之一。

1.3　决策模型与方法

不同书籍对模型和方法的定义互不相同。但在本书中,MCDM/A 模型和MCDM/A 方法之间有一些重要的区别。尽管在一些特殊情况下,我们的讨论中可能会出现一些细微的变化。

众所周知,模型是对实际情况的简化,它在一定程度上偏离了实际情况。因此,在使用模型时,其精确性与普遍适用性之间存在冲突。这种精确性与模型和实际情况(模型的近似)的接近程度有关。

MCDM/A 模型是现实中 MCDM/A 由决策者主导问题的形式化的表示。MCDM/A 模型结合了决策者的偏好结构和特定决策问题。一般来说,MCDM/A模型是基于 MCDM/A 方法构建的。

MCDM/A 方法具有更普遍的特性,可以用于构建一类 MCDM/A 模型,也可以适用于与偏好结构相关的各种情况。另外,决策模型结合了特定决策者的偏好结构。一些决策模型可能是针对特定的的问题而构建的,而另一些决策模型则可能是针对更一般的、普遍性更强的决策情况而构建的。

当提到"加性聚合模型"时,相关模型的使用可能是上述概念的一个特例,加性聚合模型表示一组 MCDM/A 方法。在这里,这个方法与应用于聚合特定类方法中的标准的数学模型相关联。

用于聚合标准的可加模型将在第 2 章中详细介绍,这里先给出其定义式(1.1),以便读者对 MCDM/A 模型有一个初步的了解。

$$v(a_i) = \sum_{j=1}^{n} k_j V_j(x_{ij}) \tag{1.1}$$

式中:$v(a_i)$ 为可选择性 a_i 的全局价值;k_j 为准则 j 的权重或尺度常数;$V_j(x_{ij})$ 为判据 j 的结果值;x_{ij} 为准则 j 替代 i 的结果值或输出值。

1.4 决 策 过 程

Simon(1960)提出了一个决策过程模型,由三个阶段组成。后续在此基础上进行了调整,增加了新的阶段,这些贡献者大部分来自信息管理和决策系统领域(Bidgoli,1989;Sprague,Watson,1989;Davis,Olson,1985;Thierauf,1982;Polmerol,Barba-Romero,2000)。

图 1.1 为更新后的模型。阶段 1 到 3 是由 Simon(1960)提出的初始模型,包括情报、设计和选择。后来又增加了第 4 阶段和第 5 阶段,分别是修正和实施。

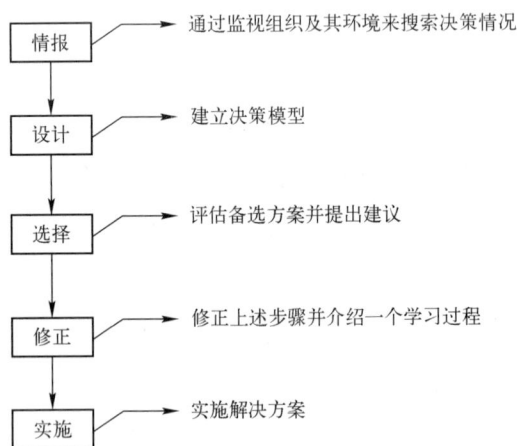

情报 —— 通过监视组织及其环境来搜索决策情况

设计 —— 建立决策模型

选择 —— 评估备选方案并提出建议

修正 —— 修正上述步骤并介绍一个学习过程

实施 —— 实施解决方案

图 1.1 决策过程

情报阶段通过监视组织及其环境来搜索决策情况。这并不是大多数运筹学程序的常规阶段。在某种程度上,这一阶段与 Keeney(1992)提出的以价值焦点思维决策(Value Force Thinking,VFT)方法构造问题的观点有关,特别是在确定决策情况方面。这一阶段也与战略管理的期望值相关。在战略管理中,为了以一种主动的方式预测决策情况,必须对组织及其环境进行连续的监视和诊断(de Almeida,2013)。

按照惯例,大多数业务研究程序认为已知需要面对的决策问题,而确定这个问题本身就是努力寻找解决办法的一部分(Ackoff,Sasieni,1968)。因此,在大多数情况下,决策过程开始于第二阶段,即设计阶段。通常在大多数场景中是这样的,特别是在 RRM 背景下。然而,即使在 RRM 背景下,组织也可以通过引入一个更具战略性的观点来处理关于风险管理和维护的决策过程,从而获得巨大的收益。例如,当其客户受到其产品(商品或服务)的不可靠性的影响时,不完善的维护模型可能会影响客户的竞争地位。

设计阶段的重点是建立决策模型。这个阶段包括生成替代方案和决策模型的其他组成部分。在此阶段对替代方案的可行性进行评估。问题结构化方法(Problem Structuring Methods,PSM)在这个阶段非常有用,此方法可以确保问题得到清晰的定义(Rosenhead,Mingers,2004;Eden,1988;Eden,Ackermann,2004)。该阶段建立了数学模型,并对模型参数进行了估计。决策者在这一阶段扮演重要角色,需要特别关注通过他/她的喜好提供的信息,相当于在设计阶段就使用了 MCDM/A 方法。

因此,这一阶段在决策过程中发挥基本作用,且必须看到所拟订的模型与所面临的实际问题尽可能符合。如前所述,模型是真实情况的近似。与这个问题有关的模型有一句发人深省的格言:"所有模型都是错误的,但有些是有用的(Box,1979)。"换句话说,所有的模型都是真实情况的近似。在构建模型的实际环境中,以下建议是相关的:"记住,所有模型都是错误的;但实际问题是:它们到底错到什么程度才不能用?(Box,Draper,1987)"

在选择阶段,根据所建立的模型对备选方案进行评估,以便向决策者提出建议。该建议的形式取决于问题本身(Roy,1996)。例如,问题可能是,选择其中一种备选方案,对所有备选方案进行排序,等等。

在向决策者提出建议之前,需要一个修正阶段,以便评价在较早阶段所选择的假设和取得的结果,并检查任何可能的不一致之处。在这一阶段,模型构建过程被全面评估,最后确认模型处于适当的状态。此外,这个阶段还包括一个组织学习过程。实际上,在整个过程中,随时都可以进行修正,这可能是基于对以前步骤中处理过程的新的认识(Davis,Olson,1985)。

实施阶段包括在组织或其环境中应用建议。在这个阶段,沟通建议是一个重要的行动。

在决策过程中,有几个参与者在决策过程中扮演着不同的角色。文献对这些角色应该是谁提出了一些观点(Roy,1996;Vincke,1992;Belton,Stewart,2002;Figueira,等,2005;Polmerol,Barba-Romero,2000),其中一些参与者被认为与以下内容有关:决策者扮演中心角色,但可能会受到其他角色的影响;其他参与者可能包括分析人员、客户、专家和利益相关者。

决策分析人员(大多数时候简称为"分析人员")在决策过程的所有阶段为决策者提供方法支持,并致力于问题结构化过程和决策模型的构建。

客户是代表决策者的参与者。通常,大部分时间都是决策者的高级助理作为决策者的代理人与分析人员交互。因为客户本身在许多情况下或者对于决策过程中的许多步骤无法发挥作用。也许"客户"一词的这种用法就是在这个人被视为寻求分析人员指导时产生的,分析人员在大多数情况下是外部顾问。

还有其他参与者,称为涉众,他们试图影响决策者的行为,以便为他们自己或他们所代表的人争取到满意的结果。一般来说,这些利益相关者会受到决策者将要做出的决定的影响。

专家是对系统的某些部分具有专门知识的参与者,这些部分是决策过程的对象,并且提供了要合并到模型中的现实信息(de Almeida,2013)。这些信息可能基于与自然状态相关的先验概率,这些先验概率表示不受决策者控制的变量。这个要素可能与 RRM 环境中的决策问题相关,因为这需要在建模中涉及许多概率问题,例如在贝叶斯决策理论框架(Raiffa,1968)中所提出的问题。这种参与者在 MCDM/A 文献中很少被提及,但在决策分析(或决策理论)文献中经常出现。

1.5 多目标和多准则问题的基本要素和概念

本节简要介绍与多准则问题相关的基本组成和要素,以及与 MCDM/A 相关的决策过程中需要体现的相关概念。

1.5.1 基本组成及相关概念

基本组成包括结果和替代方案集。下面讲述的是有关问题中准则族、结果矩阵的概念。如果决策者至少有两个选择,那么这件事就是一个决策问题,决策者必须选择其中一个。备选方案集可以是连续的,也可以是离散的。在一个组织机构中,许多管理决策问题都有一组由离散的元素 $A = \{a_1, a_2, a_3, \cdots, a_n\}$ 组成可供决策者使用的备选方案。在一些情况下,例如在维护规划中,可以找到一组连续的替代方案,其中替代方案由时间间隔 t_p 组成,在这个时间间隔内应该执行预防性维护操作。

在某些情况下,当离散型变量与连续型变量所构成的问题近似时,可以采用离散的备选方案集表示连续的备选方案集。例如,预防性维护的时间间隔 t_p 可以看作是日历日,使得备选方案集成为 $A=\{d_1,d_2,d_3,\cdots,d_n\}$。对于组织机构来说,这个模型更加贴合实际,因为精确地考虑连续时间 t_p(包括白天或晚上的任何时间)是没有意义的。选择的任何一天 d_i,对于预防性维护来说都是一个合理的近似,因为 24h 内的变化不会对与决策问题相关的结果造成影响。

问题是指对一组备选方案提出建议的形式,这种形式反映在将要应用的算法中,并将产生预期的结果。Roy(1996)、Belton 和 Stewart(2002)发现了几种类型的问题,其中一些被认为是与本书最相关的:

● 选择问题——在此类问题中,结果由选择的选项子集组成,这些选项应该尽可能小。通常只希望一种选择,即最佳选择。这是此类问题的一个特殊情况,称为“优化”。如果选择的子集合具有多个备选项,则认为这些备选项不可比较,因为过程可能无法只找到一个备选项。不管这个子集的大小是多少,最终只实现一个替代方案。

● 排序问题——在此类问题中,对集合 A 的备选方案进行比较,并从最好的到最差的进行排序。

● 分类问题——集合 A 的备选方案按类别进行分类。这些类在模型构建过程中指定,并且具有一定的优先顺序。

● 投资组合问题——在此类中根据问题的目标并受一些条件的约束,有侧重地选择集合 A 的子集。与选择类问题不同的是,在投资组合类问题中,这个子集的所有选项最终都可以实现目标。这类问题可以在背包问题解决方法的基础上实现。这类问题的一个典型例子是项目组合的项目选择,在这个组合中有多个项目,要获得结果的一个全局值,并保持在一定的限制内,如预算的限制。

模型的一个基本要素是决策集,它由决策者在决策时要获得的结果组成。这些结果与目标相关。对于每个目标都有一组可能的结果,这些结果可能是决策过程的结果,备选方案是根据其结果来评估的。事实上,考虑到这是决策过程的基本构成,决策者不会在众多选项中进行选择。选择是从结果中做出的,这些结果是由决策者的偏好结构所决定的。基于这些偏好信息,模型将根据决策者的偏好选择能够提供最理想结果的替代方案。

在这一点上,有必要回顾一个关于结果在评价备选方案中所起作用的经典观点,它是在公元前 430 年由伯里克利提出的(修昔底德,《伯罗奔尼撒战史》,

II,40）：

我们雅典人，以我们自己的名义，决定我们的政策，并把它们提交进行适当的讨论：因为我们不认为言行之间有矛盾；最坏的结果是，在结果尚未得到充分讨论之前就匆忙采取行动。这是我们与其他人不同的一点。我们有能力在承担风险的同时，对风险进行预估。有些人因为无知而勇敢；当他们停下来思考时，他们开始害怕。但最勇敢的人，是最懂得生活中甜蜜和可怕的意义，然后勇敢地走出去迎接即将到来的一切的人。

许多与风险管理有关的文献都引用了这个观点。在许多决策问题中，结果是以概率方式呈现的。这类问题的背景通常为风险或不确定性下的决策问题。

根据多准则问题的性质，考虑其结果向量，该向量的每个维度都与每个准则相关。

对于每个选项 i，给定准则 j，都会有一个可能的结果 X_{ij}。假设备选方案集是离散的，则可以参考表 1.1 所列的结果矩阵。这个结果可以用一个确定性或概率性的变量表示。表 1.1 假设对于可选化和标准化的每个组合，都有一个特定的结果 X_{ij}。在某些情况下，结果可能以概率的方式实现。例如，对于修复时间 t，结果可以用概率密度函数 $f(t)$ 表示。

表 1.1　结果矩阵

A	准则 1	准则 2	准则 3	$\cdots$	准则 j	$\cdots$	准则 n
A_1	x_{11}	x_{12}	x_{13}	$\cdots$		$\cdots$	x_{1n}
A_2	x_{21}	x_{22}	x_{23}	$\cdots$		$\cdots$	x_{2n}
$\cdots$	$\cdots$	$\cdots$	$\cdots$		$\cdots$		$\cdots$
a_i				$\cdots$	x_{ij}	$\cdots$	
$\cdots$	$\cdots$	$\cdots$	$\cdots$	$\cdots$		$\cdots$	$\cdots$
a_m	x_{m1}	x_{m2}	x_{m3}	$\cdots$		$\cdots$	x_{mn}

1.5.2　偏好结构

利用偏好结构建模的方法，需要根据与偏好关系相关的基本概念，对决策者的偏好进行评价。这些偏好关系是二元关系，用于比较结果集的元素 $X = \{x_1, x_2, x_3, \cdots, x_o\}$。

集合 $X = \{x_1, x_2, x_3, \cdots, x_o\}$ 的二元关系 R 是笛卡尔儿积 $R \times R$ 的一个子集。假设 x 和 y 是 X 的元素，那么二元关系就是一组有序对 (x, y)。这个关系用 xRy 表示。如果两个元素 (x, y) 之间的关系 R 不成立，可以表示为 $\mathrm{not}(xRy)$。

二元关系 R 可以考虑以下几个性质:

反射性:假设 xRx。

对称性:假设 $xRy \rightarrow yRx$。

不对称性:假设 $xRy \rightarrow \text{not}(yRx)$。

传递性:假设 xRy 和 $yRz \rightarrow xRz$。

在偏好建模中,关系 R 通常称为偏好关系。本书中应用的主要偏好关系如下:

• 无差异性(I)——xIy 表示决策者在 x 和 y 两个元素之间进行选择是无差异的。应用性质:反射性与对称性。

• 严格偏好(P)——xPy 表明决策者显然更偏好于 x 而不是 y。应用性质:不对称性。

• 弱偏好(Q)——xQy,没有明确表明决策者是否明显偏爱 x 而不喜欢 y,或两者之间是否无关,而且可以确定决策者非严格偏好 y。应用性质:不对称性。

• 不可比性(J)——xJy 表示决策者无法比较这两个元素。下列任何一种情况均可适用,且决策者无法区分:xIy、xPy、yPx。应用性质:对称而不反射[not (xJx)]。

偏好系统或偏好结构是一组偏好关系的集合,适用于一组结果,使以下两个条件成立:

(1) 对于 X 的每一对元素 (x,y),至少对 (x,y) 应用偏好系统的一个偏好关系;

(2) 对于 X 的每一对元素 (x,y),如果应用其中一种偏好关系,则不能应用其他偏好关系。

在偏好建模研究中,考虑了几种偏好结构。实践中应用最广泛的几种偏好结构:结构(P,I);结构(P,Q,I);结构(P,Q,I,J)。

结构(P,I)中具有对称偏好关系(I)和另一种不对称关系(P)。在这种结构中,可以为集合 X 中的元素获得一个完整的预置顺序或一个完整的顺序。假设一个顺序中元素互相没有关联(结构(I)不存在),但是在预置顺序中元素是有关联的(结构(I)存在),那么对于一个完整的顺序没有不可比性。结构(P,I)对应传统的偏好模型,与许多 MCDM/A 方法相关联。例如,表1.1中所列的用于聚合标准的可加模型与该结构有关。设 a 和 b 为 X 的元素,则该结构满足以下条件:

$$aPb \rightarrow v(a) > v(b)$$
$$aIb \rightarrow v(a) = v(b)$$

结构(P,Q,I)具有对称偏好关系(I)和两个不对称关系(P,Q)。在这种结

构中,可以对 X 的元素进行完整的预置。对于这种结构,在保留前两个条件的基础上,可以添加以下条件:

$$aQb \rightarrow v(a) \geq v(b)$$

结构 (P,Q,I,J) 具有不可比性,这导致了 X 元素的部分预定。这种结构适用于决策者无法提供完整偏好信息的情况,例如,决策者可能无法比较 X 的两个元素,模型(1.1)中所应用的公理不适用于这种情况。公式(1.1)中所应用的公理是第一个效用理论公理,认为决策者能够对 X 的所有元素进行预置。Roy (1996)和Simon(1955)已经指出了这种情况,他们强调这可能与 MCDM/A 的情况有关,在这种情况下,决策者在多准则评估中必须面对多个维度。

评价决策者的偏好结构对于选择 MCDM/A 方法和构建 MCDM/A 模型至关重要。

任意采用对 X 元素具有适当关系的偏好结构,如完全的预置顺序或顺序,而不考虑决策者的偏好,可能被认为是有违常理的。决策者对应用偏好关系 (P) 有疑问的情况不能作为使用无差异关系 (I) 的理由。例如,如果决策者声明他/她无法区分 (xPy) 还是 (yPx),分析人员就假设这意味着 x 和 y 之间的无差异关系 (I),这可能是过程中的一种扭曲。实际上,一些从决策者中获取偏好信息的启发式过程可能会导致这种失真。在这种情况下,应该考虑是否应该应用无差异或不可比性关系。

1.5.3 准则内评价

在对准则之间的结果进行评价之前,应进行准则内评价。也就是说,根据决策者对每个标准结果的偏好,应该考虑相对价值(性能)。

每个准则代表一个目标,可以定义为函数 g_j 在准则 j 的结果集之上。假设一个离散的结果集 X。这个函数 $g_j(x)$ 根据决策者的偏好评估任何结果 X 所获得的性能。这个函数 $g_j(x)$ 也可以称为一个价值函数 $v_j(x)$,与准则 j 中的结果有关。

正如在前面关于决策过程的讨论中所述,在决策过程中涉及的是一个选项结果之间的选择而不是选项之间的选择,通常这个价值函数是在结果集的基础上定义的。但是,在某些情况下,这个函数可能与替代方法有关,例如式(1.1),因为对于每个替代方法都有一个结果,这个替代方法在式(1.1)中获得它的值。因此,为了简化,价值函数可能会引用替代方法或结果,这意味着违背了本书所提出的概念。

因此,根据表1.1所列的每种备选方案给出的结果,假设一组离散的、确定的结果,可以得到每个准则 j 的价值函数 $v_j(x_j)$,并将其应用于各备选方案 i 的结果,从而得到一个决策矩阵,用 $v_j(x_{ij})$ 代替表 1.1 所列的元素。该决策矩阵是许多 MCDM/A 方法的输入,其中包括准则内评价。

在准则内评价中,可以得到一个线性或非线性的价值函数 $v_j(x)$。线性函数在 MCDM/A 问题中非常常见,虽然非线性 $v_j(x)$ 的存在性总是需要考虑的。因此,准则内评价通常考虑标准化过程,因为对于线性函数,表 1.1 中的所有准则和结果都应该具有相同的尺度,以便应用式(1.1)中所示的加法模型。通常这种标准化使用 0~1 的比例。

对于这个问题,理解每个标准的尺度和每个 MCDM/A 方法的限制是很重要的,因为这种标准化可能会改变原始尺度的性质。这些问题将在第 2 章中讨论。

1.5.4　准则间评价

由于准则内信息是可用的,因此下一个步骤可以是准则间的评价,其中将所有准则结合起来,以便对所有备选方案进行全面评价。对于这种评估,应该选择并应用 MCDM/A。

下一节将介绍 MCDM/A 方法的分类,第 2 章将介绍一些方法,但首先必须考虑准则族的概念。

一个准则族 $g_j(x_j)$ 为集合 $F = \{g_1(x_1), g_2(x_2), \cdots, g_m(x_m)\}$。建立模型的过程应该适用于一系列一致的标准(Roy,1996),且必须遵循一些属性,例如,能够表示与决策问题有关的所有目标并避免冗余。

因为对于每一个准则 j,对于所有的结果 x_j 都可以得到 $g_j(x_j)$ 的值,那么对于每一个备选 a_i 都可以得到备选方案 $g_j(a_i)$ 的值。

给定准则族,考虑所有准则 g_j,定义两个备选方案 a 和 b 之间的优势关系 D。如果 aDb,那么给定所有准则的元素 $j = 1, 2, 3, \cdots, m$ 都有 $g_j(a) \geqslant g_j(b)$,因为不等式对于至少一个准则 j 是严格的($>$)。

主导关系的使用可能使 MCDM/A 方法的使用变得不必要。然而,利用主导关系求解是非常少见的。由于在大多数情况下,许多替代方案不会被其他替代方案所主导,因此,需要一种 MCDM/A 方法来评估准则间的差异。

第 2 章介绍了几种 MCDM/A 方法,下一节概述它们可能的分类。

1.6　决策方法和 MCDM/A 方法分类

有 4 种基本的决策方法,它们代表了决策过程的全部看法,并且得到了相关文献中许多方法的佐证。

这些方法可以根据其特点进行分类和分组。通过这种分组过程可以理解这些方法的共同特征,并促进选择的过程,从而建立特定的决策模型。另外,决策方法将提供关于支持决策过程系统知识的概念和结构的视角。

1.6.1 决策方法

相关文献对几种决策方法进行了区分,并指出这些方法是研究决策过程的视角。关于决策分析的文献考虑了3种方法:描述性、标准性和规范性(Bell,1988;Edwards等,2007)。MCDM/A的文献也考虑了决策过程的第四个方面:建构主义(Roy,Vanderpooten,1996)。

描述性方法侧重于描述人们如何在真实情况下做出决定,关注的是描述决策者如何在决策中做出判断和选择。这种方法是由行为决策领域开发的(Edwards等,2007)。

标准性方法侧重于以规范性模型为基础的理性选择,并由旨在确保决策逻辑结构的公理框架支持。式(1.1)中的模型就是这种标准模型的一个例子,它强加了一个决策者可以遵循的特定的合理化的过程。效用理论也为不确定性下的决策提供了一个合理的决策模型。

规范性方法由从规范角度使用模型的过程组成,其结构支持决策过程中的决策者。规范性方法可以使用描述性方法得到的结果,以应对人类判断的局限性。规范性方法研究了行为决策领域的误差和不一致性,建立了与决策支持系统交互一致的过程,建立了偏好建模过程,并给出了相应的模型。

建构主义方法(Roy,Vanderpooten,1996)由一个使用学习范式的迭代过程(Bouyssou等,2006)组成,在这个迭代过程中,分析人员在某种方法的支持下与决策者交互,以构建针对决策者所面临问题的建议。

虽然规范性方法假定决策者具有定义良好的偏好结构(例如,要获取的实用函数),但是在构造性方法中有一个交互过程,目的是帮助决策者更全面地了解其偏好结构。

1.6.2 MCDM/A方法的分类

MCDM/A方法的分类方法很多。如前所述,MCDM/A方法可以根据动作空间进行分类,动作空间可以是离散的,也可以是连续的。这两种方法都适用于RRM中分析的一类决策问题,特别是在考虑离散选择集的情况下。

文献中给出的常用分类 (Roy,1996;Vincke,1992;Belton,Stewart,2002;Pardalos等,1995)有以下3种:

- 合成唯一准则法;

- 优先排序法；
- 交互式方法。

综合方法的独特标准是建立在所有准则的分析组合过程的基础上的,以便为所有备选方案产生一个整体评价或得分,因此,它们被称为具有综合所有准则的单一准则(整体得分)。式(1.1)中的加性模型是这类方法的一个常见例子,它是 AHP、SMARTS、MACBETH 等许多确定性加性方法的基础。这些方法用于确定结果集,可以称为多属性价值理论(Keeney,Raiffa,1976;Vincke,1992;Belton,Stewart,2002),缩写为 MAVT。此外,多属性效用理论(Keeney,Raiffa,1976)也包括在这一组中,它的首字母缩写 MAUT 非常有名。这些方法大多使用偏好结构(P,I),并生成一个完整的序列。

优先排序法没有使用一个独特的综合准则,所以许多这些方法产生的最终推荐没有替代方案的评分。这些方法使用偏好结构(P,Q,I,J),考虑不可比较性关系,并产生部分预定。这一组的主要方法是 ELECTRE 和 PROMETHEE 方法(Roy,1996;Vincke,1992;Belton,Stewart,2002)。

合成唯一准则法和优先排序法是几种离散 MCDM/A 方法的代表。

交互式方法可以与离散的或连续的问题相关联,在大多数情况下,这类方法包括多目标线性问题(MOLP)。Pardalos 等人(1995)将数学规划方法作为第 3 组方法。第 4 组方法包含在它们的分解方法分类中,这些方法包括从决策者中收集信息,用于一些备选方案进行全局评估,以便对聚合模型的参数进行后验推断。这些方法中有一些与合成方法的独特准则有关。

1.6.3　补偿与非补偿的适用性

这些方法也可以根据它们对聚合准则的补偿形式进行分类,这种分类方法也是合理的。在这种情况下,可以考虑两种合理的方法:补偿法和非补偿法(Roy,1996;Vincke,1992;Figueira 等,2005)。Bouyssou(1986)对补偿和非补偿的概念作了评论。

第一种类型中可能包含许多方法,例如:用于不确定情况的 MAUT 和 MAVT;确定性方法,包括 AHP、SMARTS、MACBETH 等(包含基本的启发式程序);权衡和摆动法(Figueira 等,2005;Keeney,Raiffa,1976);非补偿性方法(字典编纂法和排位法),如 PROMETHEE 和 ELECTRE。

如果对两个元素 x 和 y 之间的偏好只依赖于有利于 x 和 y 的标准子集,那么偏好关系 P 是非补偿性的(Fishburn,1976)。令 $P(x,y)=\{j:x_jP_jy_j\}$。也就是说,$P(x,y)$ 是 $x_jP_jy_j$ 所针对的条件的集合。那么,

$$\left.\begin{cases} P(x,y)=P(z,w) \\ P(y,x)=P(w,z) \end{cases}\right\} \Rightarrow \left[xPy \Leftrightarrow zPw \right] \qquad (1.2)$$

在这种情况下,x 或 y 在每个准则中的性能水平无关紧要,唯一需要的信息是其中一个比另一个高或低。

也就是说,在决策矩阵中,没有考虑某一特定准则的备选方案的性能 $(v_i(x_{ij}))$ 的值。只要知道一个替代方案的性能水平 $(v_i(a_j))$ 是否高于另一个替代方案的性能水平 $(v_i(a_j))$ 就足够了。也就是说,唯一需要的信息是 $v_i(a_z)$ 是否大于 $v_i(a_y)$。这意味着 a_z 的性能要高于 a_y 的性能,而 a_z 更倾向于 a_y。这是式 (1.2) 中唯一需要的信息。

相反,对于补偿关系 P,仅知道替代方案的性能水平 $(v_i(a_j))$ 是否大于或小于准则 j 的另一替代方案是不够的。对于补偿性准则间评价过程,重要的是该准则 j 的结果 $(v_i(a_j))$ 的价值是多少,因为在聚合模型中,这个数值将作为非补偿性模型的对立面来考虑。也就是说,对于一种补偿方法,一个准则的缺点可以用另一个准则的优点来补偿,正如式(1.1)中的加法模型所做的那样。

正如 Bouyssou(1986)所说,如果在准则之间存在权衡,那么偏好关系就是补偿关系,否则就是非补偿关系。

在许多实际情况中,都发现了对非补偿理性的使用。许多例子可以在体育运动中找到,另外一些是在投票系统中。

例如,在排球比赛中,最后的结果取决于一个队赢了几局,而不是它得到的总分。表1.2给出了A队与B队排球比赛的一个例子。A队赢了3局,被认为是赢家,因为B队只赢了2局。每个集合中有多少个团队并不重要,而在于这个集合的获胜者可以在这个过程中获得所有的集合值。另外,如果运用补偿理性,那么B队将是赢家,因为B队总共赢得104分,而A队只赢得93分。

表 1.2　排球比赛的非补偿理性

组	A	B	获 胜 方
第1局	25	23	A
第2局	25	20	A
第3局	11	25	B
第4局	17	25	B
第5局	15	11	A
总得分	93	104	

这里有一个关于学生一门课程的成绩的例子(Munda,2008),该课程以 0~10 的分数进行评估。一个学生的数学成绩是 4 级,他可以通过语言成绩来弥补

这个成绩,例如,他的语言成绩是 10 级,因此他通过了最后的评估。这是一个补偿程序。否则,如果系统认为每个学生在每门课程上的表现都应该是最低限度的,因此不允许在不同的课程之间进行补偿,那么这个评估系统将是非补偿性的。

在投票系统中有一个有趣的例子(de Almeida,2013),它涉及美国的总统选举。在这个体系中,每个州都有一个象征性的权重,这个权重与它可能拥有的参议员和国会代表的数量有关,这与州的人口成比例(为了简化,这里不考虑少数不改变最终结果的例外情况)。然后,参加总统选举的候选人,在某一州赢得多数选票,保持该州的所有权重。换句话说,这样的候选人赢得了该州所有的选举人票,不管该州拥有多少选举人票。例如,加州是一个权重很高的州,拥有 55 张选举人票。在加州,获胜的候选人在最后一轮投票中将获得全部 55 票。因此,正如表 1.2 所列的非补偿性过程和排球游戏一样,只有当候选人在那个州拥有多数选票时,这才重要。在这一过程的最后,胜出的候选人将得到各州的选票,这些州的选票加起来占权重的大多数。

在美国总统选举中,各州与准则相对应,每个州获得的票数与该准则的得分相对应。准则及其权重的组合在超位法(Vincke,1992)中扮演了描述权重含义的角色,该方法将准则组合在一起以评估最佳替代方案。优胜者是那些得到最佳组合准则的人,这些准则的总和最大。

值得注意的是,这种非补偿性理性意味着美国的总统选举是一个 v 次选举的制度,$v=$ 州数。

1.7　多目标和多准则问题方法模型的风险性、可靠性和维修性

风险性、可靠性和可维修性(RRM)是本书的重点,尽管 MCDM/A 的所有概念和方法程序都适用于任何一般的情况。出于这个原因,下面将讨论 RRM 相关的一些问题。

在一篇关于 MCDM/A 模型在可维修性和可靠性方面的文献综述(de Almeida 等,2015)中,发现在 1978—2013 年发表的 180 多篇论文被引用超过4000 次。在这些研究中,许多不同的准则被用于建模 MCDM/A 问题,其中最常提及的是成本、可靠性、可用性、时间、重量、安全性和风险。

关于 RRM 背景下中的 MCDM/A 模型,本节重点讨论两个问题:
- 当决策模型没有包含决策者的偏好时会发生什么;
- 不同类型生产系统(服务和商品)对 MCDM/A 模型的需求。

1.7.3 节将讨论是否将决策者的偏好合并到决策模型中。

在 RRM 背景下,MCDM/A 模型存在一些重要的问题,这些问题与两种不同的生产系统的特性有关:一种用于服务,另一种用于商品,这两种系统对 MCDM/A 模型的需求频率不同。

无论它是哪种产品,这种区别都会对一般的维护(特别是预防性维护)与业务结果之间的联系产生很大影响。例如,产生服务的系统具有与同时性相关的特性(Slack 等,2010)。这就意味着在系统本身生产产品时,服务的是客户。显然,在这种情况下,当系统发生故障时,维护肯定会直接影响到业务的竞争力(Almeida,Souza,2001)。因此,预防性维修计划成为一种更具有战略性的决策,并与最高层次的组织结构相联系。对于上面提及的决策场景中,结果的特点是具有多个不太具体的目标,这需要 MCDM/A 模型的支持。

1.7.1 基于多目标多准则方法的服务生产系统的特点

在服务系统中,输出是在服务客户时产生的。也就是说,该系统的主要特征是其实时性(Slack 等,2010)。因此,服务质量的概念是在服务于客户/用户时产生的,而不是在商品系统中,质量与产品本身的特性相联系。

服务生产系统中的目标在与其他目标(如:系统的可用性、可靠性、系统中断的时间和服务质量)混合考虑时,以降低成本为目标。

在服务系统中,系统的中断可以立即感知到,因为这会影响到用户。这类系统有许多例子:能源、电信、卫生、交通和其他公共服务、安全、国防、供水。

对于这种系统,中断会导致严重的后果。事实上,与商品生产系统相比,这些后果并没有很好地定义。另一个需要考虑的问题是与过程中涉及的参与者有关。在服务系统的情况下,受中断影响的人数可能是巨大的,所涉及的程度也因人而异。此外,对于一个商业组织来说,追踪这类产品(即服务)被破坏所造成的损害的总和是极其困难的。

众所周知,这些系统的失败不仅限于金融维度,因此 MCDM/A 是至关重要的指标/支持,为了帮助决策者与更广泛地看待这个问题,并给他/她提供工具,最好考虑偏好方面与此相关的多维空间。

此外,服务产品在商品系统中的份额越来越大,所以这种系统的输出结果是商品和服务的组合。

1.7.2 基于多目标多准则方法的商品生产系统的特点

在生产商品的系统中,机器停机造成的损失可以通过增加超出正常产能的生产或采取一些措施避免客户注意到停机来减轻。一般来说,失效会导致生产延迟、返工、效率低下、浪费、超时和/或供应储存问题,这些问题很容易转化为成本。这将使问题从具有多个目标的问题转变为具有最小化总成本的单一目标的问题。这就是为什么大多数与此相关的决策模型不是基于 MCDM/A 方法的原因。

然而,在某些情况下,即使是生产商品的系统,相关的决策也需要 MCDM/A 模型,以便对主观问题进行评估。这主要有两个原因:

- 这些都是与层级组织结构的最高层相联系的战略决策环境;
- 生产系统中的故障会影响人类或产生社会问题,如安全问题,以及与环境有关的问题。

此外,在建模过程中,当没有决策者的偏好被合并到模型中时,就需要考虑到商品生产系统的特点。

1.7.3　风险性、可靠性及可维修性背景下无偏好结构模型

虽然大多数与 RRM 背景下的决策相关的研究并没有考虑决策者的偏好,但近年来这种情况已经发生了变化。前述综述(de Almeida 等,2015)表明,关于 MCDM/A 模型在这一领域的研究和引用的数量有了相当大的增长。然而,大多数关于 RRM 背景下决策过程的研究仍然没有考虑决策者的偏好。

事实上,不包括决策者偏好的"决策过程"是没有决策的过程。在这种情况下,模型具有分析人员显式或隐式引入的任何首选结构,但这不是决策者的首选结构。这可以在模型中以许多不同的方式引入,例如:任意或偶然。

在前者中,一个任意的偏好结构被显式地(或几乎是那样)合并到模型中,通常遵循其他人先前做出的决定。否则,它可能包含分析人员的看法,即哪一种结构最适合这种情况。

对于后者,在模型构建过程中,一些偏好结构被随机地隐含在模型中。分析人员做出简化的假设,或者只是按照标准程序应用看起来很平常的东西,而没有适当地考虑具体的决策背景。

例如,在许多情况下,会跳过准则内部的评估,并应用一个线性值(或实用程序)函数。这通常是隐式发生的。也就是说,这并不是一个简化模型的假设,在简化模型的过程中,由分析人员对近似结果进行评估,并提出给决策者。实际上,大多数模型都是这样建立的。在这种情况下,不考虑非线性特征,如风险的倾向或厌恶行为,可能会导致不同的解决方案,这是不合理的。模型误导了应该做出的实际决策。这就是为什么可以说还没有做出决定。

相关缩略词

AHP：Analytic Hierarchy Process，层次分析法

ELECTRE：Elimination Et Choix Traduisant la Rralite，消除、选择与转化现实问题

MAVT：Multi-Attribute Utility Theory，多属性效用理论

MAUT：Multi-Attribute Value Theory，多属性价值理论

MACBETH：Measuring Attractiveness by a Categorical-Based Evaluation Technique，通过基于分类的评估技术衡量吸引力

MCDA：Multi-Criteria Decision Aiding，多准则决策辅助

MCDM：Multi-Criteria Decision Making，多准则决策

MOLP：Multi-Objective Linear Problems，多目标线性问题

PROMETHEE：Preference Ranking Organization Method for Enrichment Evaluation，偏好排序组织富集评估方法

PSM：Problem Structuring Methods，问题结构化方法

RRM：Risk，Reliability and Maintenance，风险性、可靠性及可维修性

SMARTS：Simple Multi-Attribute Rating Technique with Swing，简单多属性摆动评分技术

VFT：Value Focus Thinking，价值焦点思维决策

参 考 文 献

Ackoff RL, Sasinieni MW（1968）Fundamentals of operations research. John Wiley & Sons, New York, p 455.

Bell DE, Raiffa H, Tversky A（1988）Decision making: Descriptive, normative, and prescriptive interactions. Cambridge, UK: Cambridge University Press.

Belton V, Stewart TJ（2002）Multiple Criteria Decision Analysis. Kluwer Academic Publishers.

Bidgoli H（1989）Decision support systems: principles and practice. West Pub. Co.

Bouyssou D（1986）Some remarks on the notion of compensation in MCDM. Eur J Oper Res 26（1）:150-160.

Bouyssou D, Marchant T, Pirlot M, Tsoukis A, Vincke P（2006）Evaluation and decision models with multiple criteria: Stepping stones for the analyst. Springer Science & Business Media.

Box GEP（1979）Robustness in the strategy of scientific model building. Robustness Stat. pp 201-236.

Box GEP, Draper NR（1987）Empirical model – building and response surfaces. John Wiley & Sons.

Brans JP, Vincke Ph（1985）A preference ranking organization method: the Promethee method for multiple criteria decision making, Manage Sci 31:647–656.

Davis CB, Olson MH（1985）Management Information Systems: Conceptual Foundations, Structure and Development. McGraw-Hill.

de Almeida AT（2013）Processo de Decisão nas Organizações: Construindo Modelos de Decisão Multicritério（Decision Process in Organizaions: Building Multicriteria Decision Models）, São Paulo: Editora Atlas.

de Almeida AT, Ferreira RJP, Cavalcante CAV（2015）A review of multicriteria and multiobjective models in maintenance and reliability problems. IMA Journal of Management Mathematics 26（3）:249–271.

de Almeida AT, Souza FMC（2001）Gestão da Manutenção: na Direção da Competitividade（Maintenance Management: Toward Competitiveness）Editora Universitária da UFPE. Recife.

de Almeida AT, Vetschera R（2012）A note on scale transformations in the PROMETHEE V method. Eur J Oper Res 219（1）:198–200.

de Almeida AT, Vetschera R, de Almeida J（2014）Scaling Issues in Additive Multicriteria Portfolio Analysis. In: Dargam F, Hernández JE, Zaraté P, et al.（eds）Decis. Support Syst. III–Impact Decis. Support Syst. Glob. Environ. SE-12. Springer International Publishing, pp 131–140.

Eden C（1988）Cognitive mapping. Eur J Oper Res 36:1–13.

Eden C, Ackermann F（2004）SODA. The Principles. In: Rosenhead J, Mingers J（eds）Rational Analysis for a Problematic World Revisited. Second Edition, Chichester: John Wiley & Sons Ltd.

Figueira J, Greco S, Ehrgott M（eds）（2005）Multiple Criteria Decision Analysis: State of the Art Surveys. Springer Verlag, Boston, Dordrecht, London.

Fishburn PC（1976）Noncompensatory preferences. Synthese 33:393–403.

Hammond JS, Keeney RL, Raiffa H（1998）Even swaps: A rational method for making tradeoffs. Harv Bus Rev 76（2）:137–150.

Hammond JS, Keeney RL, Raiffa H（1999）Smart choices: A practical guide to making better decisions. Harvard Business Press.

Keeney RL（1992）Value-focused thinking: a path to creative decisionmaking. Harvard University Press, London.

Keeney RL（2002）Common Mistakes in Making Value Trade-Offs. Oper Res 50:935–945.

Keeney RL, Raiffa H（1976）Decisions with multiple objectives: Preferences and Value Trade Offs. Wiley Series in Probability and Mathematical Statistics. Wiley and Sons, New York.

Koksalan M, Wallenius J, Zionts S（2011）Multiple Criteria Decision Making: From Early History to the 21st Century, World Scientific, New Jersey.

Likert R（1932）A technique for the measurement of attitudes. Arch Psychol 22 140:55.

Munda G (2008) Social multi-criteria evaluation for a sustainable economy. Springer, Berlin.

Pardalos PM, Siskos Y, Zopounidis C (eds) (1995) Advances in Multicriteria Analysis. Kluwer Academic Publishers.

Polmerol J-C, Barba-Romero S (2000) Multicriterion Decision in Management: Principles and Practice. Kluwer.

Raiffa H (1968) Decision analysis: introductory lectures on choices under uncertainty. Addison-Wesley, London.

Rosenhead J, Mingers J (eds) (2004) Rational Analysis for a Problematic World Revisited. Second Edition, John Wiley & Sons Ltd.

Roy B (1996) Multicriteria Methodology for Decision Aiding. Springer US.

Roy B, Słowiński R (2013) Questions guiding the choice of a multicriteria decision aiding method. EURO J Decis Process 1:69-97.

Roy B, Vanderpooten D (1996) The European school of MCDA: Emergence, basic features and current works. J Multi-Criteria Decis Anal 5:22-38.

Simon HA (1955) A Behavioral Model of Rational Choice. Q J Econ 69:99-118.

Simon HA (1960) The New Science of Management Decision. Harper & Row Publishers, Inc, New York.

Simon, HA (1982) Models of Bounded Rationality. MIT Press.

Slack N, Chambers S, Johnston R (2010) Operations management. Pearson Education.

Sprague Jr RH, Watson HJ (eds) (1989) Decision Support Systems-Putting Theory into Practice, Prentice-Hall.

Thierauf, RJ (1982) Decision support systems for effective planning and control-A case study approach. Prentice-Hall, Inc., Englewood Cliffs, New Jersey.

Vincke P (1992) Multicriteria Decision-Aid. John Wiley & Sons, New York.

第 2 章　多目标及多准则决策过程与方法

摘要　任何组织的战略成功都离不开适当的决策过程。这些组织所面临的大多数决策问题都需要同时处理多个目标。本章简要介绍了几种与决策理论及优先排序方法(ELECTRE 和 PROMETHEE)相结合的多准则决策理论(MCDM,MCDA,MCDM/A),包括确定性累加方法多属性价值理论(MAVT)、多属性效用理论(MAUT)。此外,还考虑了群体决策和协商过程。由此提出了构建多准则决策(MCDM/A)模型的流程,其构建流程包含若干影响因素,例如:决策者的偏好结构以及专家关于自然状态的先验知识。同时,还需考虑不同方法的选择问题。提出了一些与如何选择合适的 MCDM/A 制定方法相关的因素,包括对决策者(DM)补偿性和非补偿性理性进行评估的偏好建模,该流程可以解决 MCDM/A 制定问题。提出了与该流程实施相关的若干问题,例如:设定量表,规范准则,在决策过程(包括拖延过程)的时间管理,并将 Simon 模型的智能化阶段纳入该程序中。尽管此流程可适用于任何环境,但仍需兼顾风险性、可靠性和可维修性因素。例如,多维风险分析包括更广泛的观点,可能有决策者的行为风险(较强、中性、厌恶/规避)。考虑可靠性和可维修性,该模型可能包括实用性、可维修性、可靠性、维修质量以及除成本之外的其他方面。

2.1　引　　言

本章主要讨论两个问题。首先,给出构建 MCDM/A 模型时要考虑的因素;然后,概述 MCDM/A 方法和多目标优化方法。

自运筹学领域中,关于构建决策模型有很多观点。本章首先强调了一些具体的问题,以便为后续章节提到的多准则模型构建流程奠定基础。然后,针对 MCDM/A 模型,介绍了一些概念和基本问题,以便就本主题的主要关注点给出一个总体思路。由此,提出了一个解决 MCDM/A 问题的流程,包括建立相关决策模型的方法。此外,还讨论了在风险性、可靠性和可维修性(RRM)背景下构建 MCDM/A 模型的一些基本问题,并对此提供了一些实际见解。

第二个主题包括与构建 RRM 背景下 MCDM/A 模型密切相关的一些 MCDM/A 方法的阐述。接下来概述了主要的多目标优化方法,其中许多方法用于 RRM 决策模型。此外,考虑到在某些情况下有多个决策者,还介绍了群体决策及协商(GDN)方法。

2.2 构建 MCDM/A 模型

在构建模型的过程中,主要关注的是在简单易行的基础上找到使模型有用的近似值。因此,当旨在使模型有用且易于使用时,必须牢记几个基本因素。

Bouyssou 等人(2006)指出,将形式化模型和引出决策者偏好的设施结合起来可以阐释问题,后者取决于决策者的知识和文化背景。对于这个问题,分析人员应该非常谨慎。

另外,分析人员应该多花点心思来处理决策者在偏好建模的交互中容易产生的理解困难。此外,分析人员应该避免选择简易方法来建模,这样做虽然避免了很多麻烦,但最重要的是,建立的模型与实际问题相背离(de Almeida,2013a)。

Wallenius(1975)指出,当决策者发现模型过于复杂时,一般都不相信该模型。考虑到 Bouyssou 等人(2006)的观察结论,有足够的理由认为模型建立过程中受到的阻力是由决策者引发而不是模型的复杂性,这是由决策者处理模型的知识背景造成的。决策者的知识和文化背景越好,模型在一定程度上的复杂性就越可以接受。

构建模型本质上是一个创造性的过程,它涉及分析人员的直觉和其他自发行为,其中一些是随着模型的发展而迸发的灵感(de Almeida,2013a)。

尽管模型的建立具有科学基础,如图 2.1 中的序列 a 所示,其构建过程可能遵循几个结构良好的步骤,但从创造性方面来讲,并不推荐严格的步骤。

如果反复执行该过程,则严格按序列 a 连续执行下去将得到相同的结果。

另一种设想如图 2.1 的序列 b 所示,其构建过程遵循连续的细化过程(Ackoffand Sasieni,1968)。在这个过程中,分析人员在必要时可以随时从一个步骤返回到任何其他先前的步骤,该返回过程可能意味着后续步骤的不断修订。该步骤序列由递归过程组成。

连续的细化过程允许以非结论性的方式执行任何步骤,以便从后续步骤中获得观点和信息之后,再重新返回时得出结论。这种返回使整个过程变得更加丰富,从而使获得更好的结果成为可能。这种方法的另一个好处是,创造性的建模过程得到了改进,因为这种灵活性构建了一个对创新结果更为敏感的环境。

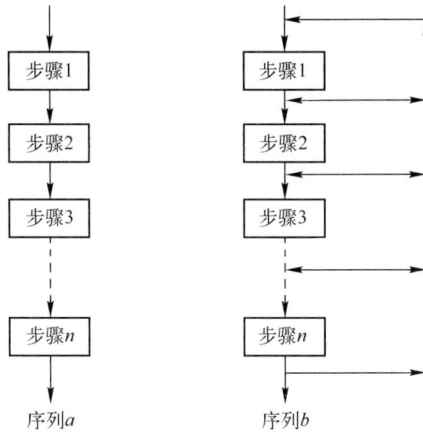

图 2.1　决策过程中的步骤序列

在这个过程中,分析人员可以随时获得新的见解并返回到前面的步骤。相反,序列 a 刻板僵化的方法并不能为创新带来创造性的思路。

同时,应该强调的是,这种灵活且富有创造性的过程并不妨碍其得到任何模型应有的科学基础的支持。为了避免误解,建立模型的过程均应遵循基本的科学模式。

为了建立决策模型,问题结构化方法(PSM)提供了强大的支持(Rosenhead, Mingers,2004),其方法已成为理解决策问题的关键,从而导致这些问题与模型之间的联系更加紧密。通过使用 PSM,分析人员得到了足够的支持来组织整理决策过程中参与者的信息。

Keisler 和 Noonan(2012)讨论了"现实世界"和"模型世界"之间的联系。图 2.2 说明了这些想法,其中包括考虑 Simon 模型后对决策过程的调整。

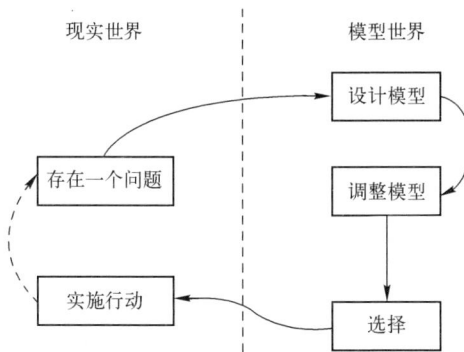

图 2.2　"现实世界"与"模型世界"之间的联系

从图 2.2 可以看出,在"现实世界"中,在识别问题之后,通过在"模型世界"中构建决策模型来实现决策过程,最终将产生行动的实施。与 Simons 模型相比,该模型的设计、修正和选择阶段在"模型世界"中,而另外两个阶段在"现实世界"中。在该视图中,实施行动之后仍有可能返回重新构建模型,因为实施行动后仍然可以回到问题识别这一步骤。

此时,应该观察到模型构建过程可能导致模型的许多可能性,如图 2.3 所示。图 2.3 中,在过程开始时,许多模型都是可能的,这些模型用黑色球体表示。然而,在建模过程中,会做出很多建模决策,其中引入了假设、方法的选择和简化,从而消除(过滤)了一些可能的模型。

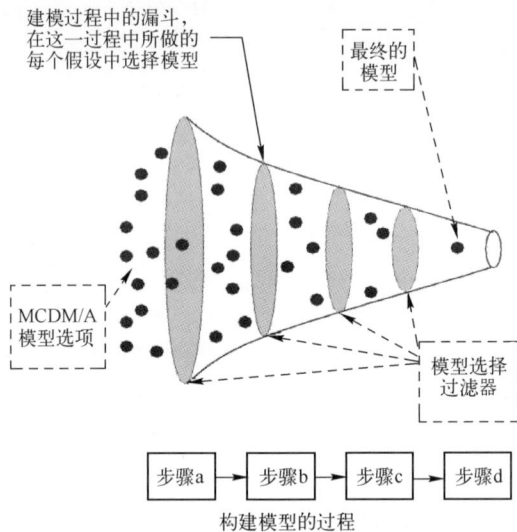

图 2.3 构建模型过程中的漏斗

图 2.3 中的过滤器表明采用了新的假设或模型定义,因此意味着消除了以不同假设为准的一些可能的模型。这些建模决策还包括决策者给出的偏好建模信息。因此,在工艺参数分配给 MCDM/A 模型的过程中,减少了替代模型的数量,并将该选择过程引导至最终模型,如图 2.3 所示。Slack 等人(1995)为项目管理规划过程提供了一个类似的漏斗图示。

值得注意的是,分析人员在构建模型过程中会因为自身的偏好主动过滤一些模型。如果分析人员有某种偏见,那么,这将在该消除过程中反映出来,同时也许更有用的模型没有被考虑进去。

在文献中提出了许多关于建立运筹学中模型的命题或一般观点,特别是在使用 PSM 时,其中一些已经为 MCDM/A 模型构建过程提出。

Roy(1996)提出了有关构建 MCDM/A 模型几个阶段的观点,其中包括:确定建议的目标和格式;后果分析与准则开发;综合偏好建模和业绩聚合;调查并制定建议。

Polmerol 和 Barba-Romero(2000)提出了 MCDM/A 模型构建的几个步骤,包括:理解和接受决策环境;建立备选方案和准则;使用决策矩阵备选方案讨论及模型的验收、改进和评估;讨论决策者信息收集方法的选择问题;提出应用方法;建议和进行敏感性分析等。他们指出此过程有一个线性序列,但可以递归的方式进行。

Belton 和 Stewart(2002)也通过以下步骤提出他们的观点:确定决策问题;构建问题;构建模型;使用模型来传达和挑战思维;制定行动计划。

2.3　解决问题和建立多准则模型的程序

在本节中,基于 Simons 的模型决策过程,使用连续细化程序解决 MCDM/A 问题,并结合以上基本思想,提出了构建 MCDM/A 模型的过程。

解决 MCDM/A 问题的程序涉及模型构建过程,如图 2.4 所示。图 2.4 中的完整箭头表示在构建模型的过程中要遵循的标准序列,虚线箭头表示返回上一步骤的可能性,这在连续细化过程中是允许的(为了简化起见,虚线箭头仅在两个相邻的步骤之间,尽管可以返回到任意之前的步骤)。

该程序有 3 个主要阶段,每个阶段都有几个步骤。前两个阶段与 Simon 模型的设计阶段有关。首先,对 MCDM/A 问题的主要要素进行了初步的探讨,并将问题结构化方法(PSM)应用于问题的构建。第一阶段的定义可能最终影响整个过程。在这个阶段,可能会消除许多可能的模型,如图 2.3 的过滤器所示。

第二阶段,进行偏好建模并选择 MCDM/A 方法。在第二阶段结束时,决策模型已准备好应用于第三阶段,即漏斗的末端,如图 2.3 所示。第二阶段是所有阶段中最灵活的阶段。事实上,第二阶段的 3 个步骤几乎可以同时完成,以探索一个更富有洞察力的过程。由于在后续细化过程中有可能返回到先前的步骤,已经构建的 MCDM/A 模型仍然可能被更改,但它依旧是第三阶段的输入。

第三阶段,分析 Simon 模型的选择和实施阶段,以便最终解决问题。但应该记住,仍然有可能返回并对构建的模型进行修改。在此阶段,敏感性分析的一个关键步骤即对此修正决策进行评估。

下面几节介绍了该程序每个步骤的概念和实施细节。

初步阶段

```
┌─────────────────────────────────────────────────────────────────┐
│  步骤1:        步骤2:     步骤3:     步骤4:一       步骤5:      │
│  决策者        目标       准则       系列行动:     自然状态    │
│  和其他                              不确定的                    │
│  参与者                                                          │
└─────────────────────────────────────────────────────────────────┘
```

偏好建模及方法选择

```
┌─────────────────────────────────────────────────────────────────┐
│                                                                   │
│   步骤6:              步骤7:              步骤8:                 │
│   偏好建模            内部评估            标准之间                │
│                                          的评估                  │
└─────────────────────────────────────────────────────────────────┘
```

最终定稿

```
┌─────────────────────────────────────────────────────────────────┐
│  步骤9:       步骤10:      步骤11:       步骤12:                │
│  评估备       敏感性       拟定建议      实施行动                │
│  选方案       分析                                               │
└─────────────────────────────────────────────────────────────────┘
```

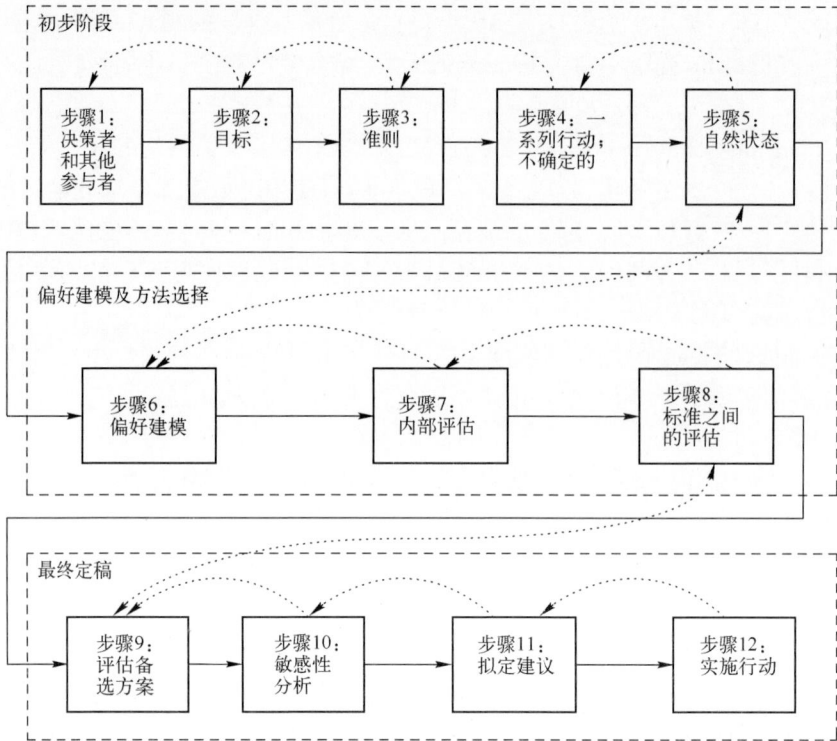

图 2.4 解决多准则决策制定(MCDM/A)问题的程序

2.3.1 步骤 1——描述决策者及其他参与者

在此步骤中,重要的是在决策过程中描述和表征决策者及其他参与者。尽管考虑到一组决策者情况时可以容易地进行调整,该程序仍侧重于单个决策者的决策问题。

在这一步中,必须明确分析人员将扮演的角色以及决策者的参与应该是什么。例如,决策者可能更直接或间接地参与决策过程。对于后者,另一个通常被称为"客户"的参与者可能在此过程中扮演一些重要角色,并且可能在该过程的某些步骤中非常活跃。

确定其他行动者如何参与这一进程。对于这个过程的每个步骤来说,描述每个参与者的角色是很重要的。

即使对于单个决策者的情形,决策者也将决定在决策过程的某些步骤中是否可能涉及其他参与者,以便收集关于要包括在模型中的某些特定问题的见解和多种观点。在这种情况下,分析人员可以扮演促进者的角色,与一组参与者举行会议,以便对某些问题进行有组织的讨论。一般而言,这些会议得到了问题结构化方法的支持(Rosenhead,Mingers,2004;Eden,1988;Eden,Ackermann,2004;Ackermann,Eden,2004;Franco,等,2004)。

2.3.2 步骤2——确定目标

这个步骤可能被认为是最重要的一步,尽管这只能用一般术语来说明。对于这种决策过程,最重要的步骤取决于问题的性质,这就需要特别关注程序的这些步骤。这可能是问题的内在本质,可能表明一个特定的步骤对最终决策模型的质量影响最大。因此,仅从一般意义上讲,可以说这一步骤是最重要的,因为目标将影响该过程中的每个步骤。

此外,目标的确定甚至可能影响建立一套备选方案的过程。根据应用于创建替代方案的方法,这可能更具有决定性。例如,应用价值焦点思维决策(VFT)方法,创建备选方案的过程与为提出和组织目标给出的结构密切相关。

实际上,一般而言,PSM方法(Rosenhead,Mingers,2004;Eden,1988;Eden,Ackermann,2004;Ackermann,Eden,2004;Franco等,2004)对于实施这一步骤非常有用,其中包括VFT方法(Keeney,1992)。

使用VFT方法可以得到明确的目标命题,其中目标由3个因素表征:决策背景、对象和偏好方向。目标是分层次结构的,包括战略目标、基本目标和手段目标。确定决策框架中的一系列目标至关重要,因为它们是任何决策的基础。如果目标集不完整或模糊不清,就会削弱该过程的洞察力(Keeney,1992)。

2.3.3 步骤3——制定准则

对于先前建立的每个目标,必须提出一个准则或属性,它将在决策模型中表示这些目标。因此,步骤2和步骤3之间的联系对于整个决策模型中的目标表示是必不可少的。

Keeney(1992)指出,这些属性与其相关目标的实现程度有关。因此,每个目标都需要一个变量,通过该变量可以对目标的性能进行评估。在MCDM/A中,该变量通常称为准则或属性,也可称为有效性度量或性能度量。

一组准则 F 的建立必须具有一些属性(Roy,1996)。F 不能有冗余;它必须是详尽的,因为所有目标必须存在并以 F 表示;它必须是一致的,因为决策者对准则的偏好必须与对后果的全局评估一致。

Keeney(1992)给出了一个用于构建属性或准则的结构化视图,它考虑了3种类型:自然属性、构造属性和代理属性。

自然属性对决策过程中的所有参与者都有一个共同的解释,例如以货币单位表示的成本。属性应该与决策背景相关联,并且必须涉及价值判断。

当无法找到对应的属性时,就需要根据实际情况构造属性。例如,一个关注于改善企业组织形象的目标需要这样一种属性。虽然自然属性可用于任何决策背景中,但构造的属性仅适合于已构建的特定决策背景。

这些属性需要构建一个用于评价相关目标的定性尺度。这些属性通常是离散的尺度,可以称为主观指标或主观尺度。应当拟定一个量表,以明确的方式来表示这个量表每个级别的含义(Keeney,1992)。该描述应指出与每个级别相关的后果的一种或者几种影响,并指定该目标的实现程度。构造属性是必要的情况是很常见的。

如果前两个属性不可行,则可以尝试使用代理属性。这种属性是对相关目标的间接测量。一般而言,基本目标的代理属性是包括该基本目标的平均目标的自然属性。

这些准则应该具有以下属性:可测度性、可操作性、可理解性(Keeney,1992)。可测度性定义了包含更多细节的目标,从而允许决策过程中所需的价值判断。如果一个属性描述了可能的结果并为价值判断提供了共同的基础,则该属性是可操作的,因此适合于准则内评价。此属性与步骤 7 有着非常密切的关系,在步骤 7 中,如果准则不能正确操作,则可能需要返回到此步骤进行细化。可理解性意味着属性在结果描述中不会含糊不清。

关于准则或属性的可变性和不确定性,可以考虑两种方式:确定性或概率性。一个确定性的准则被假定为具有恒定的性能水平或固定的结果。概率性准则具有结果 x,它是一个随机变量,并用概率密度函数(pdf)$f(x)$表示。如果一个准则是随机变量,且不具有变异性,则可以假定它是确定性的。在这种情况下,假设标准偏差很小,那么变量的均值可以用以表示结果 x。

例如,考虑交付产品的时间。如果假定该准则是确定性的,那么在步骤 7 中,价值函数的建立将是比较交付时间,例如 2h 或 3h。与供电系统的维护相关的另一个类似的决策背景可以考虑能源供应的中断时间(t)。由于该准则的可变性很高,这里将其描述为一个随机变量 t,因此上述假设这种准则为确定性准则是不合理的。决策者必须在考虑概率密度函数 $f(t)$ 的条件下评估该准则,因为这是决策者在决策过程中得到的结果。

因此,对这类准则的评估涉及比较具有不同概率密度函数的备选方案或结果,如图 2.5 所示。

在这种情况下,决策者不评估能量供应中 2h 或 3h 中断时间(t)之间的偏好差异,因为这两种结果实际上并不存在。实际上,比较将在图 2.5 所示的结果或备选方案之间进行。决策者更喜欢两种概率密度函数 $f(t_1)$、$f(t_2)$ 中的哪一个?

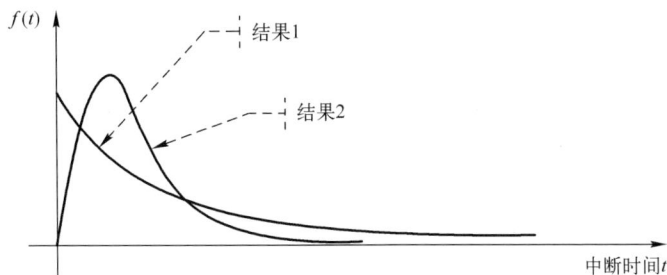

图 2.5　概率结果

也就是说,决策者评估 $f(t_1)$ 和 $f(t_2)$ 之间的偏好差异,且与以小时为单位的中断时间 (t) 相关,如图 2.5 所示。起初,这可能看起来更复杂,尽管这实际上是决策者在该决策环境中最终得到的结果。考虑到向决策者提出问题的复杂性,需要指出的是,在启发程序中向决策者提出的问题要简单得多。

RRM 环境中的许多问题都要考虑这种概率特征。一篇关于维护和可靠性的文献综述指出了在此背景下 MCDM/A 模型的性质(de Almeida 等,2015)和使用确定性表示准则的合理性,这将在 2.3.15 节进行讨论。

因此,该步骤中的模型构建过程可能包括针对这种结果的与偏好建模同时进行的概率建模任务。

关于不确定性,通过决策者发现一个准则或属性在价值函数的表示中出现模糊,因此可以使用模糊数(Pedrycz 等,2011)来表示它们。在这种情况下,可以考虑将模糊方法用于决策模型,这可能影响 MCDM/A 方法的选择。这应该在步骤 7 中得到适当的评估。

2.3.4　步骤 4——建立一系列行动和问题

此步骤与解决决策问题的备选方案集相关。在这一步骤中有 4 个主题需要处理:①确定备选方案集的结构;②建立要应用于该集合的问题;③产生备选方案;④建立结果矩阵。

备选方案集的结构与 MCDM/A 方法的选择直接相关,因为离散集或连续集意味着完全不同类型的方法。对于一组离散的元素 a_i,$A = \{a_1, a_2, a_3, \cdots, a_n\}$。

这个问题还包括确定集合 A 的其他特征,这些特性可以是稳定的,也可以是变化的(Vincke,1992)。在第一种情况下,已知在建模过程中集合 A 是固定的,并且在构建过程中不会改变。对于后者,分析人员应该知道在决策过程中变化的可能性,这可能表示某种约束。

集合 A 可以是全局化的,也可以是碎片化的。在前者中,A 的每个元素都排除了解析过程中的其他元素。相比之下,对于碎片 A,可以将元素组合在一起进行解析。投资组合问题可能与这类集合有关。在第 10 章中说明了这种集合的使用。

在建立 A 的结构之后,必须确定要应用于该集合 A 的问题。问题可能会影响方法的类型,这取决于要应用的方法类别。有些方法可能适用于多个问题;排名的问题可能包括解决方案的选择。

在建立了先前的条件后,可以继续生成替代方案,这是整个过程中最具创造性的任务之一。这项任务需要分析洞察力,特别是那些由 VFT 方法描绘的洞察力。在这种方法中,替代方案的创建基于目标的价值结构。一般来说,PSM 方法可以在很大程度上对这项任务做出贡献,并让在协调人员指导下得到支持的专家组参与其中。根据 MCDM/A 方法,可能会在之后甚至是最后定稿的第三阶段的后期加入新的备选方案。例如,一些 MCDM/A 方法假设一组固定的备选方案,并两两进行比较。其他 MCDM/A 方法在结果空间中构建模型及偏好建模,并可能在以后引入新的备选方案。

在这个阶段,随着准则和一系列备选方案的确立,可以提出结果矩阵,其中包括表 1.1 中所列的信息。对于一些问题,可以非常容易地构建该矩阵,因为备选方案与每个准则相应结果的关联可以很直接。

然而,对于其他的决策问题,该关联对于某些准则可能不那么直接。在某些情况下,必须在更复杂的程序中才能达到备选方案所要实现的结果。

建立结果矩阵的这种可能的复杂性可以证明,这项任务将作为一个单独的步骤来完成。因此,每个备选方案都应具有明确的定义,包括它们的详细说明和规定。

2.3.5 步骤 5——确定自然状态

自然状态对应于决策理论的组成部分之一(Raiffa,1968;Berger,1985;Edwards 等,2007;Goodwin,Wright,2004)。

自然状态由系统中不受决策者控制且可能随机变化的因素组成,它影响决策过程的结果。变量可以表示自然状态,它可以是离散或连续的元素集。

例如,在与资本投资有关的决策问题中,对于一个工业单元中的新技术或机器,备选方案是决策者控制下的一组离散元素 a_i,$A = \{a_1, a_2, a_3, \cdots, a_n\}$。另外,对产品的需求是自然状态 θ_s,在这个问题中,不受决策者的控制。根据产品的性质,它可以用一组离散的自然状态来表示,$\Theta = \{\theta_1, \theta_2, \theta_3, \cdots, \theta_t\}$,例如计算机单元。而有些集合 θ 是连续量,例如:果汁的计量升。

应该谨慎处理决策问题这一要素,在某些情况下可以将其理解为结果,并将其表示为模型中的准则。这可能是一个关键的建模错误,并极大地影响决策过程,包括对 θ 的偏好建模。此类问题的自然后果可能导致两种准则:C——技术总成本(考虑采购和运营成本);I——企业在客户面前作为一个自信的供应商的形象。

这种成分 θ 通过与结果的联系而被整合到模型中。结果函数(Berger,1985)建立这种关联并可以由概率关联 $P(x \mid \theta, a)$ 表示。例如,在购买机器的示例中,假设自然状态为 θ 且决策者选择备选方案 a,则 $P(x \mid \theta, a)$ 表示得到结果 x 的概率。

对于考虑到结果 C 和 I 的离散表示 θ_s,表 2.1 给出了具有自然状态的决策矩阵。在这种情况下,θ_s 可以代表需求的不同场景。

表 2.1　具有自然状态 θ_s 的决策矩阵

A	θ_1	θ_2	θ_3		θ_s		θ_t
A_1	$(C, I)_{11}$	$(C, I)_{12}$	$(C, I)_{13}$	…		…	$(C, I)_{1t}$
A_2	$(C, I)_{21}$	$(C, I)_{22}$	$(C, I)_{23}$	…		…	$(C, I)_{2t}$
…	…	…	…		…		…
A_i					$(C, I)_{is}$		
…	…	…	…		…		…
A_m	$(C, I)_{m1}$	$(C, I)_{m2}$	$(C, I)_{m3}$				$(C, I)_{mt}$

使用决策理论(Raiffa,1968;Berger,1985)研究了该成分的建模过程,其中包括多属性效用理论(MAUT)。决策模型可以包含 θ 的先验概率 $\pi(\theta)$,否则,使用诸如 MinMax(Raiffa 1968;Berger,1985)的适当程序在不确定性方法下进行决策。

因此,如果引入先验概率 $\pi(\theta)$,则概率建模任务将补充偏好建模。在概率建模中,分析人员采用启发式程序来获取 $\pi(\theta)$,该程序通常用于研究 θ 行为的专家。

2.3.6　步骤 6——偏好建模

这是该程序第二阶段的第一步。在这个阶段,将构建模型并选择 MCDM/A 方法,尽管两者都可以通过返回到先前的步骤来进行更改。

根据前面给出的漏斗视图,这个步骤与接下来的两个步骤非常相关,并且它们都与选择最终的模型有很大的关系。

在这个步骤中应该评估偏好结构。例如,偏好结构 (P, I) 应该与决策者一起检查,评估此结构是否适合于表示决策者的偏好。如果是,则可以应用传统的聚合模型,例如加性模型。

然而,如果(P,I)不够充分,则需要检查其他结构,例如考虑不可比关系的偏好结构(P,Q,I,J)。

分析人员可以通过检查偏好结构(P,I),例如传递性的一些基本属性以及决策者是否能够在结果空间中做出完整的预排序或排序来开始这个过程。这些属性对于结构(P,I)是必不可少的,并且可以通过检查P和I关系的结果来让决策者容易地评估这些性质。这种格式更多是概念性的,而不是操作性的,可以作为初步程序进行检查,因为在许多情况下,这些问题都包括在步骤8的激发程序中。

也就是说,第二阶段的步骤6~8可以以一种非常灵活的顺序进行,甚至是同时进行和整合。按照这种管理信息系统的概念,这一进程应该以非结构化的方式进行(Bidgoli,1989;Sprague,Watson,1989;Davis,Olson,1985;Thierauf,1982)。非结构化方法是由取决于决策者特性和可用性的过程极端交互性导致的。这个过程是递归的,有许多前进和后退的动作。这超出了图2.1所示的连续细化的范围。例如,在步骤6中,对P和I关系结果的评估可以作为步骤7和8激发过程的预期来完成。

此外,在某些决策背景下,此阶段的3个步骤可以按顺序进行,没有重复或返回。考虑到偏好建模过程的性质,一切都取决于决策者和决策背景。

在这个步骤中需要评估的一个重要问题是准则间补偿的合理性评估,如图2.6所示。

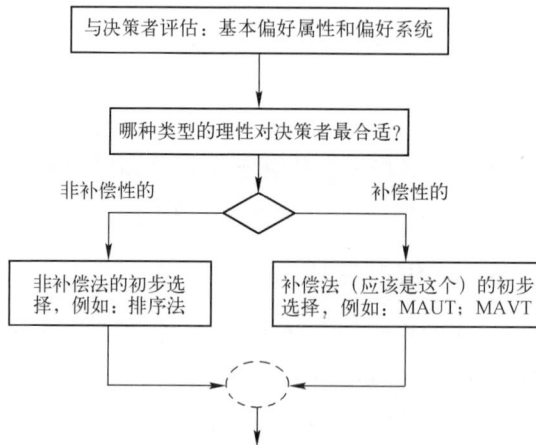

图2.6　补偿合理性评估

这种对补偿的评价是一个研究数量仍然非常有限且具有初步性质的问题。因此,由于之后的所有情况都取决于背景,这种评价可能会受到一些临时因素的影响。这是选择 MCDM/A 方法时的一个重要问题,这些方法的主要分为两类:补偿性方法和非补偿性方法。

但是,在很多情况下,在解决 MCDM/A 建模问题时,甚至都没有考虑到这个问题。在大多数情况下,偏好建模过程仅限于步骤 7 和 8(在许多情况下仅为此步骤),仅限于使用从一开始就用已经选择的方法对模型进行参数化。这类似于那句谚语:当人们认为任何问题都是钉子时,总可以使用锤子。补偿性和非补偿性合理性的概念与 Fishburn(1976)提出的概念有关。

因此,在对图 2.6 所示的模型进行评估之后,部分地进行 MCDM/A 方法的选择。部分原因是,步骤 7 和 8(主要在步骤 8 中)方法的最终评估是基于第一轮中已经选择的初始方法。例如,如果表示补偿合理性,则与加性模型相关的方法就是一个自然的起点。然后,在做出最终选择之前,对第一种方法的属性进行评估。

2.3.7　步骤 7——进行内部准则评估

该准则内评估包括引出价值函数 $v_j(x)$(可称为 $g_j(x)$),与准则 j 中不同结果性能的值相关。决策矩阵中给出的信息应该在这个步骤中产生。

这种内部准则评估取决于在前一节中 MCDM/A 方法的初步选择。另外,该步骤的结果可能对在步骤 6 中进行的 MCDM/A 方法种类预选择的修正产生影响。

关于前面步骤的影响,如果发现非补偿性方法是最合适的,那么对结果进行顺序评估就足够了。因此,如果已经对每个准则 j 中的结果偏好进行了排序,则可能不需要进行准则内评估。在这种情况下,可能只需要对一个通用标度进行标准化,但通常情况并非如此。

对于非补偿性方法,如优先排序方法,无差异和偏好阈值由内部准则评估组成,并在此步骤中进行。在此步骤中,还对常用的消去与选择转换方法(ELEC-TRE)的否决和不一致阈值进行了评估。应当注意到,可能需要一个间隔尺度,这取决于否决和不一致的规定。

对于补偿性方法,如合成型方法的唯一准则,应该考虑对结果的基本评价。因此,应采用启发程序获得价值函数 $v_j(x)$。该程序可产生线性或非线性的价值函数 $v_j(x)$。

对于概率结果,通常应用的术语是效用函数 $u_j(x)$,因为价值函数通常是应用于确定性后果的术语。因此,使用一种可用的效用函数启发程序(Keeney,

Raiffa,1976;Raiffa,1968;Berger,1985)来获得 $u_j(x)$。这些程序加入了对考虑概率结果的运气性事物的考虑(彩票),以便在决策者的结果之间进行选择。这些程序识别决策者的风险行为,可分为:中性、厌恶或易发风险。对于中性风险行为, $u_j(x)$ 是一个线性函数。对于厌恶和易发风险, $u_j(x)$ 是一个非线性函数。在启发过程中, $u_j(x)$ 的取值范围为 0 ~ 1。因此,线性函数 $u_j(x)$ 不需要归一化处理。应该注意,效用函数 $u_j(x)$ 是在区间尺度上给出的。

对于确定性结果,有一些可用的程序(Belton,Stewart,2002),其中可以非常容易地进行近似,并且可以应用部分信息来接近价值函数 $v_j(x)$。

首先,应该评估价值函数 $v_j(x)$ 是线性的还是非线性的。对于线性 $v_j(x)$,应采用归一化程序,验证 MCDM/A 方法的标度与所应用的准则间评估程序的兼容性。对于一些与加性模型相关的准则间启发程序,考虑了区间尺度。

在许多实际情况中,可以发现 $v_j(x)$ 的线性函数是最合适的。即使用非线性 $v_j(x)$ 表示,也有很多情况下线性函数可以被用作一种很好的近似,正如 Edwards 和 Barron(1994)所指出的那样,强调模型中的偏差可能比启发式误差更好。模型中的偏差意味着使用线性模型而不是非线性模型。

在这一点上,这可以说明所提出的灵活过程的优点,以及返回先前步骤修改的可能性。当考虑到函数 $v_j(x)$ 变化的影响时,可能表示为 $v_j(x)$ 非线性近似的线性逼近,可以在灵敏度分析步骤中评估其影响。如果 $v_j(x)$ 的变化改变了最终的建议,则可以返回到该步骤以便用非线性函数替换 $v_j(x)$。

步骤 7 可能会受到步骤 3 执行方式的影响,因为属性类型(自然的、构造的或代理的)可能会改变该步骤中的过程,并且在某些情况下,它可能已经引入了内部准则评估。对于构造属性来说,通常就是这种情况。在某些情况下,这甚至可能包括尺度的非线性。

根据所应用的问题类型,内部准则评估可能需要特定的问题,例如:排序或组合。

如果应用了排序问题,那么这个步骤包括对类别的概要文件进行评估,在这些类别中将对备选方案进行分类。这些配置文件涉及对每个类别的界限进行内部准则评估。

对于投资组合问题,应该非常仔细地考虑价值函数 $v_j(x)$ 的尺度。例如,在使用优先排序方法(如 PROMETHEE V)时,已经证明在量表中进行必要的转换需要额外的评估(de Almeida,Vetschera,2012;Vetschera,de Almeida,2012)。对于合成方法的唯一准则,基于加性模型,价值函数 $v_j(x)$ 应该使用比例尺度而不是区间尺度,这是许多启发过程所使用的尺度(de Almeida 等,2014)。

2.3.8　步骤 8——进行准则之间的评估

在这一步骤中,MCDM/A 方法的选择是在开始时做出或者是在之前已经做出了选择。该步骤中的准则间评估结果指向了 MCDM/A 模型的参数,并涉及准则权重的获取过程。这种评价很大程度上取决于所选择方法的种类。由于不同方法权重的含义不同,因此启发程序取决于所选择的方法。

在加性模型中,权重的含义通常表示为尺度常数 k_j,它不仅涉及准则的重要性,而且它们的引出与各准则中的价值函数 $v_j(x)$ 的尺度有关。实际上,与准则聚合的加性模型相关的 MCDM/A 方法很多,其中主要区别在于 k_j 的启发过程。

对于加性模型,也有间接过程,其中决策者对一些备选方案的全局评估做出推断。这种方法通常被归类为一种解决方法。

关于优先排序方法,权重的抽取与补偿方法完全不同。在这种情况下,权重的含义与准则的重要性密切相关,并且在考虑该问题的情况下获得。

在包括 MOLP 方法的交互式方法组中,通过与决策者和系统进行对话的交互式过程(通常是决策支持系统(DSS))来完成准则内评估。决策者在每个对话动作中给出偏好信息,该交互由系统的计算动作替代。决策者通过考虑与所讨论的决策背景相关的结果空间来看待问题。

对于加性模型的经典启发式程序也有许多不同的适应方法,其中部分信息是必需的,使用交互程序获得。

对于使用多属性效用理论(MAUT)的概率结果,有很好的结构化启发程序来获得准则效用函数聚合的尺度(Keeney,Raiffa,1976)。

这一步骤结束了该进程的第二阶段,有两个重要结果:

- 建立了决策模型;
- 选择了 MCDM/A 方法。

现在,开始第三阶段以解决该问题,回顾一下,可能会返回并修改先前的步骤,并且模型可能会改变。

2.3.9　步骤 9——评估备选方案

这是该程序第三阶段的第一步,即最终定稿。在该步骤中,根据提出的问题评估该组备选方案,并且应用了决策模型。

这个步骤很简单,主要包括在决策模型中应用算法来评估备选方案集。

该步骤很少会产生需要返回到前一步骤的情况,并且后续的细化在该步骤中没有位置,尽管这在模型中可能会表示为一种模糊的可能性。

这一步骤的输出仍然不足以进行先前步骤修订所需的评估。实际上,关于备选方案的最终结果将在下一步中进行最终整合。

2.3.10 步骤10——进行敏感性分析

步骤9的结果包括关于模型参数及其输入数据的变化的初步建议,该建议必须对过程的鲁棒性进行分析。该步骤可能表示建议是:对输入数据或模型特征具有鲁棒性或敏感性。此外,这个步骤可能表明,在先前步骤的修订之后,由于一些假设或输入数据,或者甚至是模型中任何不恰当的简化,例如在启发过程中,应该重新评估步骤9中的结果。

也就是说,该步骤检查步骤9(模型输出)的结果对输入数据和模型参数的变化有多敏感。关于数据,任何组织都可能有不同近似程度的不精确数据,其影响可以在此步骤中进行测试。此外,建立模型的过程可能会有某种程度的近似,其影响可以在敏感性分析中进行评估。

对于模型给出的每个问题的解决方案,通过敏感性分析检查不同的问题,并且可能需要不同的程序。

对于每一个问题,检查下列问题(模型输出中的更改):

● 对于选择问题,输出可以提供步骤9以外的其他替代选项,作为问题的解决方案。如果是,则需要评估:有多少个备选方案;在哪些备选方案中发生这种情况;这种情况发生的频率。

● 对于排序问题,输出结果可能会改变排序中某些备选项的顺序。如果发生这样的情况,那么就需要重新评估:这种情况发生的概率;会在哪些备选方案中发生;这些变化的意义。

● 对于分类问题,输出可能在除了步骤9中发现的类之外呈现一些备选方案。如果是这样,那么就需要重新评估:这种情况发生的频率;会在哪些备选方案中发生;这些变化的意义。

● 对于投资组合问题,输出可能呈现步骤9以外的投资组合作为解决方案。如果是这样,那么就需要重新评估:有多少个投资组合;在哪个频率下发生这种情况。

如果未观察到任何更改,则表示该模型对于该特定输入数据集是鲁棒的。可能发生的是,模型对于一组输入数据似乎是鲁棒的,而对于另一组输入数据则可能是相反的情况。重要的是要检查模型及其参数以及输入数据。

如果在模型输出中发生了更改,则有必要研究这种情况的不可接受程度。此外,影响此更改的特定输入数据或参数也是重要的信息,这可能有助于评估是否应返回到之前的一些步骤进行模型的修改。在这一点上,值得注意的是,没有一个正确的模型,只有一个有用的模型。

敏感性分析可以基于对模型的数学结构分析或通过改变输入数据来对模型进行数值分析。尽管对模型进行了简化,但模型的复杂性可能仍需要进行数值分析。

文献中有许多灵敏度分析的程序,本书中没有详细介绍,本书的主要重点是讨论该程序在模型建立过程中的作用。因此,针对这一焦点,考虑以下两种敏感性分析:

- 用于在综合过程中评估整体模型,包括所有的参数和输入数据;
- 用于特定参数或输入数据的特定分析。

前一个过程包括通过同时更改模型输入数据和参数的子集或所有集合来评估整个模型。在这种情况下,可以采用蒙特卡洛仿真方法。在这个过程中,随机生成子集或所有数据集,并应用于模型中以检查结果。考虑到存在的问题,为了比较输出变化的频率,这个过程要重复很多次(可能是几十万次)。需要考虑的是,通过应用一些统计假设检验,这些变化有多显著,正如 Daher 和 de Almeida (2012) 所证明的那样。

每个数据片段的变化都是根据模型考虑并在步骤 9 中应用的名义值的范围建立的。该范围是根据建模过程中对特定数据块的假设和近似的考虑而指定的。一般来说,应用名义值附近的百分比,例如,±30%、±20% 或 ±10%。根据在建模过程中观察到的不精确的性质,应该对数据的随机生成应用概率分布,例如,可以应用均匀的、三角型或正态概率分布。

第一个过程包括对模型的全面评估,并可能表明是否有必要继续进行第二个过程。该程序的结果包含在提交给决策者在步骤 11 完成的建议中。

第二个过程实现起来非常简单,包括更改特定的感知变量。每次对每个变量进行一次评估,以检查其在模型中的特定影响。该程序在建立模型的过程中可能具有重要的管理作用。在这个过程中,可以作出决定以简化过程中的某些步骤。这可能是由于可用时间有限或收集信息(优先数据或事实数据)的高成本所造成的。

可以对下列问题做出一些简化:

(1) 模型的一般性假设;
(2) 初始过程中的参数简化近似,例如权重值的选择;
(3) 关于模型内部特定分析结构的假设;
(4) 使用部分信息对输入数据或模型参数进行近似估计。

例如,假设由于对决策者时间的限制,在步骤 8 中的启发过程已经考虑了准则权重的近似值。然后,在该过程中,可以评估权重变化的特定影响,以便检查准则权重中的近似是否足够。如果没有相关的变化,那么模型中的简化可能被认为是无害的并且结果可以被接受;否则,应该评估返回到步骤8并重复启发过程的可能性。

决策者可能认为在该步骤中产生的其他解决方案等同于在步骤9中呈现的名义解决方案,因此,可以接受模型的结果。替代方案的性能接近可能会导致这种情况。

可以为输入数据提供第二个示例,例如实现每个备选方案的成本估算。对实施项目的费用估计在许多情况下都是近似的。在这种情况下,敏感性分析的第二个步骤可以通过返回到步骤3来表明这种近似的影响是否相关以及是否应该重新评估。

这一步得到的结果与步骤9给出的解决方案相关。决策者不仅要知道模型给出的替代方案,还要知道模型简化对这个结果的影响。

此外,在构建模型的整个过程中,还有一个深入的考虑。由于敏感性分析可以指出模型简化会如何影响结果,因此,这种可能性可能会影响分析人员在简化建模过程方面的决策。也就是说,连续细化的可能性可以近似,任何花费成本或耗时的步骤都可能以初步的近似方式进行,并且在评估这些近似对步骤9结果的影响之后,预计会重复进行。

这可能表明,在用于产生有用模型的构建过程的背景下,作为现实简化的某些步骤的严格程序可能是无用的。因此,在构建模型时,分析人员在评估决策者和组织环境时必须非常小心。

2.3.11 步骤11——拟定建议

在最后一个步骤结束后,如果不需要重新修改之前的步骤,那么在这个步骤中,将通过分析最终的结果并为决策者生成报告以及最终建议,来完成最终的确定。

前两个步骤产生的主要议题将包括在向决策者提出的建议中。此外,关于模型的假设和简化的主要考虑因素也应包括在提交给决策者的报告中。

也就是说,决策者并不仅仅给出步骤9中指示的解决方案,这仅是建议的一部分。决策者必须意识到建模过程中的简化及其对所提出的解决方案的影响。这种报告可能对今后关于通过实施替代方案所取得成果的评估非常有用。

一份好的报告向决策者表明了解决方案的可信程度。决策者应该通过这份报告知晓模型的性质。决策者应该明白没有正确的模型,而模型的有用性才是需要评估的主要问题。

2.3.12 步骤12——实施行动

最后,在决策者收到建议并接受建议的解决方案之后,其实施过程就可以开始了。这可能是简单且直接的,也可能是复杂且耗时的。后一种情况可能需要特别注意。此外,决策的方式可能会影响实施过程(Brunsson,2007)。

复杂的实施过程可能与决策过程一样复杂,并且可能需要花费比决策过程本身更多的时间来完成。在这种情况下,实施过程有时候可能由决策者以外的行动者执行,他们可能害怕预期结果的变化。

例如,与公共政策相关的决策的实施过程可能非常复杂,需要花费大量的时间,复杂的解决方案可能会随着时间的推移而改变格式,从而导致结果与决策过程中预期的结果不同。

当执行实施行动的参与者在过程中引入可能改变解决方案格式及其预期结果的修改时,可能会发生预期结果中的合理更改。在这些情况下,决策者可能与控制解决方案的内容有关,尽管在某些情况下无法做到这一点。分析人员应该意识到这一点,因为这可能影响决策者在实施过程中对后果和备选方案(如果后者可能改变的话)之间关系的看法。

还有另一个时间问题,与应该在何时开始实施过程有关。与决策过程的时间相比,启动过程的最后期限可能是相当长的。这可能是有争议的,因为提出建议的时间可能很短,因此导致了一个紧张的模型构建过程,并且最终在开始实施之前有更长的时间可用。当组织需要宣布所做出的决定并且在开始实施行动之前仍有一段时间可用时,可能需要这样做。

在这种情况下,可以在该步骤中引入一个拖延过程。拖延过程包括在实施解决方案之前引入和管理延迟,以便可以对决策重新进行评估。拖延(Partnoy,2012)是在采取正确的行动比采取更快的行动更为重要的指控下产生的。在这种情况下,拖延,即花时间思考选择的解决方案是明智的做法。这段思考时间可能允许对所做的决策进行修改,从而从已经进行的整个过程中获得新的见解。

在某些情况下,管理这种延迟比决策过程的其他步骤更重要。因此建议在步骤12中引入子步骤,并在其中实现延迟的管理。

在拖延过程中,谨慎是最重要的,因为超过截止期限的拖延可能会带来可怕的后果,甚至在某些情况下使所选择的解决方案变得不可行。

关于决策过程的时间安排(de Almeida,2013a),在此程序的12个步骤中有两个主要的截止日期需要考虑:

- 在步骤11中选择最终解决方案并提出建议的截止期限;
- 开始实施过程的最后期限。

整个调度和时间管理过程如图 2.7 所示。上述第一个期限主要在第一和第二阶段起作用。第一和第二阶段的制定时间与决策模型的建立有关,如图 2.7 漏斗最后一部分的模型建造(选择)所示。在这些阶段中,最后期限是一个约束,迫使分析人员在第一和第二阶段中简化模型。更长的期限允许建立模型的过程更加谨慎,从而产生更精细的模型。第三阶段的前两个步骤则更具技术性,并且需要花费时间。在这个阶段,分析人员关注的是模型的应用。

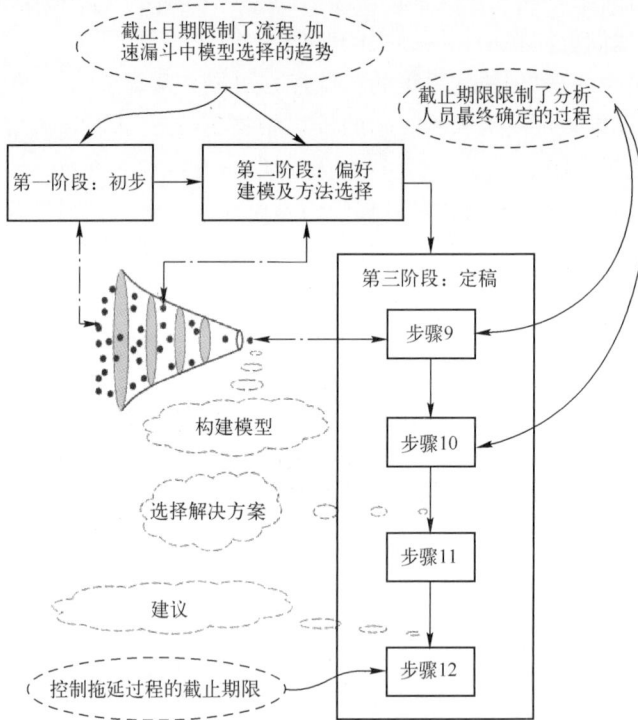

图 2.7　决策过程中的时间管理

时间管理的剂量是一个重要的问题,因为它建议在两个相反和有害的趋势之间取得平衡:过度简化过程和为了不必要的改进而保留过程。

第二个截止日期与最后一步有关,因为已经做出了决定。对第一个截止日期的关注已经结束,注意力主要集中在开始行动的最后期限上。此时,可能会引入拖延的过程,并且必须谨慎管理该截止日期。此时,截止日期允许延迟,以便决策者在实施之前有机会审查之前所做出的决定。这个过程与组织环境密切相关,决策者应该对这种延迟管理非常谨慎。

2.3.13 准则的尺度及标准化问题

正如在偏好建模中一样,在准则间评估中,结果的性能可以用数字表示,这些数字以给定的比例呈现。提出准则的尺度可以定义选择 MCDM/A 方法的可能性。例如,如果结果矩阵或决策矩阵中给出的信息规模仅提供序数信息,那么我们就可以识别出给定的后果可能是比其他结果大或小,但不能测量出多少。在这种情况下,式(1.1)中的加性模型可能不适用。因此,尺度对所使用的方法施加了约束。

熟悉这些尺度及其相关的规范化程序(Polmerol, Barba – Romero, 2000; Munda,2008)是处理 MCDM/A 问题的重要问题。

首先,可以考虑两种尺度:①数值尺度;②语言量表。在这些数值尺度中,以下是本书的主要内容:比例尺度、区间尺度和序数尺度。

序数尺度是具有最低程度信息的量表。在这个尺度上,数字只代表了分配给集合中元素的顺序,它们没有基数性,因为人们可以说 4 是 2 的 2 倍。使用此尺度时,不允许使用基本算术运算,例如求和。如果一个决策问题以这样一种方式出现,其中的一些准则是在序数尺度中提出的,那么应该使用序数方法。考虑到近似,仔细考虑另一种方法是可能的,在这种情况下,从结果中得出结论时应该要小心。

许多语言量表和数字尺度被应用于准则的结果,以主观尺度为代表,最终呈现的信息仅与序数尺度一致。实际上,大多数通过使用口头或数字尺度主观评价从决策者中收集的信息与基数尺度不一致,除非采用适当的程序来确保它们一致。

比例尺度是信息量最大的尺度。顾名思义,在这个尺度中,基数是两个数字之间的比率。例如,一个物体的重量在这个尺度上呈现,这意味着 4kg 是 2kg 的 2 倍。比例尺度具有单位和原点,以刻度的零点表示,表示无属性。也就是说,0kg 意味着没有重量。在这个尺度中,可以进行以下类型的转换,并保持尺度属性:$y=ax,a>0$。在这一转变中,保持原点并改变单位,这就是当重量标尺在千克和克之间变化时发生的。长度和时间是比例尺度的其他例子。

在区间尺度上,基数是两个结果之间的区间。在这个尺度中,可以应用以下线性变换,保持区间尺度的性质:$y=ax+b,a>0$。在这个变换中,单位和原点分别被 a 和 b 改变。在这个尺度中,零的含义与在比例尺度中的不同。零表示刻度的最小值(这在 MCDM/A 问题中很常见)。温度是区间尺度的一个例子。在这个尺度上,考虑到摄氏温标,不能说 40℃ 是 20℃ 的 2 倍。我们可以说从 10~30℃ 的温差是从 30~40℃ 温差的 2 倍。上述线性变换可以应用于温度,因此在从摄氏温度(x)变为华氏温度(y)时,可以应用 $y = (9/5)x + 12$。

语言量表应用于许多 MCDM/A 问题中,并且可以被转换为数值尺度以便整合到决策模型中。这个尺度可以是序数或基数(比率或间隔),这取决于所应用的启发过程。然而,在大多数情况下,要求决策者声明一组结果的语言量表这一简单的过程会产生一个顺序的评估。经常使用的语言量表为李克特(Likert)量表(Likert,1932),其中用于评估等级的数目限制为 5 个(存在变化,比如 4 级量表),这是由于人类在多个等级(例如 10 级量表,1~10)中进行评估的认知能力有限,这往往是不够充分的。

结果矩阵中表示的准则结果的尺度类型会导致选择 MCDM/A 方法的约束。此外,决策矩阵中所示的价值函数 $v_j(x)$ 的尺度类型是根据所需信息的必要程度和需要完成的转换类型来选择的。

在许多 MCDM/A 方法中,如效用理论中都采用了区间尺度,它是公理化的结构。该量表提供了一条信息,对于比较两种备选方案具有特别的相关性。它显示了从一种替代方案到另一种方案添加了多少性能。在许多情况下,决策者都想知道,从一个位置到另一个位置需要增加多少。当然,比例尺度也具有间隔基数,因此,提供了与区间尺度相同的信息。

区间尺度或比例尺度都适用于如式(1.1)中基于加性模型的方法。区间尺度包括一个附加特征,它可能导致区间尺度成为基于加性模型的许多方法的首选尺度。在该尺度下,准则 j 结果的最小值(x_{min})设置为零,因此 $v_j(x_{min}) = 0$。由于结果最大值(x_{max})设置为1,因此 $v_j(x_{max}) = 1$。在这个尺度中,($x_{max} - x_{min}$)的范围被减小到最小,即 0~1。相比之下,对于 0~1 的量表,在比例尺度下的范围($x_{max} - 0$)更高。这使得区间尺度能更精确地估计偏好建模过程中的主观价值。

式(1.1)中的模型存在一个特定情况,其中区间尺度是不够的。当在投资组合问题中使用 MCDM/A 时,可能不应用区间尺度,因为它会由于该尺度造成的规模效应而导致错误的解决方案。在这种情况下,应该使用比例尺度(de Almeida 等,2014)。对于其他 MCDM/A 方法,也会出现类似的情况(de Almeida,Vetschera,2012),需要实施附加的程序。

如果在准则内评价中得到的价值函数 $v_j(x)$ 是线性的,则通过归一化程序可以得到决策矩阵中产生的信息。应该注意的是,MCDM/A 中"规范化"一词的含义与它在规范化统计过程中的含义不同。

标准化过程包括执行尺度转换,以便将所有准则更改为相同的尺度,因为某些方法(例如式(1.1)中的加性模型)需要这样才能计算出聚合过程。这些程序可能会改变原尺度的统一性或原点。

管理指数(或管理指标)的指定与准则的尺度及其规范化过程之间有着密

切的关系。如果这些指数必须显示目标的性能水平,那么它们应该与决策者的偏好相关联。

在 MCDM/A 方法中,通常情况下,这种标准化转换的范围是 0~1。在这种情况下,最不优选的(x_{min})和最优选的(x_{max})结果分别为 0 和 1。

考虑了表 1.1(结果矩阵)给出的离散结果集,以及随着 x 值的增加而增加的偏好,下面给出了一些归一化程序:

程序 1:$v_j(x) = (x - x_{min})/(x_{max} - x_{min})$

程序 2:$v_j(x) = x/x_{max}$

程序 3:$v_j(x) = x/\sum_{i}x_i$

对于所有的程序,$v_j(x)$ 的值在区间 $0 \leqslant v_j(x) \leqslant 1$ 中。

程序 1 使用区间尺度,$v_j(x)$ 的值可以解释为范围的百分比($x_{max} - x_{min}$)。在这个过程中,0 表示最小值 x_{min}。当然,这个过程并不保持 x 的比例关系。也就是说,$v_j(x_k)/v_j(x_l)$ 的关系可能与 x_k/x_l 的关系不同。

程序 2 维护 x 的比例,使用比例尺度。$v_j(x)$ 的值可以解释为 $X(x_{max})$ 最大值的百分比,指示在结果矩阵中到领先备选方案的距离。在这个过程中,零表示 $x=0$。

程序 3 维护 x 的比例,并使用比例尺度。$v_j(x)$ 的值可以解释为 $X(x_i)$ 所有结果之和的百分比,表示在结果矩阵中到领先备选方案的距离。在这个过程中,零表示 $x=0$。这一程序在准则权重标准化中得到了广泛的应用。

2.3.14 构建 MCDM/A 模型的其他问题

本节讨论了构建 MCDM/A 模型的一些具体问题,例如心理陷阱、方法的选择、准则的补偿以及 Simon 模型的情报阶段。

1. 心理陷阱

在偏好建模的启发过程中,在行为决策文献中讨论了一些心理陷阱,它们会影响决策者获取的信息的质量。这是相关的,因为决策者要包含在模型中的首选项是基于主观的信息。Simon(1982)讨论了一般人对理性的局限性。

下面简要介绍了一些心理陷阱(Hammond 等,1998):

● 锚定——在做出任何主观评价之前,人们倾向于对收集到的信息(印象、估计、数据)给予强烈的重视。这应该以将偏好问题提交给决策者或向专家提出事实问题的方式来考虑。

● 现状——有一种选择维持现状的行为的倾向。这可能导致确认和重复过去的决定。

● 估计和预测——一般来说,人们擅长于以确定性的方式估计时间、距离等。然而,在考虑不确定性的情况下做出的这些估计是不同的。另外,决策者通常需要对他们的决策做出这样的估计。

- 过度自信——决策者倾向于对自己的准确度过于自信,从而自然地引导他们在偏好诱导过程中出现错误判断。这是影响决策者充分评估概率的陷阱之一。

关于估计和预测陷阱,Hammond 等人(1998a)指出,决策者很少得到关于他们必须做出的估计准确性的明确反馈。结合敏感性分析的结果,上述决策过程中连续细化的特征可以将这种情况最小化,尽管这并不能提高未来估计的准确性。

向决策者提出问题的方式可能会在这些陷阱中引发错误。例如,启发程序给决策者带来的选择越多,选择现状的机会就越大(Hammond 等,1998a)。

Hammond 等人(1998a)提出了应对这些困难的建议。他们还提出了其他心理陷阱,包括:证实证据,框架和谨慎。

2. MCDM/A 方法的选择

在文献中,没有太多的研究涉及选择合适的 MCDM/A 方法的决策问题。然而,这种情况似乎正在发生变化。对方法和问题之间匹配的关注有所增加,并可能影响经典方法的适应性,甚至影响混合方法的开发和使用。后者需要许多注意事项,因为不同公理结构的整合可能会导致严重的错误。一些研究涉及这个问题,Roy 和 Slowinki(2013)提出了几个问题来指导方法的选择。

上述建立 MCDM/A 模型的过程非常强调选择多准则决策方法的问题,特别是与决策问题的匹配,这是该问题的核心所在。该程序的第二阶段专门讨论该主题。

在选择方法时应注意几个因素,这些因素与模型构建过程的背景密切相关,可能包括:

- 分析问题的本质,这是整个过程的核心特征;
- 面临的问题背景,包括组织问题,以及做出决定所需的时间;
- 决策者的偏好结构。

但是,分析人员对该方法的偏好可能在此过程中发挥重要作用,这可能会为该过程带来伦理上的考虑。Rauschmayer 等人(2009)讨论了建模过程中的伦理问题。他们指出,方法的选择及其参数化不是中立的,如果出现以下情况,就可能会带来道德问题:

- 结果的扭曲是为了决策者和组织以外的其他方利益而产生的问题;
- 这些假设没有与决策者共享;
- 这些假设是恶意选择的。

应当指出的是,上述程序的步骤 11 仔细考虑了上述第二个问题,因为所有这些资料都应列入建议报告中。

选择 MCDM/A 方法的主要问题之一是,正如构建 MCDM/A 模型过程的步骤 6 所强调的,评估决策者在补偿和非补偿合理性方面的偏好结构。Simon(1955)在许多 MCDM/A 方法被开发出来之前就指出了这个问题的重要性。Bouyssou(1986)对补偿性和非补偿性的概念进行了评述,并讨论了一些公理性问题。

据 Vincke(1992)所说,选择聚合准则的方法,例如加性方法,等同于在这些准则中选择补偿类型。Roy 和 Slowinki(2013)关注了这个问题,在选择方法时,他们提出了这样一个问题:"在某些准则上,由在其他准则上的良好表现来补偿不良表现是否可以接受?"

虽然构建 MCDM/A 模型的第 6 步包括对决策者是否愿意进行补偿的评估,但没有详细说明如何处理这个问题。实际上,对于决策者是否愿意进行补偿的评估,仍有许多研究工作要做,这对于方法的选择是一个极其相关的因素。

3. 构建模型过程中的 Simon 情报阶段

上述构建 MCDM/A 模型的过程不包括用于 Simon 决策过程模型的情报阶段(Simon,1960)。此过程假定在 Simon 模型的设计阶段开始时已经发现了一个问题。图 2.8 显示了该情报阶段如何与上面描述的构建决策模型的过程相结合。

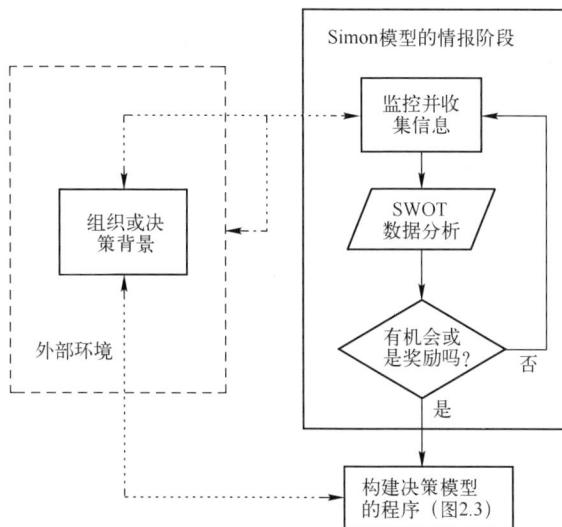

图 2.8　整合 Simon 模型的情报阶段

这个情报阶段需要对组织或决策背景的状态进行持续监控,在此过程中建立对决策过程及其外部环境的关注。

这种监控过程可以在任何时候表明需要注意的情况,然后对收集的数据进行分析,以确定是否存在待解决的问题,其中可能包括有待探索的机会。如果是这样,则初始化上述过程。

这种监控过程与战略管理过程密切相关,在战略管理过程中对组织的内部和外部环境进行诊断分析。此外,Keeney(1992)提出的VFT方法可以考虑应用于图2.8所示的模型中。使用VFT方法,将指导监控过程。

2.3.15　在 RRM 环境中构建 MCDM/A 模型的启示

在风险性、可靠性和可维修性环境下的多准则决策模型中,不确定性通常是特定的。也就是说,在确定性情况下的决策可能仅仅是模型的简化。这也可能是合理的:当随机变量的可变性不显著时,或者当对变量使用概率分布的分位数(如准则)时,可以作为一个很好的近似。

对于前者,确定性近似是非常有用和合理的。可以应用随机变量的均值,因为假设标准偏差过小。

对于后一种形式,通常采用确定性方法,尽管这种近似需要考虑许多问题。该程序的替代方案是将准则分解为两个:随机变量的均值和标准差。分析人员应该非常仔细地评估,决策者能够更好地理解这些可能性中的哪一种。分位数的选择应该被认为是决策者理解的最佳选择;例如,分位数可以是90%或80%的分布。

应该注意的是,确定性 MCDM/A 方法主要应用于可靠性和维修环境中。表2.2来自一项文献综述,显示了在维修和可靠性问题中使用不同多准则决策方法的百分比(de Almeida 等,2015)。

表 2.2　MCDM/A 方法在可靠性和可维修性研究中的应用

方　　法	百分比/%
Pareto Front	48.39
MAUT	10.22
AHP	9.68
MACBETH 或 MAVT	8.60
Goal Programming	3.23
ELECTRE	2.69
PROMETHEE	2.15
TOPSIS	1.08

可以观察到,在大多数情况下似乎都应用了确定性模型,因为不清楚在这些方法中进行了多少概率适应性调整。人们可能会想,这在多大程度上与模型本身的简化或分析人员选择的偏差有关。

这个问题是有意义的,因为可靠性和维护环境与其概念中的风险因素密切相关。关于 MCDM/A 中不确定性的一个有趣的参考资料(Stewart,2005)显示了不确定性的不同含义以及如何处理它们,包括一些对从业者的指导原则。此外,Cox(2009)也考虑了许多与不确定系统风险分析相关的问题。例如,他讨论了一些定量风险评估的局限性,例如频率,这通常用于解释风险,但却没有足够的信息来做出明确的决策。

1. 风险背景下的 MCDM/A 模型

关于风险背景,文献中有许多关于风险及其感知的概念(第3章将讨论这个主题),其中一些只考虑特定背景的概率。但是,如果做出决定,则应考虑后果。此外,该模型应该包含决策者对这些结果的偏好。事实上,一个没有考虑决策者偏好的“决策过程”并不是一个真正做出决策的过程,正如第1章末尾所讨论的那样。

Cox(2012)认为,应用效用函数而不是简单的风险公式(由诸如揭示、概率和后果等术语组成)使得决策者的风险态度得以考虑,从而提高决策过程的有效性以降低风险。Cox(2009)讨论了许多与风险背景下的决策过程相关的问题,包括使用风险矩阵和规范决策框架进行风险评估的局限性。

风险环境中的另一个经典问题是决策质量与最终得到的实际结果之间的直接关联。事实上,在做出决定时,由于该过程中存在不确定性,决策者无法保证最好的结果。因此,只有在做出决定时才能评价期望值。一般来说,对于许多决策者来说很难理解,分析人员应该知道如何通过向决策者澄清所有这些问题来处理,而不是使用不适当的模型来简化将要显示的内容。在向决策者提出建议时,应在第11步做出这些澄清。

2. MCDM/A 模型或效用函数评分的解释

在文献中关于解释由效用函数给出的备选项分数给出了许多关注。一般而言,这种关注扩展到任何 MCDM/A 方法,该方法给出备选方案的最终得分,从而表示基于多个准则聚合的全局评估。为了比较替代方案,对于每个特定的方法,这些数字都可以根据尺度的特性来解释。

如果该方法使用比例尺度,考虑到不同备选方案得分的比例,比较容易产生备选方案的比较。例如,在一个有选择的问题中,第一种选择可能比第二种好2倍,或者比第二种好20%。

即使对于一个特定的尺度,例如比例尺度,这个尺度的意义也可以通过考虑

该方法背后的合理性来解释。例如,在 PROMETHEE(偏好顺序结构评估法)Ⅱ
方法中,分数是在非补偿理性范围内基于准则权重的总和。

对于适用于许多多属性价值理论(MAVT)方法的效用函数的区间尺度,可
以基于该尺度的性质来比较备选方案。

区间尺度允许在备选方案之间进行增量比较。也就是说,要考虑备选方案
得分的差异。但是,也可以考虑在两种差异之间的比率,如第 4 章所示[参见方
程式(4.13)和式(4.14)]。因此,可以使用差分比率 DR 来解释与备选方案相
关的值,使得

$$DR = \frac{v(a_p) - v(a_{p+1})}{v(a_{p+1}) - v(a_{p+2})}$$

式中:p 为备选方案 a_p 获得的排名位置;$v(a_p)$ 为备选方案的得分。

通过对这些 DR 结果的分析,决策者能够感知两对备选方案之间的距离,如
表 2.3 所列。

表 2.3 用区间尺度分析 MCDM/A 方法的得分

备选方案 i	备选方案的位置(p)	价值/效用函数	间 隔	间隔比(DR)
A_2	1	0.70	0.10	0.77
A_5	2	0.60	0.13	6.50
A_1	3	0.47	0.02	0.40
A_3	4	0.45	0.05	1.00
A_7	5	0.40	0.05	5.00
A_8	6	0.35	0.01	0.04
A_4	7	0.34	0.24	…
A_6	8	0.10	…	…

表 2.3 中,第二列为备选方案的位置,第三列为备选方案的得分,第四列为
备选方案得分增量的比较。第五列是差分比率 DR,从中可以看出,从 A_1 到 A_5
的分数增量是从 A_3 到 A_1 分数增量的 6.50 倍。

向决策者解释这些结果的另一种可能的方法是,考虑两个备选方案之间的
差异及整个范围的比值,由最好和最差分数之间的范围给出。这种差异可以表
示为整个范围的百分比。也就是说,在表 2.3 中,整个范围是 $v(A_2) - v(A_6) =$
0.70 - 0.10 = 0.60。因此,备选方案 A_5 和 A_1 的得分差异是整个范围的 22%,
而备选方案 A_1 和 A_3 的得分差异则为 3%。

这些指数的应用将在第 4 章给出。在评估其中哪个指标最适合决策者理解

之后,分析人员可以使用这些指数中的任何一个。

　　3. 与风险评估相关的悖论和行为问题

　　关于模型在风险环境下预期效用函数的使用,有几个悖论是分析人员应该注意的。在描述性视角下,行为决策研究对这些悖论进行了分析。

　　还有其他一些方法可以处理一些特定的情况,如等级依赖效用(RDU)和前瞻性理论(Edwards 等,2007;Wakker,2010)。

　　有许多关于风险的情况不容易集成到决策模型中。这种被称为"黑天鹅"的事件,与所谓的"黑天鹅理论"有关,可能就是这种情况的一个例子。这个事件与一种非常意外(非常低的概率)且具有非常不希望出现的结果的发生相关。这些都是罕见的事件,会造成巨大的损失。一般来说,它们的评价在期望的价值原则上不被接受,因为如此巨大损害的价值被极低概率所带来的价值所减少。

　　另外,尽管在文献中对预期效用函数的使用有很多关注,但分析人员应该意识到,在许多情况下,这些行为问题与许多实际问题无关。有必要理解它们的含义,并在相关的时候进行评估。但是,在许多情况下,这些问题被不恰当地公布出来,只是为了证明其他不充分方法的合理性。

2.4　多准则决策方法

　　本节简要概述了 MCDM/A 方法,重点介绍在实际应用中最常见的方法,并与最适合 RRM 背景的方法进行平衡。

　　首先介绍了与合成唯一准则相关的方法,然后介绍了一些优先排序方法。由于 RRM 背景下的大多数问题都是非线性问题,因此非常简要地提到了与MOLP 相关的交互方法。下一节将讨论用于处理多目标模型的启发式和进化多目标算法。

2.4.1　确定性加性聚合方法

　　这是聚合准则中应用最广泛的模型之一,通常被归类为多属性价值理论(MAVT)(Belton,Stewart,2002),属于一类具有独特综合准则的方法。MAVT 考虑确定性后果,而多属性效用理论(MAUT,见下一小节)处理概率后果(Keeney,Raiffa,1976)。

　　可加性模型也称为加权和模型,在本书中首次在式(1.1)中进行了介绍,下面在式(2.1)中重新引入作为提示参考。其中全局值($v(x_i)$)可以作为一个结果向量 $x_i = (x_{i1}, x_{i2}, \cdots, x_{in})$,变量 i 与式(1.1)中全局值 $v(a_i)$ 的变量 a_i 是一样的。

$$v(\boldsymbol{x}_i) = \sum_{j=1}^{n} k_j v_j(x_{ij}) \tag{2.1}$$

式中:k_j 为属性或准则 j 的比例常数(权重);$v_j(x_{ij})$ 为对于选项 i 而言,准则 j 的结果值;x_{ij} 为准则 j 的替代方案 i 的结果。

比例常数通常满足

$$\sum_{j=1}^{n} k_j = 1 \tag{2.2}$$

1. 加性模型的属性

加性模型具有一些应在决定其应用之前检查的属性。为了实际建模的目的,本节简要描述了其主要特性。

该模型遵循偏好结构(P,I),在偏好结构中可以获得一个完整的逆序或者完整的顺序。对于两个结果 x_z 和 x_y,此结构满足以下条件:①$x_yPx_z \Rightarrow v(x_y) > v(x_z)$;②$x_yIx_z \Rightarrow v(x_y) = v(x_z)$。因此,该模型的一个假设是决策者(DM)能够比较所有结果并对其进行排序。传递性属性适用于偏好关系 R,不管是 P 还是 I,如果还满足 x_wRx_y 和 $x_yRx_z \Rightarrow x_wRx_z$,这样就产生了三个结果值:$x_w$,$x_y$ 和 x_z。

该模型的另一个特性是准则之间的相互偏好独立条件(Keeney,Raiffa,1976)。设 Y 和 Z 为两个准则,当且仅当 Y 空间中的条件偏好(给定的准则内评估,不同等级 y,如 y' 和 y'')给出时,Y 和 Z 之间的偏好独立性发生。给定某个等级的 $z=z'$,不取决于 z 的等级。即对于所有的 z、y' 和 y'',都有 $(y',z')P(y'',z') \Leftrightarrow (y',z)P(y'',z)$。

这一特性可以正式地呈现在以下公式中(Vincke,1992)。设 a、b、c 和 d 是具有两个准则 Y 和 Z 的结果空间中结果的 4 个向量。如果以下条件成立,则 Y 和 Z 是优先独立的:如果对准则 Y,$v_y(\boldsymbol{a}) = v_y(\boldsymbol{b})$ 且 $v_y(\boldsymbol{c}) = v_y(\boldsymbol{d})$,对于准则 Z,$v_z(\boldsymbol{a}) = v_z(\boldsymbol{c})$ 且 $v_z(\boldsymbol{b}) = v_z(\boldsymbol{d})$,则有 $\boldsymbol{a}P\boldsymbol{b} \rightarrow \boldsymbol{c}P\boldsymbol{d}$。这在图 2.9 中进行了说明。

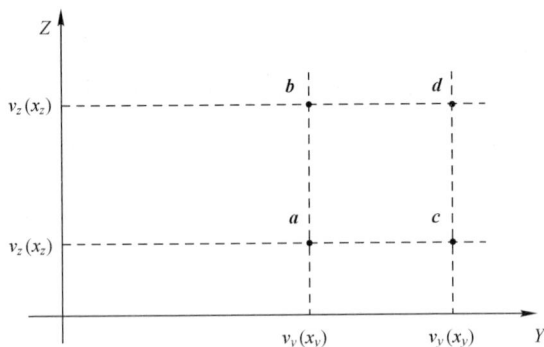

图 2.9　偏好独立条件

因此,该模型的验证应通过确认决策者的偏好结构是否符合这些属性来完成。在某些实际情况下,当违反其中一个属性并且有接近解决方案的替代方案时,决策者可能会拒绝遵循基于此类模型的最终建议,这种情况下,全局评估显然违反了属性。在这种情况下,决策者可能无法察觉违反了哪个属性,但可以识别出最终结果的不一致性。虽然决策者只能在明显的情况下区分这种不一致性,但这可能不是一个可以忽略的问题。

因此,在决定是否使用这些属性之前,应该非常仔细地评估这些属性。当然,当模型的某些属性与决策者的偏好不一致时,可以应用加性模型作为模型构建的典型简化过程。但是,分析人员应该仔细评估这与决策者偏好不一致的程度。

关于偏好独立性,已经观察到在大多数实际情况中并不违反该特性。这可能部分地解释这个模型使用的广泛传播,尽管还应考虑其他性质。关于偏好独立性,Keeney(1992)指出偏好依赖可能表明一个准则的缺失。在这种情况下,修改上述过程的步骤 2 和 3 可以更好地构造问题。

此外,实际应用表明,违反此属性的情况更有可能发生,并会带来一系列后果。对于小范围的结果,相互偏好独立性更有可能成立。这与适用于准则的尺度类型有关。例如,比例尺度往往比区间尺度更大。因此,在从区间尺度转换为比例尺度时,应该注意需要后者的问题组合(de Almeida 等,2014)。

2. 尺度常数的启发程序

文献中有很多关于尺度常数的启发程序(Weber,Borcherding,1993),其中包括下面描述的权衡和摆动程序。

Keeney 和 Raiffa(1976)详细介绍了权衡过程。Weber 和 Borcherding (1993)认为这是一种具有最强理论基础的程序。

该过程被划分为一种间接程序(Weber,Borcherding,1993),由于尺度常数的确定是基于从决策者给出的信息中推断出来的。它也被归类为代数程序,因为它经常使用包括式(2.1)在内的简单方程组从一组($n-1$)判断中计算 n 个尺度常数。

此过程基于提交给决策者的一系列结构化问题(Keeney,Raiffa,1976),以便基于两个结果之间的选择获得偏好信息。第一组问题获得尺度常数的顺序;然后,其他问题使决策者更好地理解结果空间;最终,决策者在与相邻准则相关的结果之间做出选择,以便实现代数方程的权衡过程。

因此,本程序是基于决策者对两个结果 $x^b = (x_1, x_2, \cdots, x_j, \cdots, x_n)$ 的比较,这是一个由每个准则 j 结果 x_j 组成的向量。这些结果对于其中一个准则是最好的结果 b_j,对于其他准则是最差的结果 w_j。例如 $x^2 = (w_1, b_2, \cdots, w_j, \cdots, w_n)$ 包括对

准则 $j=2$ 来说最好的结果,$x^3 = (w_1, w_2, b_3, \cdots, w_j, \cdots, w_n)$ 包括对准则 $j=3$ 来说最好的结果。如果决策者的偏好是 $x^3 P x^2$,那么,$v(x^3) > v(x^2)$。由式(2.1)可知,由于 $v(b_j) = 1$,$v(w_j) = 0$,则 $v(x^b) = k_b$。因此,如果 $x^3 P x^2$,则有 $k_3 > k_2$。利用这些问题,可以得到尺度常数的阶数。

其次,通过降低优选准则 j 结果 b_j 的值来比较另一对结果,以便发现它们之间的无差异。例如,对于 $x^3 P x^2$,x^3 的结果 b^3 降低到 x^3 的水平,例如 $x^{3'} I x^2$,其中 $x^{3'} = (w_1, w_2, x_3, \cdots, w_j, \cdots, w_n)$。如果决策者可以指定结果 x^3,即 $x^{3'} I x^2$,那么,$v(x^{3'}) = v(x^2)$。由于 $v(x^b) = k_b$ 和 $v(x^{b'}) = k_b v_b(x^b)$,通过应用式(2.1),这导致 $k_3 v_3(x^3) = k_2$。该方程与本程序所需的方程组的 $n-1$ 个判断之一有关,以便得到所有的尺度常数 k_j。

此程序中的一项关键判断是调整结果,以便消除上述两种后果之间差异性(Weber, Borcherding, 1993)。

摆动程序包含在带摆动权重的简单多属性评价法(SMARTS)中(Edwards, Barron, 1994)。因为尺度常数是基于决策者给出的直接信息以及对结果范围的考虑确定的,因此该程序被分为代数过程和直接过程(Weber, Borcherding, 1993)。

这个过程也是基于一系列的结构化问题(Edwards, Barron, 1994)。第一个问题考虑了以下结果,即 $w = (w_1, w_2, \cdots, w_j, \cdots, w_n)$,其中所有准则具有最差的结果。然后,要求决策者从准则 j 中选择一个来将最差的结果 w_j 提高到最佳结果 b_j。也就是说,决策者可以选择一个准则来从最坏的结果"摇摆"到最好的结果,这表示尺度常数 k_j 具有最大值的准则 j。然后,要求决策者选择下一个准则,依此类推。对准则的尺度常数进行排序,然后,在另一个步骤中,具有最大尺度常数值的准则被任意分配 100 个点。其他的准则是根据它们的范围,以最大尺度常数值的准则百分比表示的点。最后,将这些百分比标准化,以生成最终的尺度常数。

3. 避免对尺度常数的误解

有一种普遍存在的误解(对于加法模型),认为尺度常数的含义与准则的重要性有关。这是使用加性模型时一个主要建模错误的来源。

在加法模型中,仅考虑准则的重要程度,该参数不能被确定为权重,这可能适用于其他方法,例如在优先排序方法中。虽然准则尺度常数的值可能与其重要性相关,但还需要考虑其他问题。尺度常数的值也与准则结果的范围有关(Edwards, Barron, 1994)。例如,在购买产品的决策问题中,其中考虑了包括价格在内的 5 个准则,可以规定价格是最重要的准则,因此权重最大。然而,如果与价格相关的结果是在一个非常小的范围内的结果,比如最佳价格为 99990 美元,最坏价格为 100005 美元,这似乎与把最高权重赋给这样的准则是不相关的。这就更清楚了,考虑到式(2.1)中的加性模型和最常用的价值函数归一化过程,使得最坏的结果设置为 0,最好的结果设置为 1。

实际上,尺度常数是准则之间的替代率(Keeney,Raiffa,1976;Vincke,1992;Belton,Stewart,2002)。Keeney 和 Raiffa(1976)指出,一个准则可能具有比任何其他准则更大的尺度常数,但它的重要性却不高。Keeney 和 Raiffa(1976)以及 Keeney(1992)在这个问题上讨论了几个实际的例子。

最后,我们应该意识到,更改规范化过程或使用价值函数的不同尺度(例如:比率或区间尺度)会影响为准则权重(或尺度常数)建立的值集。在这种情况下,应计算准则权重的一组新值。这对于加性模型是有效的,但对于其他方法(例如优先排序方法)则是无效的。

4. 一些多属性价值理论(MAVT)加性 MCDM/A 方法

结合加性模型的方法很多,它们之间的主要区别在于参数的提取过程,包括准则内评价和准则间评价,重点在于尺度常数。

在许多情况下,加性模型的使用与经典的启发程序的使用是直接的,没有明确考虑 MCDM/A 方法。在其他情况下,则考虑 MCDM/A 方法。

将加性模型结合在一起的最常用方法之一是 SMARTS(带摆动权重的简单多属性评价法),其中应用了摆动程序(Edwards,Barron,1994)。SMARTER 是一种相关的方法,它应用了对准则的比例常数排序的第一步,然后使用代理权重。在这些方法中,假设每个准则的价值函数是线性的(Edwards,Barron,1994)。

AHP(层次分析法)提出了一种特殊的偏好建模方法,考虑了目标层次结构的可能性(Saaty,1980)。该方法使用加性聚合模型,并基于替代方案的比较来收集信息。在一些文献中,有人抱怨这种方法不遵循加性模型的某些特性和其他一些关注点,例如:顺序反转的可能性以及对准则权重的解释(Belton,Stewart,2002;Howard,1992)。Howard(1992)指出它的应用非常广泛,因为它不需要决策者做太多的工作。

Macbeth(使用基于分类的评价技术测量吸引力)是一种基于对吸引力差异的定性评价方法(Bana,Costa 等,2005)。这种方法试图关注于构建结果的价值,但并不强制决策者产生首选项的直接数值表示。决策者基于线性规划问题(LPP)给出了一些用于构建数值尺度的偏好信息。

换位思考方法是基于 Benjamin Franklin 提出的关于选择是否实施某一行动时进行权衡的程序(Hammond 等,1998a;Hammond 等,1999)。

5. 加性否决模型

加性模型的补偿性可能会建议在一个准则中具有非常低的结果水平的备选方案,该备选方案通过多个其他准则中的一个具有高的结果水平的准则来补偿。然而,无论性能较差的准则是什么,决策者可能并不希望选择这样一种备选方案。加法否决模型(de Almeida,2013b)可以通过在这种情况下否决备选方案来解决这个问题。

在这种情况下的数值仿真表明,来自一组备选方案的某个备选方案具有这种特征可能并不罕见(de Almeida,2013b),也就是说,一个非常低的结果水平的准则是由其他高结果水平的准则补偿的,从而将这种替代方案排在高位。这就意味着,根据决策者的偏好结构,如果决策者不愿意接受这种备选方案,那么最好的备选方案应该在加性模型中被否决。

Roy 和 Slowinki(2013)讨论了 MCDM/A 方法的选择,考虑了几个问题,例如利用在其他准则中表现良好的方法对在某些准则中表现不佳的方法进行补偿。他们指出,应当以一种补偿的方法评价这种情况的可接受性。

6. 投资组合问题的加性模型

对于投资组合问题,加性模型的使用需要考虑应用的规模,因为存在尺寸效应,这会导致在区间尺度中选择错误的解决方案,这是最适用于启发程序的方法(de Almeida 等,2014)。

在加法模型中存在问题的投资组合基于投资组合 p_r 的选择,该投资组合使 $V(p_r)$ 的值最大化,如式(2.3)所示。

$$V(p_r) = \sum_{i=1}^{m} \left(x_i \sum_{j=1}^{n} k_j v_j(a_i) \right) \tag{2.3}$$

受到一些约束,例如预算约束 $\sum_{i=1}^{m} x_i c_i \leq B$。

式中:$P_r = [a_1, a_2, \cdots, a_m]$ 为投资组合,是包含项目 a_i 的向量;如果项目 x_i 包含在投资组合中,则 $x_i = 1$;否则,$x_i = 0$;C 为项目成本向量,$C = [c_1, c_2, \cdots, c_m]^T$。$B$ 为总成本 C 的预算或限额。

对于基于加性模型的投资组合选择,如式(2.3)所述,区间尺度可能不适用。这种规模下投资组合的规模效应会对结果产生影响,从而导致选择错误的投资组合。已经证明,对于这种问题最合适的是比例尺度(de Almeida 等,2014)。大多数权重提取程序都是基于将最坏的结果设置为零的区间尺度,而使用比例尺度进行投资组合选择时,应该改变应用于该尺度的权重。通过 de Almeida 等人(2014)的工作可以看到这些尺度的转变。

7. 基于部分信息的权值获取方法

为了评价启发程序的一致性,已经进行了许多行为研究。Borcherding 等人

（1991）在使用比例摆动权衡程序时,显示了 50%和 67%的不一致性。

使用部分信息的程序来代替那些具有完整信息的启发程序是有道理的,因为提取权重可能费时而且是有争议的(Kirkwood,Sarin,1985;Kirkwood,Corner,1993),并且决策者可能无法对权衡问题做出具体的回应(Kirkwood,Corner,1985)。

式(1.1)中提出了利用部分信息处理模型的几种方法。处理这个问题的一种方法是使用代理权重。SMARTER(Edwards,Barron,1994)就利用了这一思想,它基于准则权重排序的部分信息。另一种程序(Danielson 等,2014)通过在排序方法中加入数值上不精确的基数信息来提高代理权重的精度,例如排序次序重心法(ROC),也被应用于 SMARTER 中。

其他方法收集更多信息并使用基于决策规则的程序,制定线性规划问题(LPP)或模拟程序以分析备选方案。这些方法包括:PAIRS(Salo,Hmlinen,1992)使用区间判断;VIP 分析(Dias,Climaco,2000)基于备选方案数量的逐步减少;PRIME(Salo,Hmlinen,2001)采用基于摆动方法或整体信息的偏好信息;RICH(Salo,Punkka,2005)使用不完整的顺序偏好语句。Mustajoki 和 Hmlinen(2005)将偏好提取集成到 SMART/SWING 方法的部分信息框架中。

灵活的启发程序通过交互的方式利用部分信息来适应权衡启发程序,并通过一组线性规划问题进行分析(de Almeida,2014a;de Almeida,2014b)。

2.4.2　多属性效用理论(MAUT)

多属性效用理论(MAUT)是针对 MCDM/A 问题开发的,从效用理论(von Neumann,Morgenstern,1944)开始,保留了它的公理化结构(Keeney,Raiffa,1976)。根据 Edwards 和 Barron(1994)的观点,Howard Raiffa 在 1968 年提出了 MAUT 的基本观点,指出对一个事物进行评估的原因不止一个。Raiffa(1968)在健康问题的背景下提出了多准则观点的考虑。

该方法给出了最经典的 MCDM/A 方法之一,其中应用最广泛的聚合方法是加性模型,该理论的公理结构表明了需要考虑的一些属性。如上所述,MAUT 加性模型与前一节模型的主要区别在于,对于每个准则 j,在效用函数 $u_j(x_j)$ 中都逼近概率结果。

具有 MAUT 的决策模型可能包括决策理论的框架(Raiffa,1968;Berger,1985;Edwards 等,2007),也称为决策分析,它可以考虑贝叶斯方法处理不确定性,并纳入先验概率。关于自然状态(θ)的不确定性可以以先验概率 $\pi(\theta)$ 的形式从专家那里获得。因此,θ 是 MAUT 需要考虑的另一个因素,尽管在一些模型中可能并不明确。

根据结果函数(Berger,1985)$P(x|\theta,a)$,对于由性质选择的每个θ_s和由决策者选择的每个动作a_i,可以得到一个结果x。该结果函数显示了这些成分之间的概率关联,即在给定θ和a的情况下得到x的概率。

因此,使用MAUT的模型构建过程包含这些成分的概率建模任务,它补充了偏好建模。通常,该概率建模任务可能涉及决策过程中的另一个参与者,即专家。通常情况下,专家会带来关于自然状态概率行为的知识,以便分析人员采用启发程序来获得主观概率$\pi(\theta)$。

在应用MAUT时,最终的模型由一个多属性效用(MAU)函数$u(x_1,x_2,\cdots,x_n)=f[u_1(x_1),u_2(x_2),\cdots,u_n(x_n)]$组成,通过选择与结果$(x_1,x_2,\cdots,x_n)$概率相关的替代方案来最大化。这对应于所考虑的后果的预期效用函数。

从现在开始,考虑导致MAU函数$u(x,y)=f[u_1(x),u_2(y)]$的两个准则x和y的情况,将给出MAUT的主要元素。

效用理论中的选择考虑了彩票的概念,它代表了概率的结果。例如,有一个具有两种结果的彩票$[A,p;B,1-p]$,表示得到两个结果A或B中的一个的可能性,其中p是获得A的概率,$(1-p)$是获得B的概率。

从效用理论的第一个公式开始,就有一系列适用于MAUT的公理(von Neumann,Morgenstern,1944;Raiffa,1968;Keeney,Raiffa,1976;Berger,1985)。

正如多属性价值理论的加性模型一样,多属性效用理论模型遵循偏好结构(P,I)。因此,第一个公理与决策者比较所有后果并对其进行排序的能力有关。第二个公理是传递性偏好关系P和I。这两个公理隐含地与概率结果相关,因此它们可以应用于彩票。其他公理明确地与彩票有关。假设有结果A、B、C以及概率为p和q的彩票,那么,有以下两个公理:

(1)如果是APB,则存在一个概率p,$0<p\leq1$,因此对于任何C,$[A,p;C,1-p]P[B,p;C,1-p]$。这也适用于无差异关系I。

(2)如果是$APBPC$,则存在p和q,$0<q<p<1$,因此$[A,p;C,1-p]PBP[A,q;C,1-q]$。

1. 结果空间

效用函数的整个评估过程是在决策者非常熟悉的结果空间上进行的。图2.10显示了两个准则x和y的结果空间。

在图2.10所示的结果空间中,对于每个准则,最理想的结果是x^*和y^*,而最不理想的结果是x^0和y^0。对于整个空间,点(x^*,y^*)和点(x^0,y^0)分别表示多属性空间的最理想和最不理想的结果。效用函数的大小被任意设置为区间$0\sim1$的数值,因此$u(x^*,y^*)=1,u(x^0,y^0)=0,u_j(x^*)=1,u_j(y^*)=1,u_j(x^0)=0,u_j(y^0)=0$。

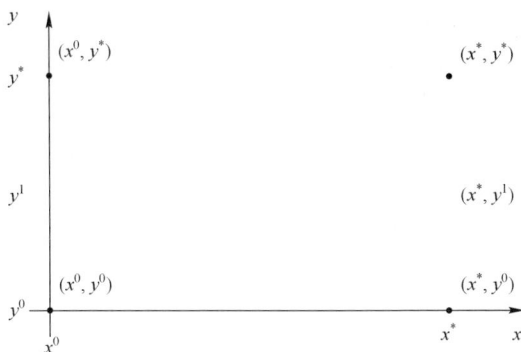

图 2.10 两个准则的结果空间

2. 条件效用函数的启发

考虑准则 j 约束与其他准则中结果固定水平的条件效用函数,对与准则内评估相关的每个准则 j 的效用函数 $u_j(x_j)$ 进行评价。例如,在图 2.10 的 x 轴上,有一个准则 x 的条件效用函数,给定准则 $y=y^0$ 的结果的固定水平。

准则内评价包括引出一维效用函数 $u_j(x_j)$。该引出过程有几个步骤(Raiffa,1968;Keeney,Raiffa,1976;Berger,1985),其中许多人使用了彩票的等价概念。这种等价就是结果 B,其概率为 p,使得决策者在 B 与结果为 A 和 C 的彩票 $[A,p;C,1-p]$ 之间是独立的。

一般来说,中彩票的结果是最小和最理想的,所以概率 $p=u(B)$。由于 $u(x^*)=1,u(x^0)=0$,并且考虑到 B 和 $[x^*,p;x^0,1-p]$ 之间的独立性,则 $u(B)=pu(x^*)+(1-p)u(x^0)$。由此得出如下结论:$u(B)=p$。

因此,启发程序包括获得此类彩票与结果 x 之间的独立性,从而可以获得效用函数 $u(x)$。Keeney 和 Raiffa(1976)提供了详细的启发程序。

3. 多属性效用(MAU)函数的启发

为获得 MAU 函数 $u(x_1,x_2,\cdots,x_n)=f[u_1(x_1),u_2(x_2),\cdots,u_n(x_n)]$,在得到各准则的条件效用函数后,进行全局效用的启发过程。假设有两个准则为 x 和 y 以及图 2.10 中的结果空间。然后,启发程序试图得到 $u(x,y)=f[u_x(x),u_y(y)]$。

为了得到 MAU 函数,需要有一些结构化的过程(Keeney,Raiffa,1976)。下面描述的主要过程基于一种规定方法,其中决策者用于评估偏好条件,分析函数可应用于 $u(x,y)$。

为此考虑的偏好条件的两个主要概念是:加法独立性条件和效用独立性条件。

在决策者的偏好结构中,如果在 x 和 y 之间找到互加独立性条件,则可以应用加性模型 $u(x,y)=k_x u(x)+k_y u(y)$。式(2.4)给出了 n 个准则更一般的模型。

$$u(x) = \sum_{j=1}^{n} k_j u_j(x_j) \qquad (2.4)$$

式中: k_j 为属性或准则 j 的尺度常数; $u_j(x_j)$ 为准则 j 的效用函数; x_j 为准则 j 的结果。

尺度常数 k_j 通常使用在式(2.1)中已经归一化的数值。

如果在决策者偏好结构中发现 x 和 y 之间存在效用独立性条件,则可以应用多线性模型 $u(x,y)=k_x u(x)+k_y u(y)+k_{xy} u(x)u(y)$。类似于式(2.4),可以推广到具有 n 个准则的模型。

4. 效用独立性条件

这种独立性优先条件与效用函数的背景相关联。考虑到图 2.10 的结果空间,可以理解这个概念。如果条件效用函数 $u(x,y^0)$ 在策略上等同于 x 的任何其他效用,则无论 y 的结果如何,称准则 x 为独立于准则 y 的效用。假设 $y=y^0$,效用 $u(x,y^0)$ 是 x 的效用。这就意味着无论 p 的值是什么,彩票 $[(x^*,y^0),p;(x^0,y^0),1-p]$ 等价于任何其他彩票 $[(x^*,y),p;(x^0,y),1-p]$,无论 y 的结果是什么。

对于策略上等价的效用函数 $u(x,y^0)$,可以通过线性变换找到效用函数 $u(x,y)$,例如 $u(x,y)=a(y)u(x,y^0)+b(y)$,其中, $a(y)>0,b(y)>0$,且均为常数,它们是为 y 的任何结果建立的。

因此,正如该效用无关条件所示,效用函数 $u(x,y)$ 仅取决于准则 y 中结果的特定级别,即使是通过线性变换。Keeney 和 Raiffa(1976)给出了关于这个概念的更多细节。

5. 加法独立性条件

这种独立性条件对加性模型施加了更强的约束。设 (x,y) 中的空间有下列结果: A、B、C 和 D,分别对应 (x^1,y^1)、(x^1,y^2)、(x^2,y^2) 和 (x^2,y^1),如图 2.11 所示。

如果决策者与下列彩票之间相互独立: $[A,0.5;C,0.5]$ 和 $[B,0.5;D,0.5]$,则无论 x 和 y 是什么,在结果 A、B、C 和 D 中,加法独立性条件成立。由于在这些彩票中,两种结果的概率相等,均为 $p=0.5$,所以可以简化表示为: $[A,C]$ 和 $[B,D]$。

考虑到两种彩票之间类似于图 2.11 中所示的独立性,如结果 A、B、C 和 D 的 (x,y) 值为 $[(x^0,y^0),(x,y)]$ 和 $[(x^0,y),(x,y^0)]$,则其效用具有相同的值。因此,$0.5u(x^0,y^0)+0.5u(x,y)=0.5u(x^0,y)+0.5u(x,y^0)$。给定极值 x 和 y 的

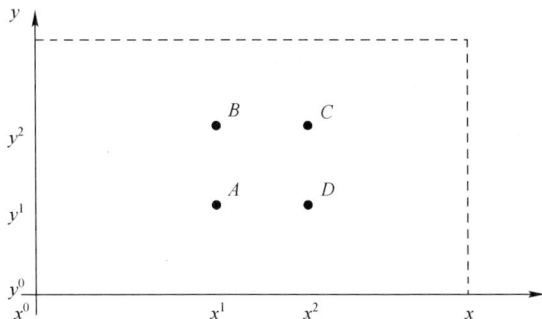

图 2.11　加法独立性条件

归一化尺度,则 $u(x,y)=u(x,y^0)+u(x^0,y)$ 。

根据尺度常数 k_j 可以得到 $u(x,y^0)$ 和 $u(x^0,y)$,即: $u(x,y^0)=k_xu_x(x)$, $u(x^0,y)=k_yu_y(y)$ 。这与式(2.4)的格式一致。Keeney 和 Raiffa(1976)详细介绍了这一概念及其发展。

6. 尺度常数的启发

Keeney 和 Raiffa(1976)给出了一个完整而详细的 MAU 函数推导过程。尺度常数 k_j 的引出是基于所获得的与独立性条件相关的解析模型。

例如,两个准则 x 和 y 的加性模型的尺度常数 k_j 对应于两个特定结果 (x^*, y^0) 和 (x^0,y^*) 的效用函数,如图 2.10 所示。也就是说, $k_x=u(x^*,y^0)$, $k_y=u(x^0,y^*)$ 。

因此, k_x 的引出包括寻找概率 p ,其中 (x^*,y^0) 等价于彩票 $[(x^*,y^*),p; (x^0,y^0),1-p]$ 。可以对 k_y 进行类似的评估。

同样,可以看到,MAU 函数的尺度常数 k_j 不仅是该准则的相对重要程度。考虑到 x 和 y 的限制,它们与量表相关,因为彩票 $[(x^*,y^*),p;(x^0,y^0),1-p]$ 是引出它们的基础。

7. 等级依赖效用与前景理论

关于期望效用函数的使用,文献中提出了很多理论。这些理论中有许多已经在行为决策背景下以描述性的视角进行了分析。

在很多情况下,一直认为等级依赖效用(RDU)和前景理论(Edwards 等,2007)是处理这种情况的方法(Wakker,2010)。

基于 MAUT 的 MCDM/A 模型可能与等级依赖效用和建模风险偏好的前景理论观点相适应,这些观点可能与 RRM 背景特别相关。

2.4.3　优先排序方法(OM)

这种方法与前两小节中的方法有着完全不同的合理性。这些方法是非补偿性的,可以应用于偏好结构(P,Q,I,J)。不可比关系的可能性是这类方法区别于其他方法的问题之一,因此只能得到部分排序。

因此,与多属性价值理论和多属性效用理论不同,这种方法适用于决策者的偏好与前两个属性不一致的情况。也就是说,决策者不能比较所有的后果并对它们进行排序。此外,可能不遵循传递性属性。

本节介绍这些方法的一些基本元素,然后介绍应用最广泛的两种排序方法:消去与选择转换方法(ELECTRE)和偏好顺序结构评估法(PROMETEE)。

这些方法基于对备选方案的成对比较,探索备选方案对之间的排序关系。

优先排序方法与影响偏好建模过程的 MAVT 和 MAUT 方法之间存在重要的区别,即准则间参数的不同含义,称为权重。对于优先排序方法而言,准则权重的含义直接对应于准则的重要程度。

准则中的重要性概念可以与投票过程中的投票相比较(Roy, 1996; Vincke, 1992)。假设存在两个准则 G 和 H 的子集以及两个备选方案 a 和 b。如果 G 中的准则子集比 H 中的准则更重要(拥有更多的选票),并且满足以下条件(Vincke, 1992):

(1)对于子集 G 中的所有准则,a 优于 b;

(2)对于子集 H 中的所有准则,b 优于 a;

(3)a 和 b 与任何其他准则无关。

那么,a 全局性优于 b。

如果这个重要性(或投票)可以用准则权重表示,那么准则 G 和 H 子集之间的比较可以基于这些权重的总和。

也就是说,有利于 a 的准则的权值之和大于有利于 b 的准则的权值之和,这意味着 a 比 b 能更好地结合准则。

这些方法分为两个主要步骤(Roy, 1996; Vincke, 1992):

(1)通过比较一组备选方案中所有的备选方案组合,建立级别优先关系;

(2)根据每一个具体的问题,通过应用一种算法或程序,利用这种级别优先关系来解决问题。

这些方法可能根据适用于不同类型的准则,这取决于它们的准则内特征。在真正的准则中没有阈值。对于伪准则,阈值可以是下列之一,也可以是以下两者:无差异阈值和偏好阈值。

级别优先关系 S,适用于一组备选方案的所有备选方案对,如 a 和 b。因此,aSb 表示可选方案 a 的级别优先于可选方案 b,这意味着 a 至少和 b 一样好。

1. 消去与选择转换方法(ELECTRE)

在 ELECTRE(Elimination Et Choix Traduisant la Ralit)方法中,两个备选方案

a 和 b 之间的级别优先关系 aSb 基于一致性和不一致性概念,决策者以阈值的形式给出偏好信息。

ELECTRE 系列方法包括以下方法,分别针对不同类型的问题和不同种类的准则(Roy,1996;Vincke,1992):

(1) 考虑到真实的准则,ELECTRE Ⅰ 方法适用于选择问题;

(2) 考虑到伪准则,ELECTRE IS 方法适用于选择问题;

(3) 考虑到真实的准则,ELECTRE Ⅱ 方法适用于排序问题;

(4) 考虑到伪准则,ELECTRE Ⅲ 方法适用于排序问题;

(5) 考虑到伪准则,ELECTRE Ⅳ 方法适用于排序问题;

(6) 考虑到伪准则,ELECTRE TRI 方法适用于分类问题。

以下介绍 ELECTRE Ⅰ 方法,以便说明这些方法所遵循的基本方法。其他方法在建立级别优先关系步骤的参数方面存在一定的差异,根据存在的问题,在构建级别优先关系的步骤上差异最大。

为了建立级别优先关系,ELECTRE Ⅰ 使用了一致性和不一致性的概念。前者表明是否有相当一部分准则子集支持两个备选方案之间的级别优先关系 S。后者可能不同意这种关系 S,即使这种一致性是相同的。

因此,在评价两个备选方案 a 和 b 之间的级别优先关系 aSb 时,采用以下指标:一致性指标 $C(a,b)$ 和不一致性指标 $D(a,b)$。

一致性指标 $C(a,b)$ 如式(2.5)所示。

$$C(a,b) = \sum_{j:g_j(a) \geqslant g_j(b)} w_j \tag{2.5}$$

式中:w_j 为准则 j 的权重;且这些权重已经归一化处理过,$\sum_j w_j = 1$;$g_j(a)$ 和 $g_j(b)$ 为准则 j 结果的值,分别对应备选方案 a 和 b。

不一致性指标有几种不同的公式(Roy,1996;Vincke,1992;Belton,Stewart,2002)。$D(a,b)$ 可由式(2.6)给出:

$$D(a,b) = \max\left(\frac{g_j(b) - g_j(a)}{\max\left[g_j(c) - g_j(d)\right]}\right), \quad \forall j \mid g_j(b) > g_j(a); \forall j, c, d \tag{2.6}$$

一致性指标阈值 c' 和不一致性指标阈值 d' 应由决策者指定,以建立级别优先关系。a 和 b 之间的级别优先关系 aSb 是用式(2.7)建立的。

$$aSb \text{ 当且仅当} \begin{cases} C(a,b) \geqslant c' \\ D(a,b) \leqslant d' \end{cases} \tag{2.7}$$

得到这些公式和参数后,通过对所有备选方案应用式(2.7),可以最终确定建立级别优先关系的这个步骤。它可能发生在 aSb 和 bSa 这两种替代方案中。

现在可以解决开发级别优先关系的第二步。对于 ELECTRE Ⅰ 方法,此步骤的目的是获取内核,该内核是备选方案的子集,其中每个元素的排名都不高于任意其他元素。如果在内核中只找到一个备选方案,则选择问题会达到其优化的特定情况;否则,就会发现内核中的备选方案是不可比较的。

关于 ELECTRE 方法的更多细节可以在 MCDM/A 方法的许多基础文献中找到(Roy,1996;Vincke,1992;Belton,Stewart,2002;Figueira 等,2005)。

2. 偏好顺序结构评估法(PROMETEE)

偏好顺序结构评估法(PROMETEE)是一组基于价值优先关系的优先排序方法(Brans,Vincke,1985;Vincke,1992;Belton,Stewart,2002)。

在 PROMETHEE 方法中,决策者不必指定关于级别优先关系的一致性和不一致性的信息。决策者提供了与无差异阈值或偏好阈值相关的准则权重和准则内评价的信息(如果考虑其中任何一个阈值)。

这组方法在建立级别优先关系的第一步中通过式(2.8)为每对备选方案 a 和 b 建立优先级 $\pi(a,b)$:

$$\pi(a,b) = \sum_{j=1}^{n} w_j F_j(a,b) \qquad (2.8)$$

式中: w_j 为准则 j 的权重,且这些权重已经归一化处理, $\sum_j w_j = 1$; $F_j(a,b)$ 为准则 j 备选方案结果差异 $[g_j(a)-g_j(b)]$ 的函数。

对于这个函数 $F_j(a,b)$,该方法有 6 种不同的模式。在 $F_j(a,b)$ 的基本形式中,没有对准则 j 使用无差异或偏好阈值。在这种情况下,如果 $g_j(a)>g_j(b)$ 则 $F_j(a,b)=1$,否则 $F_j(a,b)=0$。因此,优先级 $\pi(a,b)$ 是这些准则的所有准则权重的总和,其中 a 的性能优于 b。

$F_j(a,b)$ 的其他 5 种形式考虑的是准则 j 的无差异或偏好阈值,或两者都考虑了。在 $F_j(a,b)$ 的这 5 种模式中,当差异 $[g_j(a)-g_j(b)]$ 在无差异或偏好阈值的范围内时,准则 j 具有 0~1 的值。在这个范围内,优先级 $\pi(a,b)$ 增加了准则 j 权重的一个局部值,其中 a 的性能优于 b,如式(2.8)所示。

$F_j(a,b)$ 的这些形式由决策者在准则内评估的背景下选择,包括与该准则 j 的无差异或偏好阈值相关的规范。

现在可以得到每一对备选方案的具有优先级 $\pi(a,b)$ 值的矩阵,从而完成第一步。

对于开发级别优先关系的第二步,每个备选方案 a 都是基于输出流 $\phi^+(a)$ 和输入流 $\phi^-(a)$ 进行评估的。

输出流 $\phi^+(a)$ 表明在备选方案集合 A 中,备选方案 a 和所有其他备选方案 b

相比的优势。$\phi^+(a)$ 由式(2.9)得到：

$$\phi^+(a) = \sum_{b \in A} \pi(a,b) \tag{2.9}$$

输入流 $\phi^-(a)$ 表明在备选方案集合 A 中，备选方案 a 和所有其他备选方案 b 相比的劣势。$\phi^-(a)$ 由式(2.10)得到：

$$\phi^-(a) = \sum_{b \in A} \pi(b,a) \tag{2.10}$$

评估备选方案的另一个指标是液体流 $\phi(a)$，由式(2.11)给出，范围为 $-1 \sim 1$。

$$\phi(a) = \phi^+(a) - \phi^-(a) \tag{2.11}$$

现在，开发级别优先关系的第二步可以通过在每个问题的具体程序上使用这些指标来得出结论。

在 PROMETHEE Ⅰ方法中，基于式(2.9)和式(2.10)建立了两个预排序，它们表明了集合 A 中备选方案对之间的偏好(P)、无差异(I)和不可比性(J)之间的关系(Brans, Vincke, 1985; Belton, Stewart, 2002)。因此，PROMETHEE Ⅰ输出 A 元素的部分预排序。

PROMETHEE Ⅱ方法基于式(2.11)的液体流 $\phi(a)$，其中每个备选方案都有一个分数。因此，PROMETHEE Ⅱ输出 A 元素的完整预排序。

PROMETHEE 方法系列包括其他方法：针对随机情况的 PROMETHEE Ⅲ和 Ⅳ方法；针对投资组合问题的 PROMETHEE Ⅴ方法，如下一小节所述；当决策者为每个准则权重指定一个范围，而不是精确的权重值时，采用 PROMETHEE Ⅵ方法。

3. 针对投资组合问题的 PROMETHEE Ⅴ方法

PROMETHEE Ⅴ方法(Brans, Mareschal, 1992)用于选择投资组合，使用非补偿方法来评估类似于式(2.3)模型中的备选方案。唯一的区别在于计算投资组合 $V(p_r)$ 的价值，它是基于 PROMETHEE Ⅱ，用于将项目 a_i (项目)评分为 $v_i(a_i)$。

该方法与加性模型不同，但该方法也存在尺度问题。在这种情况下，PROMETHEE Ⅱ提供 $v_i(a_i) = \phi(a_i)$ 的正、负分值以应用于式(2.3)。因此，要在最大化模型中工作，必须将负分值转换为正分值，从而改变比例尺度的属性(Vetschera, de Almeida, 2012)。

这种转换具有类似的效果，有可能会选择错误的投资组合。与式(2.3)中加性模型的情况相反，PROMETHEE Ⅴ不能使用比例尺度。为了克服这个问题，应该基于 c-最优投资组合的概念进行分析(Vetschera, de Almeida, 2012; de Almeida, Vetschera, 2012)。

2.4.4 其他 MCDM/A 方法

还有其他一些方法和概念可以被看作能够应用于任何方法的特定方法或工具,如前面给出的方法和概念。Belton 和 Stewart(2002)考虑了模糊集和粗糙集的后一种选择。Pedrycz 等人(2011)对 MCDM/A 建模的模糊方法给出了一个全面的观点,下一小节将简要描述粗糙集方法。

有一些方法被归类为分解方法,它们是基于决策者的整体(或全局)评估,然后是聚合模型参数推断的后续步骤。Pardalos 等人(1995)将这些方法作为第四组方法进行分类。

其中一些方法,如 UTA 方法(Jacquet-Lagrze,Siskos,1982)与合成方法的单一准则有关。为 ELECTE TRI 方法提出的推理过程与从决策者收集全局评估信息的过程相同,用于对准则间评价参数的后验推理。偏好学习方法(Slowinski 等,2012)使用了类似的过程。

粗糙集

这是一种基于偏好学习的 MCDM/A 方法。这些方法通过评估从偏好数据中发现的一组决策规则来考虑决策者的偏好,这些规则可以之前从决策者中提取出来,然后作为输入在一组备选方案之间建立比较(Slowinski 等,2012)。

粗糙集理论作为一种基于偏好学习的 MCDM/A 方法得到了广泛的应用(Pawlak,Slowinski,1994;Greco 等,2001;Greco 等,2002;Slowinski 等,2012)。偏好学习方法试图避免模型参数的获取,例如重要性权重或比例常数以及其他与阈值相关的参数。通过假设从决策者收集的语句样本足以建立用于评估备选方案集的决策规则,它使用来自决策者声明的先前偏好信息在基于该输入的备选方案之间建立偏好关系。

这种方法可能适用于基于决策者给出的优先信息的风险条件评估,为风险条件建立决策规则。也就是说,粗糙集可以基于 ELECTRE TRI 方法以类似的方式应用于风险评估问题(Cailloux 等,2013)。

2.4.5 数学规划方法

为了解决多目标问题,人们提出了几种数学规划技术,例如涉及线性(MOLP-多目标线性规划)和非线性规划的原理。关于这一主题存在广泛的相关文献(Korhonen,2009;Korhonen,2005;Korhonen,Wallenius,2010;Steuer,1986;Ehrgott,2006;Miettinen,1999;Coello 等,2007)。

基本上,可以通过以下方式求解多目标问题的数学规划:

(1)预先考虑偏好结构,通过将多个目标函数转换为单个目标函数,并利用交互过程求解等方法来解决问题。

（2）在不考虑决策者偏好的情况下，通过识别共同形成帕累托（Pareto）最优结果集的非支配解（通常称为帕累托前沿）来解决问题。

后者将在下一节中讨论。前者可以通过收集信息或做出假设来考虑决策者的偏好。为了清楚地表达决策者的偏好，可以定义三个类别：偏好的先验、后验和渐进式的偏好表达。表 2.4 列出了其中一些方法。

表 2.4 多准则决策分析（MCDA）代表性方法总结

偏好表达	MCDA 方法
先验	全域准则法（Osyczka 1984）；目标规划（Charnes and Cooper 1961）；目标规划法（Chen and Liu 1994）；分层序列法（Rao 1984）；最小-最大优化法（Osyczka 1984）；代理价值替代法（Haimes et al. 1975）
后验	加权和法；ε-约束方法（Miettinen 1999）
渐进式	步进法（Benayoun et al. 1971）；（SEMOPS）；序贯多目标问题求解方法（Duckstein et al. 1975）

2.5 多目标优化

多目标优化方法涉及复杂问题，并已扩展到启发式和进化算法的研究领域。这种演变的两个可能原因是问题变得更加复杂，以及这些方法能够迅速找到帕累托解决方案的能力。在复杂性方面，一些问题被归类为 NP-Hard（Non-deterministic Polynomial，NP，非确定性多项式）问题，数值计算方法在寻找非支配解方面并不成功。因此，本书描述了一些启发式和进化多目标算法。

多目标优化是基于帕累托前沿（Pareto-front）分析的。在多目标优化中，最优概念由 Vilfredo Pareto（1896）推广。如果没有其他决策变量向量 x 可以使得对于所有的 $i=1,2,\cdots,k$ 都有 $f_i(x) \leqslant f_i(x^*)$ 且至少存在一个 j 使得 $f_i(x) < f_i(x^*)$，则称决策变量向量 x^* 是帕累托最优的（Coello 等，2007）。

在多目标优化中，认为所有目标都是重要的，且应该找到所有的非支配解。然后，在做出选择之前，可以使用更高层次的信息，一般是非技术性、定性和经验驱动的事项，来比较非支配的解决方案。该原则被定义为理想的多目标优化程序（Deb，2001）。

有些研究仅关注于确定非支配解决方案，假设所有非支配解决方案都同样是最优的，或者决策者在了解帕累托前沿之后将提供关于他/她的偏好信息。这些假设在复杂问题中是有意义的，在复杂问题中，找到非支配解决方案是一项独立而艰巨的任务。

在多目标进化算法中,有些算法在其选择机制中没有引入帕累托优势的概念,即为第一代方法。它们在文献中已过时,因为一些算法开始基于帕累托优势对种群进行排序,这是第二代方法(Coello 等,2007)。需要指出的是,一般来说,基于进化算法的多目标优化主要集中在 MCDM/A 问题的第一步:确定帕累托前沿。这些多目标进化算法如表 2.5 所列。

表 2.5　第一代和第二代多目标进化算法(MOEA)

MOEA 代	方　　法
第一代	具有聚合函数的遗传算法
	向量评估遗传算法(Schaffer,1985)
	多目标遗传算法(Fonseca,Fleming,1993)
	非支配排序遗传算法(Srinivas,Deb,1994)
	小生境 Pareto 遗传算法(Horn 等,1994)
	小生境 Pareto 遗传算法 2(Erickson 等,2001)
	强度帕累托(Pareto)进化算法及强度帕累托进化算法 2(Zitzler and Thiele 1999)
第二化	非支配排序遗传算法 Ⅱ(Deb 等,2002)
	帕累托(Pareto)存档进化策略算法(Knowles,Come,2000)
	基于封套选择的遗传算法及基于封套选择的遗传算法 Ⅱ(Come 等,2000)
	微种群遗传算法(Coello Coello,Toscano Pulido,2001)

2.6　群决策与协商

在许多决策过程中,存在不止一个决策者。在这种情况下,为了得到最终的解决方案,必须应用群体决策模型或协商过程。因此,对群决策与协商(GDN)的方法和过程,特别是那些与 MCDM/A 模型最密切相关的方面进行简要概述。GDN 领域涉及多个决策者的决策问题,涉及范围很广,例如:冲突分析(Fraser,Hipel,1984;Keith 等,1993;Kilgour,Keith,2005)、基于网络的谈判支持系统(Kersten,Noronha,1999)、进化系统设计(Shakun,1988)、连通性(Shakun,2010)、形式意识(Shakun,2006)和公平划分(Brams,Taylor,1996)。

正如 Kilgour 和 Eden(2010)所言,协商和群决策既包含统一性,也包含多样性。对于后者,群决策与协商(GDN)领域的一些学者认为区分群体决策(GD)的制定与协商是合适的。Kilgour 和 Eden(2010)解释说,在这种观点中,群体决策与多个决策者共享的决策问题有关,决策者必须做出选择,所有决策者都将为此承担一定的责任。另外,协商被看作两个或多个决策者以独立方式行动的过程:要么做出集体选择,要么不这样做。对于后者,决策者中的一个(或多个)可能会放弃进一步参与决策过程并退出。

此外,可以认为群体决策过程涉及一个分析过程以便聚合各个决策者的偏好,这导致了一种对群体偏好的集体表示。在协商方面,这是一个决策者之间相互作用的过程,目的是共同解决双方关心的问题。

对于使用分析程序来聚合决策者的偏好,建立模型的过程非常注重遵循与规范观点相关的合理性规则。此外,从描述性的角度来看,在处理一些悖论时也存在一些问题。在协商过程中,人们之间的互动会引起其他问题,比如沟通过程的准确性。

这些问题表明群体决策的制定和协商过程之间存在一些差异。但是,它们之间仍存在一些统一的要素。例如,大多数协商过程都以分析结果为基础,并努力确保集体选择的合理性和公平性。此外,群决策模型的构建过程涉及与决策者组的协议,涉及模型的若干问题和参数,特别是当问题还涉及多个目标时,导致 MCDM/A 和群决策模型的集成。因此,为了构建群决策模型,决策者之间可能需要一些交互过程。构建群决策模型的过程将取决于这些决策者的可用时间,最重要的是,如何实现它们的可用性。此外,还应考虑与分配和集成模型相关的问题(Kersten,2001)。

鉴于群决策制定和 MCDM/A 建模过程之间的密切关系,下面将简要描述该主题的一些方面。虽然一些研究表明多准则决策制定模型可以直接应用于群决策聚合,但是我们应该意识到聚合人们的偏好与聚合代表个体目标的标准是完全不同的。群决策与协商(GDN)为整合决策者的偏好时需要处理的问题做出了贡献。

2.6.1　决策者偏好或专家知识的聚合

虽然大多数关于群决策制定的研究都与决策者偏好的聚合有关,但也有一些与专家的知识有关。这两个群决策程序与聚合或集成两种截然不同的情况有关。这两种聚合过程的基础有所不同。在一些研究中,这种区别并不明确,可能导致误解并误导决策建模过程。也就是说,使用不恰当的基础来构建决策模型将产生错误的模型,从而导致不适合的解决方案。

决策者偏好的聚合与结果价值相关(Leyva-Lopez,Fernandez-Gonzalez,2003;Morais,de Almeida,2012)。另外,专家知识的聚合与某些特定学科相关。

在前者中,这个过程并没有寻求真正的解决方案。相反,该过程考虑决策者的偏好,以寻求最合适的解决方案。聚合过程的基础涉及合理性和偏好诱导等方面。这种聚合过程考虑决策者之间的目标差异,并考虑与偏好相关的元素,例如决策者的权衡和妥协的可能性;换句话说,决策者为了达成最终的群体决策愿意做出让步的程度。在这种情况下,决策者不会改变他们的偏好;相反,他们总是根据自身的喜好做出让步。

后者以专家知识为基础,着重对某一特定情境的真实性探索。这种聚合过程的基础涉及专家知识以及专家对系统变量的评估准确性等诸多方面。这一过程需考虑专家之间的认知差异,同时考虑与知识相关的因素,例如专家的不同学术背景和经验。专家们不应该对某一问题保持初步意见,除非他们的知识有充分的理由这样做。因为专家可以从其他专家那里学到一些新东西,所以他们可能会改变对某一问题的看法。这就是为什么许多研究都集中于就专家对该问题的看法达成共识。

尽管这两种聚合方式存在上述差异,但由于许多群决策与协商问题中都包括这两种聚合,我们建立了一些模型以便相互解决这两个问题。

许多模糊方法被应用于这类问题(Ekel 等,2008;Pedrycz 等,2011),并处理专家在描述他们对正在评估的变量的看法时所具有的模糊性和不确定性等因素。

有一种特殊的情形与专家概率的聚合有关,它与自然状态 θ 下的先验概率 $\pi(\theta)$ 有关。有许多关于决策理论(或决策分析)的文献与先验概率的提取(Raiffa,1968;Berger,1985)和一组专家先验概率的集合(Edwards 等,2007)相关。在第 3 章末尾有更多关于这个主题的细节。

下一小节简要描述了关于决策者偏好的群决策聚合类型。

2.6.2 群决策聚合的类型

对于决策者的聚合,不同的参与者可以扮演特定的角色。例如,在某些情况下,推动者或调解员可以代替分析人员;一个推动者可以加强决策过程中决策者或其他参与者之间的交互过程。对于特定的问题,在对群决策聚合类型进行分类时,决策者的行为和决策过程中交互的方式起着重要的作用。

群决策聚合过程包括将单个决策者的偏好集合减少为一个集体决策者的偏好集合。在某些情况下,群决策过程的参与者之一是高级决策者。这个高级决策者对最终问题做出决策,一般来说,这些问题与过程中的全局评估有关,例如评估其他决策者的选择。在组织结构中,高级决策者可能具有比其他决策者更高的层级位置。Keeney(1976)针对决策者之间的相互关系,考虑了两种群决策过程:"仁慈的独裁者问题"和"参与性群体问题"。前者涉及高级决策者的情况;后者是集团在群决策进程中共同行动,具有同样的权力。

无论在该过程中是否存在高级决策者,都可以考虑两种群决策聚合通用程序(Kim,Ahn,1999;Leyva-Lopez,Fernndez-Gonzlez,2003;Dias,Climaco,2005):

(1) 决策者初始偏好的聚合;

(2) 决策者个体选择的集合,即每个决策者对备选方案的排序。

这两个群决策聚合过程如图 2.12 所示,第一种在左边,第二种在右边。关于群决策准备过程的第一步,在前一种程序中有一个集成过程,而在后者中,每个决策者都是完全独立的。

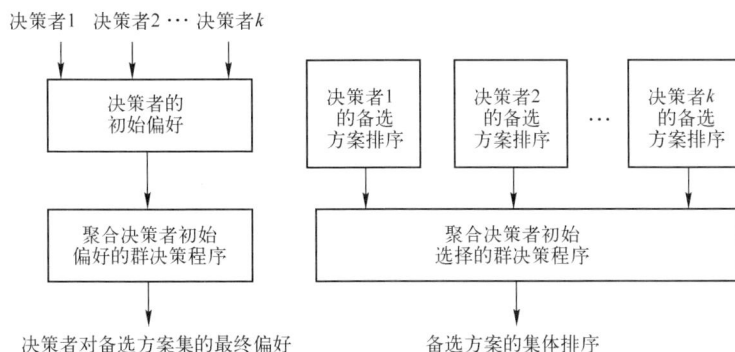

图 2.12　决策者聚合程序的类型

在前者中,决策者以集成的方式提供他们的初始偏好,其中从一开始就考虑聚合过程。然后,该过程产生该组备选方案的最终选择。这可以作为备选方案的简单序数排名给出,也可以包括每个备选方案的基数得分,这取决于应用的对所有决策者都相同的方法。所有决策者都考虑相同的准则,但是准则内和准则间的评估可能不同。在大多数模型中,前者是相同的,主要区别在于对准则权重的分析。

在后者中,每个决策者提供其个人的备选方案排序。也就是说,如果应用在另一个问题上(例如选择或排序),尽管该情况下通常不会产生备选方案的得分信息,但各个决策者的选择将产生备选方案或其他结果的最终排序。由于每种决策者具有不同的准则,这些备选方案可能是由完全不同的方法产生的。每个决策者考虑的目标是什么并不重要,唯一重要的信息是每个决策者对各个备选方案的最终个人评估。对于群决策过程,如果每个决策者都产生备选方案的排名,那么群决策程序可以通过使用基于社会选择理论的基础投票程序来进行(Nurmi,1987;Nurmi,2002)。

相关缩略词

AHP,Analytic Hierarchy Process,层次分析法

MCDM,Multi-Criteria Decision Making,多准则决策

MCDA,Multi-Criteria Decision Aiding,或 Multi-Criteria Decision Analysis,多准则决策分析/辅助

MCDM/A indiscriminately applied to MCDM or MCDA,多准则决策制定法

MOLP,Multi-Objective Linear Problems,多目标线性规划问题[缩略词中,MOLP 的 P 代表 Problem,但 2.4.6 节中,MOLP 中的 P 代表 Programming]

MAVT,Multi-Attribute Value Theory,多属性价值理论

MAUT,Multi-Attribute Utility Theory,多属性效用理论

ELECTRE,消去与选择转换方法

PROMETHEE,偏好顺序结构评估法

DM Decision Maker,决策者

RRM,Risk,Reliability and Maintenance,风险性、可靠性和可维修性

PSM,Problem Structuring Methods,问题构造方法

SMARTS,Simple Multi-Attribute Rating Technique with Swing,带摆动权重的简单多属性评价法

GA,Genetic Algorithm,遗传算法

MOGA,Multiobjective Genetic Algorithm,多目标遗传算法

NSGA,Non-dominated Sort Genetic Algorithm,非支配排序遗传算法

NPGA,Niched Pareto Sort Genetic Algorithm,小生境帕累托(Pareto)遗传算法

SPEA,Strength Pareto Evolutionary Algorithm,强度帕累托(Pareto)进化算法

PAES,Pareto Archived Evolution Strategy,帕累托(Pareto)存档进化策略算法

PESA,Pareto Envelope-based Selection Algorithm,基于封套选择的遗传算法

参 考 文 献

Ackermann F,Eden C(2001)SODA-journey making and mapping in practice. In:Rosenhead J, Mingers J(eds)Rational Analysis in a Problematic World Revisited,2nd ed. John Wiley & Sons Inc.,United Kingdom,pp 43-61.

Ackoff RL,Sasinieni MW(1968)Fundamentals of operations research. John Wiley & Sons,New

York, p 455.

Bana e Costa C, De Corte J-M, Vansnick J-C (2005) On the Mathematical Foundation of MAC-BETH. Mult. Criteria Decis. Anal. State Art Surv. SE-10. Springer New York, pp 409-437.

Belton V, Stewart TJ (2002) Multiple Criteria Decision Analysis. Kluwer Academic Publishers.

Benayoun R, de Montgolfier J, Tergny J, Laritchev O (1971) Linear programming with multiple objective functions: Step method (stem). Math Program 1(1):366-375.

Berger JO (1985) Statistical decision theory and Bayesian analysis. Springer Science & Business Media, New York.

Bidgoli H (1989) Decision support systems: principles and practice. West Pub.Co.

Borcherding K, Eppel T, von Winterfeldt D (1991) Comparison of Weighting Judgments in Multiattribute Utility Measurement. Manage Sci 37:1603-1619.

Bouyssou D (1986) Some remarks on the notion of compensation in MCDM. Eur J Oper Res 26(1): 150-160.

Bouyssou D, Marchant T, Pirlot M, Tsoukis A, Vincke P (2006) Evaluation and decision models with multiple criteria: Stepping stones for the analyst. Springer Science & Business Media.

Brams SJ, Taylor AD (1996) Fair Division: from cake-cutting to dispute resolution. Cambridge University Press, New York.

Brans JP, Mareschal B (1992) PROMETHEE V: MCDM Problems with Segmentation Constraints. INFOR 30(2):85-96.

Brans JP, Vincke Ph (1985) A preference ranking organization method: the Promethee method for multiple criteria decision making, Manage Sci 31:647-656.

Brunsson N (2007) The consequences of decision-making. Oxford University Press New York, NY.

Cailloux O, Mayag B, Meyer P, Mousseau V (2013) Operational tools to build a multicriteria territorial risk scale with multiple stakeholders. Reliab Eng Syst Saf 120:88-97.

Charnes A, Cooper WW (1961) Management Models and Industrial Applications of Linear Programming. John Wiley & Sons.

Chen Y-L, Liu C-C (1994) Multiobjective VAr planning using the goal-attainment method. IEE Proc.-Gener. Transm. Distrib. IET, pp 227-232.

Coello CAC, Toscano Pulido G (2001) A Micro-Genetic Algorithm for Multiobjective Optimization. In: Zitzler E, Deb K, Thiele L, Coello Coello CA, Corne D (eds) First International Conference on Evolutionary Multi-Criterion Optimization:126-140. Springer Verlag. Lecture Notes in Computer Science No. 1993.

Coello CC, Lamont GB, Van Veldhuizen DA (2007) Evolutionary algorithms for solving multiobjective problems. Springer Science & Business Media.

Corne DW, Jerram NR, Knowles JD, Oates MJ (2001) PESA-II: Region based Selection in Evolutionary Multiobjective Optimization. In: Spector L, Goodman ED, Wu A, Langdon WB, Voigt HM, Gen M, Sen S, Dorigo M, Pezeshk S, Garzon MH, Burke E (eds) Proceedings of the Genetic and

Evolutionary Computation Conference (GECCO ' 2001) : 283 – 290, San Francisco, California, Morgan Kaufmann Publishers.

Cox LA Jr (2009) Risk analysis of complex and uncertain systems. Springer Science & Business Media, New York.

Cox LA Jr (2012) Evaluating and Improving Risk Formulas for Allocating Limited Budgets to Expensive Risk-Reduction Opportunities. Risk Anal 32(7) :1244-1252.

Daher S, de Almeida A (2012) The Use of Ranking Veto Concept to Mitigate the Compensatory Effects of Additive Aggregation in Group Decisions on a Water Utility Automation Investment. Group Decis Negot 21(2) :185-204.

Danielson M, Ekenberg L, Larsson A, Riabacke M (2014) Weighting under ambiguous preferences and imprecise differences. Int J Comput Int Sys 7(1) :105-112.

Davis CB, Olson MH (1985) Management Information Systems : Conceptual Foundations, Structure and Development. McGraw-Hill.

de Almeida A, Vetschera R, de Almeida J (2014) Scaling Issues in Additive Multicriteria Portfolio Analysis. In : Dargam F, Hernández JE, Zaraté P, et al. (eds) Decis. Support Syst. III-Impact Decis. Support Syst. Glob. Environ. SE-12. Springer International Publishing, pp 131-140.

de Almeida AT (2013a) Processo de Decisão nas Organizações : Construindo Modelos de Decisão Multicritério (Decision Process in Organizaions : Building Multicriteria Decision Models), São Paulo : Editora Atlas.

de Almeida AT (2013b) Additive-veto models for choice and ranking multicriteria decision problems. Asia-Pacific J Oper Res 30(6) :1-20.

de Almeida AT, Almeida JA, Costa, APCS, ALmeida-Filho AT (2014b) A New Method for Evaluation of Criteria Weights in Additive Models by Interactive Flexible Elicitation. Working paper, CD-SID.

de Almeida AT, Costa, APCS, Almeida JA, Almeida-Filho AT (2014a) A DSS for Resolving Evaluation of Criteria by Interactive Flexible Elicitation Procedure, In : Dargam F, Hernández J, Zaraté P, Liu S, Ribeiro R, Delibasic B, Papathanasiou J. Decision Support Systems III – Impact of Decision Support Systems for Global Environments". LNBIP 184 (Lecture Notes in Business Information Processing), Springer. 157-166.

de Almeida AT, Ferreira RJP, Cavalcante CAV (2015) A review of multicriteria and multiobjective models in maintenance and reliability problems. IMA Journal of Management Mathematics 26(3) : 249-271.

de Almeida AT, Vetschera R (2012) A note on scale transformations in the PROMETHEE V method. Eur J Oper Res 219 :198-200.

Deb K, Pratap A, Agarwal S, Meyarivan T (2002) A fast and elitist multiobjective genetic algorithm : NSGA-II. IEEE Trans Evol Comput 6 :182-197.

Dias LC, Climaco JN (2000). Additive aggregation with variable interdependent parameters : The

VIP analysis software. J Oper Res Soc 51:1070–1082.

Dias LC, Clímaco JN (2005) Dealing with imprecise information in group multicriteria decisions: A methodology and a GDSS architecture. Eur J Oper Res 160(2) 291–307.

Duckstein L, Monarchi D, Kisiel CC (1975) Interactive Multi–Objective Decision Making Under Uncertainty. Theor Decis Pract Hodder Stoughtor, London 128–147.

Eden C (1988) Cognitive mapping. Eur J Oper Res 36(1):1–13.

Eden C, Ackermann F (2004) SODA. The Principles. In: Rosenhead J, Mingers J (eds) Rational Analysis for a Problematic World Revisited. Second Edition, Chichester: John Wiley & Sons Ltd.

Edwards W, Barron FH (1994) SMARTS and SMARTER: Improved Simple Methods for Multiattribute Utility Measurement. Organ Behav Hum Decis Process 60(3):306–325.

Edwards W, Miles Jr RF, Von Winterfeldt D (2007) Advances in decision analysis: from foundations to applications. Cambridge University Press.

Ehrgott M (2006) Multicriteria optimization. Springer Science & Business Media, Berlin.

Erickson M, Mayer A, Horn J (2001) The Niched Pareto Genetic Algorithm 2 Applied to the Design of Groundwater Remediation Systems. In: Zitzler E, Thiele L, Deb K, et al (eds) Evol. Multi–Criterion Optim. SE–48. Springer Berlin Heidelberg, pp 681–695.

Figueira J, Greco S, Ehrgott M (eds) (2005) Multiple Criteria Decision Analysis: State of the Art Surveys. Springer Verlag, Boston, Dordrecht, London.

Fishburn PC (1976) Noncompensatory preferences. Synthese 33:393–403.

Fonseca CM, Fleming PJ (1993) Genetic Algorithms for Multiobjective Optimization: Formulation, Discussion and Generalization. In: Forrest S, (ed) Proceedings of the Fifth International Conference on Genetic Algorithms, San Mateo, California. University of Illinois at Urbana–Champaign, Morgan Kaufmann Publishers.

Franco LA, Cushman M, Rosenhead J (2004) Project review and learning in the construction industry: Embedding a problem structuring method within a partnership context. Eur J Oper Res 152(3):586–601.

Fraser NM, Hipel KW (1984) Conflict Analysis: Models and Resolutions. North–Holland, New York.

Goodwin P, Wright G (2004) Decision analysis for management judgment. Wiley London.

Greco S, Matarazzo B, Slowinski R (2001) Rough sets theory for multicriteria decision analysis. Eur J Oper Res 129:1–47.

Greco S, Slowinski R, Matarazzo B (2002) Rough sets methodology for sorting problems in presence of multiple attributes and criteria. Eur J Oper Res 138:247–259.

Haimes YY, Hall WA, Freedman HT (1975) Multiobjective optimization in water resources systems: the surrogate worth trade–off method. Elsevier.

Hammond JS, Keeney RL, Raiffa H (1998a) Even swaps: A rational method for making tradeoffs. Harv Bus Rev 76(2):137–150.

Hammond JS, Keeney RL, Raiffa H (1998b) The hidden traps in decision making. Harv Bus Rev 76:47-58.

Hammond JS, Keeney RL, Raiffa H (1999) Smart choices: A practical guide to making better decisions. Harvard Business Press.

Horn J, Nafpliotis N, Goldberg DE (1994) A niched Pareto genetic algorithm for multiobjective optimization. Evol. Comput. 1994. IEEE World Congr. Comput. Intell. Proc. First IEEE Conf. IEEE, Orlando, FL, pp 82-87 vol.1.

Howard RA (1992) Heathens, Heretics, and Cults: The Religious Spectrum of Decision Aiding. Interfaces (Providence) 22:15-27.

Jacquet-Lagréze E, Siskos J (1982) Assessing a set of additive utility functions for multicriteria decision making, the UTA method. Eur J Oper Res 10(2):151-164.

Keeney RL (1976) A Group Preference Axiomatization with Cardinal Utility. Manage Sci 23(2): 140-145.

Keeney RL (1992) Value-focused thinking: a path to creative decisionmaking. Harvard University Press, London.

Keeney RL (2002) Common Mistakes in Making Value Trade-Offs. Oper Res 50(6):935-945.

Keeney RL, Raiffa H (1976) Decisions with multiple objectives: Preferences and Value TradeOffs. Wiley Series in Probability and Mathematical Statistics. Wiley and Sons, New York.

Keisler JM, Noonan PS (2012) Communicating analytic results: A tutorial for decision consultants. Decis Anal 9:274-292.

Keith WH, Radford KJ, Fang L (1993) Multiple participant multiple criteria decision making. IEEE Sys Man Cybern 23(4):1184-1189.

Kersten GE (2001) Modeling Distributive and Integrative Negotiations-Review and Revised Characterization. Group Decis Negot 10(6)493-514.

Kersten GE, Noronha SJ (1999) WWW-based negotiation support: design, implementation and use. Decis Support Syst 25:135-154.

Kilgour DM, Eden C. (eds) (2010) Handbook of Group Decision and Negotiation, Advances in Group Decision and Negotiation 4. Springer Science.

Kilgour DM, Keith WH (2005) The graph model for conflict resolution: past, present, and future. Group Decis Negot 14(6):441-460.

Kim SH, Ahn BS (1999) Interactive group decision making procedure under incomplete information. Eur J Oper Res 116:498-507.

Kirkwood CW, Corner JL (1993) The effectiveness of partial information about attribute weights for ranking alternatives in multiattribute decision making. Organ Behav Hum Dec 54:456-476.

Kirkwood CW, Sarin RK (1985) Ranking with Partial Information: A Method and an Application. Oper Res 33:38-48.

Knowles JD, Corne DW (2000) Approximating the nondominated front using the Pareto Archived

Evolution Strategy. Evol Comput 8:149–172.

Korhonen P (2005) Interactive Methods. Mult. Criteria Decis. Anal. State Art Surv. SE – 16. Springer New York, pp 641–661.

Korhonen P (2009) Multiple objective programming support Multiple Objective Programming Support. In: Floudas CA, Pardalos PM (eds) Encycl. Optim. SE–431. Springer US, pp 2503–2511.

Korhonen P, Wallenius J (2010) Interactive Multiple Objective Programming Methods. In: Zopounidis C, Pardalos PM (eds) Handb. Multicriteria Anal. SE–9. Springer Berlin Heidelberg, pp 263–286.

Leyva–Lopez JC, Fernandez–Gonzalez E (2003) A new method for group decision support based on ELECTRE III methodology. Eur J Oper Res 148(1):14–27.

Likert R (1932) A technique for the measurement of attitudes. Arch Psychol 22(140):1–55.

Miettinen K (1999) Nonlinear multiobjective optimization. Springer Science & Business Media.

Morais DC, de Almeida AT (2012) Group Decision Making on Water Resources based on Analysis of Individual Rankings. Omega 40:42–45.

Munda G (2008) Social multi–criteria evaluation for a sustainable economy. Springer, Berlin.

Mustajoki J, Hämäläinen RP (2005) Decision Support by Interval SMART/SWING – Incorporating Imprecision in the SMART and SWING Methods. Decision Sci 36(2):317–339.

Nurmi H (2002) Voting Procedures under Uncertainty. Springer Verlag, Berlin – Heidelberg, New York.

Nurmi H (1987) Comparing Voting Systems. Dordrecht: D. Reidel Publishing Company.

Osyczka A (1984) Multicriterion optimisation in engineering. Halsted Press.

Pardalos PM, Siskos Y, Zopounidis C (eds) (1995) Advances in Multicriteria Analysis. Kluwer Academic Publishers.

Partnoy, F (2012) Wait: The Art and Science of Delay. Perseus Group books.

Pawlak Z, Slowinski R (1994) Rough set approach to multiattribute decision–analysis. Eur J Oper Res 72:443–459.

Pedrycz W, Ekel P, Parreiras R (2011) Fuzzy Multicriteria Decision–Making: Models, Methods, and Applications. John Wiley & Sons, Chichester.

Polmerol J – C, Barba – Romero S (2000) Multicriterion Decision in Management: Principles and Practice. Kluwer.

Raiffa H (1968) Decision analysis: introductory lectures on choices under uncertainty. Addison Wesley, London.

Rao S (1984) Multiobjective optimization in structural design with uncertain parameters and stochastic processes. AIAA J 22:1670–1678.

Rauschmayer F, Kavathatzopoulos I, Kunsch PL, Le Menestrel M (2009) Why good practice of OR is not enough—Ethical challenges for the OR practitioner. Omega 37(6):1089–1099.

Rosenhead J, Mingers J (eds) (2004) Rational Analysis for a Problematic World Revisited. Second

Edition, John Wiley & Sons Ltd.

Roy B (1996) Multicriteria Methodology for Decision Aiding. Springer US.

Roy B, Słowiński R (2013) Questions guiding the choice of a multicriteria decision aiding method. EURO J Decis Process 1(1-2):69-97.

Roy B, Vanderpooten D (1996) The European school of MCDA: Emergence, basic features and current works. J Multi-Criteria Decis Anal 5(1):22-38.

Saaty, TL (1980) The Analytic Hierarchy Process. McGraw-Hill.

Salo A, Hämäläinen RP (2001). Preference ratios in multiattribute evaluation (PRIME)-elicitation and decision procedures under incomplete information. IEEE Sys Man Cybern 31(6):533-545.

Salo A, Punkka A (2005) Rank inclusion in criteria hierarchies. Eur J Oper Res 163(2):338-356.

Salo AA, Hämäläinen RP (1992) Preference assessment by imprecise ratio statements. Oper Res 40:1053-1061.

Schaffer JD (1984) Multiple Objective Optimization with Vector Evaluated Genetic Algorithms. PhD thesis, Vanderbilt University.

Shakun MF (1988) Evolutionary Systems Design: Policy Making Under Complexity and Group Decision Support Systems. Holden-Day, Oakland, CA.

Shakun MF (2006) ESD: A Formal Consciousness Model for International Negotiation. Group Decis Negot 15:491-510.

Shakun MF (2010) Doing Right: Connectedness Problem Solving and Negotiation. In: Kilgour DM, Eden C (Eds.) Handbook of Group Decision and Negotiation, Advances in Group Decision and Negotiation 4. Springer Science.

Simon HA (1955) A Behavioral Model of Rational Choice. Q J Econ 69(1):99-118.

Simon HA (1960) The New Science of Management Decision. Harper & Row Publishers, Inc, New York.

Simon, HA (1982) Models of Bounded Rationality. MIT Press.

Slack N, Chambers S, Harland C, Harrison A, Johnson R (1995) Operations Management, Pitman Publishing, London.

Slowinski R, Greco S, Matarazzo B (2012) Rough set and rule-based multicriteria decision aiding. Pesq Oper 32:213-269.

Sprague Jr RH, Watson HJ (eds) (1989) Decision Support Systems-Putting Theory into Practice, Prentice-Hall.

Srinivas N, Deb K (1994) Multiobjective Optimization Using Nondominated Sorting in Genetic Algorithms. Evol Comput 2:221-248.

Steuer RE (1986) Multiple Criteria Optimization: Theory, Computation, and Application. Wiley, New York.

Stewart TJ (2005) Dealing with uncertainties in MCDA. In: Figueira J, Greco S, Ehrgott M (eds)

Multiple Criteria Decision Analysis:State of the Art Surveys. Springer Verlag,Boston,Dordrecht, London,445-470.

Thierauf，RJ（1982）Decision support systems for effective planning and control - A case study approach. Prentice-Hall,Inc.,Englewood Cliffs,New Jersey.

Vetschera R,de Almeida AT（2012）A PROMETHEE-based approach to portfolio selection problems. Comput Oper Res 39(5):1010-1020.

Vincke P（1992）Multicriteria Decision-Aid. John Wiley & Sons,New York.

Von Neumann J,Morgenstern O（1944）Theory of games and economic behavior. Princeton:Princeton University Press.

Wallenius J（1975）Comparative Evaluation of Some Interactive Approaches to Multicriterion Optimization. Manage Sci 21(12):1387-1396.

Weber M,Borcherding K（1993）Behavioral influences on weight judgments in multiattribute decision making. Eur J Oper Res 67(1):1-12.

Zitzler E,Thiele L（1999）Multiobjective evolutionary algorithms:a comparative case study and the strength Pareto approach. Evol Comput IEEE Trans 3(4):257-271.

第3章 风险分析、可靠性和可维修性的基本概念

摘要 人类对装备的依赖程度越来越高。这种程度的依赖需要高水平的可用性,这已经改变了这些系统中断所造成的影响。对于许多系统来说,中断的后果超出了财务损失的范围,因此可以使用 MCDM/A 模型来证明多维结果方法的合理性。因此,了解 RRM 之间的关系是至关重要的,以便为经常相互隔离处理的各种问题提供更全面的解决方案,而这些问题是竞争市场中最重要的问题。本章讨论了 RRM 的基本主题,包括风险分析和风险识别工具、可靠性概念、RCM 和 TPM 等维护技术以及专家知识的获取。这些主题是为了提供一个基础来构造不同的 MCDM/A 问题,这些问题将在一些章节中讨论。一些基本方面可以作为不同形式的决策模型的输入,例如属性、目标、标准和上下文。

3.1 风险分析的基本概念

在文献中有很多关于风险的概念,也有不同的观点。然而,如果做出了一个决定,并且涉及风险,那么风险概念应该结合后果和概率,以及决策者(DM)的偏好,如第 2 章所述。

事实上,一个没有 DM 偏好的"决策过程"是没有决策的,正如第 1 章最后所讨论的。与此相反,这个过程也是:①在模型中随机加入了一些偏好结构;②是根据别人先前的决定而做出的武断的决定。

即便如此,在大多数实际案例中,其结果是多维的,因此需要使用 MCDM/A 方法来构建决策模型。下面的主题主要是基于基本的 RRM 文献,没有像第 2 章那样包含决策支持的思想。也就是说,DM 的偏好在模型中并不一定被考虑。

3.1.1 风险环境

近年来,开展风险研究已成为一项日益复杂的任务,在社会各个领域都具有重要意义。现代世界促进了信息的获取,使人们更加意识到在社会和环境背景下对风险及其后果的决策。另外,组织寻求适当地管理在产品或服务生产中被视为最相关的所有风险,以确保其最终产品满足最低的法律要求、法规和决议以

及社会的期望。它在所谓的现实世界中被强调是至关重要的,尽管组织关注识别和监控风险,但限制资源的可用性是一个重要的方面,这导致一些关于直接资源分配的风险受到特别的关注,否则需要等到资源可用。

虽然在文献中有几个术语风险的定义,但基本概念都与环境中的不确定性有关,这与不希望事件发生的可能性及其后果的影响有关。根据 Theodore 和 Dupont(2012)的研究,这就是为什么风险被定义为根据事件发生的可能性和损失的程度来衡量个人的经济损失或损害。Yoe(2012)认为,风险是对不确定的未来事件的可能性和后果的衡量。这是一种不希望出现的结果的可能性,在这种情况下,关于尚未发生的事件的信息的缺乏是其发生的可能性的内在因素之一。Cox(2009)考虑了对结果的偏好。

在风险环境中,Aven(2012)观察到一个变化,他说传统的危险活动是根据基于代码、标准和硬件需求的参考来设计和操作的。然而,今天得到证实的是,这一趋势更倾向于以职能为导向,在这方面,重点是与其寻求实现的目标相联系。因此,定义风险的能力是每个功能系统的关键要素。识别和分类风险是提供决策支持的必要条件。定义未来可能发生的事情、评估风险和不确定性以及在各种选择中进行选择的能力,是在风险环境中指导决策过程的能力。

如第 2 章所述,决策过程中的风险概念将结果与其概率相结合,并将 DM 的偏好与组合相结合。在大多数实际情况下,后果是多维的,因此涉及 MCDM/A 方法,这可能涉及 Cox(2009)指出的权衡,考虑到财务、可靠性和健康等维度。

风险管理、风险评估和风险分析应该考虑到程序、工具的使用、方法和模型等方面,以确保适当的风险管理和控制。应注意 DM 的参与直接影响风险研究的最终结果。这就要求有关各方就风险进行适当的沟通。最后,在风险研究中要进行详细的分析,直接影响决策过程。不同学者对这些方面表达了特别的见解。

Modarres 等人(1999)将风险分析定义为一种风险识别、表征、量化和评估的技术。Theodore 和 Dupont(2012)认为,风险评估是评估风险程度的过程。此外,Yoe(2012)声称,风险评估是一个定性、定量或半定量描述自然系统的过程,概率和风险的大小与任何内容、情况、行动或包含不确定性的事件有关。有效的风险管理需要了解导致不良事件发生以及系统改进的原因和条件(Pate-Cornell,Cox,2014)。

关于风险沟通,Fjeld 等人(2007)描述了这是一个利益相关者、风险评估者和风险管理者之间的交互过程。在这种情况下,目标(通常由法律规定)、程序和最佳做法力求确保风险分析的相关方面由利益相关者确定,从而确保对与风险管理相关的决策进行充分的分析和正确的理解。在决策模型中,如第 1 章和

第2章所述,部分这些因素与 DM 有关。

Yoe(2012)把风险管理定义成问题鉴定中的一个过程,请求信息和评估风险,一些初始定义应该建立识别、评估、选择、实施、监控,对于另外两个可能的结果:接受或容忍,修改方案去应对不可接受的风险水平。Aven 和 Vinnem(2007)则认为,风险管理的目的是确保采取适当的措施来保护人们,环境和资产不受意外后果的影响,以及平衡不同的利益,特别是在健康、安全、环境和成本方面。风险管理包括识别发生的危险和减少潜在损害的措施。

Tweeddale(2003)指出,风险管理有三个主要要求:法律、商业、道德(或伦理)要求。法律要求将取决于特定地区的法律结构和特定立法。商业要求与一系列商业影响有关,例如由于生产损失而造成的收入损失和与设备损坏、伤害或死亡、环境损害、法律行动以及对公司形象的影响有关的成本。道德(或伦理)要求强调人的生命价值,要记住人的健康不应该用金钱来衡量。这些要求使人们注意到风险的复杂性,并表明风险具有物理、货币、文化和社会层面。

虽然上面提到了不同的兴趣或要求(标准或目标),但似乎并没有处理涉及 DM 的偏好的多维结果,这就需要 MCDM/A 方法,见第2章。实际上,整合这些维度(物理货币、文化和社会)可能代表一种危险的复杂性,而且使用的是一种不合适的方法。Aven 和 Vinnem(2007)提到了 MAUT 的两个属性,即成本和意外,他们认识到获取 DM 偏好的启发式过程的困难,对此必须在个案基础上进行评估。所有的模型都有偏差,如第2章所述。然而,为了使它们有用,在模型构建过程中应该做出适当的努力。第2章中提出的连续改进过程可以支持这种评价。

3.1.2 公众对风险的认知

在社会日常生活中处理风险太多,以至于风险分析是人类固有的特征。在日常的日常活动中,风险总是存在的,比如走在大街上,乘坐公共交通工具上班,摄入高脂肪食物等。每个参与危险/风险分析的人都会给出他们自己的观点、记忆、态度和对所研究情况的整体看法。此外,这些人往往受到不同类型的个人偏见的影响,比如他们的教育水平、信仰、经验。文化等。即使是专家在得到相同数据时也会得出不同的结论。文献通过讨论不同的物理情况和背景来研究问题。

van Leeuwen(2007)支持个人和公众对风险的看法是不同的。业务和其他利益相关者,随着时间和文化的流行而改变。人们不断地评估形势,判断与某一特定行动相关的风险是否合理。在某些环境下,危险的影响显然与特定的行动过程有关。然而,在其他情况下,每一种效果的影响可能是不确定的,不会立即突显。

Modarres 等人(1999)认为,对风险的感知往往不同于对客观度量的感知,从而扭曲了风险管理决策。对于低概率和严重后果事件的主观判断、信念和社会偏见可能会影响对风险分析结果的理解。

在此背景下,Crowl 和 Louvar(2001)认为,普通大众很难理解风险可接受性的概念。主要的"问题"与接受一定程度的风险的非自愿性质有关。例如,假设指定可接受风险水平的某化工厂的设计人员,提出这些风险对工厂附近的居民来说是符合要求的。然而,社区往往不愿意接受任何程度的工业风险,特别是如果当社区了解到世界上有任何地方发生了涉及类似工厂的事故时。

此外,Theodore 和 Dupont(2012)指出,公众和专家之间缺乏沟通联系是至关重要的,因为公众在这些问题上并不相信专家。

鉴于这些因素,重要的是要注意这样的事实,即一个连贯的风险分析涉及人们对所研究的风险的感知,应该考虑到在这个过程中可能会产生负面影响的各个方面。

3.1.3　风险表征

风险表征是另一个需要进行的重要方面。定义直接影响分析的方面、确保风险可接受性、可容忍性和不可接受性标准的建立,是风险表征中应该考虑的问题。

因此,根据 Tweeddale(2003)的观点,评估风险的性质将取决于两个问题的答案:①不良事件会影响人们、环境、财产或生产吗?②如何评断事件的影响?

第 2 章中所述的 MCDM/A 方法可以回答这些问题,因为它是通过 DM 对多维结果的偏好来衡量可取性的。

Theodore 和 Dupont(2012)指出,风险表征评估了与被调查过程相关的风险。这种特性描述的结果是确定由于过程或过程中产生的物质泄漏而引起不利影响的可能性。

根据 Smith 和 Simpson(2010)的研究,没有什么是没有风险的。物理资产总有失效率,人类总是会犯一些错误。因此,这就需要建立一种价值,将风险限定在社会认为可以接受的水平内。但是,在实践中,当一个人谈到一种风险是可容忍的、可接受的还是不可接受的,这意味着什么呢?

同样,MCDM/A 方法可以通过在模型中合并引用来处理风险值,将 DM 置于决策过程的核心。

Smith(2011)指出,"可接受"的意思是,考虑到当时的情况,没有采取任何措施来减少意外,意外发生的可能性被认为是合理的。"可容忍的"意味着,虽然为处理一个危险程度做好了准备,但必须努力解决危险源以减少危险。成本也是这类分析中应该考虑的一个方面。Smith 和 Simpson(2010)指出,视为可容忍的风险的程度取决于很多方面,如当前环境下的控制程度、风险分析的本质(有意或无意)、处于风险下的人数等。不可容忍风险的概念包括不容忍特定的风险水平,因此不允许在这个水平上发展活动。关于这些定义的其他评论可以在处理 ALARP 概念的一节中验证。

Crowl 和 Louvar(2001)指出,不可能完全消除任何一种风险。在设计阶段的某个时候,就有人需要确定风险是否可接受。换句话说,分析的风险比个体在日常生活中所面临的风险要高吗?

Modarres 等人(1999)认为,风险可接受性是一个复杂且有争议的问题。使用风险评估结果是对风险暴露水平进行排序的一种常见方法,其中社会可接受的风险暴露水平应该基于风险接受阈值来定义。

在此背景下,可以通过个体风险、社会风险、人口风险和风险指数等风险指标进行验证。每一项措施都考虑到不同的方面和背景,同时表达了风险。

根据 Smith(2011)的说法,个人风险指的是一个假设的人相对于特定的危害情景的死亡频率,社会风险反映的是一组人的风险度量,考虑到多重死亡。Theodore 和 Dupont(2012)将人口风险描述为对全体人口的风险,将一定数量的死亡人数表示为可能面临危险的成千上万人。Theodore 和 Dupont(2012)也定义了风险指数,将其描述为与设施相关的独特数字所代表的指标。一些风险指数是定量的,而另一些则是半定量的,按照不同类别对风险进行排序。风险指数也可以是基于其他风险度量的定量平均或基准。

在此背景下,Crowl 和 Louvar(2001)进行了补充,在这些风险措施中,基于统计数据的损失和事故是相关措施。但是,应当谨慎地考虑这些统计数字,因为这些统计数字中有许多是平均数字,并不反映有潜在损失的具体事故的发生情况。相比之下,没有一种特定的方法能够同时测量所有方面。其中一些常用的是事故率、致命事故率(FAR)和死亡率。

更具体地,根据 Tweeddale(2003)的说法,FAR 是一种用于评估工业工厂员工相关风险的风险度量。FAR 的定义是每 1 亿小时因工作事故而死亡的人数。

综上所述,风险措施的定义是必要的,可供参考。在风险研究中建立风险值,并在风险监测和控制中使用这些值,以使其符合职业标准。

3.1.4　危害识别

如今,识别危害是确保安全要求得到满足的关键因素,从而满足资产、系统和子系统充分发挥作用的需要。此外,危害识别为特定生产过程(部分或全部)的风险分析提供数据输入。为了获得更好的性能,应使用结构化技术来识别危险,并应包括专家和经过培训的工作人员。在规划阶段应该经常考虑的是对资源的限制(即财务资源、专家、设计师、运营和维护人力等),因为这些资源的可用性将直接影响分析的结果。

Zio(2007)指出,危险识别的第一步是这个活动的输出,这个活动由一系列潜在危险的来源表示(例如组件故障、过程中的偏差、外部事件、操作错误等),这些潜在危险是非零概率的,并且可能产生具有重大后果的事件。

在这一步骤中得到发展的方法通常与系统及其功能的定性分析有关,这些方法将列入一个系统程序的框架内。在这些方法中,强调的是 FMEA(故障模式和影响分析)和 HAZOP(危害和可操作性研究)。

1. FMEA(故障模式和影响分析)

Zio(2007)指出,FMEA 是一种具有归纳性质的定性方法,它支持识别可能导致系统瘫痪或引发事故部件的失效模式,这些可能会造成严重后果。

对于 FMEA,为了获得足够详细的数据,必须从历史数据库中收集信息和专家意见。只有以这种方式使用 FMEA,项目和系统关键组件的所有方面才能得到验证。关于 FMEA 的更多细节,包括一个派生的技术——FMECA(故障模式、影响和危害性分析),会在 3.2.6 节中给出。

2. HAZOP(危害与可操作性研究)

根据 Andrews 和 Moss(2002)的研究,HAZOP 是在化学工业中首次使用的一种方法,在化学工业中对工业工厂进行评估,以确定对操作人员和社会的潜在危害。这些危害可能发生在特定的系统中,可能是工业过程中不同系统之间相互作用的结果。

根据 MacDonald(2004)的研究, HAZOP 有明确的阶段,如表 3.1 所列。

表 3.1　HAZOP 阶段

HAZOP 阶段	细　节
阶段 1:明确过程	明确范围和目标
	定义责任
	形成团队
阶段 2:准备	明确计划并执行计划
	数据采集
	登记方法
阶段 3:检验	系统分配
	明确误差
	确立原因、结果并设置保护措施
	对行为达成共识
	对每个评估元素重复活动

（续）

HAZOP 阶段	细　节
阶段4:登记和监控	明确电子表格登记准备报告 监控行为 定期对 HAZOP 重复评估 生成并发布报告

HAZOP 用于识别和评估生产及维护操作中的危险。此外,与这种方法有关的筹备研究必须使用多学科小组和专家意见,项目的范围和目标必须确定得很好。参与过程的人员必须对特定的术语有很好的理解,例如,偏差、引导词和项目意图使用的一些术语。

根据 Ericson(2005)所报道的 HAZOP 的一些缺点包括:关注单个事件而不考虑多个事件的组合;关注特定的指示词可能会导致一些与这些指示词无关的危险得不到重视;HAZOP 分析可能会耗费过多的时间和资源。

Zio(2007)认为,FMEA 主要基于系统的结构方面,HAZOP 的过程则主要集中在被分析的工厂上。

3.1.5　FTA(故障树分析)

故障树(FT)是在风险环境下的工业过程中广泛使用的工具。根据故障事件概率值的可用性,可以将其分类为定性或定量工具。

根据 Ericson(2005)的定义,FTA 是一种结构化的演绎技术,用来分析一个系统,以识别和描述一个特定不希望发生事件的根本原因和可能性。采用 FTA 对动态复杂系统进行评价,可以了解和预防潜在问题。故障树的开发是一个迭代过程,可以预防性或反应性地使用(在发生故障之后)。

故障树是一个基于顶层事件(也称为不想要的事件)构建的图形模型。它的结构为:识别和判断与顶层事件相关联事件所有可能的相关原因(根本原因)。

该工具可用于预防(缓解)和纠正方法。消除所有的根本原因就会消除上面的事件。同样,仅消除一些根本原因就会减少顶层事件发生的可能性。

根据 Andrews 和 Moss(2002)的研究,故障树图显示了两个基本元素:门和事件(都是由特定的符号根据上下文来表示的)。FT 事件之间的关系通过逻辑门发生,逻辑门允许或禁止故障沿着故障树的路径通过,从而显示在树的顶层发生另一个事件所必需的关系。每个门都有特定的门符号、门名和有效的因果关系。最常用的是"与门"和"或门"。例如,与门的存在意味着如果所有输入事件同时发生(因为至少有两个输入事件),输出事件就会发生。或门的存在意味着如果至少有一个输入事件同时发生(因为至少有两个输入事件),输出事件就会发生。图 3.1 给出了一个 FTA 示例,其中显示了一个顶层事件,包含与门、或门和基本原因,也称为根源原因。

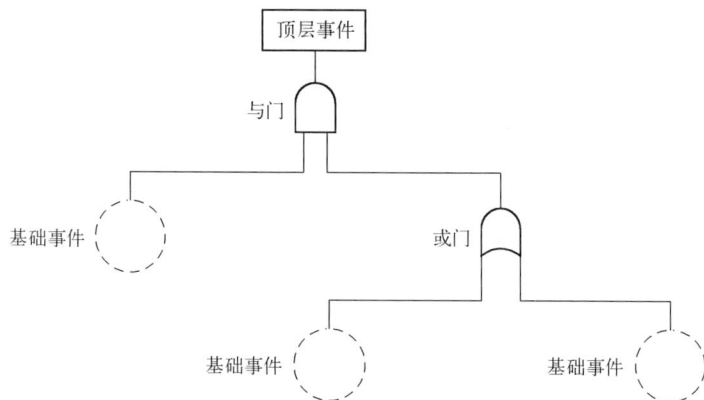

图 3.1　FTA 实例

FTA 是一种辅助故障概率估计的技术(Nwaoha 等,2013)。当 FTA 作为一种定量方法应用时,基于门的特定布尔属性,得到顶层事件发生的概率。

更具体地说,需要注意的一个重要问题是,FMECA 故障模式可以认为是FTA 顶级事件的输入。因此,每个特定的 FMECA 故障模式都是特定 FT 的一个顶层事件。

3.1.6　事件树分析

根据 Ericson(2005)的说法,事件树分析(ETA)是一种分析技术,用于识别和评估初始事件发生后可能发生的事故场景中的事件序列。事件树分析称为事件树(ET)的逻辑树结构。事件树分析的目的是确定最初的事件是否会以一系列不理想的事件展开,或者事件是否受到在系统设计阶段建立的安全系统和程序的充分控制。事件树分析可以从一个初始事件中产生多个不同的结果,从而为每个结果提供特定的可能性。

根据 Bedford 和 Cooke(2001)的观点,事件树结构从一个初始事件开始,通过所建立的系统进行这个事件,包含所有可能影响系统/子系统行为的可能性。

ET 节点表示系统/子系统可能的操作(或不操作)。更具体地说,导致事故的ET 通路称为事故序列。ET 的一个例子如图 3.2 所示(Brito, Almeida,2009)。

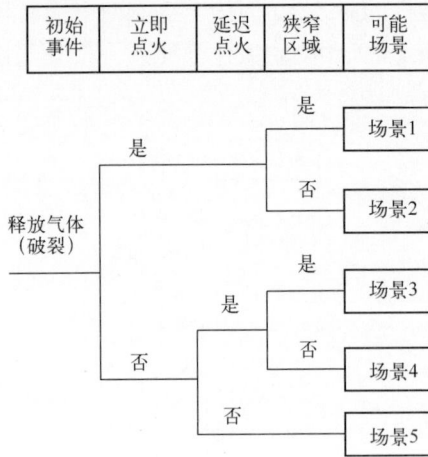

初始事件	立即点火	延迟点火	狭窄区域	可能场景

图 3.2　事件树应用于管道风险分析的示例说明

根据 Ericson(2005)的观点，ETA 可用来建模一个完整系统,包括子系统、组件、软件、过程、环境和人为错误。它也可以用于不同的阶段,如项目设计阶段,并已应用于不同的系统,如核电、航空航天和化工厂。

分析人员应该通过识别和评估初始事件产生的所有可能结果来指导 ET 构建过程。一个积极的方面是,如果在早期阶段应用,ETA 可以帮助识别系统安全问题,从而避免采取纠正措施(Andrews,Dunnett,2000)。

关于组成 ET 事故序列的事件,Zio(2007)指出它们的特点是:为减轻事故(系统事件树)而生效(或不生效)的保护系统的干预(或不干预);安全功能的运行(或不运行)(功能事件树);以及物理现象(现象学事件树)的发生(或不发生)。

根据 Zio(2007)的观点,这些事件树类型被应用在不同的环境中:

(1) 系统事件树——用来识别事故序列已经在一个工厂成熟了,涉及保护和安全系统。

(2) 功能事件树——构建系统事件树的中间步骤。从 ET 初始事件开始,需要建立的安全功能就被识别出来,然后被相应的保护和安全系统所取代。

(3) 现象学事件树——描述了发生在工厂外部的一种现象学事故的演化(火,散布等)。

还可以在事件树中检查工具的集成使用,在事件树中使用故障树定量方法获取 ET 中任何给定分支中发生故障状态的概率值。如图 3.3 所示。Andrews 和 Dunnett(2000)对 ETA 和 FTA 进行了比较分析。

ETA 失效的概率与从 FTA 获得的顶层事件相同,通过 ETA 中观察到的每个

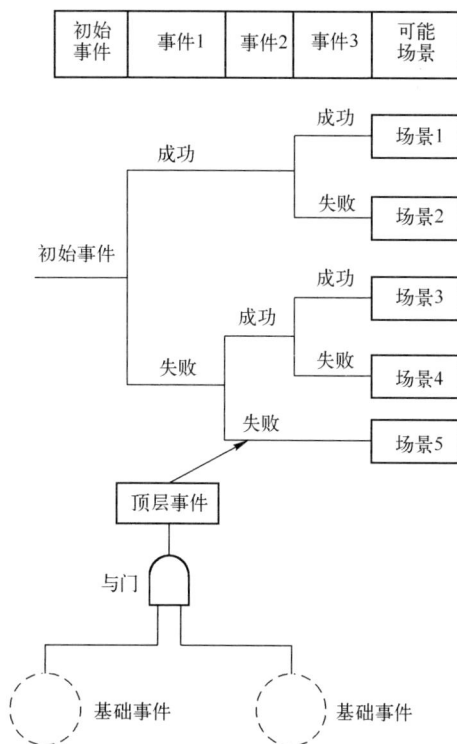

图 3.3　如何使用集成工具(FTA 和 ETA)来确定故障状态

特定故障实现。成功的概率为失败概率的对立面,即:$P_{成功} = 1 - P_{失败}$。

3.1.7　定量风险分析

风险分析技术致力于支持降低风险的管理决策,以达到和保持可容忍的风险水平,从而确保安全。

根据 Vinnem(2014)的观点,量化风险评估也使用缩写 QRA,分析背景定义了这些术语中哪个更合适。当评估结果与风险分析相结合时,应使用术语评估。这种命名法和 QRA 术语在海上作业、石油、天然气和化学过程中都有很好的应用。它们也被称为定量风险评估(QRA)、概率风险评估(PRA)、概率安全评估(PSA)、概念安全评估(CSE)或总风险分析(TRA)。以核工业为例,采用的术语是概率风险评估或概率安全评估(Bedford,Cooke,2001;Vinnem,2014)。一些作者认为,所有这些术语的含义与聚合工具的含义几乎相同,以便对风险进行科学分析。

Vinnem(2014)认为,多年来,挪威是唯一一个系统地要求进行 QRA 研究的国家,从 20 世纪 80 年代就开始这样做。英国花了近 10 年时间才立法制定 QRA 研究的必要性之前,也就是说,1988 年由于 Piper Alpha 平台事故而引起的官方调查建议在英国采用 QRA,就像 10 年前挪威那样。

在处理风险分析时,有许多系统的技术,例如:

(1) 危害与可操作性研究(HAZOP);

(2) 安全性与可操作性研究(SAFOP);

(3) 安全职业分析(SJA);

(4) 初步危害分析(PHA);

(5) 失效模型和效应分析(FMEA);

(6) 定量风险分析(QRA)。

尽管有 QRA,可以合并定量信息并以半定量的方式执行,但大多数这些方法本质上都是定量的。

但是,要执行 QRA,首先需要以定量的方式识别风险并描述对人员、环境和资产的风险。虽然可以从定量研究中识别危害,但是还需要从定量的角度对初始事件进行评估,进而从概率的角度分析原因,估计每个场景的概率。

Vinnem(2014)认为,对于每个场景,估计都是由后果、影响、设施响应和相关概率构成的,这使得后果可以用人员环境和资产来量化,这代表了人员、环境和财务方面的损失。

在 MCDM/A 方法中,场景可能与自然状态有关,自然状态与概率有关。使用 MCDM/A 方法可以量化多维结果。

Vinnem(2014)用 5 个步骤描述 QRA,如图 3.4 所示。图 3.4 的前两步主要是定性的。事件的识别也可以称为危险识别(HAZID),这要求调查所有可能的危害和事故来源,以避免忽视任何事故来源。在筛选中,标准应当分类关键和非关键风险,提供登记每个风险分类评估内容的报告,从而对原因进行登记,并演示如何将一种危害归类为非关键性危害,在保证安全的同时,声明这些危害不被认为是至关重要的。

鉴于可用于危险识别的工具,这种研究通常通过使用检查表、故障统计、事故数据库、HAZOP 研究和类似的风险分析研究作为支撑。从类似项目中获得的经验也是识别危险的重要来源。

在确定要考虑的关键危害之后,有必要确定这些危害的原因以及哪些事件可能导致事故的发生。通过确定潜在事故的起始点可以建立可能导致事故的原因架构。

在原因分析(第三步)过程中,确定哪些原因可能导致初始事件,以支持对初始事件概率的评估。从原因分析中,可以识别出降低风险的行为,它们能防止

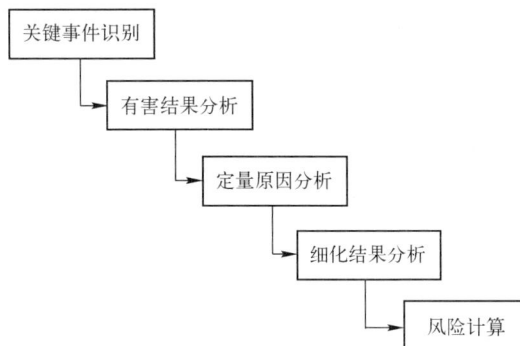

图 3.4　QRA 步骤

或中断可能导致事故的事件链。在原因分析的初始步骤中,如果有可量化的数据,通常使用定性技术,然后再使用定量方法。定性方法用于确定引发事件的原因和条件,从而为后续可能的定量分析奠定基础。识别原因的技术包括HAZOP、故障树分析、初级危害分析(PHA)、FMEA、人因失误分析等,传统的可靠性分析也采用了这些技术。

为了确定引发事件发生的概率,在原因分析中进行定量研究,最常见的方法之一是使用历史统计来计算引发事件发生的频率。

图 3.4 中的第四步是事故场景的后果分析。分析结果考虑了内惩罚函数以及包含危险和事故序列的元素,以评估可能发生的功能或障碍失效。Vinnem(2014)认为,火灾和爆炸是评估的两个主要因素,对于所有可能涉及火灾和爆炸的场景,都可以使用相同的计算步骤进行评估。这些步骤取决于哪些条件和序列,与评估因素相关。火灾和爆炸可能是由于泄漏、刺穿或针孔,其中任何一种都可能会暴露一种有害物质,如果与其他物质发生作用,可能会导致蒸汽云爆炸(VCE)、沸液蒸汽爆炸(BLEVE)、瞬时起火、喷射火焰等。因此,计算的步骤通过考虑与系统屏障和缓解措施相关的系统温度和压力条件估计材料泄漏量。TNO 的彩色书提供了系统的程序,以协助 QRA 研究,特别是在估算热辐射、着火概率、死亡、损害和其他后果的条件概率方面的后果分析。关于死亡率,概率函数通常用于计算在给定的暴露水平下由于接触有毒物质或热辐射而死亡的概率。

QRA 研究的结果来自于风险计算,即图 3.4 的最后一步。这些结果通常与风险承受水平进行比较和关联。QRA 研究通常在障碍和安全措施足够强大,以确保任何风险高于参考水平之前进行。QRA 研究的目的是提供一幅风险图,这是由风险识别得出的结果,并结合原因和频率分析来表达与所有关键风险相关的风险水平。

虽然由于术语中风险计算、风险分析和风险评估具有相同的一般含义,容易造成误解,但每个术语的范围都存在差异。风险计算通过使用后果分析和原因分析得到的信息,从频率和后果的程度进行计算,提供风险水平。而风险分析指的是图3.4中所描述的整个过程,包括风险计算。而风险评估则是根据风险参考水平对结果进行评估的整个风险分析的过程,其中风险参考水平是通过考虑风险容忍度来定义的。

为了确保QRA研究结果的可靠性,需要考虑以下几个因素:

(1) 系统的技术描述(活动、操作阶段);

(2) 风险分析的目的和目标;

(3) 安装的活动水平;

(4) 安全系统的操作;

(5) 研究假设;

(6) 如何验证和接受;

(7) 数据来源。

因此,QRA是对与设施或操作相关的潜在事故发生预期频率或后果的数值估计的系统开发。

Arendt和Lorenzo(2000)认为,人们对ORA存在两种主要的误解,一是缺乏关于设备故障的充分数据;二是进行QRA的成本,也就是无论成本是低还是贵。

关于数据的可用性,有全行业可以提供频率估计数据的数据库和定期提供报告的监管机构,例如:

(1) 使用数据表处理设备可靠性数据的指南;

(2) 核能发电站电气、电子、传感元件和机械设备可靠性数据的收集及展示指南(IEEE Std 500);

(3) OREDA离岸可靠性数据手册;

(4) 非电子零件可靠性数据NPRD-91和失效模式/机构分布(1991);

(5) 系统可靠性服务数据库;

(6) 核电厂可靠性数据系统:累积系统和部件可靠性的年度报告;

(7) 海上石油井喷与井控;

(8) 英国健康与安全执行报告。

结果的准确性是分析中部署的资源的函数。随着对模型输入质量的提高,结果会变得更加准确。因此,资源的可用性是QRA结果质量的主要约束。有必要进行成本效益分析,因此管理人员(或DM)可以平衡QRA结果的价值与获得这些结果的成本。因此,多年来,QRA一直被认为具有很高的成本效益。

QRA的结果没有显示装置是安全的还是不安全的,但是给出了在风险评估环境中进行评估的风险图。DM 必须决定是否寻求改变和安全改进以降低风险,这些安全改进的效果可能会证明其成本是合理的。也就是说,应该基于 MCDM/A 方法对多个标准进行权衡。

通常情况下,QRA 以每年的后果来报告风险结果。如果对人员方面的后果进行分析,报告将包括每年或每小时设备操作的预期死亡和受伤人数这样的危险结果。

如果分析是关于环境后果的,报告应在与人员后果相同的基础上,以溢出化学物质的预期数量和受影响地区的范围大小来体现风险结果。

下一节将讨论风险容忍度。风险容忍度用于风险评估,以便根据目标最低风险指标评估设施或装置是否安全或不安全。

3.1.8　ALARP 原则

根据 Bedford 和 Cooke(2001)的研究,自 20 世纪八九十年代以来,为实现安全目标,ALARP(合理可行的最低限度)原则一直指导风险容忍水平的设定。USNRC 政策声明(NRC 1986)和英国的风险容忍度文档(HSE 1987)寻求把 ALARP 的原则转换为数值定义,以建立较高的风险耐受水平和被认为是可以忍受的更低水平风险。

鉴于风险接受的标准通常与风险分析相结合,一些行业和国家的法规要求在风险分析之前定义这些标准(Aven,2012)。

从更实际的角度来看,可以将 ALARP 理解为为了定义安全投资而要实现的风险目标。大多数安全标准表明,在安全改进达到可承受的风险水平之前,应进行风险评估。一个例子是 ISO/IEC:Guide 51。

Sutton(2010)将 ALARP 概念背后的理念描述为:风险应尽可能降低到不需要过度投资的水平,从而建立一个确定风险是否绝对可接受的数值边界。

Bedford 和 Cooke(2001)指出,考虑到成本和安全的内在权衡,使用 ALARP 原则可以减少安全和成本之间的权衡,从而通过实施合理可行的方案来提高安全性。关于对人类生活价值的讨论一直是一个引起激烈争论的话题。ALARP 通常用于支持对人类损失的可容忍限度的定义。

根据 ALARP 原则,可以将风险分为三类:可忽略风险、可承受风险和不可接受风险(Macdonald,2004)。

(1) 可忽略风险是那些在日常生活中被大多数人广泛接受的风险。这类风险考虑的情况,如被闪电击中或汽车刹车失灵。

(2) 可承受风险是一个人不愿承担的风险。但是,考虑到接受这种情况所获得的收益,它们被认为是可以容忍的。对于这类风险,负担风险的不便与风险的规模相平衡。因此,妥协是可以接受的。这种情况的一个例子是:当一个人决定开车或乘公共汽车旅行,通常在这些情况下,人们接受事故可能发生,但试图通过减少发生事故的机会来避免它们。

(3) 不可接受风险是那些风险水平过高而无法接受的风险,因此是不可接受的;换句话说,它们的容忍水平为零。这类风险的损失是非常之大,以致于无法与任何存在这类风险的情况所可能产生的利益相比较。

考虑到标准内评价,ALARP 原则可以在 MCDM/A 方法的背景下理解,这与第 2 章中讨论的构造准则相似。而且,在这种方法中,可能与排序问题有关,其中结果或备选方案被分类。

因此,这一原则是用来指导危害和风险分析,通过设定可容忍的风险目标,在任何危险的情况下都能实现。通常这是安全系统评估的第一步。

ALARP 风险区域如图 3.5 所示,每一个风险区域都是按照可承受的风险水平来表示的。图 3.5 也称为胡萝卜图,在大多数相关文献中都有所提及。

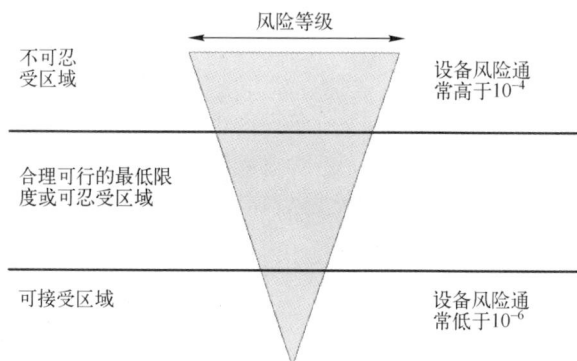

图 3.5 ALARP 原理:容忍度

ALARP 区域的定义基于日常风险。因此,被认为是典型的和通常预期的风险可能包括来自所有原因的风险,包括不良健康。

为了量度危险程度,致命事故率(FAR)特别适用于从事某些危险设施的人员,他们通常面对的风险比在低危险环境下工作的人要高得多。

Aven(2012)补充说,在实践中,考虑反映风险的值是对某一事故事件的 FAR 或概率 p 的估计,因为 FAR 或 p 的真实值是未知的。因此,使用容忍度意味着将估计值与可接受值进行比较。这意味着使用最佳估计方法可能不会产生明确的建议,可能需要标准化的模型和输入数据。因此,接受级别是这些模型和输入数据的函数。

根据 Tweeddale(2003)的观点,在某些情况下,对于是否实现了 ALARP 标准存在主观意见和潜在的争论,这可能导致此类问题在法律上受到质疑。然而,如果危险装置使用了现有且可以建立的最好的技术,并且为了通过保持设备的高标准来提高安全性,它也使用了最佳可操作和可维护的管理系统,那么这样的风险通常称为 ALARP 原则下的风险。

对于使用 ALARP 作为一种证明风险的方式,存在一些批评。此外,"可接受风险"一词还有一个问题。这是因为它通常被那些生产风险的人用来为其他人将会暴露于风险的事实开脱。这就是为什么一些作者质疑 ALARP 的概念。

Tweeddale(2003)指出,个体所接受的风险水平是因人而异的。也就是说,它不是一个适用于任何个人的标准。此外,所谓的"可接受风险"可能会随着时间的推移而改变。值得注意的是,在 MCDM/A 上下文中,由于考虑了特定 DM 的偏好,其结果可能也不是适用于任何个人的标准。

Tweeddale(2003)认为,与其使用"可接受风险"一词,不如使用"容许风险性"或"批准风险"等术语。前者指的是相关的个人会明智地或不明智地接受风险,而不管风险与日常风险相比是高还是低。后者将用于处理符合适当的法定权限或监管机构(即 DM)制定的规则或标准的风险敞口。在这种情况下,监管机构将定义什么是已批准的风险,即使这些风险高于个人所面临的日常风险。

这些风险可能包括许多可能导致死亡的原因,例如(Tweeddale,2003):吸烟;游泳;汽车旅行;火车旅行;家庭意外;行人被车辆撞到;杀人;意外中毒;火灾和意外烧伤;触电死亡(非工业的);风暴和洪水;雷击;蛇咬。

表 3.2 利用 FAR 和概率值给出了一些个体风险(MacDonald,2004)。

表 3.2　基于英国数据的个体风险和 FAR 示例

活　　　动	致命事故率每 10000000 个	每人每年死亡的个体风险(1/10000)
步行		
乘飞机		0.02
乘火车	3~5	0.03
开车	50~60	2
职业		
化学工业	4	0.5
农业	10	
攀岩	4000	1.4
待在家里	1~4	

值得注意的是,这些日常风险可能因国而异;例如,即使在同一个国家,一些地区的谋杀率也可能比其他地区高得多。在不发达国家,某一特定的风险水平

可能被认为是可容忍的,而在发达国家则是不可容忍的。因此,MacDonald(2004)给出的值,以及表 3.2 中给出的一些例子,反映了一个发达国家的现实,这些数值可能低于不发达国家。

3.1.9 符合成本效益的安全方法

在评估危险事件发生的可能性之后,必须采取所有可能的行动,以便实现可承受的风险水平。事实上,如果危及生命的危险过大,超出了经济考虑范围,设备或工厂就必须被认定为安全的,否则就必须关闭。

然而,当达到可承受的风险水平时,只有通过成本效益评估才能证明对降低风险的投资是合理的。因此,当风险水平被认为是可承受的或较大的风险水平时,任何提高安全性的成本都必须伴随着相应的收益。否则,就不应该实现它。通常考虑之前确定的水平所挽回每个生命的成本费用。Aven(2008)通过将安全改进的成本除以预期死亡人数减少的数字,将类似的度量定义为生命的隐含价值或避免死亡的隐含成本。因此,这个比率也可以用挽回生命以外的数量来考虑,例如,如果正在考虑环境风险,可以参考泄漏的石油吨数。

这允许在考虑到分配给改进安全的预算的同时,通过在能够找到最大利益的地方采取行动,花费资源以改进安全。这些成本根据系统类型、复杂性和与活动相关的监管标准而异。企业通常避免披露每条生命的成本水平。Smith(2011)认为,这个值在 50 万~400 万欧元,而如果该风险可能有多个死亡案例,则会考虑更高的数额。

因此,潜在死亡人数增加越多,风险分析的杜绝程度就越高,因为这导致了要选择较高的人均生命拯救成本。效用理论提供了一个公理结构来评价 DM 对风险的行为,包括风险规避,这一点在第 2 章中得到了很好的证明。

Smith(2011)举例说明了这些价值是如何考虑的。他指出,对于客运公路运输来说,暴露于风险是一个自愿选择,且每起事故的伤亡人数较少,所以考虑每挽救一条生命的成本大约为 100 万法郎。对于危险品运输而言,风险不受个人控制,即存在非自愿风险。Smith(2011)提出了 200 万~400 万法郎的人均生命拯救成本。Smith(2011)在考虑多起海上死亡事故时,遇害者人数众多,且不受受害人个人控制。Smith(2011)的研究表明,每挽救一条生命的成本在 500 万~1500 万法郎。因此,这些价值是相当有争议的,当它们在媒体的审视下或被报道为灾难性事故时,这些价值可能会发生变化,从而使分析更加注意规避风险。

Smith(2011)指出,单个死亡的最大可容忍风险并不总是与社会风险计算相一致。因此,当社会风险度量致命事件的频率时,在考虑个体风险时,考虑的是个体死亡的频率。评估个人风险和社会风险之间的一个主要区别在于风险是自愿的还是非自愿的。在考虑个人风险时，重要的是要强调这些人是自愿地将自己暴露在风险中，在一个特定的地方，为频率和风险评估设置特定的条件。当我们考虑社会风险时，考虑的是可能影响到随机个体的非自愿的风险暴露，它体现了非自愿风险的概念。

Tweeddale(2003)认为，对于一个可以被视为可承受风险水平的具体数值，并没有达成一致的正式协议。但在许多国家，这是典型的考虑 10^{-6} 概率的额外风险，例如工业污染源对接触这些污染物最多的人有影响，与普通人通常接触的日常风险相比，这种风险水平非常低。Aven(2008)指出，在工业工厂中，与暴露于危险有关的第三人死亡的概率要求每年小于 10^{-5}。因此，定义风险是否应该被认为是可容忍的并因此获得更广泛社会接受的价值是个体风险级别。这些日常风险中有一些已得到证实。

在计算个人风险时，重点必须放在一个特定的人严重受伤或死亡的事件上。Aven(2008)将个体风险定义为某一特定活动中由于其位置、习惯或身处某一脆弱时期而面临最大风险的个人或关键群体的死亡频率。因此，个人风险是指每年发生一次事故中，在同一组自愿承担风险的人群里，有一人或多人死亡。这是一种近似的概率，即在考虑的一段时间（通常是一年）内，在某一群体中从事某一特定自愿活动的人在该工业设施中死亡的概率。这个测量是用来计算 FAR 的。

至于对任何非自愿接触某种风险的个人风险，必须考虑到由于该风险源而可能造成一人以上死亡的可能性。因此，社会风险不能仅以个人风险来衡量，而必须包括 $1 \sim N$ 人死亡的可能性。死亡人数增加越多，分析显示的风险严重程度就越高。社会风险通常用 F-N 曲线表示，F-N 曲线表示至少有 N 人死亡的事故发生频率。

Tweeddale(2003)认识到关于试图赋予人类生命价值的争议，因为人类生命可以认为是无价的，情感价值是金钱无法补偿的。然而，有必要为每条所能挽救的生命开支设立一个限额，否则，就不可能从经济上体现是否可以在提高安全性上，决定一个工业工厂的运转和倒闭。根据 Tweeddale(2003)的说法，将每年的国民生产总值除以每年的出生人数，就可以为挽救每条生命的费用确定一个绝对限额。如果社会中没有其他费用，这个值表示为延长每个新生儿的预期寿命可能花费的金额。由于有许多人要求从社区所得的财富中获得财政资源，因此，挽救每条生命的真正价值成本上限将会更小。因此，这个值的定义将取决于特定的优先级和问题的其他特征，例如在讨论如何计算与公路旅客运输、危险品和物质运输以及海上多人死亡有关的风险值例子中所指出的那些特点。

3.1.10 风险可视化

风险可视化是一种用于生成风险图像(即三维可视化和风险丰富图像)的工具,用于说明和促进决策或管理过程中的任何参与者(DM、管理人员、用户等)对风险的感知。本节综述了信息可视化的概念。

风险可视化可以应用于风险管理框架的可视化,包括风险识别中的可视化、风险分析中的可视化、风险评估中的可视化、风险沟通中的可视化和风险降低中的可视化。这种支持可以提供处理更好的信息和更好的控制,从而为之前的模块做出更合适的决策。

此外,风险之间的相互作用(当风险发生时)是决策过程中风险可视化需要解决的一个重要问题。它可以实现更全面的风险增值(Ackermann 等,2014)。

Bostrom 等人(2008)认为,理解风险表征如何影响判断和决策对于理解风险管理和决策过程至关重要。因此,风险的图形化表示试图简化与数学、化学或物理方面有关的一些概念和约束,使公众更容易理解风险管理和决策(Ale 等,2015)。

一般来说,风险管理过程中的信息可视化有助于对风险及其几个方面的认识和理解。因此,风险可视化可以应用于风险管理框架的多个模块,如风险识别、风险分析、风险评价、风险评估、风险沟通、风险降低等。这种支持可以提供经过处理的信息和更好的控制,以便为前面提到的这些模块做出更适当的决策。

Eppler 和 Aeschimann(2009)以及 Horwitz(2004)强调,风险管理中的可视化在机构中仍然不是一个常见的主题,可能是因为很难描述和使风险可视化。

从以下问题的答案中可以得出一些见解:

● 信息可视化如何辅助风险管理的各个步骤?例如,信息可视化能否提高风险识别模块的性能?信息可视化能否支持可能性判定和结果估计?

● 如何通过风险可视化,在系统的不同用户之间处理知识和技能的差异?

Al-Kassab 等人(2014)强调信息的"框架"和沟通方式不仅有助于互动决策过程,而且提供了一种知识创造的手段。在文献综述的基础上,将信息可视化过程总结为 5 个步骤:①原始数据收集;②数据转换;③数据仓库;④视觉转换;⑤观众互动。

首先,需要收集不同来源的定量或定性数据,并将它们存储在一个地方(数据库)。在此基础上收集的数据,需要对这些数据进行转换和组合。然后,有必要通过对转换数据进行映射来进行可视化转换,从而通过可视化/图形结构(图形、表、映射等)创建 DM 可以看到的信息的新图像。最后,DM 可以与这些可视化结构交互,允许其在决策的不同阶段进行转换。此外,DM 可以调整他们对数据的看法,改变可视化结构,甚至影响数据转换。

Al-Kassab 等人(2014)明确了信息可视化的 3 种基本管理功能:传播媒介、知识管理手段和决策支持工具。这些功能还可以在风险管理框架的每个模块中进行情境化。

可视化作为一种通信媒介功能的使用,主要是在存在大数据的情况下,通过模式识别、关联、边界、数据聚类等技术,与基于知识的过程相联系。它采用了一些显示技术和方法,旨在详细阐述和分析数据,允许 DM 和涉众理解消息的"传输"。此外,信息可视化本身所创造的知识应由 DM 共享和解释。因此,为了进行一致的风险评估、风险感知、预防和缓解行为或与风险管理相关的其他战略行动,信息可视化是必不可少的。这些信息应该被传达、理解、共享和实施给整个组织,或者给所有遭受风险影响的人。

信息可视化作为一种知识管理手段的功能,可以促进或阻碍人脑对信息的理解能力(AL-Kassab 等,2014)。此外,信息可视化还必须考虑知识作用的环境和目的,因为这种理解受到风险环境中 DM 的知识和文化背景的影响。需要注意的是,在风险环境中,由于缺乏信息和数据库,风险管理知识的获取受到信息和数据库缺乏的严重影响。

一方面,风险感知与个体过去的经验相联系,产生一些偏差,从而对风险可视化产生负面影响,进而影响决策过程。另一方面,如果采取适当的行动,这些偏差可以最小化或消除。因此,任何可视化技术都显示了需要使用 DM 明确解决的优缺点。

关于信息可视化作为决策支持手段的功能,信息可视化可以辅助 DM 更好地解决复杂问题中信息的综合分析需求。通过适当考虑决策的特点和 DM 的特点,可以改进决策过程。

在文献中,关于空间和视觉感知的研究表明,一般来说,图形避免了数字风险表示的不充分性,可计数的图像增加了感知风险的准确性(Bostrom 等,2008)。

例如,在风险图中,可以使用线条粗细、文本信息标签、大小或颜色不同的形状和其他特征等手段。封闭区域的颜色可以表示"概念"类型,大小可以用来表示这个"概念"的大小。因此,读者应该迅速发现最严重的不希望发生的事件,因为它们往往代表重大风险。

在使用颜色编码时,需要考虑一些方面的问题。不同颜色的数量受到 DM 记忆和颜色区分能力的限制,原因如下:使用颜色可以强调最严重的事件,这意味着读者应该比使用其他方法更快地识别它们。形状的一个重要方面是避免形状相似的符号/图片。当它们相似时,区分它们会增加搜索时间,所以不建议这样做。

在一些文献研究中还观察到一些关于这一主题的设定。

Ackermann 等人(2014)提出了一个风险图,以吸引多个利益相关者并构建一个全面的风险视图。作者将风险图作为动态工具更新信息,为决策过程创建知识信息。

基于表达低概率且高后果事件的风险和不确定性,Bostrom 等人(2008)提出了设计和测试替代方法的基础,利用空间信息效应、风险传播和空间信息不确定性的知识,以及如何将这些知识有效地用于地震风险分析。

Fedra(1998)强调技术和环境风险具有明显的空间维度。洪水、泥石流和雪崩以及有毒物质泄漏、爆炸、危险品运输或危险废物管理都是空间分布的问题。

Eppler 和 Aeschimann(2009)提出了风险管理中风险可视化的概念框架。该框架基于回答以下问题:"为什么"(目的)、"什么"(内容)、"为谁"(目标群体)、"何时"(使用情境)和"如何"(形式)。

在这种背景下,一些应用可以在文献中观察到。Brito 和 Almeida(2009)、Alencar 和 de Almeida(2010)、Lins 和 de Almeida(2012)将多维风险观点置于天然气和氢气管道的背景下。通过管段间的风险差异,给出了多维风险分析结果。这些风险增量为 DM 提供了关于风险可视化的不同解释,允许 DM 根据风险层次结构分配资源。它还允许可视化排名后面两个部分风险(使用情境和形式)之间的差别大小。

此外,Garcez 和 de Almeida(2014)在地下配电背景中提出了一种基于标准内视角的多维风险评估。此信息视图允许 DM 识别每个备选方案的相关后果维度,从而更有效地分配资源来预防和减轻风险,只对影响备选方案的那些维度进行优先排序。例如,一个只影响人类方面的替代方案不应该接受分配给环境维度的资源,从而防止资源的错误分配。

Taria(2013)提出了损伤曲线以及根据估计的损失和所有洪水的概率绘制的地图。这些地图显示了研究区域的洪水风险分布,包括农业土地利用分区和收割前后地区的型坏。

最后,应当提到一个涉及地理信息技术(GIT)、地理信息系统(GIS)以及用于定性和定量分析的可视化软件应用的具体问题。在此背景下,Kaufmann 和 Haring(2014)对用于定量分析的三维可视化工具进行了综述。

作为应用中的一个例子,Jaedicke 等人(2014)使用 GIS 解决方案来预警挪威的雪崩。研究中使用的地图显示易发生雪崩的地区,并为其提供了总体情况的概述。

3.2 可靠性的基本概念

首先,要学习维修工程,必须深入了解维修的一个关键方面,它对维修行动的实际效果有很大的影响。看似组成系统的各种设备的老化,正是故障动力学经常揭示的方面。实际上,维护操作的目的是预测或修复故障。因此,值得注意的是,更好地理解故障是如何发生的只是制定有效计划的起点,它的最终目的是预测并防止故障的发生。

任何容易损坏的设备或装置,在成为设备或装置前,最初都只是一个设计项目,在设计阶段,有一些要求是必须确定下来的,只有在这些要求得到满足之后,这些设备和装置的最终特性才得以实现,因此项目才可以说是完全完成了。在构成最终设计的这些要求或尺寸中,有一种能力可以长期保持设备/装置的特征和设计特性;另外,当设备出现故障时,可以很容易地恢复到工作状态。这是维修管理过程中最重要的两个特征。第一个特征称为可靠性;第二个特征是可维护性。

首先我们将讨论可靠性,然后再讨论可维护性的概念。可靠性在书中概述的主要部分中已经确立的一个概念,它对维护过程做出了积极的贡献。这一观点引出了研究可靠性的两种主要途径。第一种是通过建立系统和结构、技术或组织等措施,以确保生产系统所要求的可靠性标准能够满足性能问题所规定的要求,从而拟订一个与项目目标有关的问题。这些问题与许多问题产生联系,且一直延续到使用该系统之前(Scarf 等,2009 年)。

在后续章节中,我们将讨论一些直接影响项目可靠性的问题,这些问题可能是在选择总体设计需求以便达到一定的设计可靠性水平时所做的决定的结果。或者,当采取更具体的行动时,只涉及冗余的分配,以保证一定程度的可靠性。

值得一提的是,可靠性的发展作为一个研究领域,主要发生在试图去更好地理解设备和装置失效的原因时,这是通过调查设计项目的各个方面来完成的,也正是这些方面最终导致了产品的产生(Rausand,Hoyland,2004)。另外,还应该注意到,设备部件的操作和维护方式可能会极大地影响其后续发生故障和失效的概率。

事实上,这一观察结果突出了第二种方法的特点,这种方法利用常识和日常经验来强调,一个运作系统的有效性不仅取决于它的"先天"特性,而且取决于其运行质量、维护、维修或任何妨碍设备运行性能的活动等方面。在一个极端情况下,如果所有的维修行动都局限于系统发生故障后的紧急维修,那么系统的运行特征可能非常低,系统将无法以有效的方式运行(Scarf 等,2009)。因此,第二种方法需要处理许多问题,这些问题的主要关注点与已运作的系统及其性质有关,并包括尽可能获得设备最好运行特点的措施。

对于本书来说,这一观点的重要性在于,维护活动可以与其本身工作性质相关联,维护的主要目标是预测故障,从而降低故障发生的概率,有助于减轻与故障相关的可能后果。因此,本章还讨论了可维修性对可靠性的影响方式,以及可以采取哪些措施来确保设备的运行性能良好。

3.2.1 可靠性的一些观点

根据 Marquez(2007)的说法,可靠性和风险实际上是量化不确定性的元素。因此,由于不确定性的量化本身并不是目的,而是可能去做出更好决策的手段,使用风险分析方法和可靠性预测是不确定性下的决策过程。

可靠性是一套有助于对所研究系统的性能做出决定的方法。一般认为,可靠性包括以下 3 个主要范畴:

(1) 硬件的可靠性;

(2) 软件的可靠性;

(3) 人的可靠性。

可靠性与部件和设备的运行状态有关。另外,其他不同分支的存在强调有必要研究社会技术系统所涉及的不同方面:人;机器和软件(用于操作这些机器的无形元素)(Pham,1999)。

事实上,有不同的方法分别处理涉及生产系统运作的不同代理人的问题,这一事实表明,使用某一种方法的程序实际上只反映了实际问题的一部分。在决策问题建模中,这种简化主义消除了其他参与者可能存在的影响,从而使寻找解决方案成为可能。

因此,重要的是要始终记住,故障结果的出现取决于实际使用的情况。因此,可靠性分析可能提供有关系统实际性能的不完全信息,这种认识提醒我们需要保持开放的心态,寻找决策的互补维度以及所采用的可靠性方法可能遗漏的其他问题。

举个例子,考虑到发生故障的设备的原因。这是通过寻求发现如何由于设备的运作而发生磨损和撕裂的过程,这通常需要使用可靠性驱动的方法对机械和设备进行独立的分析,而不考虑其他因素(人员和软件)的影响。然而,与此同时,随着设备的老化,由于磨损,也有一系列的情况会导致操作人员误用设备,从而导致故障。而前面的分析中没有考虑到这一点。同样,在自动化系统中,系统的故障可能导致失效。这种运行机制发生失常可能与控制程序或其他软件项目的故障有关,在可靠性驱动的方法下,这两种情况都没有被考虑在内。

除了在采用可靠性驱动方法时减少分析范围之外,通常还会限制查看系统的组件如何受到整个系统其他部分更改的影响,或者每个部分如何影响系统。

Jorgenson 等人(1967)认为,这种简化是一种克服大型系统复杂性带来的困难的方法。此外,组件层次的可靠性分析与实际操作是一致的。最常见的故障都发生在组件中,因此没有必要替换掉整个系统。大多数预定的维修活动也只是需要更换软件组件,而不是设备。

3.2.2　可靠性作为性能的一种度量

当作为一种度量时,可靠性是一个有些难以捉摸的概念。它的定义通常与不同的解释相关联,例如操作成功和没有失效的置信度、项目的持久性、安全性等。所有这些都是非常抽象的概念。当考虑到可靠性的缺乏时,这些通常更容易理解。生产系统中设备的故障可能会造成很大的经济损失。因此,当一个人想象在没有可靠性的情况下可能会失去什么时,可以很容易理解可靠性意味着什么。

$$R(t) = P(T>t) \tag{3.1}$$

因为这是一个概率的概念,我们需要思考一些概率的基本原理以便能够构建一系列的推理从而更好地理解可靠性。

3.2.3　可靠性与故障率函数

可靠性通常定义为系统在预先设定的条件下在确定的时间内满意地执行其特定功能的概率。在这一定义中,可靠性与失效的关系是明确的,即对系统在多大程度上获得令人满意的功能进行了评估。与可靠性有关的最重要的变量是时间变量,大多数可靠性现象都是在时间维度内理解的(Carter,1986;Lewis,1987;Finkelstein,2008)。

考察故障率与时间的关系大大有助于理解故障的性质;调查故障是提前发生的、随机的还是由寿命引起的。在这种情况下,确定可靠性和故障率之间的关系是很重要的(Lewis,1987;Kuo,Zuo,2003;Finkelstein,2008;Guo,zhu,2012)。

$$\lambda(t) = \frac{f(t)}{R(t)} \tag{3.2}$$

由式(3.2),可得

$$\lambda(t) = -\frac{1}{R(t)} \frac{\mathrm{d}}{\mathrm{d}t} R(t) \tag{3.3}$$

求解式(3.3),得到可靠度

$$R(t) = \exp\left[-\int_0^t \lambda(t)\,\mathrm{d}t\right] \tag{3.4}$$

在设计阶段,或者在设备已经使用的阶段,即使在设计时考虑了所有的相关因素,仍然会出现故障。根据导致这些故障最有效的主要机制,这些故障可分为不同类型。

首先,在组件生命周期的早期会出现故障。这类故障最可能的原因是设备部件由于制造或构造不当而存在缺陷,正是这一点导致了工程设备早期故障率高。零件的丢失、不合格的材料、超差的零件以及运输过程中产生的缺陷都是造成故障的原因。这表明质量控制效率低下,并在项目生命周期的开始阶段导致了过高的故障率(Lewis,1987)。

浴盆曲线(图 3.6)的中间部分包含了最低的故障率,几乎没有变化,表现为一个常数。它被称为有用寿命。在这段时间内的失效通常被认为是偶然的故障,它们的发生没有规律且常常出乎意料。它们可能是由于不可避免的负载而产生的。超过设备设计能力的外部载荷会导致故障率增加,例如,由于设备材料疲劳的原因(Guedes Soares,Garbatov,1996;Garbatov,Guedes Soares,2001)。

浴盆曲线右侧的部分是故障率增加的区域。在这一时期,由于老化引起的失效是普遍存在的,这类物质疲劳和腐蚀的累积效应往往是造成这些失效的主要原因。磨损失效是部件老化的症状(Lewis,1987;Bazovsky,2004)。只有当设备没有得到适当的维护时,才会发生这些故障。在实际应用中,通常是计算故障率何时开始迅速增加,这是决定何时更换零件的基础,也是确定零件设计寿命的基础。

重要的是要了解不同的设备有不同的浴盆曲线。主要差异表现在上述 3 种失效机制中的一种失效机制占主导地位,也表现在各个阶段的阈值具有最静态特征的不同时刻。

在实践中,导致失败的因素或机制不止一个(Brissaud 等,2010)。因此,故障率曲线可以看作不同失效模式曲线的叠加,如图 3.6 所示。

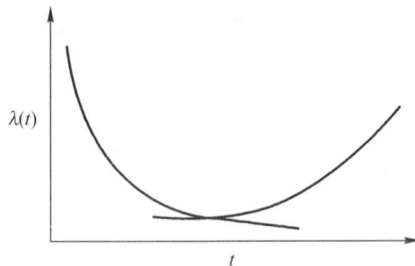

图 3.6　浴盆曲线

每种失效模式和故障率的结果表现都可以用一个解析表达式来表示,该表达式与故障概率密度随时间的分布有关。

3.2.4　随机失效建模

随机失效模型是目前世界上应用最广泛的描述可靠性现象的模型之一。

对于需要避免故障的设备,通过控制产品质量和缩短生产流程,再加上运行寿命开始前的后期磨损控制(锻造和调试),早期故障的影响程度可能会受到限制。如果对生产系统中磨损影响比较集中的区域进行了仔细的预防性维护,并定期更换零部件,则磨损失效会得到限制。因此,注意力主要集中在故障以及预防、减少或完全消除失效后果的机会上。

为了做到这一点,对这种失效建模是很重要的。描述故障的生命周期分布是指数分布,故障发生的时间间隔是随机的,在同样长的工作周期中,故障的数量是相同的,从而得出式(3.5)(Bazovsky,2004):

$$f(t) = \lambda e^{-\lambda t} \tag{3.5}$$

其中 λ 为概率失效率常数。其累积分布由式(3.6)给出:

$$F(t) = 1 - e^{-\lambda t} \tag{3.6}$$

由式(3.3)可知,可靠性函数由式(3.7)给出:

$$R(t) = e^{-\lambda t} \tag{3.7}$$

该可靠性公式适用于早期未发生故障、未老化的设备。换句话说,这个公式有效的时间就是设备的使用寿命。对于不同的设备,这个时间间隔差别很大。这种分布最重要的一个方面是,在相同长度的操作时间下,设备的可靠性大致相同。因此,式(3.6)中的时间 t 表示设备在任意选择的运行周期内的运行时间,而不管设备在该特定的运行周期之前已经运行了多少小时。在使用寿命内,这台设备总是和新的一样好。这是因为它的故障率保持不变。

由式(3.3)可得

$$\lambda(t) = \lambda = 1/\theta \tag{3.8}$$

其中 θ 为 t 的期望时间 $E(t)$,由式(3.9)得

$$E(t) = \int_0^\infty t \frac{1}{\theta} e^{\left(-\frac{t}{\theta}\right)} dt = \theta \tag{3.9}$$

3.2.5　失效函数模型依赖于时间

对于早期失效以及磨损累积效应导致的失效(又称老化失效),需要定义最合适的失效时间分布,以及影响失效过程的时间环境。虽然对数正态分布和标准分布常被用来表示显示寿命影响的模型,但威布尔分布是最常用的。以下是

一些其他分布,用于建模由于磨损和撕裂导致的故障行为以及与设计问题相关的早期故障(O' connor,Kleyner,2012)。

3.2.5.1 威布尔分布

威布尔分布被广泛使用,可以采用各种非常广泛的形式,因此非常灵活,可以用于各种类型的数据(Nelson,2004;Jiang 等,2001)。

威布尔分布可以有两个参数,概率密度函数如式(3.10)所示:

$$f(t) = \frac{\beta}{\eta} \left[\frac{t}{\eta} \right]^{\beta-1} e^{\left[-\left(\frac{t}{\eta} \right)^{\beta} \right]} \qquad (3.10)$$

式中:β 为形状参数;η 为比例参数。

我们可以观察到与 β 有关的一个非常重要的作用:

(1) $\beta=1$,故障率为常数,其中指数函数是特例。

(2) $\beta>1$,故障率在增加。在这种情况下,可以使用浴盆曲线来模拟磨损引起的相应故障阶段。

(3) $\beta<1$,故障率降低。在这种情况下,早期故障阶段可以使用浴盆曲线来建模。

图 3.7 为该函数的图形。

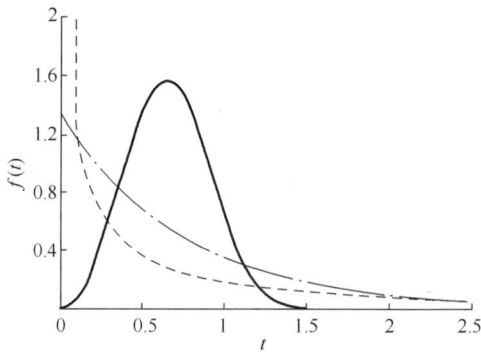

图3.7　威布尔概率密度函数 $f(t)$,$\beta=3$(直线);$\beta=0.5$(虚线);$\beta=1$(点划线)

可靠性函数由式(3.11)给出:

$$R(t) = e^{\left[-\left(\frac{t}{\eta} \right)^{\beta} \right]} \qquad (3.11)$$

该函数的图形如图3.8所示。

故障率的函数是由式(3.12)给出的威布尔密度:

$$\lambda(t) = \frac{\beta}{\eta} \left[\frac{t}{\eta} \right]^{\beta-1} \qquad (3.12)$$

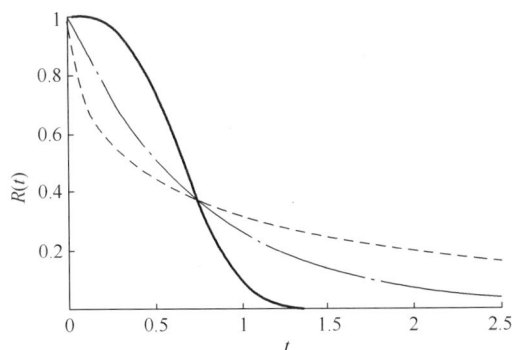

图 3.8　威布尔分布的可靠性函数 $R(t)$,$\beta=3$(直线);$\beta=0.5$(虚线);$\beta=1$(点划线)

该函数的图形如图 3.9 所示。

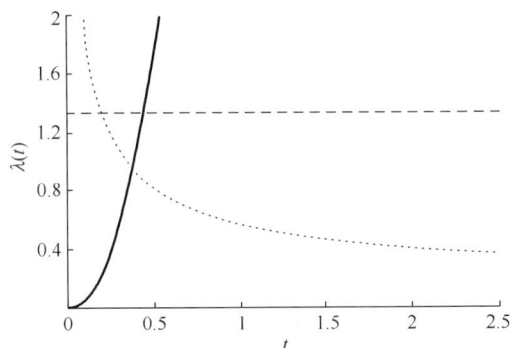

图 3.9　威布尔分布的故障率函数 $\lambda(t)$,$\beta=3$(直线);$\beta=0.5$(虚线);$\beta=1$(点划线)

3.2.5.2　对数正态分布

对数正态分布曲线适用于主要发生的早期故障情况,即符合浴盆曲线定律,这就是众所周知的早期故障期(Martz,Waller,1982)。但是,由于它能够采用几种不同的格式,因此可以为许多类型的数据建模。

这种分布通常用于建模某些寿命类型的数据,在建模设备维修时间方面也广为人知。

其密度分布为

$$f(t) = \frac{1}{\sigma t \sqrt{2\pi}} \exp\left[\frac{-(\ln t - \xi)^2}{2\sigma^2} \right], \quad 0 < t < \infty \tag{3.13}$$

其中 $\xi = E(\ln T)$;$\sigma^2 = \mathrm{Var}(\ln T)$。

该函数的图形如图 3.10 所示。

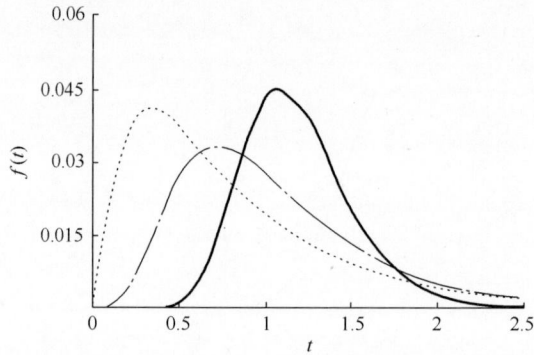

图 3.10 对数正态分布密度函数,$\mu=3$;$\sigma=0.5$(直线);$\sigma=1$(点划线);$\sigma=1.5$(虚线)

式(3.14)为基于标准化正态分布的概率分布函数:

$$f(t)=\phi\left(\frac{\ln t-\xi}{\sigma}\right)\frac{1}{\sigma t},\ 0<t<\infty \qquad (3.14)$$

根据与正态分布的对数关系,则可靠性测度为

$$R(t)=1-\varPhi\left(\frac{\ln t-\xi}{\sigma}\right) \qquad (3.15)$$

该函数的图形如图 3.11 所示。

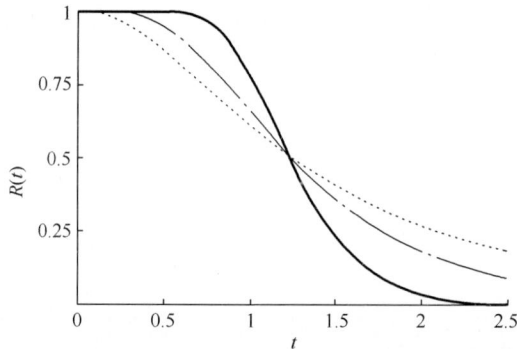

图 3.11 对数正态分布的可靠性,$\mu=3$;$\sigma=0.5$(直线);$\sigma=1$(点划线);$\sigma=1.5$(虚线)

故障率函数为

$$\lambda(t)=\frac{\phi\left(\dfrac{\ln t-\xi}{\sigma}\right)}{\sigma t-\sigma t\varPhi\left(\dfrac{\ln t-\xi}{\sigma}\right)} \qquad (3.16)$$

3.2.6　维修活动中可靠性的影响

关于维护操作,有趣的是解释可靠性如何指导计划维护的过程。

在制定维护计划时,必须预先定义和分析不同的操作,以便编译它。很容易看出,对于一个生产系统,被研究的系统越复杂,操作的集合就越多样化。此外,尽管组成维护计划的操作有很大的多样性,但也有一些相似之处,特别是在其目的方面。

对于预防性维护行动,通常可以确定两个主要目标:①为确保系统在设计条件下运行而采取的行动;②为恢复项目的运行条件而采取的行动。

对于第一类预防性维护措施,有一些常规措施,如清洗、润滑、调整、重新固定和任何其他可能有助于保持设计条件持久性的措施。考虑到在使用某一特定设备时,有可能查明设备在设计条件以外使用的周期,实施这些操作是非常重要的。如果这样的时间很长,或者即使很短但很频繁,老化过程就有可能改变。因此,需要修改失效时间的分布。

对于第二类预防性维修措施,主要目的是控制使用设备所产生的磨损程度,不论其是否符合设计项目中规定的使用条件。因此,通过更换零件或部件,可以使设备的状态接近原设计的状态,从而降低故障发生的概率。

在实践中,我们经常说,当没有执行第二类预防措施时,执行常规的第一类干预类型的设备只是进行纠正措施。这是因为一个设备,即使它的设计运行条件得到保证,它也仍然会退化和老化。

此外,仅为确保在设计条件下运行而采取的操作实施在实际上是基本假设,以便能够做出可靠性估计,因为绝大多数可靠性模型都假定确实保证了这些条件。

因此,由于没有提前采取措施去避免磨损造成失效,设备迟早会出现故障。了解这些问题对于进行有效的维护计划是必不可少的。

3.2.7　故障模式和影响分析

故障模式和影响分析(FMEA)出现于 20 世纪 40 年代,它源于美国军事系统的标准。它是一种定性方法,用于识别潜在的失效模式及其影响,并就应采取的措施提出建议,以减轻可能影响系统可靠性的风险。

FMEA 以表格形式构建,通常在电子表格上,其中涉及的知识和经验源自历史数据库的输入。例如,可以从图纸、工艺规范、技术手册、流程和操作程序中提取信息。应用 FMEA 的目的是识别设计问题、关键过程和维修组件。

Ericsson(2005)认为 FMEA 更详细的版本是 FMECA(失效模式、影响和危害性分析),它通常定义 3 个标准来计算风险系数(RPN):严重性(S),发生(O)和检测能力(D)。这 3 个标准定义了式(3.17)给出的 RPN(风险系数):

$$RPN = S \times O \times D \qquad (3.17)$$

尽管在许多文献中提出了与 RPN 相关的关键性问题(Zammori,Gabbrielli,2012;Yang 等,2008;Dong,2007;Braglia 等,2003;Puente 等,2002;Braglia,2000;Chang 等,1999),但是 RPN 值在许多研究中都被用作分析和调查的比较指标。

虽然许多作者强调区分 FMEA 和 FMECA 的重要性,但 Rausand(2011)指出,两者之间的边界相当模糊,没有必要加以区分。

然而,FMEA 的一些消极方面值得注意:如果要有效地应用 FMEA,而且不考虑人的因素,则需要相当长的一段时间(Stephans,2004);而且 FMEA 在识别组合故障的过程中并不适用(Nolan,2011)。根据 Assael 和 Kakosimos(2010)的观点,每个单独的故障被认为是一个独立的事件,除了可能产生的后续影响,与其他系统故障无关。然而,当对复杂系统进行特殊研究时,它可以与其他技术结合使用,例如 HAZOP(危害和可操作性研究)。

另外,在一些文献中也强调了许多积极的观点:FMEA 的原则容易理解(Stephans,2004);FMEA 对故障的描述为分析人员做出改进系统的变更提供了基础(Assael,Kakosimos,2010);FMEA 是一个有用的工具,为设计变更提出了分析和记录的建议(Ericsson,2005)。

3.2.8 可靠性管理

Birolini(2014)认为,可靠性是一个项目的特征,通过项目在规定的时间间隔内执行所需功能的概率来表示。从定性的观点来看,可靠性可以理解为一个项目保持功能的能力。从定量上讲,可靠性指在给定的时间间隔内不发生运行中断的概率。

在这种背景下,如何最好地使用可靠性工程管理是企业面临的一个关键问题。可靠性管理应纳入战略层级,以确保通过使用适当的方法和程序,在规定的标准范围内维持设备/系统的可靠性水平。

Calixto(2013)指出,可靠性管理的成功主要取决于 4 个因素:组织文化、组织结构、资源可用性和工作流程。在组织文化方面,有两个方面很重要:令人满意的财务运行和基于定量数据的决策。换句话说,有效管理的最低要求之一是提供可靠的故障和维修历史数据库。在考虑寿命相关模型时,可靠性管理受到维护和工作条件的制约(Martorell 等,1999)。

考虑到这些方面时可以发现,在解决与设备或系统的可靠性有关的问题时,适当的定义模型的措辞既取决于所分析的背景,也取决于所分析的问题类型。

值得注意的是,可靠性研究的目的会以不同的方式影响建模。不同的目标需要不同的建模和分析方法。此外,目标还可以直接影响分析中使用的计算方法的选择(Aven,Jensen,2013)。

考虑到上述多因素和目标,如第 2 章所述,这种决策过程和分析将多因素或目标结合起来,可能会包含 DM 对这些因素的偏好,因此需要采用 MCDM/A 方法。

3.2.9　仿真

可靠性管理的一个重要方面是仿真,仿真用于研究在不确定环境中,根据所评估的问题类型,哪些情况有可能发生。仿真可以用于复杂的环境中,通过对特定参数进行更详细的分析为特定的测试模型提供非常有价值的信息。

此外,Yoe(2012)指出,定量和概率方法分为解析方法和数值方法。显式方程求解采用解析方法,而数值方法具有广泛的适用性和灵活性,可以对自然变异和知识不确定性的影响进行分类。在众多的数值模拟方法中,蒙特卡罗仿真最为突出,它基本上包括两个步骤:生成人工随机数;使用被研究变量的频率分布将随机数转换为有用的值。

Andrews 和 Moss(2002)强调,仿真是为了分析组件之间的相互作用,结果通常用系统性能的选定度量来表示。仿真应视为一种统计仿真,模型的每一次运行都是一次观察。在这种情况下,仿真完全在计算机上进行。

Wang 和 Pham(2006)强调了仿真在评估复杂大规模网络的可靠性、可用性和最佳维护方面的重要性。可靠性蒙特卡罗仿真从各部件的失效分布中生成随机失效次数。

然而,Smith(2011)指出,在评估环境中会观察到一些复杂化的因素,这使其成为一个复杂的问题。例如,有一些复杂的故障和修复场景,其中故障和冗余的影响取决于修复团队数量等方面的情况。此外,失效率和停机时间发生的可能性不是恒定的。

在涉及不确定性情况的环境下(如维护管理)适当地使用蒙特卡罗仿真是非常重要的,因为这可以对重要事件进行建模,并对评估参数的可能结果进行更准确的分析。

3.2.10　冗余系统

冗余系统用于不同的工业工厂,这样即使系统单元在运行模式中发生故障,系统也可以长时间地继续运行。Calixto(2013)研究发现,冗余有两种类型:被动冗余和主动冗余。在被动冗余中,冗余设备(在待机模式下)大部分时间处于无源状态。换句话说,这些被动设备只有在主动设备失效时才会工作。

Modarres 等人(1999)补充道,被动冗余系统也称为备用冗余系统。这种系统类型的单元在被传感和激活开关设备之前一直处于不工作状态。这一状态将继续保持,直到所有备用单位都投入运行并失效为止。在最后一种情况下,系统才被认为是失效的。Calixto(2013)指出,除了被动冗余之外,系统还可以提供主动冗余。当类似的设备部件在系统中同时执行相同的功能时,就会出现这种情况,在这种环境中,当多个设备部件失效时,就会出现生产损失。在某些情况下,可能会出现电荷分布效应,一些设备项发生故障,而其他设备项在系统中保持相同的生产水平,尽管由于过载它们的退化速度会比通常更快。由于在主动冗余中,组件是不断运行的,所以预计故障间隔的平均时间将低于被动冗余的情况。

根据 Modarres 等人(1999)的研究,具有备用单元的冗余系统的可靠性函数定义为

$$R_p(t) = R_1(t) + \int_0^\infty f_1(t_1)\,dt_1 R_{pp}(t_1) R_{II}(t_1) R_{II}(t - t_1) \qquad (3.18)$$

式中:$f_1(t_1)$ 为故障期(单元 I)的概率密度函数;$R_{pp}(t_1)$ 为传感和激活开关设备可靠性;$R_{II}(t_1)$ 为单元 II 的备用单元运行可靠性;$R_{II}(t-t_1)$ 为单元 II 从 t_1 开始运行后的可靠性。

Calixto(2013)指出,大部分冗余增加了项目和维护成本,在许多类型的组织中引入了风险系统,如管道和油罐。

冗余通常是根据工业装置系统的要求和规范设计的必要系统(Kuo,Zuo,2003;Tian,Zuo,2006;Kuo,Zhu,2012),同时也存在大量关于研究冗余系统的文献(Kuo,Prasad,2000)。

3.2.11 可修复和不可修复系统

在可靠性管理中,理解可修复和不可修复系统的定义对于正确分析系统可靠性至关重要,因为它们在设备/系统的寿命和可能出现的故障数量方面具有非常不同的特征。

根据 O'connor 和 Kleyner(2012)的观点,不可修复系统的可靠性定义为项目或资产在预期寿命内的生存概率,或当仅发生一次故障时其预期寿命的范围。不可修复项目可以是单个项目,也可以是由多个部分组成的系统。Calixto(2013)补充道,不可修复设备的可用性是由相同的可靠性方程定义的,其中"修复"一词表示更换。在这种特殊情况下,出问题的设备被另一件设备替换了。不可修复设备的修理时间与可修复设备的修理时间相似。在这两种情况下都可能导致系统不可用,并造成相关损失。

O'connor 和 Kleyner(2012)指出,故障发生后,可修复项目的可靠性定义为在利益期限内不发生系统失效的概率,在这种情况下,应该考虑到可能发生不止一次故障的可能性。此外,可修复项目的可用性受故障发生的频率和维修周期以及纠正或预防措施的影响。

此外,根据 O'connor 和 Kleyner(2012)的研究,在某些特定情况下,被审查的项目在不同的时间可以被视为可修复或不可修复。在军事任务中使用的制导弹药,例如导弹,首先被认为属于可修复的系统(在储存和接受计划的试验时),在朝向真正目标发射时被认为属于不可修复的系统。在这种情况下,可靠性分析必须考虑这两种状态在不同时刻的影响。

因此,系统可靠性研究应始终考虑系统是否可修复(或不可修复),以确保在适当的时间间隔内有效地采取适当的行动。

3.3　维修性的基本概念

如今科学技术的发展带给我们足够的生活便捷。以至于现在对社会各种设施的依赖程度如此之大,人们已经很难设想缺失了相关技术产品的情况下如何去生活。所以,产品在我们生活中如此重要,与之相应的生产厂家更应担负起相关的责任。产品的可维修性也同样重要。

这就是为什么维修是不可缺少的一部分,无论是低价值的产品还是高附加值的产品都包含全寿命周期过程。因此,可维修性包含两个方面:一是延长产品的使用寿命,并将其维持在良好的工作状态;二是当发生不可避免的错误时将其恢复至初始状态。

3.3.1　维修函数的特性

维修函数具有十分特别的特性,这一点和其他工程函数不同。比如,对于工程函数来说,具备清晰开始和结尾的时间边界。

维修函数并不具有确定的周期,因为系统的维修周期始终存在。维修函数似乎是一个时间无限长的过程,毕竟对任何一个系统来说,无论工作与否,其目标都是保证正常工作,因此维修活动必须确保始终存在。

事实是对维修活动的需求并不是意味着只是在出了问题后。为了避免随机故障的发生,维修活动应该是可以发生在任何时候,达到预防维修的目的。即使在系统并未工作时,也应该采取相应的维修活动。确实,对一些系统来说,维修活动也只有在其停止工作时才能展开。

维修函数的另外一个特性就是维修活动是处理或者反抗一直带来影响的自

然过程。比如,为了减轻老化过程带来的影响,必须制定相应的措施消除其可能造成的恶劣影响。因此,如果设备在一种或多种自然进程的影响下,如损伤、锈蚀、老化磨损等,停止维修活动势必会带来严重的后果。因此,连续性的维修政策才能确保系统良好的工作状态。

如今,维修函数已经得到了重视,而这种重视并非一开始就有的。当分布全球的维修部门面对各种问题时,才认识到良好的维修就是保持竞争力。确实,即使今天一些公司仍然将维修工作看成是不重要和消耗成本的事情,包括仍然有很多公司按照最低的标准制定维修政策,都将会被证实是错误的做法。

维修的方式和采取维修活动与很多因素相关。不同的公司会根据其产品的特性制定相应的维修方式,因此,不同阶段的维修函数并不相同。所以,尽管与维修相关的问题大同小异,但是和每个公司的文化相关。

3.3.2　生产系统和维修的基本概念

尽管维修在整个系统里起辅助作用,但是扮演的角色从简单的服务支持到核心计划的制定。事实表明,维修活动的作用对公司增加收益和控制成本具有重要的作用。

所以不论维修活动处于何种地位,维修活动的实施必须保证系统良好的运行。换句话说,就是保证维修管理的有效性。而问题在于,面对需求和期望结果,常常是有所差距的,并且这种差距是可以用很多替代方法缩小的。将精力花在提高维修管理上并不能显著提高产品性能(Scarf,1997)。该发现已成为维修管理中最重要的一条指导思想,表示维修活动需要组织和计划才能以最小的成本(减少资源)提高系统层次,"减少资源"表示减少浪费和提高效率。相关研究引起了维修领域的系统思考:

(1)什么是维修管理?

(2)维修函数是否取决于系统?

(3)维修的目标是什么?

(4)影响维修的主要方面有哪些?

后续将对这些问题展开讨论。

3.3.3　维修管理

维修可以定义为采取一系列活动保证产品维持在良好的水平上。当产品发生故障时通过维修活动可以及时解决故障或者恢复其操作环境。对第一种情况,可采用有效的维修计划活动;对第二种情况,恢复设备的操作状态来处理故障,可以在较短的时间减少损失。

通过对维修问题的近距离观察,采取一定的措施保证不同的产品系统具有竞争是十分关键的。事实上,故障包括设备失效或者产品损坏带来的损失,都会导致非常负面的后果,不仅局限于经济的损失而且包括人身安全或者危害环境,这些很难体现在模型中。

在制定系统性维修措施时,最复杂的是如何考虑自然的影响、故障时间发生这些具有不确定性的因素。因此很难形成一种标准的处理方法,处理已经发生的故障,或者应对这些故障。因此在应用维修数学模型上,必须考虑严格的约束条件。

3.3.4 维修函数

在不同阶段中,不同级别的维修具有显著的差异。是不是应该确定一个严格的标准,比如,对飞机、飞机发动机、发动机涡轮,都应设置明确的维修标准。维修工程活动在不同领域区别很大,会受到规模、类型、公司政策和其他因素的影响;所以对维修工程活动的领域了解是十分必要的(Corder,1976)。

通常来说,维修函数可以总结为两大类:一级和二级函数。一级函数通常十分近似,可以用于各种实际情况。此类函数可确保设备保持良好的性能。事实上,正是这些函数证实维修工程领域的不同。至于第二种函数,对于不同企业来说十分不同,一方面是考虑到实际情况,另一方面是考虑其他情况。

3.3.5 维修目标

维修策略的制定必须和商业目标保持一致,同时也要和生产系统的特点相关(Pinjala 等,2006)。所以,尽管维修目标随系统的变化而不同,维修主要和通常的目标可以定义为:

(1)延长资产的使用寿命;

(2)确保各层级的有效性;

(3)保证系统操作的敏捷性;

(4)确保操作人员的安全。

相对于最后一个目标,前三个目标都直接与维修活动的性能好坏息息相关。事实上,维修并不是对安全性的评价。但是,维修活动可以避免故障发生以及确保系统整体的良好运行,都有利于安全生产。

毫无疑问,上述4个方面都是维修活动最重要的目标。但是在有些文献中,对维修目标的定义则不同。例如,Dekker 总结了维修的4个目标:确保系统功能(有效、高效和高质量);确保系统周期(资产管理);确保设备安全;确保人员安全。虽然对维修主要目标的定义不同,但是维修活动并不是一个简单的事情。

由于各种目标可能会相互冲突,因此常常根据商业战略目标来选择。

为了达到主要目标而减少维修目标会带来诸多问题,在 DM 看来对维修的目标制定相当受限。这种限制日趋严重,如今维修管理者已经很难去思考当今的维修问题(Levitt,2003;Newbrough,Ramond,1967)。

3.3.6 影响维修的主要方面

下面列举了强调维修带来的好处(Newbrough,Ramond,1967):

(1)提高机械化。直接减少人力成本,但是要处理好设备维修的需求。

(2)增加了设备的复杂度。主要是当制定维修计划时考虑到对较强专业技能的需求。

(3)部件以及供应库存的增加。实际上,这是由前两个因素决定的。

(4)更加严格的生产控制。

(5)更加严格的配送规划。可直接减少货物的库存以及增加客户服务。换句话说,也直接增加了对生产过程的影响。

(6)增加了质量要求。通过增加产品的吸引力提高销量的同时,需要及时处理产品或生产过程中出现的问题。

(7)更加关注由设备失效带来环境损害和人员事故的风险。

3.3.7 维修策略

为了更好地理解关于可维修性的数学模型;以及随着时间的推移对它们所做的更改,可以回顾过去并描述在提出这些模型时必须考虑的一些重要方面。

根据 Jorgenson(1967)等人的研究,资产管理涉及两类不同的问题:库存管理和耐用设备管理。存货为生产过程提供物品;耐用设备提供服务。然而,耐用设备的管理还带来另外两个问题,即为设备选择适当的服务水平和保持这些服务。

几年前,假定维护成本是恒定的或不存在的,讨论了选择适当的服务水平。在 20 世纪 60 年代,一整套关于设备维修的理论开始形成。针对各种不同的情况,提出了最佳的维修策略。

关于维修策略的第一次研究将这些问题视为确定性问题(Taylor,1923;Hotelling,1925),即每次维修行动的结果都是非随机的问题。但是,若干年后,不同的研究正确地考虑了维修问题的随机方面(Barlow,Proschan,1965;Barlow,Hunter,1961;Barlow,Proschan,1975;Barlow,Hunter,1960;Glasser,1969),维修行动的结果是随机的。制定维修策略的最大动机主要是解决复杂电子设备(即飞机、导弹、航天器、通信设备、计算机等)的维修实际问题。

随机维修的方法和理论发展与库存管理的随机理论有着惊人的相似之处，两者都起源于简单的确定性模型。随机库存理论模型通常假设，对于某一特定商品，单位时间需求量和交付时间是随机变量。维修理论中相应的随机要素是设备的故障时间和维修时间。

实际上，从更广泛的角度来看，Jorgenson(1967)等人指出，库存控制管理原则和耐用品管理原则之间没有区别。对于耐用设备，养护活动的产出是服务，而不是单个物品。养护活动的水平不仅取决于获得生产性资产的一部分，还取决于代表养护活动的其他各种材料和服务投入。服务设备的输出可以输入到其他活动中。

Terborgh(1949)提到了同样的问题。在他看来，时间之手沉重地压在人们的工作或行为上。他还指出，事实是物品所有者面对更多的实际后果存在两个问题：第一个是区分死亡的速度，或者换言之，如果一个资产在物理上没有用尽，它仍然具有经济上有用的寿命，无论是总体上还是其履行的特定功能；第二个是制定财政规定，以便能够防止耐用品在使用寿命内磨损。Jardine(1973)将维修策略模型分为两大类：维修策略的概率模型和确定性模型。这两类问题之间的一个显著区别是，除了管理策略中处理的事件的随机过程之外，还要检查某个项目是否完全失败。例如，对于复杂系统，它的主要功能被停止的概率非常低。但是，由于随着时间的推移，运营成本有了相当大的增加，因此使用确定性方法是非常适当的，这种方法包括观察成本函数，其特点与库存控制模型非常相似。

因此，Jardine(1973)在每个类中建立了不同的子组，这些子组由具有相似特征的模型组成。

（1）确定性模型：设备运营成本和使用成本增加时的设备更换模型；在有限的时间范围内使用操作成本时替换设备的模型。考虑到贴现净效益，设备更换模型考虑了资本投资；考虑到技术进步，设备更换模型考虑了资金投入。

（2）概率模型：基于年龄替换的模型，考虑修复和替换的时间，最后是块替换模型。

Sherif(1982)在一篇文章中讨论了不同的维修策略，总结了关于该主题的几项研究。他也做了与 Jardine(1973)相同的分类，尽管他在两大类的子组中存在不同的划分。

McCall(1965)提出了一份关于维修策略的调查报告，其格式与 Jardine(1973)和 Sherif(1982)的报告有很大不同。

McCall(1965)没有考虑任何确定性模型，对随机失效系统的维修策略进行了深入分析。根据 McCall(1965)的观点，这种策略的发展基于多种数学技术。这个基础，以及各种应用程序，有时会掩盖所有策略共有的底层结构。本书第一作者的目的是确定这个公共结构,从而阐明各种维修策略之间的关系。

McCall(1965)将模型分为两类。第一类对应于当设备随机失效时的一类称为准备的模型。事实上,它的状态是不确定的。这些设备的替代维修措施包括检查和更换。预防性维修模型构成第二类维修模型。在这些模型中,机器受到随机故障的影响,机器状态总是具有确定性的。如果设备的故障率越来越高,而且,如果在系统运行时修复故障比在设备发生故障之前更换设备的成本更高,那么在设备发生故障之前更换设备可能是有利的。问题是确定一个合适的更换计划(Nakagawa,1984;Nakagawa,1989)。目前,第一类模型已取得了长足的发展。设备状态调查也已得到了大量技术工具的支持。此外,近年来其研究领域也有所扩大和多样化。这种类型被称为基于状态的维护,并被宣布为新一代生产和维护管理实践方法的新里程碑(Ahmad 和 Kamaruddin,2012;Wang,2012;Baker,Christer,1994)。

与此形成对比的是,对于第二类,目前的预防性维修模式几乎与最早的维修模式相同。基本上,这些模型通过观察上一次预防性维修活动以来的时间流逝来处理故障过程(Chang,2014)。尽管预防性维修模型本身的发展很小,但目前最重要的贡献之一是将两种不同的策略结合起来,例如检查状态并在一段时间后进行预防性更换。这些类型的组合有时被称为混合策略,其中两个操作可以遵循不同的规则。这个政策的相关例子见相关专家的研究(Scarf,Cavalcante,2012;Scarf,Cavalcante,2010)。

对于包含多个部分或多个组件的系统非常有用的另一类非常重要的策略称为机会策略。这些策略的主要特点是,设备的维修行动取决于设备其余部分的状态。与每个组成部分的个别政策可能产生的结果相比,各组成部分状态之间建立的联系允许产生更有利的结果。由于一次只能观察一个设备,就失去了同时观察多个组件的操作的机会,同时也失去了以最明智的方式处理机会所带来的成本节约。

正如预防性维修政策,最近的主要贡献与不同行动的结合有关(Drapella,Kosznik,2002;Jiang,Jardine,2007;Thangaraj,Rizwam,2001),为了改进机会主义维修策略,也使用了行动的组合。组合使用两个最典型的已知组固有的活动所带来的优势:预防性和纠正性维修。

20世纪60年代早期,RAND公司系统地研究了这种结合(Radner,Jorgenson,1963;McCall,1965;Jorgenson,McCall,1963)。机会性维修基本上是指在发生故障事件时,由于选择日期的机会或无法推迟产生的约束而进行预防性维修的情况。在许多情况下,假定机会的产生过程完全独立于故障之外(Dekker,1996)。另外,通常会考虑与单个部件失效时间相一致的机会。由于成本维护功能的规模经济,一个组件中不希望发生的故障事件也被认为是对其他组件进行预防性维修的机会。

必须指出,在许多情况下,预防性和纠正性维修的结合是不现实的。对纠正性维修的需求是意外出现的,而预防性维修是可以计划的。因此,如果同时存在这两种类型的活动,就会丢失可调度预防性维修的特性,或者被迫忽略设备在一段时间内存在缺陷。然而,在某些情况下,这种损失和不采取行动是可以接受的,特别是在纠正修复单个组件需要拆卸整个系统的情况下。因此,将组件的纠正性修复与邻近组件的抢先修复相结合是有利可图的。

如前所述,有两种组合方法。一方面,当故障发生时,预防性维修可以提前进行,因此该维修不能推迟。另一方面,当有缺陷的部件可以闲置一段有限的时间时,可以选择将纠正措施延迟到下一个预防性维修时刻。有几项研究进一步发展和完善了这类政策(McCall,1965;Radner,Jorgenson,1963;Woodman,1967;Jorgenson,McCall,1963;Zheng,Fard,1991;Zheng,1995)。

即使在不同的时期,也有几位作者(如 Barlow,Proschan,1965;McCall,1965;Dekker,1995;Dekker,1996)报告了人们对制定和实施随机故障系统维修策略的兴趣日益增长。毫无疑问,这种兴趣是由于成本高和更复杂的设备(如喷气式飞机、电子设备、计算机等)产生的额外需求。还有人指出,不同于认为维修是一种昂贵的胡言乱语(这是一个长期盛行的概念)的是,它的真正重要性已经在实施相对复杂的维修政策而达到的操作要求面前得到了确认。

3.3.8　维修决策问题的结构

虽然没有使用决策领域的基本原则,特别是与 MCDM/A 方法有关的基本原则,但是关于维修的具体文献试图给出关于维修决策问题的结构的远景。

根据 McCall(1965)的观点,这些问题的一般结构具有决策理论模型的特征。设备在运行过程中可能会处于几种状态中的一种,其中两种极端状态为完好状态和故障状态。在这两个极限状态之间有一组中间状态,表示不同程度的劣化(Grall 等,2002;Bérenguer 等,2003;Fouladirad,Grall,2014)。从一个状态转移到另一个状态是由一个随机机制控制的,该随机机制的行为可以是决策者未知的、部分已知的或完全已知的。被忽略的设备以自然的方式随机地从一种状态转移到另一种状态,以达到与故障对应的状态。设备的行为可以通过在每个决策点选择一个特定的操作来进行调节。这些行动包括不采取任何行动、进行检查、进行修理和更换不同类型的设备,或进行全面检修,从而更新设备。决策者所选择的操作顺序反映了设备的维修策略以及受控和非受控退化过程之间的差异。这是对政策影响力的衡量。通过将占用成本与每个行动的干预成本联系起来,可以用成本来衡量政策的执行情况。决策者的目标是选择维修措施,使设备的单位时间运行成本最小化(McCall,1965;Jorgenson,McCall,1963;Jardine,1973;Radner,Jorgenson,1963;Dekker,Scarf,1998)。

关于使用 MCDM/A 方法处理决策维护问题的方法,在文献中发现了大量的工作,将在后续章节中给出。以下各小节给出了在本愿景中要处理的维修问题。

面对同益激烈的竞争,提高生产力的需求日益增长,要求各经济部门不断寻找能够使它们获得竞争优势的工具。

为了使这些组织能够满足这些要求,它们的生产系统必须能够在正常条件下运作;换句话说,它们必须是可靠和可用的。维修部门负责确保这些系统的正常运行。要实现这一目标,适当关注维修结构是处理与维修管理相关的常见问题的最佳方式。

Kelly(1983)认为维修计划是一种传统的做法,推荐用于机器、设备和工具的维修,应该通过编制工作计划并且制定其行为准则和标准来进行。Márquez(2007)指出,任何级别的维修都需要一组结构化的任务,包括活动、程序、资源,并定义执行维修任务所需的时间。这些定义解释了维修计划的范围:

(1) 应该做些什么?

(2) 什么时候做?

(3) 应该使用哪些资源?

这三个问题的答案越正确,由此产生的维修计划就越有效。从这个意义上说,有效的维修计划使管理人员能够在正确的时间使用正确的设备和适当的工具采取行动。维修活动的成功实施直接关系到精确的事前计划。

这些问题的答案通常是遵循一个层次顺序。因此,首先必须指定在每个设备上进行哪些活动或哪些活动;随后确定对每一项设备进行每一项活动的频率;最后确定将要使用的资源集。

3.3.9　维修管理的主要技术

维修过去被定义为一项简单的任务,即恢复设备和系统的原始状态,目前在一个广泛的和现代表述方式中,它被认为是一个过程,用以确保设备和设施在生产过程中或提供服务时的可靠性和可用性,同时以适当的成本保证安全保护环境。

根据英国标准 BS EN 13306(2010),维修是在一个项目的生命周期中所有技术、行政和管理措施的组合,旨在保留项目或使其恢复到能够执行所需功能的状态。

"维修"是一个术语,用于描述组织试图避免其资产失效的方式。它是生产系统的重要组成部分,尤其是当它对公司的业务至关重要时。例如,对于发电厂、航空公司、炼油厂和石化厂。

虽然过去的模式要求维修人员在接到提示时应该提供良好的维修服务,但现在维修工作得到了更多的认可。人们发展了技能和技术来防止失效,而不是纠正失效。

维修专业人员越来越需要具备以下几个核心能力:

(1) 在维修系统中调整和整合物质、人力及财务资源,并在考虑持续改进可能性的同时,以最低成本高效地运行。

(2) 使用管理方法、数学和统计工具来支持维修系统的规划和控制,从而帮助决策。

(3) 在技术和组织方面,将质量概念和技术融入到维修生产系统中,改进过程,制定控制和审计的标准及程序。

(4) 使用绩效指标及成本核算系统,评估项目的经济和财务可行性。

(5) 使用适当技术公司的信息管理系统。

基于更具体的维修方面,在维修的各个子领域进行了大量的研究工作,研究内容包括数据分析与故障修复、预防性维修模型、可靠性模型、资产管理、人员可靠性、预测性维修中的加速测试、诊断与预测模型、维修策略的性能评估等。这些特性和重点对于发展和确认对科学研究的贡献是至关重要的。

另外,有一套管理方法和一种更系统、更全面的观点,认为维修管理是一个涉及人力、物力和财力等资源的过程,以开发更好的性能,从而提高工厂的可用性。在这组方法中,包括 TPM(全员生产维修)和 RCM(以可靠性为中心的维修)。

许多组织已经采用了诸如 TPM 和 RCM 的管理维护方法,因为这些方法致力于维修管理的长期改进。一些作者已经将维修管理报告作为一种能够对业务成功做出重大贡献的战略管理活动(Reis 等,2009)。后续章节中将概述一些在维修管理领域中使用的管理技术。

3.3.9.1　全员生产维修(TPM)

全员生产维修(TPM)被定义为所有员工通过小组活动进行的生产维修,其中生产维修是维修管理的一种形式,它承认可靠性、维修和经济效率在工厂设计中的重要性(Nakajima,1988)。

TPM 中的生产率与设备最大总效率的目标相关,它是对机器容量与实际生产时间的度量。工厂改造带来的可用性、质量和劳动力节约是 TPM 的重要方面。这种最大效率可以通过质量管理来实现,其功能是控制过程中可能出现的缺陷。TPM 旨在消除损失,实现零缺陷、零故障和零事故,从而使生产线的可用时间更长,因此可以最大限度地生产。TPM 是一种管理理念,它促进组织文化的变革,从而提高公司各个层次的质量和生产力。TPM 试图消除对系统有效运行产生不利影响的各种损失(Pintelon,Gelders,1992)。

Tajiri、Gotoh(1992)和 Shirose(1992)指出,TPM 的定义包含以下五点:

(1)旨在使设备得到最有效的利用。

(2)建立全面(公司范围)的维修计划体系(预防性维修和改进相关的维修)。

(3)鼓励部门员工、设备操作员和设备设计师的参与。

(4)涉及从最高管理层到基层的每一个人。

(5)促进并实施基于自主、小组活动的计划维修。

换言之,TPM 的目标是重新设计公司的系统,以此提高人员和设备的性能。提高员工绩效的基础是对员工(操作人员和维修人员)进行培训,使他们能够按照规范维修机器,当出现异常情况时,操作人员能够自己识别并尽可能解决问题。

改进设备包括对机器和操作员的产量有某种好处的结构修改。另一个相关点是在评估购买新机器时降低未来的维护成本。企业希望提高生产率,减少损失。TPM 是用来消除此类损失的工具之一,根据 Shirose(1992)的观点,可将其分类为:

(1)故障损失——这些故障可能是由于操作中的突然中断造成的,也可能是由于功能退化造成的,即设备的容量和功能相对于原始状态有所降低。这种损失与设备功能丧失有关,会导致长期故障和偶发性故障,导致时间和生产力的损失。

(2)设置和调整损失——当一个设备生产不同的产品时,可能需要很长时间来调整设备,以便能够生产出另一个具有所需质量的产品。

(3)空转和轻微的停机损失——在不考虑短时间中断的情况下发生,但当它们加在一起时可能会导致时间的大量损失和空操作。

(4)降低速度损失——当机器因任何原因以低于正常速度运行时发生。

(5)质量缺陷和返工——当存在可能导致产品处置的缺陷,会导致生产时间和材料损失,而缺陷需要改正和修复时,需要额外的操作和劳动时间,从而导致亏损。

(6)启动/产量损失(机器启动和稳定生产之间的产量降低)——对应于设备触发后的性能状态未达到稳定生产的时期。

因此,为了使 TPM 在组织中得以发展,有必要在团队中构建被称为支柱的基础,并由每个团队的经理或领导者进行协调。TPM 理念的八个支柱构成了一个以确保整个组织生产效率为目标的支持系统。Nakajima(1988)列出了 TPM

的八大支柱：

（1）自主维修——将日常维修（如清洁、润滑和检查）的责任交给操作人员。

（2）计划维修——根据预测和/或测量的故障率来安排维修任务。

（3）质量维修——检测设计错误并防止它们进入生产过程。它应用根本原因分析来消除质量缺陷的重复来源。

（4）集中改进——小组员工积极合作，以实现设备运行方面的定期、渐进改进。

（5）早期设备管理——指导通过 TPM 获得的制造设备的实践知识和理解，以改进新设备的设计。

（6）培训和教育——填补实现 TPM 目标所需的知识空白。为操作人员、维修人员和管理人员提供培训和教育机会。

（7）安全、健康、环境—— 这些都是为了维护一个安全、健康的工作环境。

（8）行政管理中的 TPM——将 TPM 技术应用于管理职能。

总体设备效能（OEE）是一个重要的 TPM 课题，其计算方法是将设备的可用性乘以其性能效率和质量等级。OEE 为跟踪 TPM 项目的进展和改进提供了有用的措施；但它没有给出足够的细节来确定设备的好坏（Mobley 等，2008）。

根据 Nakajima（1989）的说法，TPM 的结果是通过减少故障次数来增加机器可用性指数；减少过程中的故障次数，从而减少客户投诉次数；降低生产成本；减少工作场所事故次数。所有这一切都可以通过培训和发展人员，并加强人与机器之间的整合来提高生产率和整个组织的竞争力。

许多公司有采用 TPM 的趋势，因为他们对这种方法的潜在成功感兴趣。的确，许多目标具有相当的挑战性，这就是为什么必须激励人们寻求持续改进以实现生产环境和设备的零损失。一些公司未能成功实施 TPM，原因如下：

（1）没有来自上层管理的支持，执行工作也没有遵循建议的"自上而下"的方向。这是关键的一点，因为必须改变工作人员的文化，以便他们采用新的做法，并投资改进设备，因为如果没有最高管理层的支持，这项挑战就更加困难。

（2）缺少自动化维护所需的内部化，在这种情况下，最低要求往往得不到保证，支柱执行的任务比实现技术更难。

（3）如果没有一个有效的维修计划，维修部门的态度就会改变，环境也会保持在实施 TPM 之前的状态。

（4）如果没有系统的测量和对损害设备性能的损失的监测，就很难管理改进过程。

（5）如果不改变获取新系统和备件的方式，维护性能可能就不会有效。

文献中有 TPM 的实施程序(Manzini 等,2009)。TPM 建议遵循部署步骤,并指出维修计划必须选择哪种类型的策略更有利可图,但没有详细说明如何这样做。因此,TPM 在支持关于最佳维修策略的决策方面留下了空白,并且对于如何实现 TPM 有不同的解释。

3.3.9.2 以可靠性为中心的维修(RCM)

RCM 是一种用于确定物理或工业过程中维护需求的方法。它起源于 20 世纪 70 年代的航空工业,并被美国国防工业采用,后来又扩展到核能领域和几个工业部门,RCM 广泛应用于各个行业(Nowlan,Heap,1978)。该过程涉及对一系列结构化问题的评估,这些问题依次确定设备的某些方面:主要功能、功能故障、故障模式、故障影响和后果。

RCM 是一个集成各种工程技术的项目,旨在确保工业设备的功能。该计划被认为是解决维修问题的一种非常有效的方法,因为它使用了一种合理和系统的方法来解决问题(Moubray,1997)。此外,根据 Ben-Daya(2000)的研究,RCM 是一种用于优化预防性维修策略的方法,其主要关注点是维修系统的功能,而不是希望将其恢复到最佳状态。

为了达到最佳效果,RCM 需要基于某些因素,如:

(1)工程师、操作人员和维修技术人员的参与。

(2)对驱动维修任务故障后果的研究给予应有的重视。

(3)分析的范围应该包括安全问题、环境和运营成本。

(4)对涉及预测性和预防性任务的前瞻性活动给予适当的重视。

(5)避免降低系统可靠性的潜在故障。

根据 Moubray(1997)的观点,RCM 程序应该使用七个基本问题:

(1)在当前的经营环境中,资产的功能和相关的绩效标准是什么?

(2)它在哪些方面未能履行其职能?

(3)是什么导致了每个功能的失效?

(4)每次失效都会发生什么?

(5)每一次失效有什么意义?

(6)如何预测或预防每次失效?

(7)如果找不到合适的主动任务,该怎么办?

在 RCM 中,最重要的四个术语是系统、子系统、功能故障和故障模式。

(1)系统:这是 RCM 分析中确定的工厂整体或分部。

(2)子系统:这是一组设备和/或部件,它们一起执行一个或多个功能,可以看作系统内的独立功能单元。

(3)功能故障:每个子系统执行特定的功能。功能性故障描述每个子系统故障的发生方式。

（4）故障模式:识别与导致子系统功能丧失的特定设备相关的每个特定条件。

RCM 为设备的理想性能提供功能要求和标准。对于每个功能,定义功能故障,并使用 FMEA(故障模式和影响分析)分析故障模式和影响。分析每个故障的后果,以确定故障模式的影响。错误可以分为四类:隐藏的;与安全或环境有关的;可操作的;非操作的。

根据 Rausand 和 Vatn(2008)的观点,RCM 分析过程可以通过以下 12 个步骤进行:

（1）研究准备;

（2）系统的选择与界定;

（3）功能失效分析(FFA);

（4）关键项目选择;

（5）数据收集和分析;

（6）失效模式、影响和临界分析(FMECA);

（7）维修措施的选择;

（8）维修间隔的确定;

（9）预防性维修比较分析;

（10）非关键项目处理;

（11）实施;

（12）在役数据收集和更新。

RCM 培训包括基本概念、功能故障、故障模式、框图、可靠性、冗余度、FMEA、预测性、纠正性和预防性维修、RCM 决策图和部署步骤。在相关维修活动的选择阶段,将更多的精力投入到最关键的组件上。维修任务可以是基于磨损的预测性任务、基于时间的预防性任务以及在设备运行到故障之前的反应性任务。

在记录维护活动方面,RCM 建议使用包含系统、子系统、组件、活动描述、活动频率和负责人图表的工作表。当有定量数据时,可以根据可靠性进行研究,或者当这些数据缺乏时,工作团队必须定义维护的周期性。重要的是要将活动记录下来,其中许多活动由维护人员执行,但也可以由运维人员、工程师或第三方执行。

在 RCM 的实施过程中,目标和指标的建立是 RCM 成功应用的基础。首先,确定指标;然后确定目前的情况,制定连贯和可行的目标,虽然具有挑战性,但也不是不可能的。需要对指标进行监测,以便向工作小组提供反馈。

RCM 计划的评审应该定期执行,因为实施是一个渐进过程。设备的状况和维修资源经常发生变化,因此有必要审查维护程序以使之最新。此外,值得注意的是,工作团队的知识总是在增加,如果使用得当,这将有助于 RCM 计划的持续发展。

最后,根据 Ben-Daya(2000)的研究,如果 RCM 与 TPM 相结合实施,可以取得更好的效果。他指出,RCM 为优化维护工作和最大限度地满足计划维护程序所需的资源提供了一个框架,他认为 RCM 可以帮助实现 TPM 的更好结果。Moubray(1991)指出,RCM 可以实现更大的安全性和环境的完整性,进一步改善经营业绩(产量、产品质量和客户服务),导致维护更加经济有效,延长昂贵物品的使用寿命,使数据库更全面,更多地激励个人和更好的团队合作。

3.4　关于 RRM 方面的专家先验知识

在可靠性、风险分析和维护模型中,必须将不确定性纳入模型。这些不确定性通常来自于自然变化(随机模型)、相关知识的缺乏或对当前和未来条件下因果关系缺乏认识。因此,不确定性可能来自于测量技术的不准确性、数据缺乏、细节缺乏等知识方面的漏洞,这些因素直接影响不确定性的测量。

此外,与估计不确定性有关的变数可能来自对所需的东西缺乏明确的说明;在某些活动中缺乏经验;在影响因素和变量相互依存方面的复杂性;对活动中涉及过程的有限分析;以及可能影响分析活动的特殊罕见事件或条件发生的可能性。

由于数据存在不确定性,决策者在决策过程中需要处理的目标、优先级和可接受的权衡条件也存在不确定性。有关各方之间必须有全面的了解(明确目标及其原因)。因此,由于以下方面的含糊不清,给有关各方带来了不确定性因素:责任划分;角色感知;交流通道;合同条件及其影响;协调控制机制等方面。

Berger(1985)认为,许多决策问题的一个重要组成部分是关于自然状态的先验信息。利用概率分布函数,即先验概率分布,可以方便地对每种信息介质进行量化。因此,专家所获得的关于变量的经验可以用概率分布的形式来使用(Martz,Waller,1982)。

在风险管理、维护和可靠性模型以及决策分析模型中使用概率/可能性/发生率的度量是一个非常强烈的需求。为了估计这些度量,需要一些事件(故障模式、事件、事故等)的信息。在许多情况下,有些信息项目是不可想象的或极不可能发生的,即:它们形成了一系列罕见的事件。例如,罕见事件的发生可能包括那些被认为是高度可靠的分析系统(如核系统、飞机系统、空间系统等),或者也指一些发生的罕见事件(灾难性事件、自然灾害、核事故、新技术事故、某些因果联系等)。

因此,在这种情况下,很难确定故障概率或事故结果的精确值。然而,即使在一般情况下,在工业系统中(故障事件发生的频率较高),由于缺乏全面的故障、故障模式和意外事件及其后果的数据库,确定可能性的过程也会受到影响。

因此,管理人员需要获取有关背景知识的替代方法。为了最大限度地减少这一障碍,文献中有一些方法旨在引出专家的先验知识,这些专家都应该熟悉理论方法,并具有背景分析的经验。因此,本节将集中讨论一个简短的内容:寻求专家知识使用的主要特征,以及聚合它们的方法。

根据 Walley(2002)的观点,统计推断理论可以分为两大类:一类是满足概率原理的理论,另一类是基于数据采样和对重复发生的历史事件进行分析的理论(频率论的方法)。

顾名思义,统计推断使用历史数据或根据经验获得的数据作为其主张的基础。这种方法对于解决决策问题非常有用。

在风险分析方法中,可以采用频率论方法来处理失效模式分析。然而,正如前面提到的,不能总是应用一个纯粹的频率论概念,因为有一些罕见的事件,它的重复是几乎不可能(很难)去预测的,特别是在考虑小型生产系统或独特系统的操作时,或者当历史数据累计量很小(不足)时。因此,由于缺乏此类数据,基于公司过去的经验建立概率变得不切实际(Garcez 等,2010)。

Garcez 等人(2010)认为,克服国际互联网数据库缺乏的一种方法是使用外部数据库(如其他本地公司或国际组织的数据库)。然而,简单地使用一个外部的统计数据库作为基准可能是错误的,因为外部数据库中一些直接影响这种概率的特征,如规章制度、操作结构、采用的技术水平、安全性、社会文化等,可能并不能反映将要分析的系统的环境,从而产生统计上的差异。

因此,有必要将影响概率的因素与被分析系统及其附近系统的技术特征联系起来。为了做到这一点,该领域专家所获得的所有经验都需要得到应用(通过贝叶斯方法),利用他们的专业知识和对操作系统的分析知识,从而为决策过程提供有价值的信息(Clemen,Winkler,1999)。

通过对数据库中的数据进行分析,可以更好地了解历史统计及其与事故的关系,而贝叶斯方法可以真实地表现出专家对所分析系统的运行动态和故障模式的知识(O'Hagan,1998)。

也可以使用 Raiffa(1968)定义的方法作为另一种确定事故由故障引起的比率的方法。这就要求从外部(本地或国际)数据库、公司本身或类似公司的内部数据,以及事故和故障的历史数据分析中获得先验知识(使用贝叶斯假设),因此可以获得每种方法的优点。

3.4.1　专家知识提取

Kadane 和 Wolfson(1998)认为,获取先验知识的目的是获取专家意见的主要特征,并将专家的经验与学术知识相结合。O' Hagan 和 Oakley(2004)指出,频域推理只能解释概率,而贝叶斯统计方法是基于个人(或主观)对概率的解释。

主观概率是专家对某一特定事件发生的概率的信任程度,也就是说没有一个正确(准确)的概率,但遵循所有概率论的基本假设,有一个概率分布可以分配给一个事件(Berger,1985)。

Keeney 和 von Winterfeldt(1991)提出,对于获得专家的概率启发式观点,正式提取过程包括以下步骤:

(1)识别和选择问题;

(2)识别和选择专家;

(3)讨论和细化问题;

(4)培训专家,让他们了解先验知识产生的原因和方法;

(5)提取过程;

(6)分析、汇总(结果)并解决分歧;

(7)记录和报告结果。

根据 Garthwaite 等人(2005)的观点,获取专家先验知识的过程可以分为 4 个阶段:

(1)安排(设置)、选择和培训专家,确定问题的各个方面;

(2)引导、与专家互动;

(3)调整启发式结果的概率分布;

(4)评估启发式过程的充分性。

为了恰当地引出专家的先验知识,Kadane 和 Wolfson(1998)列举了一些重要的观点,即:在启发式过程中必须有共识;只有专家意见才应该被引出;专家只应被询问可观察到的数量;不应要求专家估计分布矩(在初审时),而应要求他们审查预测分布的分位数或概率;在启发式过程中应经常向专家反馈;应该要求专家无条件和有条件地评估假设数据。

3.4.2　等概率区间法

本节讨论了一种由 Raiffa(1968)提出的获取专家先验知识的方法,他使用了等概率区间的方法。主观概率是指对一个命题的信任程度。在一个极端,如果事件 A 被信任为完全正确,则 $P(A)=1$;而在另一个极端,如果事件 A 被信任为完全错误,则 $P(A)=0$,因此区间 $[0,1]$ 中的点表示介于 $P(A)=1$ 和 $P(A)=0$ 之间的信任度。

因此,该方法基于等概率区间(等概率区间)的逐次细分,即与专家进行交谈确定的百分位数。该方法的结构如下:

(1) 用通用术语向专家解释这个过程,对他/她强调这样一个事实,即我们的目标是估计 θ 最有可能的值,而不是它的真实值。

(2) 建立 θ 的可能取值范围。定义最小期望值 $\theta_{0.001}$(事件可能发生的最小值——错误事件)和最大期望值 $\theta_{0.999}$(整个事件可能发生的最大值——真实事件)。

(3) 开始细分为等概率区间,初始取值为 $\theta_{0.5}$,其中 $P(\theta_{0.001})=0.5$。

(4) 除以 $\theta_{0.001}$ 与 $\theta_{0.05}$ 之间的区间,得到 $\theta_{0.25}$,$P(\theta_{0.25})=0.25$。

(5) 除以 $\theta_{0.5}$ 与 $\theta_{0.999}$ 之间的区间,得到 $\theta_{0.75}$,$P(\theta_{0.75})=0.75$。

(6) 对需要分析的其他百分位数重复上述步骤得:$(\theta_{0.001},\cdots,\theta_{0.125},\cdots,\theta_{0.375},\cdots,\theta_{0.625},\cdots,\theta_{0.875},\cdots,\theta_{0.999})$。

(7) 对专家进行一致性实验,问他/她:θ 最可能落在哪个范围内?是在 $\theta_{0.25}$ 和 $\theta_{0.75}$ 的范围之内还是之外?对于这个问题,专家可能只给出三个答案中的一个:内部,外部,或都有可能。在这种情况下,正确的答案应该是都有可能,因为,如果所得到的值存在一致性,那么在范围内或范围外的概率是 0.5。如果专家的答案是在内部或外部,我们就必须重新与专家评估这些观点,因为任何一个答案似乎都是不一致的。

在确定百分位数并检查其一致性后,进行统计分析,以使这些点符合给定的概率分布函数。

3.4.3　专家知识整合

在决策和风险评估方面,所需的信息并不总是完整或可用的(Zio,1996),或者当需要考虑不确定性时,专家必须量化他们的知识并产生主观概率的分布。

如果 DM 需要尽可能多的信息,他们可以咨询其他拥有更多信息或知识的专家,最好是那些在感兴趣的领域拥有技能和知识的专家,这种做法是很有意义的。

然而,缺乏任何基于数据、模型、类比、理论、物理原理等去结合辅助专家的知识,会导致判断仅仅是"假设"(Garcez 等,2011)。

Fischer(1981)指出,当一组专家的意见被汇总时,主观概率的评估可以得到很大的改进,从而考虑的不仅仅是一个概率分布。然而,专家在评价结果的不确定性时必须是理性的,而且专家的观点必须在内部符合概率论。

Winkler 等人(1992)列举了为什么应该将多个专家的知识结合起来的几个原因:

(1) 无论是从心理学的角度(就像俗语说的:三个臭皮匠顶个诸葛亮)或统计学角度来看(多个样本的平均值表示优于单个样本的平均值),组合概率分布都比单一概率分布更具有概括性;

(2) 概率分布的集合可以看作各专家知识之间达成一致的一种形式;

(3) 使用单个概率分布比使用多个概率分布更合理、更实用,因此分析更加完整。

当概率分布代表几个专家的判断时,可以得到一个代表他们之间共识的分布。因此,确定这种分布的问题可以看作一种概率分布协议/集合/组合问题(Winkler,Cummings,1972;Hampton 等,1973;Ekel 等,2009)。这种概率分布必须充分反映这些专家提供的信息(Winkler,1981;Kaplan,1992)。

为了证明使用专家知识的集合体是合理的,Fischer(1981)指出,一般的个体概率预测往往过于激进,即被认为极有可能发生的事件发生的频率远低于预期;那些被认为极不可能发生的事件,其发生的频率远远超过预期。因此,对多个专家的意见进行评估,可以使人们对事件发生的可能性有一个不那么激进的认知。

与此相反,Clemen 和 Winkler(1999)指出,一组专家可能为一种行为方式辩护,这种行为方式比一个人或一组专家未经讨论而达成的行为方式风险更大。这可能是因为专家依赖于他人提供的信息,或者由于专家之间的责任分担。

为了选择使用哪种程序(方法)来整合专家的知识,有必要考虑成本和验收等实际问题。成本方面的考虑通常倾向于使用更简单的程序,如统计平均值。然而,当考虑到影响可接受性时,为专家意见之间的相互作用采用更复杂的聚合程序可能更有利,例如面对面的过程或使用 Delphi 方法(Fischer,1981)。

Clemen 和 Winkler(1999)列出了一些一般准则,以确定应该考虑采用什么方法来汇集来自专家的知识:

(1) 专家提供什么信息?概率分布是否完整?如果其中一些分布(如均值、方差等)只有部分信息,则不完整;

(2) 涉及的是谁?一个专家还是一组专家?

(3) 应执行何种程度的建模?

(4) 使用哪种类型的聚合规则?

(5) 聚合方法需要哪些参数?(如,设定权重);

(6) 要采用的聚合过程的复杂度是多少?

在文献中,当专家的知识(意见)以概率分布表示时,主要有两种方法来聚合专家的知识(意见):数学方法和行为方法。

数学聚合过程由分析模型组成,这些分析模型作用于每个单独的概率分布,从而产生一个组合的概率分布。行为方法中的聚合试图通过专家之间的相互作用而达成一致来产生关联。这可以是面对面的,也可以是没有直接联系的信息交流。这种方法考虑了单个信息的质量以及它们之间的依赖关系(Garcez 等,2011)。

除了概率聚集之外,还有其他一些与模糊逻辑相关的方法,这些方法在文献中也可以找到。Ekel 等人(2009)明确了达成共识的两种主要途径:一是将专家意见合并成一个集体意见,采用加权汇总的方法。这种方法的缺点是,当一个专家对研究的问题有深入的了解,却与其他专家观点之间存在差异时。此外,还有一个缺点是,某个专家可能会因为按照他/她的意见权重减小而被忽略,而且定义权重集可能需要大量的计算工作。

Ekel 等人(2009)描述的第二种方法是保持每个专家的权重不变。为了达成共识,对最反对小组其他成员意见的专家权重进行重新评估。这种方法的缺点是,持不同意见的专家可能必须彻底改变他/她的意见(也许是无理的),或者这个专家可能被一再要求修改他/她的最初立场,这需要更大的脑力付出。

此外,决策通常需要不同专家的多种观点,因为一个人可能对问题没有足够的知识储备,因此不能单独解决问题(Ekel 等,2009;Parreiras 等,2010)。

对于专家知识的聚合,虽然专家们可以对需要分析的相关变量达成一致,但这并不意味着他们对概率分布有共识。如果他们在任何观点上都没有不同意见,就不需要咨询一名以上的专家,因此也就不需要进行专家汇总(Clemen,Winkler,1999)。

换句话说,小组成员的意见将是一致的,因此,他们产出的结论也将是相同的,就像小组内只有一个专家一样。在做出错误决定的后果可能非常严重的情况下,在选择专家时,进行初步工作去确定他们是否对变量的概率分布有不同意见,这种做法可能会是有价值的,虽然这种情况很少发生。

为了提高解决方案的整体满意度(集体意见),专家应该有机会通过提供他们个人的学识来影响共识。

相关缩略词

DM,Decision Maker,决策者

MCDM,Multi-Criteria Decision Making,多准则决策

MCDA, Multi-Criteria Decision Aiding; Multi-Criteria Decision Analysis, 多准则决策分析/辅助

MCDM/A, MCDM or MCDA, 多准则决策制定法

RRM, Risk, Reliability and Maintenance, 风险性、可靠性和可维修性

MAUT, Multi-Attribute Utility Theory, 多属性效用理论

FMEA, Failure Mode and Effects Analysis, 故障模式和影响分析

HAZOP, Hazard and Operability Analysis, 危害和可操作性研究

FTA, Falure Tree Analysis, 故障树分析

ETA, Event Tree Analysis, 事件树分析

QRA, Quantitative Risk Assessment, 定量风险评估

PRA, Probabilistic Risk Assessment, 概率风险评估

PSA, Probabilistic Safety Assessment, 概率安全评估

CSA, Conception Safety Assessment, 概率安全评估

TRA, Total Risk Analysis, 总风险分析

SAFOP, Hazard and Operability Analysis, 危害和可操作性研究

FAR, Fatal Accident Ratio, 致命事故率

HAZID, Hazard Identification, 危险识别

PHA, Primary Hazard Analysis, 初级危害分析

ALARP, As Low as Reasonable Practicable, 最低合理可行原则(二拉平原则)

FMECA, Failure Mode Effects and Criticality Analysis, 故障模式、影响和危害性分析

参 考 文 献

Ackermann F, Howick S, Quigley J, et al. (2014) Systemic risk elicitation: Using causal maps to engage stakeholders and build a comprehensive view of risks. Eur J Oper Res 238:290-299.

Ahmad R, Kamaruddin S (2012) An overview of time-based and condition-based maintenance in industrial application. Comput Ind Eng 63(1):135-149.

Ale B, Burnap P, Slater D (2015) On the origin of PCDS - (Probability consequence diagrams). Saf Sci 72:229-239.

Alencar MH, de Almeida AT (2010) Assigning priorities to actions in a pipeline transporting hydrogen based on a multicriteria decision model. Int J Hydrogen Energy 35(8):3610-3619.

Al-Kassab J, Ouertani ZM, Schiuma G, Neely A (2014) Information visualization to support management decisions. Int J Inf Technol Decis Mak 13(2):407-428.

Andrews JD, Dunnett SJ (2000) Event-tree analysis using binary decision diagrams. Reliab IEEE

Trans 49(2):230−238.

Andrews JD, Moss TR (2002) Reliability and risk assessment. Wiley−Blackwell, Suffolk.

Arendt JS, Lorenzo DK (2000) Evaluating process safety in the chemical industry: a user's guide to quantitative risk analysis. American Chemistry Council.

Assael MJ, Kakosimos KE (2010) Fires, explosions, and toxic gas dispersions: Effects calculation and risk analysis. CRC Press Taylor & Francis Group, Florida.

Aven T (2008) Risk analysis: assessing uncertainties beyond expected values and probabilities. John Wiley & Sons, Chichester.

Aven T (2012) Foundations of Risk Analysis. 2nd ed. John Wiley & Sons, p 198, Chichester.

Aven T, Jensen U (2013) Stochastic Models in Reliability. Stochastic Modelling and Applied Probability. Springer, New York.

Aven T, Vinnem JE (2007) Risk Management with applications from the offshore petroleum industry. Springer Series in Reliability Engineering. Springer−Verlag, London.

Baker RD, Christer AH (1994) Review of delay−time OR modelling of engineering aspects of maintenance. Eur J Oper Res 73(3):407−422.

Barlow R, Hunter L (1960) Optimum Preventive Maintenance Policies. Oper Res 8:90−100.

Barlow RE, Hunter LC (1961) Reliability Analysis of a One−Unit System. Oper Res 9:200−208.

Barlow RE, Proschan F (1965) Mathematical theory of reliability. John Wiley & Sons, New York.

Barlow RE, Proschan F (1975) Statistical theory of reliability and life testing: probability models. DTIC Document.

Bazovsky I (2004) Reliability theory and practice. Dover Publications, Mineola.

Bedford T, Cooke R (2001) Probabilistic Risk Analysis: Foundations and Methods. Cambridge University Press, New York.

Ben Daya M (2000) You may need RCM to enhance TPM implementation. J Qual Maint Eng 6(2): 82−85.

Bérenguer C, Grall A, Dieulle L, Roussignol M (2003) Maintenance policy for a continuously monitored deteriorating system. Probab Eng Informational Sci 17(2):235−250.

Berger JO (1985) Statistical decision theory and Bayesian analysis. Springer Science & Business Media, New York.

Birolini A (2014) Reliability Engineering. Theory and Practice. Springer Berlin Heidelberg.

Bostrom A, Anselin L, Farris J (2008) Visualizing Seismic Risk and Uncertainty. Ann. N. Y. Acad. Sci. Blackwell Publishing Inc, pp 29−40.

Braglia M (2000) MAFMA: multi−attribute failure mode analysis. Int J Qual Reliab Manag 17(2): 1017−1033.

Braglia M, Frosolini M, Montanari R (2003) Fuzzy TOPSIS approach for failure mode, effects and criticality analysis. Qual Reliab Eng Int 19(5):425−443.

Brissaud F, Charpentier D, Fouladirad M, et al. (2010) Failure rate evaluation with influencing factors. J Loss Prev Process Ind 23(2):187–193.

Brito AJ, de Almeida AT (2009) Multi–attribute risk assessment for risk ranking of natural gas pipelines. Reliab Eng Syst Saf 94(2):187–198.

BS EN 60706–2 (2010) Maintenance. Maintenance terminology, British Standards Institution.

Calixto E (2013) Gas and Oil Reliability Engineering: Modeling and Analysis. Gulf Professional Publishing, Oxford.

Carter ADS (1986) Mechanical reliability. Macmillan London.

Chang C, Wei C, Lee Y (1999) Failure mode and effects analysis using fuzzy method and grey theory. Kybernetes 28(9):1072–1080.

Chang C-C (2014) Optimum preventive maintenance policies for systems subject to random working times, replacement, and minimal repair. Comput Ind Eng 67:185–194.

Clemen RT, Winkler RL (1999) Combining Probability Distributions from Experts in Risk Analysis. Risk Anal 19:187–203.

Corder AS (1976) Maintenance management techniques. McGraw–Hill.

Cox LA Jr (2009) Risk analysis of complex and uncertain systems. Springer Science & Business Media, New York.

Crowl DA, Louvar JF (2001) Chemical Process Safety: Fundamentals with applications. Prentice Hall, Boston.

Dekker R (1995) On the use of operations research models for maintenance decision making. Microelectron Reliab 35(9):1321–1331.

Dekker R (1996) Applications of maintenance optimization models: a review and analysis. Reliab Eng Syst Saf 51(3):229–240.

Dekker R, Scarf PA (1998) On the impact of optimisation models in maintenance decision making: the state of the art. Reliab Eng Syst Saf 60(2):111–119.

Dong C (2007) Failure mode and effects analysis based on fuzzy utility cost estimation. Int J Qual Reliab Manag 24(9):958–971.

Drapella A, Kosznik S (2002) Combining preventive replacement and burn–in procedures. Qual Reliab Eng Int 18(5):423–427.

Ekel P, Queiroz J, Parreiras R, Palhares R (2009) Fuzzy set based models and methods of multicriteria group decision making. Nonlinear Anal Theory, Methods Appl 71:e409–e419.

Eppler MJ, Aeschimann M (2009) A systematic framework for risk visualization in risk management and communication. Risk Manag 11(2):67–89.

Ericson CA (2005) Hazard analysis techniques for system safety. John Wiley & Sons.

Fedra K (1998) Integrated risk assessment and management: overview and state of the art. J Hazard Mater 61:5–22.

Finkelstein M (2008) Failure rate modelling for reliability and risk. Springer Science & Business Media, London.

Fischer GW（1981）When oracles fail – A comparison of four procedures for aggregating subjective probability forecasts. Organ Behav Hum Perform 28:96–110.

Fjeld RA,Eisenberg NA,Compton KL（2007）Quantitative environmental risk analysis for human health. John Wiley & Sons.

Fouladirad M,Grall A（2014）On-line change detection and condition-based maintenance for systems with unknown deterioration parameters. IMA J Manag Math 25(2):139–158.

Garbatov Y,Guedes Soares C（2001）Cost and reliability based strategies for fatigue maintenance planning of floating structures. Reliab Eng Syst Saf 73(3):293–301.

Garcez TV,Almeida–Filho AT de,de Almeida AT（2011）Procedures for aggregating experts' knowledge and group decision model approaches. In:Bérenguer C,Grall A,Soares CG（eds）20th European Safety and Reliability（ESREL 2011）annual conference,Troyes,September 2011. Safety,Reliability and Risk Management. 2012. Taylor and Francis,London,p 3076.

Garcez TV,Almeida–Filho AT de,de Almeida AT,Alencar MH（2010）Experts' elicitation of prior knowledge on accidental releases in a natural gas pipeline. In:Bris R,Soares CG,Martorell S（eds）European safety and reliability conference,Prague,September 2009. Reliability,Risk,and Safety:Theory and Applications,Vol. 1–3. 2009. Taylor and Francis,London,UK,p 2480.

Garcez TV,de Almeida AT（2014）Multidimensional Risk Assessment of Manhole Events as a Decision Tool for Ranking the Vaults of an Underground Electricity Distribution System. Power Deliv IEEE Trans 29(2):624–632.

Garthwaite PH,Kadane JB,O'Hagan A（2005）Statistical Methods for Eliciting Probability Distributions. J Am Stat Assoc 100:680–701.

Gertsbakh IB（1977）Models of preventive maintenance. North–Holland,New York.

Glasser GJ（1969）Planned replacement– Some theory and its application（Probability theory applied to age and block replacement models in preventive maintenance of parts,noting inspection cost distribution）. J Qual Technol 1:110–119.

Grall A,Bérenguer C,Dieulle L（2002）A condition-based maintenance policy for stochastically deteriorating systems. Reliab Eng Syst Saf 76(2):167–180.

Guedes Soares C,Garbatov Y（1996）Fatigue reliability of the ship hull girder accounting for inspection and repair. Reliab Eng Syst Saf 51(3):341–351.

Hampton JM,Moore PG,Thomas H（1973）Subjective probability and its measurement. J R Stat Soc Ser A 136:21–42.

Horwitz R（2004）Hedge Fund Risk Fundamentals:Solving the risk management and transparency challenge. John Wiley & Sons.

Hotelling H（1925）A General Mathematical Theory of Depreciation. J Am Stat Assoc 20(151):340–353.

HSE（1987）The Tolerability of Risk from Nuclear Power Stations. HMSO – Health and Safety Executive,London.

Jaedicke C,Syre E,Sverdrup-Thygeson K (2014) GIS-aided avalanche warning in Norway. Comput Geosci 66:31-39.

Jardine AKS (1973) Maintenance,Replacement and Reliability. John Wiley,New York.

Jiang R,Jardine AKS (2007) An optimal burn-in preventive-replacement model associated with a mixture distribution. Qual Reliab Eng Int 23:83-93.

Jiang R,Murthy DNP,Ji P (2001) Models involving two inverse Weibull distributions. Reliab Eng Syst Saf 73(1):73-81.

Jorgenson DW,McCall JJ (1963) Optimal Replacement Policies for a Ballistic Missile. Manage Sci 9(3):358-379.

Jorgenson DW,McCall JJ,Radner R (1967) Optimal Replacement Policies. Rand McNally.

Kadane JB,Wolfson LJ (1998) Experiences in Elicitation. J R Stat Soc Ser DThe Stat 47:3-19.

Kaplan S (1992) "Expert information" versus "expert opinions". Another approach to the problem of eliciting/combining/using expert knowledge in PRA. Reliab Eng Syst Saf 35:61-72.

Kaufmann R,Häring I (2014) Comparison of 3D visualization options for quantitative risk analyses. In:Steenbergen RDJM,VanGelder PHAJM,Miraglia S,Vrouwenvelder ACWMT (eds) 22nd Annual Conference on European Safety and Reliability (ESREL),Amsterdam,2013. Safety,Reliability and Risk Analysis:Beyond the Horizon. Taylor & Francis Group,London,UK,p 758.

Keeney RL, von Winterfeldt D (1991) Eliciting probabilities from experts in complex technical problems. IEEE Trans Eng Manag 38:191-201.

Kelly A (1983) Maintenance planning and control. Butterworths,London.

Khazraei K,Deuse J (2011) A strategic standpoint on maintenance taxonomy. J Facil Manag 9(2):96-113.

Kuo W,Prasad VR (2000) An annotated overview of system-reliability optimization. Reliab IEEE Trans 49(2):176-187.

Kuo W,Zhu X (2012) Importance Measures in Reliability,Risk,and Optimization:Principles and Applications. John Wiley & Sons,Chichester.

Kuo W,Zuo MJ (2003) Optimal Reliability Modeling:Principles and Applications. John Wiley & Sons,New Jersey.

Levitin G,Lisnianski A (2000) Optimization of imperfect preventive maintenance for multi-state systems. Reliab Eng Syst Saf 67(2):193-203.

Levitt J (2003) Complete guide to preventive and predictive maintenance. Industrial Press New York.

Lewis EE (1987) Introduction to reliability engineering. Wiley,New York.

Lins PHC,de Almeida AT (2012) Multidimensional risk analysis of hydrogen pipelines. Int J Hydrogen Energy 37:13545-13554.

Macdonald D (2004) Practical - Hazops,Trips and Alarms. Newnes - Elsevier,Oxford.

Manzini R,Regattieri A,Pham H,Ferrari E (2009) Maintenance for Industrial Systems. Springer

London.

Márquez AC (2007) The maintenance management framework: models and methods for complex systems maintenance. Springer Science & Business Media.

Martorell S, Sanchez A, Serradell V (1999) Age-dependent reliability model considering effects of maintenance and working conditions. Reliab Eng Syst Saf 64(1): 19-31.

Martz HF, Waller RA (1982) Bayesian Reliability Analysis. John Wiley & Sons, New York.

McCall JJ (1965) Maintenance Policies for Stochastically Failing Equipment: A Survey. Manage Sci 11(5): 493-524.

Mobley RK, Higgins LR, Wikoff DJ (2008) Maintenance engineering handbook. McGraw-Hill.

Modarres M, Kaminskiy M, Krivtsov V (1999) Reliability Engineering and Risk Analysis: A Practical Guide. CRC Press.

Moubray J (1997) Reliability-centered maintenance. Industrial Press Inc., New York.

Nakagawa T (1984) A summary of discrete replacement policies. Eur J Oper Res 17(3): 382-392.

Nakagawa T (1989) A replacement policy maximizing MTTF of a system with several spare units. Reliab IEEE Trans 38: 210-211.

Nakajima S (1988) Introduction to TPM: total productive maintenance. Productivity Press.

Nelson WB (2004) Applied life data analysis. John Wiley & Sons.

Newbrough ET, Ramond A (1967) Effective maintenance management: organization, motivation, and control in industrial maintenance. McGraw-Hill, New York.

Nolan DP (2011) Handbook of fire and explosion protection engineering principles for oil, gas, chemical and related facilities. Gulf Professional Publishing, Oxford.

Nowlan FS, Heap HF (1978) Reliability-centered Maintenance. Dolby Access Press.

NRC (1986) Safety Goals for Nuclear Power Plants. US Nuclear Regulatory Commission NUREG -0880.

Nwaoha TC, Yang Z, Wang J, Bonsall S (2013) A fuzzy genetic algorithm approach for analyzing maintenance cost of high risk liquefied natural gas carrier systems under uncertainty. J Mar Eng Technol 12(2): 57-73.

O'Connor P, Kleyner A (2012) Practical reliability engineering. John Wiley & Sons, Chichester.

O'Hagan A (1998) Eliciting expert beliefs in substantial practical applications. J R Stat Soc Ser D The Stat 47: 21-35.

O'Hagan A, Oakley JE (2004) Probability is perfect, but we can't elicit it perfectly. Reliab Eng Syst Saf 85: 239-248.

Parreiras RO, Ekel PY, Martini JSC, Palhares RM (2010) A flexible consensus scheme for multicriteria group decision making under linguistic assessments. Inf Sci (Ny) 180: 1075-1089.

Paté-Cornell E, Cox LA Jr (2014) Improving Risk Management: From Lame Excuses to Principled Practice. Risk Anal 34(7): 1228-1239.

Pham H (1999) Software reliability. John Wiley & Sons.

Pinjala SK, Pintelon L, Vereecke A (2006) An empirical investigation on the relationship between business and maintenance strategies. Int J Prod Econ 104(1):214-229.

Pintelon LM, Gelders LF (1992) Maintenance management decision making. Eur J Oper Res 58 (3):301-317.

Puente J, Pino R, Priore P, Fuente D de la (2002) A decision support system for applying failure mode and effects analysis. Int J Qual Reliab Manag 19(2):137-150.

Radner R, Jorgenson DW (1963) Opportunistic Replacement of a Single Part in the Presence of Several Monitored Parts. Manage Sci 10(1):70-84.

Raiffa H (1968) Decision analysis: introductory lectures on choices under uncertainty. Addison-Wesley, London.

Rausand M (2011) Risk assessment. Theory, Methods, and Applications. Wiley, New Jersey.

Rausand M, Høyland A (2004) System reliability theory: models, statistical methods, and applications, vol 396. John Wiley & Sons, New Jersey.

Rausand M, Vatn J (2008) Reliability Centred Maintenance. Complex Syst. Maint. Handb. SE - 4. Springer London, pp 79-108.

Reis ACB, Costa APCS, de Almeida AT (2009) Planning and competitiveness in maintenance management: An exploratory study in manufacturing companies. J Qual Maint Eng 15:259-270.

Rosqvist T, Laakso K, Reunanen M (2009) Value-driven maintenance planning for a production plant. Reliab Eng Syst Saf 94(1):97-110.

Scarf PA (1997) On the application of mathematical models in maintenance. Eur J Oper Res 99 (3):493-506.

Scarf PA, Cavalcante CAV (2010) Hybrid block replacement and inspection policies for a multi-component system with heterogeneous component lives. Eur J Oper Res 206(2):384-394.

Scarf PA, Cavalcante CAV (2012) Modelling quality in replacement and inspection maintenance. Int J Prod Econ 135(1):372-381.

Scarf PA, Cavalcante CAV, Dwight RA, Gordon P (2009) An Age-Based Inspection and Replacement Policy for Heterogeneous Components. Reliab IEEE Trans 58(4):641-648.

Sherif YS (1982) Reliability analysis: Optimal inspection and maintenance schedules of failing systems. Microelectron Reliab 22:59-115.

Shirose K (1992) TPM for Workshop Leaders. Productivity Press, New York.

Smith DJ (2011) Reliability, Maintainability and Risk. Practical methods for engineers. BH (Elsevier), Oxford.

Smith DJ, Simpson KGL (2010) Safety Critical Systems Handbook. A straightforward guide to functional safety, IEC 61508 (2010 Edition) and related standards. BH, Oxford.

Stephans RA (2004) System safety for the 21st century. The update and revised edition of system safety 2000. Wiley-Interscience, New Jersey.

Sutton I (2010) Process Risk and Reliability Management Operational Integrity Management,

William Andrew – Elsevier, Oxford.

Tajiri M, Gotoh F (1992) TPM implementation, a Japanese approach. McGraw–Hill Companies.

Tariq M (2013) Risk–based flood zoning employing expected annual damages: the Chenab River case study. Stoch Environ Res Risk Assess 27:1957–1966.

Taylor JS (1923) A Statistical Theory of Depreciation. J Am Stat Assoc 18(144):1010–1023.

Terborgh GW (1949) Dynamic equipment policy. McGraw–Hill Book Co.

Thangaraj V, Rizwam U (2001) Optimal replacement policies in burn–in process for an alternative repair model. Int J Inf Manag Sci 12(3):43–56.

Theodore L, Dupont RR (2012) Environmental Health and Hazard Risk Assessment. Principles and Calculations. CRC Press, Boca Raton.

Tian Z, Zuo MJ (2006) Redundancy allocation for multi–state systems using physical programming and genetic algorithms. Reliab Eng Syst Saf 91(9):1049–1056.

Tweeddale M (2003) Managing Risk and Reliability of Process Plants. Gulf Professional Publishing. Burlington.

Van Leeuwen CJ, Vermeire TG (2007) Risk Assessment of Chemicals. An introduction. Springer, Dordrecht.

Vinnem J–E (2014) Offshore Risk Assessment. Principles, Modelling and Applications of QRA Studies Vol. 2, Springer–Verlag, London.

Walley P (2002) Reconciling frequentist properties with the likelihood principle. J Stat Plan Inference 105:35–65.

Wang H, Pham H (2006) Reliability and Optimal Maintenance. Springer–Verlag, London.

Wang W (2012) An overview of the recent advances in delay–time–based maintenance modelling. Reliab Eng Syst Saf 106:165–178.

Winkler RL (1981) Combining Probability Distributions from Dependent Information Sources. Manage Sci 27:479–488.

Winkler RL, Cummings LL (1972) On the choice of a consensus distribution in Bayesian analysis. Organ Behav Hum Perform 7:63–76.

Winkler RL, Hora SC, Baca RG (1992) The quality of expert judgment elicitations. San Antonio, TX: Center for Nuclear Waste Regulatory Analyses.

Woodman RC (1967) Replacement policies for components that deteriorate. OR 18:267–280.

Yang Z, Bonsall S, Wang J (2008) Fuzzy Rule–Based Bayesian Reasoning Approach for Prioritization of Failures in FMEA. Reliab IEEE Trans 57:517–528.

Yoe C (2012) Principles of Risk Analysis – Decision Making under uncertainty. CRC Press, Boca Raton.

Zammori F, Gabbrielli R (2012) ANP/RPN: a multi criteria evaluation of the Risk Priority Number. Qual Reliab Eng Int 28:85–104.

Zheng X (1995) All opportunity–triggered replacement policy for multiple–unit systems. Reliab

IEEE Trans 44(4):648-652.

Zheng X,Fard N (1991) A maintenance policy for repairable systems based on opportunistic failure-rate tolerance. Reliab IEEE Trans 40(2):237-244.

Zio E (1996) On the use of the analytic hierarchy process in the aggregation of expert judgments. Reliab Eng Syst Saf 53:127-138.

Zio E (2007) An Introduction to the basics of Reliability and Risk Analysis.Series in Quality,Reliability and Engineering Statistics vol 1. World Scientific,Singapore.

第4章 多维度风险分析

摘要 事故所致的重大后果需要一种适当而有效的风险管理形式。多维度风险分析提供了一个更广阔的视角。MCDM/A 方法使决策更加一致,同时考虑到决策者(DM)的合理性(补偿性或非补偿性)、DM 在风险方面的行为(盲从、中立或厌恶)以及风险环境中固有的不确定性。本章介绍了多准则模型在天然气管道和地下配电系统两种不同情况下的应用。考虑了两种不同的 MCDM/A 方法:MAUT(多属性效用理论)和 ELECTRE 三次超越方法。在数值应用中,给出了建立决策模型的 MCDM/A 方法步骤:识别危险情景、估计收益集、导出 MAU 函数(多属性效用函数)、计算后果概率函数和估计多维风险。在模型中引入成本函数,计算对人的影响、环境成本和经济成本等多重标准上的概率分布函数,将决策理论的概念应用于工业企业和运输方式的风险评估。最后,利用 MCDM/A 方法对多维度风险分析中的其他决策问题进行了研究,如电力系统、自然灾害、反恐风险分析、核电站等。

4.1 多维度风险分析评估

感知到的风险水平与人们和社会所感受到的后果强度以及与概率水平有关的问题直接相关。这些后果是多层面的,与目标有关、由标准表示,可采用多目标方法或 MCDM/A 方法来处理(见第 2 章)。许多研究表明,使用单一的风险维度可能是不现实的(Morgan 等,2000;Willis 等,2005;Apostolakis,Lemon,2005;Brito,de Almeida,2009;Garcez 等,2010;Alencar 等,2010;Alencar,de Almeida,2010;Brito 等,2010;Garcez,de Almeida,2014 b;Lins,de Almeida,2012;Garcez,de Almeida,2014 c)。

最近发生的事件严重影响了人们对风险的认识及其承受能力。例如,在事故发生后的海上风险方面,例如 Amoco Cadiz(1978)、Derbyshire(1980)、Herald Free Enterprise(1987)和 Piper Alpha(1988)报道的,许多海事部门开始寻求改进和应用风险建模和决策技术(Wang,2006)。这种风险评估和安全关切不仅必须得到涉及具体情况的公司,如海运和离岸业务的关注,还必须得到与该部门有关的其他公司的关注,在这种情况下,还包括船舶设计人员和造船商,以改善安全

(Guedes Soares,Teixeira,2001)。

由于广泛接受的概念—风险(见第3章)也是基于后果,有必要估计后果/成本/严重程度。对许多作者来说,风险评估涉及估计可能的成本,是一个基本的程序,其结果是管理部为其决定辩护的基础。因此,一个事件的后果可以根据其中一些方面来表示,例如死亡人数、受伤人数、经济成本、财产成本、环境成本等(Alencar 等,2014;Alencar,de Almeida,2010;Brito 等,2010;Luria,Aspinall,2003)。

此外,个人风险和社会风险概念都只考虑人类成本的规模。Cox(2009)认为,在风险背景下,理性决策力求确保风险分析建立对拟议风险管理行动和干预措施的评价和比较,而不仅仅是描述当前情况。

在一些研究中,根据比较保守的观点,"人的成本的风险是从受伤的结果,而不仅仅是死亡的角度来评估的。"因此,准确地说,人们如何受伤(例如,一级或二级流浪汉)被认为是计算风险的一个结果(Brito,de Almeida,2009)。在此背景下,Cox(2009)强化了应消除主导行为,在非主导选择中选择最佳选择,并确保这些替代方案不被忽视。为了提供有效的风险管理,有必要对总的后果进行评估。对于每一种备选方案,在计算总体后果时,都要考虑到"拟议的替代品对人类接触的所有影响之和"。

虽然有必要采取多层面的风险观点,但在分析世界各地工厂事故后果和运输方式的各种方法中,大多数研究只考虑与单一层面有关的问题,因此,当所涉问题复杂时,单维度方法就不充分或不完整。此外,分析后果必须满足社会、国家(公共部门)和私营公司的期望。由于"后果"的严重性,必须制定一种更适当和更有效的风险管理形式,以提供积极的结果。从这个意义上讲,Beaudouin 和Munier(2009)对质量管理方案中基于健康、安全和环境程序的工业风险管理技术提出了批评意见,并提请注意,从实验和理论基础得出的决策分析技术是更有效的风险管理实践。因此,有必要进行多维评估,以便做出更一致的决策,并考虑到 DM 的偏好和"不确定性"的背景。

Almeida-Filho 和 de Almeida(20 10b)强调,风险一直是人们感兴趣的话题,或者说是多年来的研究,然而大多数研究都避免考虑多个风险维度。另外大多数情况下都存在多个风险维度,并且通过不同的指标进行评估,这些指标很难合并为一项联合评估。在文献中,NORSOK 和 ISO 的风险评估框架已经被用来评估油气环境下的风险,然而这些方法并不提供多维评价,只是寻求实现可容忍的风险水平,而忽略了决策者对不同风险维度之间的关系以及每个风险维度水平差异的判断。因此,他们在文献中基于建立良好风险评估框架(NORSOK 和ISO)的基础上,提出了一个考虑多维风险方面的框架。

在风险的一维视角下,许多研究和风险分析都以与货币价值相关的金融方面作为衡量成本的标准。这种方法看起来可能更广泛,因为它从更多的管理角度并通过分析成本来看待风险。然而,仅仅考虑财务方面并不总是一项适当的措施。例如,如果货币价值不是衡量价值的唯一标准,或者某些考虑不能或不应转化为同等的金融价值,例如死亡,就可以核实这一点。

Tweeddale(2003)指出,确定哪些经济因素与风险相关是文献中广泛讨论的一个问题,其中采取了不同的方法。这方面的一个关键问题是试图将经济价值与人的生命成本联系起来。对许多人来说,生命是无价的。对其他人来说,对朋友和家人的情感价值是无法用任何金钱来补偿的。此外,根据 Hobbs 和 Meier(2000)的观点,一些价值判断的利益,如一个人的生命价值,是由分析家作出的,不能正确地计算处理。

Hobbs 和 Meier(2000)指出,在标准货币化方面也可以考虑其他方面,例如与货币化有关的一些技术可能难以实施,甚至不可能在实践中应用,从而增加了试图这样做所需的时间,或者这可能导致使用不太合适的方法。

从同样的角度来看,Bedford 和 Cooke(2001)指出,成本效益分析是一种公认的方法,其中确定了特定单位(例如,人的生命)的货币价值。成本效益分析用于指导 ALARP 原则领域的决策过程(见第 3 章)。因此,成本效益分析反映了社会如何优先考虑各种属性,其中第三原则将是"人力和财力成本"的维度。

在大多数情况下,除了风险,成本-收益分析更适合于捕捉社会优先事项,而不是被 MCDM/A 方法更好地捕捉到的个人偏好。前者与社会风险概念有关,后者与个人风险概念相关。这一问题与成本效益分析及 MCDM/A 方法(Almeida-Filho,de Almeida,2010a)的比较有关。

另一个需要强调的重要问题是,财务成本并不总是能够完全准确地加以衡量。这是因为公司必须考虑到社会中的压力群体,他们非常了解他们的公司可能给整个社会带来的危险。为了解决这一问题,几家公司制定了一项将自己与竞争对手区分开来的战略。包括创造一种形象,即对环境的关心,以及他们的首要任务是保护他们的雇员、他们的顾客和组成他们的社区的安全,(准确地)用财务术语来衡量。然而,当发生任何给系统的任何"用户"带来成本的事故时,社会有压力不消费本公司的产品。这些给公司造成的成本不仅仅由事故本身(从货币的角度)造成,而且因为他们失去了客户和供应商;合同可能被破坏;他们的商业形象受损。这些成本不能"轻易"或完全(精确)用财务术语来衡量。

因此,传统的风险分析方法不考虑工业事故可能造成的多方面影响(后果)。然而,在许多不同的情况下,多层面的风险观点是必要的。

此外,分析后果必须满足社会、国家(公共部门)和私营公司的期望。由于后果的严重性,必须制定一种更适当和更有效的风险管理形式,以提供积极的结

141

果。换句话说，其结果必须在可接受的安全水平上，而且从经济角度来看，公司的生存也必然受到质疑，因为采取预防和减轻风险措施的成本必须与发生事故的可能性或对其所暴露的环境的广泛破坏相平衡。

正如若干研究已经表明的那样，仅使用单一风险层面的风险评估方法不足以确保对风险进行最现实和最有效的评估（Alencar，de Almeida，2010；Apostolakis，Lemon，2005；Brito，de Almeida，2009；Brito 等，2010；Garcez，de Almeida，2014 b；Lins，de Almeida，2012；Morgan 等，2000；Willis 等，2005）。此外，Brito 和 de Almeida（2009）认为，即使其他影响不如对人类的风险那么重要，但也需要 DM 给予大量关注。

因此，有必要进行多层面评估，以便做出更加一致的决策，并考虑到不确定风险的背景；在许多决策问题中，影响 DM 对可能结果的偏好的因素不止一个（Montiel，Bickel，2014；Bedford，Cooke，2001）。

根据 Salvi 等人（2005）的观点，如果环境评估和风险管理得到更多重视，所有利益相关方都将参与决策过程。这一特点很可能是社会发展的结果，社会越来越容易获得全球信息，这与人们对社会可持续发展的关切相结合。由于工业灾难（如 Flixborough、切尔诺贝利、博帕尔以及最近的 2011 年 3 月 11 日福岛核事故），社会也采取了谨慎的态度。

这些灾害和其他灾害的发生表明，必须与各利益相关方进行公开协商，这种对话不应独立于风险管理进程进行，而风险管理进程的主要目标是确保民众的长期安全。因此，工业活动的维持和统一在很大程度上取决于社会接受该活动所产生的风险。

因此，公司开始认识到在风险决策过程中需要考虑到不同利益相关者的不同意见和偏好。MCDM/A 方法对于汇总这些不同的意见（标准、偏好、权重）极为有用，因此可以在国家和地方两级做出最适当的决定（Roy，1996）。

Yoe（2012）所观察到的是，决策过程可以是简单的，也可以是复杂的，取决于需要考虑的几个因素。当分析是问题的一个维度，并且只有一个 DM 时，这个过程就更简单了。在风险管理过程中，情况并非如此。它被认为是一个复杂的过程，因为有若干方面，例如有关各方意见、鉴定程序、分析和风险评估的过程，以及对后果的分析，而不仅仅是财务影响。

风险管理过程涉及具有不同价值观、优先事项和目标的管理人员及利益相关方。在这一过程中，考虑到风险、成本、利益、社会价值和价值冲突的其他影响之间的权衡等方面，这是利益相关方在决策过程中所代表的许多观点造成的。

Hobbs 和 Meier（2000）肯定了 MCDM/A 方法有许多积极的方面，也有消极的方面。积极的方面是：

（1）强调用户的学习和理解；

（2）更明确地说明所涉利益的权衡；

（3）利益相关者直接获得的价值观；

（4）拒绝占主导地位的替代方案；

（5）就一些关键问题提出了意见；

（6）关于替代办法和标准的大量信息（利害关系方往往没有正确地解释）；

（7）利害关系方群体的优先次序可能失败；

（8）MCDM/A 方法的应用不当，造成决策者偏好的扭曲，以及价值判断方面的不一致。

但是，如果在 MCDM/A 方法的定义、研究和使用方面加以注意，则可以避免这些消极问题的潜在发生。此外，每个事件都必须看到这一问题。应当提醒的是，为了使模型有用，应当在建立模型的过程中做出适当的努力。

因此，使用与管理风险有关的 MCDM/A 方法的理由是采用一套技术、方法和模型，目的是更好地处理与不确定性、理解冲突和所涉权衡有关的方面。Cailloux 等人（2013）强调的另一点是，一种多指标决策辅助方法有助于风险评估的主观部分。

在战略风险管理中，决策支持系统通常需要在不确定的决策参数下考虑各种相互冲突的目标（Comes 等，2011）。由于 MCDM/A 方法易于构造复杂问题和建立共识，因此它们常常被成功地用于支持紧急情况管理中的 DM（Geldermann 等，2009）。

根据 Hobbs 和 Meier（2000），MCDM/A 方法的目的是通过使决策更加明确、合理和有效，来提高涉及多个标准的决策质量。应考虑这方面的一些问题：决定问题的结构；标准之间的权衡；参与这一过程的人的价值判断；帮助人们对风险和不确定性进行更一致的评估；促进谈判和记录如何做出决定。

Linares（2002）认为，风险分析在与多准则决策方法相结合时也显示了一些优势：它允许包括 DM 对风险的偏好，也可以与折中方案编制方法保持一致。

在多准则方法中，由于考虑了多个标准，因此存在多维值。因此，不考虑诸如人力或经济成本等单一层面（方面），而是视所研究的背景和决策过程中的个人（实体）而考虑其他方面。

在这种情况下可以被认为是成本的一些方面是：

人的方面，可以考虑到因一次失败事件的后果而受影响的人所受的损害，这可以根据受影响的人数（受伤和（或）死亡）来估计；

环境方面，例如，可能包括因该事件而受影响的地区（Alencar 等，2014；Brict 等，2010；Alencar 等，2010；Brito，de Almeida，2009）；

我们可以考虑因发生的事件而造成的货币成本的财务层面；

考虑事件后果的影响和生产系统行为的操作层面；

以某种方式表达 DM 希望考虑的需求或偏好的其他几个方面。

鉴于与风险分析有关的不确定性的存在,在这一风险分析的背景下,使用 MAUT 开发多标准决策模型是非常合适的(Keeney,Raiffa,1976;de Almeida,2007;Brito 等,2010;de Almeida 等,2015)。

在效用理论中,度量是基于多属性的,其中 DM 建立了对可能的多维结果的偏好程度(Keeney,Raiffa,1976;Berger,1985;Bedford,Cooke,2001)。

之所以使用 MAUT,是因为它提供了一个结构良好的协议,并有一个非常坚实和一致的公理框架来支持涉及多个标准的决策。此外,根据 Keeney 和 Raiffa(1976)的说法,在建模步骤中,在公理结构中插入概率不确定性,能使 MAUT 在不确定性条件下应用于多准则决策问题的方法更加一致。此外,概率模型是 DM 偏好建模的补充。

在此背景下,接下来的两节介绍了使用 MCDM/A 方法建立的风险评估和决策模型,下一节介绍了使用 MCDM/A 建立风险评估模型的程序。

4.2　多维度风险评估模型

本节介绍了一种建立风险评估和决策模型的 MCDM/A 程序,该程序与第 2 章的程序相适应。结合具体情况,运用效用理论探讨 DM 对风险的行为(盲从、中立、厌恶)。Cox(2012)认为,应用效用函数而不是简单的风险公式(由风险状态、概率和后果等术语组成),允许考虑 DM 的风险态度,提高决策过程的效率,以减少风险。这一程序适用于下一节所述的几种情况(Brito,de Almeida,2009;Brito 等,2010;Alencar,de Almeida,2010;Lins,de Almeida,2012;Garcez,de Almeida,2014 a;Garcez,de Almeida,2014 b)。

根据 Geldermann 等人(2009)的说法,人类或自然造成的紧急情况需要有效和一致的管理,而且总是涉及复杂的决定,需要解决许多相互冲突的目标,确定优先事项,而不同利益相关方的不同观点应趋同于共识。

Brito 等人(2010)指出,风险管理是许多流程和系统的一项关键活动,特别是对于运输危险材料的系统而言。事故的后果突出了为这类过程开发适当和有效的风险管理技术的重要性。此外,风险决策过程中固有的复杂性,涉及考虑技术、经济、环境、政治、心理和社会问题,是风险管理的一个日益重要的方面,需要更彻底地加以处理。

本节提出的决策模型采用了一种基于 MAUT 的多准则方法,并在决策过程中引入了 DM 的行为。该模型使 DM 能够在优先级类中定义行动,以减轻所考虑的应用中的风险。MAUT 提供了一个结构良好的协议,由一个可靠和一致的公理框架支持,用于做出涉及多个标准的决策。此外,在概率建模的步骤中,不确定性被插入到公理结构中,从而使 MAUT 在不确定的多准则决策问题中的应用更加一致。概率建模的这一阶段可以理解为对 DM 偏好建模的补充。提出的模型将考虑到决策理论的各个方面,这些方面将得到更详细的介绍。

根据 Berger(1985)的说法,在决策过程中,考虑到可能的自然状态是非常重要的。θ 是用于表示所有可能状态的集合。通常情况下,当开发获取 θ 信息的程序时,仿真设计使观测结果按某种概率分布,这种概率分布表示 θ 作为不确定参数。

在决策理论中,试图将样本中的信息与问题的其他相关方面结合起来,从而做出最佳决策。除了样本中的这些信息外,另外两种信息类型也是相关的。第一种是了解决策可能产生的后果。通常,可以通过定义每个可能的决策和可能的 θ 值预期发生的成本(或收益)来量化这些知识。第二种是先验知识。通常,这些信息来自于过去在类似 θ 情况下的经验。

所提出的模型是一个量化模型,其中包含了 DM 的偏好及其应对风险的行为,能够通过对风险进行分级排序来确定备选方案的优先次序,从而能够从不同后果的角度对风险采取多层面的观点。为了说明模型的各个阶段,在天然气管道的应用中,决策模型的结构如图 4.1 所示。

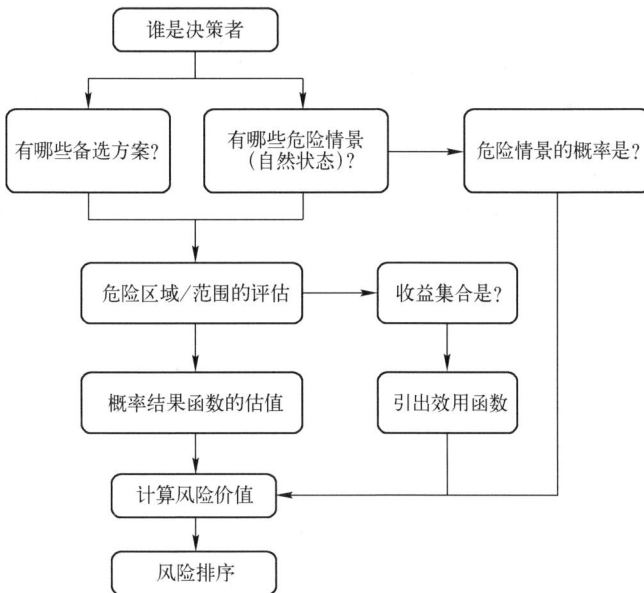

图 4.1　决策模型的结构

促使开发该模型的另一个重要方面是,它使用决策支持系统(DSS)协助在步骤之间进行路由安排,以使过程更加动态,从而使 DM 能够更详细地研究"步骤-风险分析"的所有阶段。此外,决策支持系统的使用旨在支持决策过程,同时考虑到决策过程的随机性和输入模型的参数变化等技术方面的因素,以及与风险分析决策过程有关的因素(Lopes 等,2010 年)。最后,值得一提的是,拟议方法的步骤不是一成不变的。换句话说,在步骤之间有一个过渡,这允许 DM 返回到前面的步骤来调整参数,以便使结果更加动态和逼真。这些方面的进一步细节将在整个案例中观察到。

4.2.1 系统情景化

在这个步骤中,系统应该被情景化,因为有必要描述系统的一般特征。这是因为,只有质疑系统的目的,才能更全面地理解某些方法。因此,有必要从总体上熟悉影响系统的技术、环境、社会和外部环境问题,并确定其中每一个问题分别或相互作用对系统绩效的影响程度。这些问题的答案将指导决策过程中的多层次风险分析类型。

4.2.2 识别决策者

这是用来确定谁将负责决定的阶段,因为将采用的是这个 DM 的偏好结构。正确地识别 DM 是非常重要的,因为决策是在复杂的环境(如危险产品的运输系统、电力系统、核系统、关键基础设施等)中进行的,涉及对社会、环境、经济成本等潜在的严重不利影响。因此,DM 必须完全熟悉风险分析的背景。例如,他/她必须充分警惕可能发生的事故情景,充分意识到事故的后果层面,并能够制定和实施保护和缓解措施。换言之,DM 不仅必须了解可能必须做出风险决策的背景,而且必须了解参与决策过程的各利益相关方的需要。

值得一提的是,DM 的偏好应该反映组织(公司)的利益和目标,也可以反映对决策产生的任何后果负责的经理。在某些情况下,需要包括各种 DM 的首选项。这一过程是一项集体决定,可能涉及三个主要行为者:所审议系统的公司代表、政府代表(监管机构)和系统所在的第三社区的代表。在该模型中,假设有一个单一的管理部门完全满足具备必要经验、所需的责任水平和对该系统的透彻了解的要求。该部门负责确保公共安全(监管机构)的标准得到满足,并对社会承担适当的责任。

此外,值得注意的是,来自风险管理部门的信息应作为输入传递给其他管理人员,以便指导他们更充分地履行职能。这适用于负责维护、卫生、环境和安全的管理人员,甚至是生产经理。管理部也可以是规划或项目经理,在那里已经建立了一个系统或正在实施新的系统。因此,所提议的模型可适用于尚未运行或将要开发的系统。它将确定哪些备选方案在项目设计或项目执行阶段最需要注意。这将导致预防和缓解措施的制定和采取,以尽量减少项目一级的风险。除了 DM 之外,另一个在决策过程中扮演重要角色的是专家。专家提供技术和理论支持,以协助 DM 处理可能影响决策过程的任何问题。因为这个模型是作为一个辅助风险管理的工具,可以包括一些在组织中履行重要职能的具有相关知识的专家。

在某些特定的情况下,DM 同时扮演着 DM 和专家的角色,因为他/她对一些与可能性、修复时间、故障率和系统特性有关的问题具有技术知识。DM 的偏好结构也被纳入到问题中,因为它反映了公司的偏好结构,以管理者的决策为代表。然而,这并不一定是模型的要求。当 DM 得到几个专家的帮助时,该模型允许偏好聚合。当 DM 不具备有关特定信息的必要知识时,就会发生这种情况。

4.2.3 确定危险情景

此步骤包括定义系统/子系统故障模式所导致的所有可能的场景。这些场景描述了与故障模式和由此产生的危险场景 k 相关的自然状态集 $\Theta = \{\theta_{11}, \theta_{12}, \cdots, \theta_{21}, \theta_{22}, \cdots, \theta_{jk}\}$。危险情景并不界定故障模式或事故的原因,而是与故障模式相关的现象或事故,这些现象或事故受故障模式类型和其他相互作用因素的存在(例如,立即或延迟点火和有限的空间)的影响。

在这方面,Crowl 和 Jo(2007)指出,事故源于事故。事故可以定义为对一种物质或能量形式失去控制。许多事故之后都会发生一系列的事件,这些事件会导致事故的发生,可能包括火灾、爆炸和有毒气体泄漏。据作者说,一段设备可能有几十种情况,对每一种情况都必须加以识别。

事件树分析是一种广泛应用于确定可能的事故场景的技术。这种技术可以分析初始事件的顺序,以及它们与影响事件演变到最终结果的因素之间的相互作用。这一分析是基于一种故障模式进行的。

一旦知道了每个可能的危险场景 $\Theta = \{\theta_{11}, \theta_{12}, \cdots, \theta_{21}, \theta_{22}, \cdots, \theta_{jk}\}$,DM 必须指出模型将考虑哪些场景。

4.2.4 确定和选择方案

在模型的这一阶段,为 DM 定义了备选方案。多准则决策模型产生了一个与公司系统或子系统相关的风险等级,而这些都是可供选择的。

在另一种情况下,这些特性必须是一致的,并考虑到技术和社会问题以及影响发生危险情景的可能性的各个方面。专家意见很重要,因为对系统行为有先见之明的是专家。例如,对于与天然气管道系统有关的技术问题,极为重要的特征包括管道直径、气体压力、管道的服役期、土壤特性、管道材料的组成、所使用的防腐材料等。各种方案中的这些因素对故障率的变化以及从管道意外释放天然气的后果产生影响(Jo,Ahn,2002;Jo,Ahn,2005;Sklavounos,Rigas,2006;Jo,Crowl,2008;Brito,de Almeida,2009;Garcez 等,2010;Alencar 等,2010;Brito 等,2010)。

在环境方面,可考虑的特征包括周围植被的类型、野生动物是否面临风险、环境的重要程度、环境影响等。关于人的方面,应考虑的特征包括土地利用、人口密度和社区类型。

回到天然气管道的情况,Henselwood 和 Phillips(2006)断言,这些因素可能会影响天然气泄漏意外点火的可能性。例如,第三工业区,由于大量点火源的存在,泄漏气体的可能性比人口密度和点火源低的农村地区更大。关于这些方面的更多细节见 Brito 和 de Almeida(2009)、Alencar 和 de Almeida(2010)以及 Lins 和 de Almeida(2012)。

最后,必须强调,在每个系统/子系统中,上面列出的特征的一致性包括一个不同的离散集($A = \{a_1, a_2, \cdots, a_n\}$),其中最后一个系统是所有被分析子系统的总和。

4.2.5 评估事故发生的可能性

风险分析使人们能够预见系统故障,从而帮助确定潜在的原因和可能的后果。可以通过分析以前发生在类似设施并已记录在专门文献或数据库中的事故来预测这些事故。通过这一分析,可以对最常见的事故原因和有利于索赔发生的当地情况进行统计评估(Garcez 等,2010)。

在此步骤中,为所建立的每个备选方案评估在前一步骤中定义的意外场景的先验概率($\pi_{ai}(\theta_{jk})$)。根据 Raiffa(1968)的说法,在数据很少甚至没有数据的情况下,贝叶斯方法变得非常重要。在这些情况下,放弃一个专家对一个或多个变量的先验知识是没有意义的。先验知识是变量与问题的结构、条件因素、干扰因素及其细节相互作用的结果,正是这些因素使得用概率分布解释知识成为可能。这些概率可以从不同的程序中得到,其中最著名的是专家的先验知识(贝叶斯假设)。

4.2.6 受撞击物体的分析

在此阶段,将在特定的备选方案 i 中分析因事故场景而受到影响的对象 θ_{jk},并考虑不同的后果维度($C = \{c_1, c_2, \cdots, c_r, \cdots, c_m\}$)。如前所述,这些后果维度可考虑对人类健康的影响、环境影响、财务成本、公司形象成本、经营成本等。

对于每一种危险情景和备选方案,都使用数学模型,并对暴露在危险环境中的物体的几个特征进行数值建模。通过这一数学研究,估计了对考虑的不同后果维度可能产生的影响。

首先有必要确定每个场景和每个特定选项产生的区域或危险区(S_i)是什么。在这样做之后,可以对某一备选方案所考虑的各个方面的影响和后果做出估计。根据 Dziubinski 等人(2006)的说法,危险地带,是一个影响超过临界限度,造成人员、财产和环境成本的区域。

4.2.7　评估收益集

在此阶段,将在上一步定义的危险区(S_i)验证事故场景(θ_{jk})可能产生的影响(后果)或收益。

该模型由一组涉及风险的多层级影响组成。对于所考虑的每个影响方面,应确定事故造成的最大影响(成本)。

4.2.8　引出 MAU 函数

根据 Brito 和 de Almeida(2009)的说法,传统的风险表示考虑概率或概率和后果的倍增,而这些概率和后果并不反映人们对具有低概率和高(通常是灾难性)后果的有害事件的临界。需要一种考虑 DM 的首选项的方法。结果效用函数是一种在考虑事故成本的风险情况下纳入 DM 偏好的方法。

MAUT 可用于汇总涉及多个维度的优惠值和后果,同时考虑到 DM 的偏好和行为,考虑有不确定性的案例(Brito, de Almeida, 2009; Alencar, de Almeida, 2010)。

在 MAUT 中,标准之间的补偿意味着使用一个综合函数,其目的是将所有标准聚合到一个单一的解析函数中。因此,DM 的偏好结构应以补偿概念为基础。此外,MAUT 还包含了效用理论公理。效用理论的基本思想是量化 DM 的愿望,将价值分配给资产,使这些价值代表 DM 的一条选择规则。

Keeney 和 Raiffa(1976)将 MAU 函数激发过程分解为 5 个阶段,在建模问题时应该使用这些步骤:

(1)术语和思想介绍;

(2)识别独立假设;

(3)评估条件效用函数;

(4)评估规模常数;

(5)检查和验证一致性。

第一步是确保 DM 理解效用函数的目的和结果空间。因此,DM 最重要的洞察力之一是,没有很大的偏好需要定义,而是一组"结果",其中 DM 显示了他/她的偏好。由于偏好是 DM 的主观表示,因此没有正确的选择。

在参与效用激发过程之前,必须使 DM 熟悉决策分析、效用函数和彩票等概念。这些概念的细节可在 Keeney 和 Raiffa(1976)、Roy(1996)和 Vincke(1992)的相关文献中找到。

另一个相关的方面,根据 Keeney 和 Raiffa(1976)的说法,涉及冯·诺依曼-摩根斯坦期望效用,可以通过简单的彩票描述一个人的风险态度。

简单抽奖的概念可以在下面的例子中看到,其中 DM 制造商肯定有一定数量的赌博资金(例如$t.00)并且需要设置概率值 p 使他对两种情况没有关系:保持金钱或彩票下注。换句话说,DM 在具有确定性的$t.00 和具有两种可能结果的乐透中的风险之间仍然没有关系:以概率 p 接收 X 量或以 $1-p$ 的概率丢失游戏。这可以用图 4.2 表示。

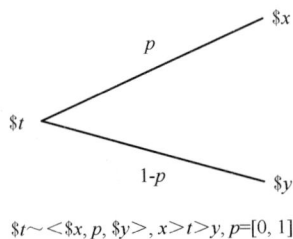

$$\$t \sim \ <\$x, p, \$y>, x>t>y, p=[0, 1]$$

图 4.2　彩票收益的图形表示

当 DM 理解概念时,建立决策问题的结构和结果空间。为了更好地理解这一点,将提出一个具有三个影响层级(c_1, c_2, c_3)的例子(Brito, de Almeida, 2009;Alencar 等,2010;Garcez 等,2010;Brito 等,2010),其中 c_1 代表人的成本(例如:死亡人数),c_2 代表环境方面的成本(例如:受火灾影响的植被面积),c_3 代表财政方面的成本(例如:支付的最高金额)。图 4.3 给出了这方面的图形表示。

激发实用程序函数发生在一个封闭的后果间隔上,其中最大值被限制为空结果(无影响)。换句话说,最理想的效用是 $u=(c_1^1, c_2^1, c_3^1)=1$。最小效用值与备选方案估计的最坏后果的情景相关联。$u=(c_1^0, c_2^0, c_3^0)=0$ 是最不可取的后果,因为我们正在处理成本。

值得一提的是,虽然可以核实离散和可量化的后果值(例如受伤人数),但为了评估效用函数,可以认为每个维度上的结果集是连续的。

因此,观察到后果空间的下列值:

$c_1^0 \leqslant c_1 \leqslant c_1^1$(例如:100 人死亡 $\geqslant x \geqslant 0$ 人);

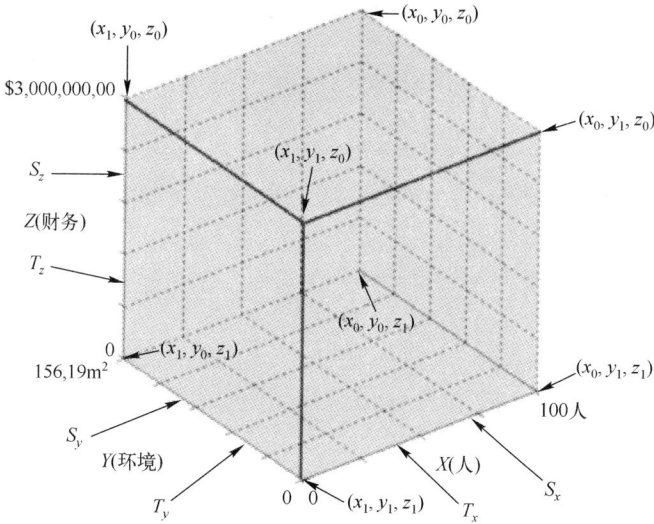

图 4.3　MAU 函数的结果空间的图形表示

$c_2^0 \leqslant c_2 \leqslant c_2^1$（例如：$156m^2$ 植被 $\geqslant y \geqslant 0m^2$ 植被）；

$c_3^0 \leqslant c_3 \leqslant$（例如：成本 $\$3000000 \geqslant z \geqslant \$0.00$）。

为了确认 DM 对结果空间的限制和他/她的偏好的理解，他/她被要求关于这些点来定义他/她的偏好，并且最后在图 4.3 中定义。DM 更喜欢哪一点：

S_{c1} 或 T_{c1}？

S_{c2} 或 T_{c2}？

S_{c3} 或 T_{c3}？

如果 DM 的回答有任何不一致之处（DM 必须声明他/她对其中一点的最高偏好，T_{c1}，T_{c2} 或 T_{c3}），则必须给 DM 一个新的解释，以使他/她正确地理解结果空间和效用理论的概念基础的限制。

根据 Keeney 和 Raiffa（1976）的说法，在定义效用函数的极限值并检查 DM 正确理解它们之后，应该验证一些独立的效用假设。

根据 Alencar 和 de Almeida（2010）的观点，如果两个彩票对于所有（c_1 和 c_2）以及 c_1' 和 c_2' 任意选择同样优先，则属性 c_1 与 c_2 属性相加独立，如图 4.4 所示。

根据 Figueira 等人（2005）的说法，当属性（从冯·诺依曼-摩根斯坦效用模型的角度）和 DM 的偏好与效用独立的条件一致时，则 $u(c_1, c_2, \cdots, c_r, \cdots, c_m)$ 可以分解为加性、乘法性或其他定义良好的结构，以简化对这些关系的评估。

MAUT 可以表示为加性形式，当且仅当属性 c_r 在效用上是相互独立的，并且可以观察到属性之间的相加独立性。即

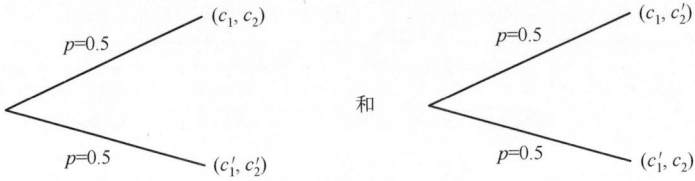

图 4.4　检验加性的彩票

$$u = \sum_{r=1}^{m} k_r u(c_r) \tag{4.1}$$

式中:u_r 为一维效用函数$[0,1]$;k_r 为基于彩票收益比较的抽奖过程估计的尺度常数。标度常数之和必须等于 1 ($\sum_{r=1}^{m} k_r = 1$)。

在继续效用函数启发过程的基础上,有必要对模型分析的 m 个结果集上描述一维效用函数的函数进行估计。在 Keeney 和 Raiffa(1976)的文献中也描述了一维效用函数的产生过程。

根据 Keeney 和 Raiffa(1976)的说法,为了评估标度常数,应该采用一组结构化的问题,其中 DM 在所分析的维度中对涉及报酬的彩票进行概率选择。

返回到三维例子,DM 被要求找到 p 值,其中 DM 与后果值(c_1^1, c_w^0)(在本例中为 $p = 1$)没有关系;如果 c_w^0 值对应于结果(c_1^0, c_2^0),而值 c_w^1 与结果(c_1^1, c_2^1)相等,那么 DM 与玩彩票的收益值$\langle (c_3^0, c_w^0), p, (c_3^1, c_w^1) \rangle$也没有关系。

一旦定义了 p 值,就向 DM 询问 q 的值,q 值与 DM 玩彩票的收益值$\langle (c_1^0, c_2^0), p, (c_1^1, c_2^1) \rangle$与后果值$(c_1^0, c_2^0)$没有关系。获得 p 和 q 的评估值以及条件 $\sum_{r=1}^{m} k_r = 1$ 后,可以定义 $k_1 = p, k_2 = (1-p)q$ 和 $k_3 = (1-p)(1-q)$。

最后一步是验证某些参数修改后结果的一致性和可变性。由于与模型参数相关的不确定性,这一阶段可以通过对模型的敏感性分析来捕捉结果的影响。

4.2.9　计算后果的概率函数

场景(θ_{jk})和评估危险区(S_n)中存在一些不确定性,如模型的早期阶段所示。这些不确定因素是不受欢迎的,因为不可能确定由于事故场景而可能发生的多维后果。为此,有必要评估结果的概率分布,由结果函数 P 表示,函数表示的是后果 p 在方案 a_1 中场景 θ_{jk} 发生时的概率。评估在该模型的该步骤中,需要针对所采用的每个替代方案和危险场景评估 m 个后果维度中的可能值 $p(c_{1,\cdots,m} | \theta_{jk}, a_i)$ 的联合概率分布。

根据 Brito 和 de Almeida(2009)的说法,在某些情况下,可以认为不同的后

果维度之间的相关性很小,甚至可以忽略不计。这是因为危险半径覆盖了几十米。这些结果维度的组合是随机的和独立的,取决于每一种选择的具体特征,这样就可以独立地估计概率 $p(c_1|\theta_{jk},a_i)$,$p(c_r|\theta_{jk},a_i)$,$p(c_m|\theta_{jk},a_i)$。

然而,在一些风险分析的背景下,这些后果的概率分布并没有得到独立的处理,例如石油开采平台、核电站等的风险分析。当危险区域通常延伸到一个很宽的区域时,撞击的大小会在不同的后果维度中产生非随机的干扰。

在概率分布独立于后果的情况下,可以定义数学公式来独立地建模每个成本的后果函数。

在天然气管道方面,有几个模型考虑了用于评估人类、环境和金融风险层面的后果函数(Brito、de Almeida,2009;Garcez 等,2010;Alencar 等,2009;Brito 等,2010)。同样,对于需要调整的氢气管道,在评估风险方面也考虑采用同样的方法(Alencar,de Almeida,2010;Lins,De Almeida,2012)。配电系统第三地下保险库风险评估模型考虑到同样的决策分析原则,用于评估人力影响、资金成本、运营成本和对当地公交车辆的干扰的风险维度(Garcez,de Almeida,2014 b)。

4.2.10　评估多维度风险措施

在决策的背景下,DM 必须选择一个行动,以确保那些对他最有利的结果。

决策理论是这一范式的数学形式化。它允许在不确定的情况下做出合理的决定。根据 Berger(1985)的观点,决策理论涉及以下几个方面:

(1) 在客观和/或主观信息的基础上,分析所研究系统过去和现在的信息;

(2) 将概率分布引向模型不确定性;

(3) 建立一个数学模型,描述系统及其修订水平,其中考虑到所需的精确度;

(4) 得出管理部的偏好和价值;

(5) 确定或设计可导致预期目标的替代行动;

(6) 使用数学逻辑将备选动作、实用程序和概率与系统的数学模型结合起来,以便确定 DM 的最佳操作过程;

(7) 执行在前一步骤中选择的操作;

(8) 返回到步骤(1)并重新启动该过程,以纠正有关数据、概率、实用程序和行动备选方案的错误和扭曲。

Berger(1985)认为,根据决策理论,成本函数可以定义为"预期结果"的效用函数的负值,用以下方式表示:

$$c_r=-u(c_r|\theta_{jk},a_i) \tag{4.2}$$

可以认为,后果是一个具体行动的后果维数的结果,可以用一个概率分布函

数 $p(c_{1,\cdots,m}\,|\,\theta_{jk},a_i)$ 来评估。

Keeney 和 Raiffa(1976)指出,如果为每个可能的结果分配了适当的效用,并且计算了每个备选方案的预期效用,则所观察到的最佳行动方案是具有最高预期效用的备选方案。因此,结果实用程序是该实用程序的期望值:

$$c_r = E[\,u(c_r)\,] = \int_{c_r} p(c_r)u(c_r)\mathrm{d}c_r \qquad (4.3)$$

因此,实用程序函数 $u(c_r)$ 可以通过以下方法计算:

$$u(\theta_{jk,a_i}) = u(p(c_r\,|\,\theta_{jk}\,,a_i)) = \int_{c_r} p(c_r\,|\,\theta_{jk}\,,a_i)u(c_r)\mathrm{d}c_r \qquad (4.4)$$

在了解了自然状态的先验概率分布 $\pi_{a_i}(\theta_{jk})$ (这取决于所分析的每个系统(备选方案)的特性/条件)之后,可以使用一个风险视角计算与每个备选方案相关的风险,例如添加不确定性的后果/损害/严重程度,如以下方程所示:

$$r(a_i) = \sum_{r=1}^{m} \left(\sum_{\theta} \boldsymbol{\pi}_{a_i}(\theta) \left(-\int_{c_r} u(c_r)\,p(c_r\,|\,\theta_{jk}\,,a_i)\mathrm{d}c_r \right) \right) + (-1)\boldsymbol{\pi}_{a_i}(\theta_N)$$

$$(4.5)$$

式中:r 表示分析的各种维度(属性)。

换句话说,在考虑了所有危险情景 $\Theta = \{\theta_{11},\cdots,\theta_{jk}\}$ 和备选方案 a_i 的发生后,这些都是结果维度 $(c_1,c_2,\cdots,c_r,\cdots,c_m)$。$\pi_{ai}(\theta_{jk})$ 的价值取决于所分析的各个系统的特点/条件。

自然状态 θ_N 代表系统的正常状态,系统在正常条件下工作,没有发生任何危险的情况,从而证明成本函数值等于−1 是合理的。风险值可在[−1,0]范围内找到,其中值−1 与最低风险相关,值 0 与最高风险相关。因此,基于决策理论的风险概念评估了危险情景 (θ_{jk}) 的后果 (c_r),将与以下方面相关的两种不确定性结合在一起:①后果 $p(c_r\,|\,\theta_{jk},a_i)$;②危险情景 $\pi_{ai}(\theta_{jk})$。

此外,所使用的风险度量通过效用函数 $u(c_r)$,在预期后果集合中考虑到 DM 的偏好结构,表示 DM 对财产成本的"可取性"(在这种情况下,是发生意外情况的后果),并允许对不确定性下的后果进行概率评估。

这些风险度量包括被评估的几个备选方案 (a_i) 的降风险等级。因此,这个层次的结果可以作为决策过程和风险管理的输入。

4.3   风险决策模型

在第 2 章提出的应用的基础上,多维度风险评估和决策模型的几个应用已经阐述,这些应用包含了 DM 的风险行为由效用函数表示的情况。这一应用适用于几种情况：天然气管道（Brito，de Almeida，2009；Brito 等，2010）；氢气管道（Alencar，de Almeida，2010；Lins，de Almeida，2012）和配电系统（Garcez，de Almeida，2014 a；Garcez，de Almeida，2014 b）。

本节给出了多维度风险评估模型的三个应用。第一个应用是在天然气管道风险分析的背景下进行的，并以 Brito 和 de Almeida（2009）的研究为基础。第二个应用涉及地下配电系统的情况，该应用基于 Garcez 和 de Almeida（2014 b）的研究。第三种应用采用了一种不同的 MCDM/A 方法，并根据第 2 章提出的应用采用了一种非补偿性的合理性（Brito 等，2010）。

4.3.1　基于 MAUT 的天然气管道风险评价

天然气是一种化石燃料，在世界许多地方都有储量。过去 30 多年来，由于一些因素，例如经济和环境方面的因素，它的使用有所增加。在广泛分散的不同地点，对它的高需求要求有一种运输方式，快速、安全地将大量天然气从其源头输送到目的地。因此，在现有的运输方式中，管道尤为突出。虽然管道被认为是一个安全的系统，但多年来仍发生了一些事故，其中一些事故造成了严重后果。

在这方面，本小节将介绍多维度风险评估的数学应用，同时考虑到本章早些时候提出的"模型"的特点，以及具体针对天然气管道的一些补充要点。利用危险情景对天然气管道进行多维度风险分析，以评估发生危险情景的可能性和管道故障可能造成的后果。

此外，该模型在多维度风险层次中给出了管道段的排序，其中考虑了风险的三个维度，即人、金融和环境维度。这些维度是在分析中的管道段的运行过程中需要考虑的主要维度。给出风险维度的排序，以便深入了解管理管道风险的过程，从而有助于根据分析的每一节所涉及的风险来定义减轻风险的行为。每个 DM 都要考虑进去。

在此应用中分析的管道的总长度为 1800m，分为 9 个部分，可以用离散集 $X = \{x_1, \cdots, x_9\}$ 来定义，其中每个单元都呈现出特定的特征。

每种情况的概率按 Brito 和 de Almeida（2009）提出的方法计算。作者对每个场景和管道延伸使用保守的风险评估，并包括与该特定扩展中可能发生的最严重事故情景相关的每一段的最关键危险区。

考虑压气机站的工作压力 P_0、管径 d 和管道 L 的长度，在式（4.6）中给出了最大危险半径的保守估计。更多细节见 Jo，Ahn（2002）。

$$\text{CDR} \approx 1512 \cdot \frac{P_0^{1/2} \cdot d^{5/4}}{L^{1/4}} \tag{4.6}$$

每一节管道的已确定的危险区域，以及人类、环境和财政方面的后果都应消

155

除。这组结果将包括在使用该模型的分析中,对于该模型,将输入每个结果维度中的临界值。

拟议模型旨在评估考虑到天然气管道中三个风险层面的风险:人为风险(r_h)、金融风险(r_f)和环境风险(r_m)。之所以主要考虑这些方面,是基于通常在生产性组织和其他有关组织或机构中都存在的价值观。这些原则将转化为社会和环境责任原则以及人类关系的道德方面。这些方面应该影响到公司的行动,这些行动的目的是获得财务回报。

关于人的方面,Brito 和 de Almeida(2009)假定,人类后果的估计是由于某一特定事故情景而受到身体影响的人数,他们至少受到二级伤害,而不一定取决于死亡人数。

关于环境层面,受影响的植被面积被用作衡量环境后果的一项措施,同时考虑到这类事故对环境造成的影响的程度(Alencar 等,2010;Garcez 等,2010;Brito 等,2010;Alencar 等,2014)。

最后,还有财政方面的问题,其中考虑了对丧失收入的付款、对供应中断的合同罚款、对人民、环境或组织和公司造成的损害的罚款和其他赔偿。此外,还有与维护和运营行动有关的费用,以便重新建立管道的运行条件。

下一步对应于引出一个 MAU 函数,它被认为是一个加性函数。加性独立性的性质意味着收益集之间存在优先独立性。可以用式(4.7)来表示。

$$U(h,f,m) = k_h \int_h P(h|\theta,x_i)U(h)\,\mathrm{d}h + k_f \int_f P(f|\theta,x_i)U(f)\,\mathrm{d}f$$
$$+ k_m \int_m P(m|\theta,x_i)U(m)\,\mathrm{d}m \tag{4.7}$$

平均辐射通量的计算(由于危险的爆燃情景)来自式(4.8)(Jo, Crowl, 2008):

$$I \approx \frac{(\eta \cdot \tau_a \cdot Q_{\mathrm{eff}} \cdot H_c)}{4\pi(\mathrm{CDR})^2} \tag{4.8}$$

式中:I 为平均辐射通量;τ_a 大气透过率 η 为辐照热量与总释放热量之比;H_c 是天然气燃烧热;CDR 为临界危险半径;Q_{eff} 为气体泄漏的有效速率。

风险的估计是基于决策理论原理的。根据 Berger(1985)的观点,风险被视为成本的期望值,可由在 Alencar 和 de Almeida(2010)核实的式(4.9)确定。

$$r(x_i) = \sum \pi_i(\theta_{jk})L(\theta_{jk},x_i) \tag{4.9}$$

已知:

$$L(\theta_{jk},x_i) = -u(P(p|\theta_{jk},x_i)) \tag{4.10}$$

这样,与每一设想方案和每一节管道有关的成本在所讨论的三个维度中求和,乘以意外情景概率,再加上与正常情景(θ_N)有关的成本,如式(4.11)所示。

$$r(x_i) = E_\theta \left[L(\theta_{jk}, x_i) \right] = \sum_j \sum_k L(\theta_{jk,x_i}) \pi_i(\theta_{jk}) + (-1) \pi_i(\theta_N) \quad (4.11)$$

由于加性独立性质或 MAU 函数以及概率分布对结果的独立性,风险由式(4.12)给出。

$$r(x_i) = \sum_j \sum_k \left[\begin{array}{l} k_h \int_h P(h \mid \theta, x_i) u(h) \, \mathrm{d}h \\[6pt] + k_f \int_f P(f \mid \theta, x_i) u(f) \, \mathrm{d}f \\[6pt] + k_m \int_m P(m \mid \theta, x_i) u(m) \, \mathrm{d}m \end{array} \right] \pi_i(\theta_{jk}) + (-1) \pi_i(\theta_N)$$

$$(4.12)$$

利用从式(4.12)获得的风险值,可以按降序排列管道段,从而获得应用于风险管理活动投入的管道段的排序。

MAUT 区间标度允许在风险部分之间按照备选方案之间的实用价值进行增量比较。因此,式(4.13)和式(4.14)用于分析方案之间的关系,分别显示方案之间的绝对差异和方案间的差异比率。差异比率 DR 用于解释与计算风险相关的数值。

$$\mathrm{DA} = r_b(x_i) - r_{b+1}(x_i) \quad (4.13)$$

$$\mathrm{DR} = \frac{r_b(x_i) - r_{b+1}(x_i)}{r_{b+1}(x_i) - r_{b+2}(x_i)} \quad (4.14)$$

指数 b 表示该节的排名位置,$r_b(x_i)$ 表示与某一节管道相关的风险值。通过从这些方程的结果中得到的分析,DM 可以定义在现有资源的情况下应该包括哪些部分,从而表示与风险模型所提供的更低的排名中的另一节管道相比,某一节增加了多大的风险。

因此,考虑到本节前面描述的所有计算步骤,表 4.1 根据"风险"增量的比较列出了各节管道的优先级。$r_b(x_i) - r_{b+1}(x_k)$ 列中列出的值必须乘以 10^{-5}。

根据表 4.1,可以作出一些解释。风险评估采用了数值的递减排序,其中 S_1 显示了在评估过的各节中风险的最高值。与事故可能产生的后果有关的最高成本 S_1 是预期的。此外,观察到,从 S_4 到 S_1 风险值的增量是 S_7 到 S_4 的 1.3098 倍。同样,从 S_9 到 S_6 的风险值的增量几乎是 S_8 到 S_9 的 14 倍。

表 4.1 评估的排名、DA 和 DR

评估排名(β)	节(x_i)	绝对差异 DA	差异比率 DR
1	S_1	0.7277	1.3098
2	S_4	0.5556	0.0450
3	S_7	12.3355	0.5135
4	S_6	24.0237	13.5551
5	S_9	1.7723	1.8107
6	S_8	0.9788	1.9436
7	S_2	0.5036	1.4291
8	S_3	0.3524	—
9	S_5	—	—

根据 Brito 和 de Almeida(2009)的观点,考虑到财政、技术和人力方面的限制,所获得的排名有助于确定最关键的管道段的优先次序,以便将更多的资源分配给管理部认为最关键的部门,同时牢记他/她的偏好是根据不同的风险层面在制定模型的整个过程中纳入的。DR 分析使管理部能够更一致地分析所考虑的部分,使他/她能够制定更好的规划行动,并且更好地分配资源。

总之,在这个多维风险模型中使用 MAUT 应用程序观察到的所有这些改进都提供了一致的结果,可以支持管理人员规划活动。此外,风险值的排序使管理人员能够更好地分析现有环境,引导组织考虑减轻风险的这些方面,并考虑与风险缓解过程相关的预防行动。

4.3.2 地下配电系统多维风险评估

通常情况下,能源分配系统又大又复杂。这些系统被认为是关键基础设施的主要组成部分。其他几个外部系统,如供水系统、电信系统、交通系统、公共交通系统、卫生系统、住房供应系统、天然气分配系统等,都依赖于这一系统。因此,电力系统的小故障会对其他系统造成若干影响,并产生一系列的后果,这就是它成为社会基础设施重要组成部分的原因。

安装地下系统的基础设施需要更多的初始投资。在一般情况下,它比开销系统更复杂。使用地下系统有一些缺点,例如维修费用较高;进入地下网络、升级系统(实际和有限的空间配置)以及操作和维护辅助通风系统等也是困难的。

尽管如此,该系统具有以下优点:对人口而言,地下系统的运行比架空系统更安全可靠;更不受自然(风暴、倒下的树木等)的干扰,残疾人更容易进入,城市的视觉污染较低,对交通事故的影响较小。

无论是否比架空系统更安全,许多地下拱顶事件已经发生。在 Ney York 每年都会发生数百起事故,如烟雾、爆炸、火灾等(Radeva 等,2009;Rudin 等,2010;Rudin 等,2011;Rudin 等,2012)。

发生事故情景的频率较低,其后果的严重程度以及围绕危险区的复杂环境使得风险管理变得更加复杂和不确定(Garcez,de Almeida,2014 a;Garcez,de Almeida,2014 b)。同时,该系统还有大量的子系统,每个子系统都具有各自的特点,缺乏(或不完整)的事故历史数据及其失效模式和过去事件使得决策过程更加复杂。

危险情景可能产生各种后果,例如,人员伤亡、停电、当地车辆交通中断、附近地点的爆炸和火灾、公司形象受影响、民众的恐惧(由于事故发生的时间和地点的不确定性),影响系统的可靠性和安全性以及其他不能从财务角度考虑的后果(Garcez,de Almeida,2014 a;Garcez,de Almeida,2014 b)。因此,这些后果可能直接或间接地干扰社会部门、公共部门和企业。

根据 Garcez 和 de Almeida(2014 b)的说法,全面和现实地评估风险极为重要。它可以产生可用于协助 DM 选择以及实施预防和缓解措施的知识。

此外,公司可利用的资源(包括资金、时间、工作团队、技术、安全设备等)是有限的和稀缺的。为了优化这些资源的使用,必须使用决策工具来评估后果和不确定性。此外,有必要结合管理部的偏好结构对风险进行评估,从而更充分地解决这一问题(Garcez,de Almeida,2014 a;Garcez,de Almeida,2014 b;Garcez,de Almeida,2014 c)。

因此,需要一种辅助决策工具,从几个地下墓穴中产生多维风险的层次结构。其目的是确定现有资源的优先次序,以实施提高系统安全性的行动(预防和缓解行动)。

正如所见,MCDM/A、MAUT 允许使用多种价值判断;从而纳入了评估和评估所涉风险的不同层面问题所固有的不确定性和主观性;并汇总了管理部的偏好。

根据 Berger(1985)的观点,一个好的决定应该是一个人想要什么、知道什么、能做什么的逻辑结果,这样 DM 就可以选择一个行动(或多个行动),从而给 DM 带来最有利的后果/结果。在这种背景下,决策理论是这一范式的数学形式化。它允许在不确定的情况下进行合理的决策,其中成本函数被建立为预期结果的效用函数的负值。

后果是事故影响的结果,可以用概率分布函数 $P(c|\theta,v_q)$ 来估计,其中 θ 是自然状态(危险情景);c 是后果;v_q 是分析的地下保险库。

根据 MAUT 概念、决策理论和概率独立性,风险度量可以用式(4.15)表示。

$$r(v_q) = \sum_i \left(\sum_\theta \left(\boldsymbol{\pi}(\theta) \left(- \int_c u(c) P(c \mid \theta, v_q) \, \mathrm{d}c \right) \right) \right) + (-1) \boldsymbol{\pi}(\theta_N)$$

(4.15)

式中:i 为不同的后果维度;自然状态 θ_N 为系统的正常设置(没有任何后果证明成本函数的价值是-1,公司的运作是正常的,没有任何事故发生);π_θ 为概率或者危险情景;风险值 $r(v_q)$ 在 $[-1,0]$ 范围内,其中值-1 与最低风险相关,值 0 与最大风险相关。

本节在 Garcez 和 de Almeida(2014 b)的研究基础上提出了一个数值应用。考虑了危险情景,即电弧闪光引起的内部爆炸。它被认为具有最大的影响,并导致井盖被吹离和投射。这项研究从 4 个方面评估了后果(c):业务影响(c_O)、财务影响(c_F)、车辆交通中断(c_T)和人为影响(c_H)。

c_O 对应于对配电公司供应运作的影响(停机时间)。c_T 是通过交通堵塞在事故区域周围的街道上形成的过程来评估的。c_H 处理由于暴露在电弧闪光的入射能量所造成的至少第二度沙井盖的投影所造成的伤害。c_F 是与事故发生有关的任何一种货币赔偿。

在 Walsh 和 Black(2005)的研究基础上,用等概率区间法(Keeney,Raiffa,1976)估算了井盖的距离投影。其他危险区,由 IEEE 1584(2002)计算,也称为闪光保护边界,可以计算出离电弧闪光灯的最小距离,在那里人们可以安全地在事故能量中露面,而不会遭受二度撞击。风险措施的估计是从 DM 的角度进行的,如式(4.15)。

假设 DM 的偏好结构是与准则无关的加性结构,则可以从一维效用的角度分别导出效用函数($U(c_O)$,$U(c_T)$,$U(c_H)$,$U(c_F)$)。为此,遵循了 Keeney 和 Raiffa(1976)在文献中所述的程序。一般地,DM 在人的层面上是难发生的风险,而在其余的维度上则容易发生风险。得到的标度常数为:$k_{c_O} = 0.12$;$k_{c_T} = 0.16$;$k_{c_H} = 0.29$;$k_{c_F} = 0.43$。

因此,多维度风险采用式(4.15)计算。多维度风险评估的排名如表 4.2 所列。

风险增量按式(4.16)计算:

$$r_i(V_q) - r_{i+1}(V_q)$$ (4.16)

风险比按式(4.17)计算:

$$(r_i(V_q) - r_{i+1}(V_q)) / (r_{1st}(V_q) - r_{1_n}(V_q))$$ (4.17)

作为结论,V_{q3} 被列为第一地下保险库,V_{q2} 为第二地下保险库。此外,可以看到,这些风险值之间的差异大约相当于总风险范围的44%。因此,显然有必要分配更多的资源,作为第一个保险库的预防和缓解行动的优先事项。

在第一个备选方案(V_{q3}和V_{q2})的风险结果计算出之后,排名第二的备选方案V_{q2}与第三名的备选方案V_{q5}(占总风险范围的14%)之间还有另一个差距。同样,一个优先事项是采取更多的行动,以防止和减轻前两个保险库中处理的风险。

另一项相关信息是,有一组具有相似风险值的同类替代值(V_{q5},V_{q1},V_{q6})。这一信息对 DM 很重要,因为 DM 可以将不同的额外资源用于这些替代品的预防和缓解行动,因为它们具有非常相似的风险值。

表 4.2 风险排序结果

排 名	V_q	风险差异	风险比率/%
1	V_{q3}	1.6×10^{-3}	44
2	V_{q2}	5.64×10^{-4}	15
3	V_{q5}	5.64×10^{-5}	1.5
4	V_{q1}	2.12×10^{-4}	5.6
5	V_{q6}	5.74×10^{-5}	1.5
6	V_{q4}	1.24×10^{-3}	32.8
7	V_{q7}	—	—

其他问题(标准)可以考虑由 DM 选择哪个地下保险库。其他问题(标准)可由管理部考虑选择哪个地下保险库。DM 将首先在这一同质的风险群中解决问题。在做出决策时,DMS 还可以考虑另一个方面:哪些行动和哪些替代方案能更早地产生效益?此外,有哪些替代办法可以更有效?最后,另一种可以考虑的观点是政策问题的决策。

根据图 4.5 所示的标准间方法,在分析风险值时得出结论:第一个备选方案显示交通影响是主要影响,而在最后一个备选方案中,不存在人为影响。此外,所有替代方案都有财务影响,而这些最后一种替代方案的影响的唯一主要值是在财政方面。

在标准间分析中,风险增量之间的比较是一种不同的战略信息(Garcez,de Almeida,2012)。通过这一分析,可以确定导致替代方案之间风险差异最大的标准。通过分析,如图 4.6 所示,可以得出结论比较成对的备选方案 V_{q2} 和 V_{q5} 在财务、经营和人力成本的后果之间存在着重大影响。

因此,DM 可以得出结论:将干扰导向交通成本维度的预防和缓解行动不会对这两种备选方案之间的风险差异产生任何影响。然而,与替代方案 V_{q5} 相比,

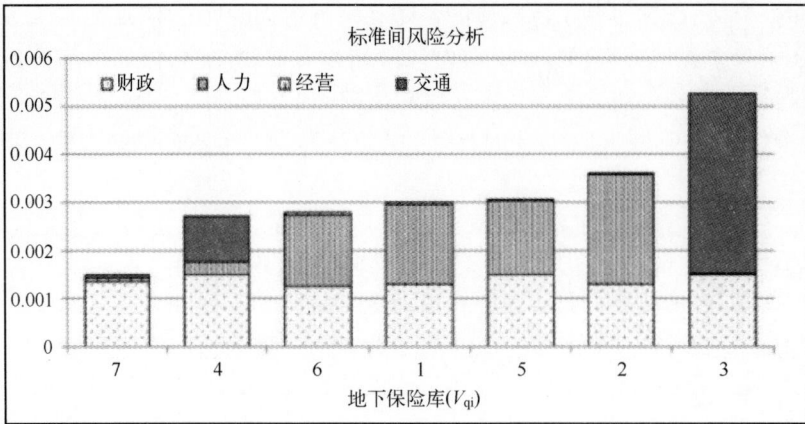

图 4.5　标准间风险分析方法

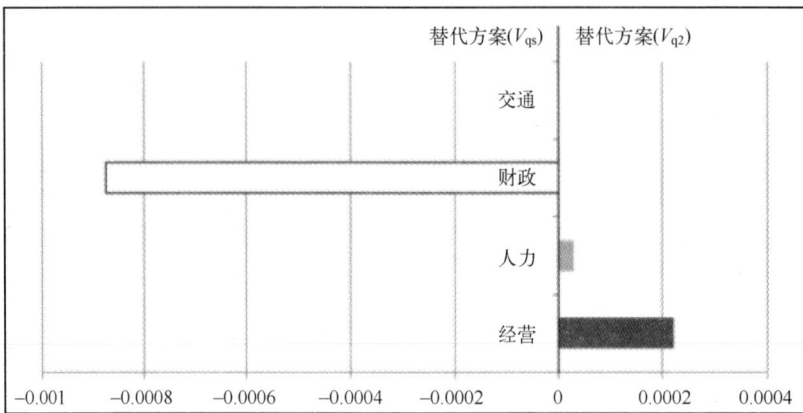

图 4.6　替代方案风险差异的内部标准分析

将重点放在备选方案 V_{q2} 的业务或人员成本层面上的预防和缓解行动将减少全球风险的数量。因此,可以更有效地将公司的资源重新分配到管理风险中。

4.3.3　基于电力法和效用函数的天然气管道风险评价

本节介绍一种不同于 MCDM/A 方法的应用(Brito 等,2010),该方法与效用函数 ELECTRE TRI 方法集成在一起。与前两种模式相比,应强调 3 个主要问题。①它是一种非补偿性的方法,考虑到一种特定的 DM 的合理性;②这个问题包括一个排序问题,因为这个应用程序中的管理问题不同于前两个应用程序中的管理问题;③将 ELECTRE TRI 方法与效用理论相结合,将 DM 关于风险(倾向、中性或临界)的行为纳入 ELECTRE。

作为随后提供的详细信息,此应用说明了第 2 章中所给出的决策过程中的步骤 6,即对 DM 合理性(补偿性或非补偿性)的认定。

在一些情况下,DM 很难(甚至不能)直接或间接地面对非金钱成本,如生命成本、人员伤害、环境损害、公司形象成本(Faber,Stewart,2003)和社会影响。因此,人们认为,DM 使用非补偿性理性方法更适合,因为这种应用不要求补偿法必须具备充分可比性的条件。

具体来说,在风险管理的背景下,给定标准中的低风险(具有较高的权重)并不能直接补偿另一个标准中的高风险,就像在带有补偿的聚合过程中所发生的那样。因此,对于这些情况,标准间评估的非补偿性方法更适合于表示 DM 的偏好结构。

一些天然气管道问题,包括新项目和特许权,可能与其他私营或公共机构有关的其他 DM 有关。因此,可以承认,管理部希望间接考虑其对"其他行为者(包括人口、政府当局和管理机构)的意见"的看法,这可能会改变他的最终偏好结构。

此外,人们可以考虑在标准间评估过程中,由于特定的背景而可能出现的一些不可比性(Brito 等,2010)。

在第 2 章所述的决策过程中,如步骤 6 所述,该决策模型假设 DM 对标准间评价的偏好为非补偿性结构(在每个风险维度中)。因此,在天然气管道风险的标准间评价中,更多地采取了排除方法,包括 ELECTRE 系列的方法。

如在本节开始时所强调的那样,另一个重要问题是所适用的问题。在前面的两个模型中,应用了基于 MAUT 的排序问题。这些模型提供了一种替代方案的比较,以及关于两种备选方案在风险评估方面的差异有多大的信息。不同的是,在讨论的这个模型中,DM 面临着与维护和风险管理有关的不同挑战,在某些情况下,排序问题可能更合适天然气管道段分类(Brito 等,2010),天然气管道段的分类使管理部能够为每个风险类别组织特定的管理方法。

在第 2 章中详细描述的 ELECTRE TRI 方法处理排序问题,将集合 S 中的每个选项 s_i 分配给一个类别或类 C_k。在这个模型的情景中,s_i 代表排序的天然气管道段,范围 b 代表风险类别的选项。

该模型的应用根据管道的多个风险维度对其进行了评价,从而可以将这些区段与风险范围进行比较,以便将这些区段划分为由天然气运输/分销公司管理部门确定的风险类别。

最高风险类别包含一种更有可能发生金融、环境和人类后果的备选方案。这一类别要求采取相对紧迫的行动,这些行动往往需要改变项目的某些方面,并要求进行重大的财政投资,以便大幅减少这些风险。同样,较低级别的风险呈现出风险水平较低的管道部分,从而允许更长的规划时间来找到有效的解决方案以及令人满意的成本(Brito 等,2010)。

Brito 等人(2010)强调指出,每一风险类别的参考范围 b 的确定方式必须由管理事务部非常谨慎地执行,因为排序过程基本上是以与这些说明的比较为指导的。

Mousseau 和 Slowinski(1998)提出了一种帮助 DM 推断这些范围的方法,允许通过直接按 DM 排序的备选方案样本进行推理。

在本节开头强调的第三点是 ELECTRE TRI 方法和效用理论之间的整合,以便将 DM 的风险行为(盲从、中性、临界)纳入其中。效用理论提出了一种公理方法,可以在发生事故后果时评估 DM 在风险方面的行为(Keeney,Raiffa,1976)。

设 D 是给定事故影响维度中所有结果的集合。不确定性与自然状态 θ 管道事故的偶然情景以及在给定的结果维度下的影响有关。为了处理 D 的不确定性,有必要使用概率方法,由确定性后果的概率分布和效用函数引出这些后果(Brito 等,2010)。

该方法适用于标准内评估过程(针对每个风险维度),目的是对管道每一段所构成的人、环境和财务层面进行风险评估。

如式(4.11)中所定义,风险被评估为预期成本,该成本是针对每个管道部分估算的。通过 D 中的确定性结果 p 的概率(命名为 $P(p|\theta,s_i)$)和效用函数($U(p)$,其中 $p \in D$)相结合,给出成本,如式(4.18)所示。它用于决策分析的传统表示法(效用理论),其中 p(源于成本)表示结果集 D 的元素,而 P(资本 P)指概率(成本的概率)。

$$L(\theta,s_i) = -\int_p P(p|\theta,s_i)U(p)\,\mathrm{d}p \tag{4.18}$$

因此,可以在每个准则下计算管道各区段的预期风险,在式(4.11)中使用式(4.18),从而得到式(4.19)。

$$r(s_i) = -\sum_\theta \pi_i(\theta)\int_p P(p|\theta,s_i)U(p)\,\mathrm{d}p \tag{4.19}$$

正如前面所讨论的,ELECTRI 方法比 MAUT 更适合于进行标准间管道风险评估。另一个与 DM 偏好结构有关的问题是,并非所有 MAUT 所要求的假设都被接受,这就是标准间评估的情况(在风险维度中)。这可能会发生,即使这些低水平的论文在标准内的评估是适当的。准确地说,DM 在分别评估每个风险维度时都接受效用理论的假设。

使用效用函数是合理的,因为该模型可以结合 DM 的风险行为(临界、倾向或中性）。实用程序函数也是适当的，因为结果发生在间隔标度中，而不是顺序标度，以便与排序中的概要文件类别进行比较。

此外，在引出 ELECTRE TRI 方法的优先参数的过程中探索该区间尺度，包括定义的每个类别的范围和阈值。换句话说，DM 知道在 ELECTRE TRI 方法中用于建立可信度指数的风险差异量。以这种方式，效用理论和 ELECTRE 的整合被认为是有用的（Brito 等，2010；de Almeida，2005；de Almeida，2007）。

Brito 等人（2010）提出的决策模型解决问题和构建多标准模型的程序步骤，如第 2 章所述。该应用程序旨在建立管道段多指标风险评估的 MCDM/A 模型，并将其分配给风险类别。

最初，管道系统在 12 个不同的部分进行了分段。这些部分根据几个技术因素进行划分，如管道段的时间（年）、压力、占地、土壤特征、第三方干扰程度和每个部分周围表面区域的人口集中。

此外，还考虑了 10 种危险情景（θ）：爆轰/爆燃；火球/喷射火焰；受限蒸汽云爆炸（CVCE）；闪火；气体分散到两种失效模式，即破裂和穿刺。

意外情景概率 $\pi_i(\theta)$ 是基于 EGIG 报告的，因为它能够区分管道故障模式，并且比其他数据库提供了更为保守的概率情景估计，例如来自美国国家交通运输部的数据库（Brito 等，2010）。

本应用中使用的收益涉及由气体释放引起的事故的人（H）、环境（M）和财务（N）后果。人类后果的回报是对人类的伤害。一般来说，它是由热辐射造成的死亡人数（Jo，Ahn，2005）。使用货币价值来估计这种后果并不适合代表决策问题的后果（Brito 等，2010）。因此，该模型采用更为保守的标准来分析人类后果（H）而非货币估计或死亡人数。这些后果估计为至少暴露于二度烧伤的人数。根据 Brito 等人（2010）的说法，虽然非常保守，但在处理对人类的影响时，这种推理是恰当的，假设应避免对人群造成任何形式的人身伤害。

环境影响（M）是由暴露于大气污染和被烧焦的植被对动植物物种的影响所造成的。同样，与人类后果的情况一样，它也不能用货币价值来表示。因此，以植被破坏面积（平方米）作为测量尺度（Alencar 等，2014）。根据 Brito 等人（2010）的说法，虽然这并不是解释这类后果的一个非常完整的方法，但这一衡量方法是有用的，并与天然气管道事故对环境造成的影响程度有着合理的联系。

财务后果（N）与管道事故可能造成的操作损失有关，例如：用于更换管道的劳动力、设备和原材料的费用，供应中断造成的预期收入损失，向客户退还中断生产的款项，以及对他人造成的损害的赔偿。

一维效用函数 $U(H)$、$U(M)$ 和 $U(N)$ 可以用抽签方法，从每个维中一些效用值的导出中得到（Keeney，Raiffa，1976）。因此，可以调整对所绘制值的回归曲线。指数函数通常是最适合实用函数的函数（Berger，1985），如式（4.20）。

$$U(p) = \mathrm{e}^{-u_p \cdot p} \tag{4.20}$$

其中，$p = h,m$ 或 n。通过曲线拟合得到参数。如式（4.21）所示，得到了效用函数的下列参数：$U(H)$：$u_h = 0.12$（$R^2 = 0.91$）；$U(m)$：$u_m = 0.0017$（$R^2 = 0.89$）；$U(n)$：$u_n = 3.5 \times 10^{-7}$（$R^2 = 0.94$）。

对于每对场景和管道部分 (θ, s_i)，获得结果概率的计算 $P(p \mid \theta, s_i)$。换句话说，该函数是在 θ 发生的情况下获得结果 p 的概率。根据所使用的数学模型，这些后果函数可以采用不同的形式（Arnaldos 等，1998；Jo，Ahn，2002）。Brito 等人（2010）认为，这种建模可以考虑任何类型的"后果函数的概率分布"，简单地通过将后果函数的计算调整到另一个模型或系统即可。因此，它不限于单个应用。

基于预期损失函数式（4.18），进行概率密度函数与一维效用函数 $U(h)$、$U(m)$ 和 $U(n)$ 的组合以估计一维损失。

接下来，有必要估计每个管道部分的风险值，而存在一种自然状态（场景），其中存在与之相关的未发生故障的概率（命名为 θ_N），则该部分管道不会受到损害（$L(\theta, s_i) = 1$）。因此，管道各部分的人力、环境和财务风险值由式（4.21）给出。线性标度变换 $r_p(s_i) = 100 r_p(s_i) + 100$ 用于促进 DM 对风险值的处理。这些风险值列在表 4.3 中（Brito 等，2010）。

$$r_p(s_i) = \sum_\theta \pi_i(\theta) \left(-\int_p P(p \mid \theta, s_i) \mathrm{e}^{-u_p \cdot p} \mathrm{d}p \right) - (-1)\pi_i(\theta_N) \tag{4.21}$$

表 4.3　人类、环境和金融风险值

管　道　段	人类风险	环境风险	财务风险
s_1	0.0093	0.0142	0.0080
s_2	0.0180	0.0199	0.0326
s_3	0.0249	0.0265	0.0101
s_4	0.0085	0.0270	0.0521
s_5	0.0104	0.0113	0.0282
s_6	0.0293	0.0181	0.0237
s_7	0.0379	0.0152	0.0242
s_8	0.0081	0.0128	0.0345
s_9	0.0104	0.0070	0.0233
s_{10}	0.0205	0.0245	0.0554
s_{11}	0.0565	0.0440	0.0467
s_{12}	0.0190	0.0201	0.0738

随后,DM 希望将这些管道按风险类别进行排序,按降低的风险级别排序,即:高风险(C_1)、中等风险(C_2)和低风险(C_3)。确定参考曲线(ELECTRE TRI 参数),如表 4.4 所列。

表 4.4 分析使用的 ELECTRE TRI 参数

参 数	r_h	r_m	r_n
b_1(从中等风险类别中划分出高分险)	0.025	0.025	0.05
b_2(从低风险类别中划分出中等风险)	0.013	0.01	0.02
权重	0.60	0.10	0.30
q(无差别阈值)	0.001	0.001	0.005
p(严格偏好阈值)	0.005	0.009	0.007

通过对 DM 的分析,第一类中的部分要求更高的警报状态,因此优先将财务资源分配给该类别,以便增加物理保护措施并加强对高风险部分的监控。中等风险类别涉及管道部分,虽然它们没有像前一类那样要求如此"重症监护",但确实需要更彻底的计划或预防措施,以避免忽视维持其安全水平。对于分配给低风险类别的部分,计划维护常规检查行动,以便将这些部分保持在可能结果的人、环境和财务方面的低风险水平(Brito 等,2010)。

分析人员必须解释 ELECTRE TRI 参数的含义才能获得正确的规格。决定不对任何风险维度使用否决门槛。关于切割水平,已经应用 $k = 0.65$。在对管道的每个单独部分应用分类模型之后,获得表 4.5 中的结果。

表 4.5 最后排序

管 道 段	风险类别	管 道 段	风险类别
s_1	C_3	s_7	C_2
s_2	C_2	s_8	C_3
s_3	C_1	s_9	C_2
s_4	C_3	s_{10}	C_2
s_5	C_2	s_{11}	C_1
s_6	C_2	s_{12}	C_2

可以看到,对于正在研究的这种应用,结果受到人类风险的强烈影响,但并未完全受到控制。在所研究的部分中,12 个部分中有 7 个被分配到中等风险类别(C_2),为此应在 6 个月内建立更严格的预防措施。s_3 和 s_{11} 部分被分配到高风险类别(C_1),因为它们在更大比例的影响维度中呈现的风险水平低于或非常接

近曲线 b。s_1、s_4 和 s_8 部分被分配到低风险类别(C_3),因为它们具有比通过曲线 b_2 呈现的性能更令人满意的性能。

进行灵敏度分析以分析来自 DM 的响应和意见,并评估结果对于不精确数据的稳健性,以及 DM 可以使用该模型的方式。

参数变化了 DM 指定的初始值的 10%。结论是对大多数参数都很稳健,例如环境和金融风险标准的权重和范围。

尽管如此,可以看到与体重有关的参数和人类风险标准(r_h)的概况的变化。切削力 k 的规格有一个特别的变化,与重量 r_h 有关。低于 10% 的 k 使它比重量 r_h 小,这是应该避免的。因此,s_5 和 s_6 部分从 C_2 类(中等风险)改为 C_1(高风险)。根据 Brito 等人(2010)的说法,之所以发生这种情况,正是因为人类标准的风险大于这一标准的曲线 b_1。由于这一分析,管理部决定维持先前的结果,将 s_5 和 s_6 节列为 C_2 类(中等风险)。

当 k 增加 10% 时,又可看到到另一种敏感性。只有 s_3 部分更改为较小的风险类别。为了更安全起见,还决定维持以前的分类,因此 s_3 仍保留在 C_1 中。

4.4 多维风险中 MCDM/A 方法的应用

本节介绍了使用 MCDM/A 方法进行多维风险分析的若干其他决策问题。这些问题按其情景分类,例如,电力系统和自然灾害。

4.4.1 电力系统

电能的产生可以来自不同的来源,每一种能源都会在其自身的生产和供应中产生不同的风险。Regös(2012)比较了 4 条最重要的能源链(煤炭、核能、天然气、水电)的总体风险。为此,他采用了 MCDM/A 方法,并选择了严重事故、恐怖主义、环境和健康风险、价格变动风险作为风险标准。

正常情况下,发电和供电系统是一个庞大而复杂的系统,社会认为这些系统是基础设施的重要组成部分。通常是其他几个系统或子系统,如供水系统、电信系统、交通系统、卫生系统、食物供应系统等,依赖于电力供应系统。因此,电力系统的故障会影响其他系统并产生一系列后果,这就是为什么对基础设施至关重要的原因。

此外,能量的传输和分配系统由不同环境下的网络组成,如环网、径向网络、冗余网络等。这些设置的目的是:分配负载,从而在系统中产生冗余;提高可靠性;在发生故障时尽量减少损失;或尽量减少可能造成多重影响的故障发生。因此,分析和风险管理变得非常复杂,因为需要考虑几个方面。

电力系统故障有几个原因。最常见的技术故障是:系统维护不足;系统过载;使用设计(量纲)和不合适的设备;在错误的网络中进行操作(人为错误);标注载荷等。

除这些因素外,失败的原因之一是由于发生了诸如风暴、飓风、洪水和地震等极端自然事件。此外,由于需要整合新的公共服务和共同使用可再生能源,造成外部压力,使电网受到压力,因此,电力系统的运行越来越接近其稳定极限(Haidar 等,2010)。

为了对风险进行有效的评估和管理,必须进行明确的分析。因此,为了促进决策过程,需要考虑到在这一背景下分析的各个方面。

面对越来越大的社会压力要求更高的安全水平,风险管理已成为一项艰巨、复杂和不确定的任务。这是因为它可能涉及以下所有方面:大量(数百甚至数千)具有特殊特点的一次和二次电力系统;关于已经发生的故障模式和意外事件的历史数据的缺少或不完整;事故情景的罕见性;后果的严重程度;以及危险区周围地区的复杂性等(Garcez,de Almeida,2014 a;Garcez,de Almeida,2014 b; Garcez,de Almeida,2014 c)。

因此,有效的风险管理对社会、公共部门和电力分销商都具有非常重要的作用,因为事故所造成的影响会直接或间接地对这三个方面产生不利影响。

全面和现实地评估风险的重要性产生的知识可用于协助分销商电力公司选择采取哪些预防和缓解行动,从而产生高效的风险管理(Garcez,de Almeida, 2014 b)。

此外,由于现有资源(资金、可用时间、工作组、技术等)是有限和稀缺的,监管机构要求电力系统显示出更大的可用性和系统可靠性,因此有必要使用增加多维风险影响和不确定性的决策,并结合公司的偏好结构对这些风险进行评估。只有这样,这个问题才能得到更充分的解决(Garcez,de Almeida,2014 a;Garcez, de Almeida,2014 b)。

在能源公司的资产管理领域,人们认识到需要对日益复杂的决策采用更正式和结构化的分析。这很有挑战性。目前的资产管理实践主要侧重于货币方面的风险量化、系统的可靠性以及组件状况(估计寿命等)的估计。对风险的其他方面的分析,例如人身安全风险、环境损害风险或公众反应消极的风险,通常与定量风险分析脱钩。因此,Catrinu 和 Nordgård(2011)认为,有必要通过充分利用专家提供的知识和数据,采用新的风险分析和决策支持方法,以及最佳记录方式,改进当前的资产管理实践。

为此,Catrinu 和 Nordgård(2011)将风险分析和决策支持方法整合到配电系统资产的不确定性下的先进管理中。该研究的重点是将风险分析的不同业务目标纳入结构化框架,以决定如何处理配电网络的实物资产。

环境问题在全球和区域层面日益增长的重要性,包括水和空气污染、不可再生能源的使用,以及全球变暖和气候变化等结果,使得环境因素被认为是至关重要的,在规划如何以及从何处产生和分配权力时应考虑到这一点(Jozi,Pouriyeh,2011;Rezaian,Jozi,2012)。因此,在规划能源系统的过程中,由于对发电对环境影响的日益关注以及这一市场竞争激烈,应该更加谨慎地处理不确定性。

Linares(2002)提出了电力规划的多准则模型,该模型处理与最小化环境风险相关的不确定性和风险,并进行风险分析(从多准则的角度来看),以应用经典的决策规则,从而选择不确定性下的最佳规划策略。Linares强调,采用附加标准可以提高战略的灵活性和效率,从而以较小的增量成本大大降低环境风险,而风险分析过程则为所分析的情景选择灵活和稳健的策略。

在这方面的风险管理,有必要产生一个风险等级的各个子系统的电力供应系统。Garcez 和 de Almeida(2014 b)提出了一种在多维视角(多准则)下对地下配电系统进行风险评估的形式,在这种评估中产生了可排序的风险度量。其目的是编制一份优先事项清单,供在分配额外资源以预防和减轻风险时考虑,例如进行检查和维护;修改项目以提高安全;制定预防和缓解行动;更新和改进子系统(升级)(Garcez,de Almeida,2014 c)。

在电力系统发生故障的情况下,减少负荷(LR)是一种广泛应用的电力系统故障预防措施,被认为是稳定电力系统的一种非常有效的应急措施(董等,2008)。为了减少负荷,必须切断电网的某些区域,因此这种技术对人口、经济和当地工业都会产生直接影响。因此,它通常是最后要采取的措施之一,通常只用于防止网络的完全崩溃。

然而,要实现 LR,首先需要设置哪些区域应断开连接。这一选择本身就已经是一个决策过程,因为不仅考虑了系统的运作方面,还考虑了后果的各个方面,涵盖了对这个问题的多层面看法。LR 已在欧洲和美国成功实施。最近,成功地应用了 LR 管理:2012 年桑迪飓风的影响;2006 年的欧洲大停电(Van der Vluten,Lagendijk,2010);2003 年东北大停电(Andersson 等,2005)和意大利 2003年停电事故(Berizzi,2004)。

对于 LR 方法,从决策分析的角度来看,能源供给区域代表了模型的备选方案。为了分析由于这些区域的解耦而产生的潜在序列,必须对每个区域的脆弱性进行分析。

4.4.2 自然灾害

根据自然灾害理论,风险无论何时何地出现,资产都会受到危害;风险通常被定义为某一特定区域和参考期内某一特定危险所造成的预期潜在损失,并可从数学上定义为危害和脆弱性的结合(Merad 等,2004)。

Nefeslioglu 等人(2013)认为,当人们受到自然灾害的影响时,洪水或地震等自然事件成为自然灾害是完全可以接受的。由于世界人口不断增加,寻找适宜居住地区的需求大大增加,导致人们不得不更经常地卷入这些自然事件。

因此,Viscusi(2009)指出,自然灾害的发生往往造成一群人死亡,而不仅仅是一人死亡。一个事件的发生可能会导致数百人或数千人死亡。

此外,另一个重要的问题是,由于自然灾害的可能性而被认为发生的死亡是一个非常不同的概念,而且经常如此,与其他与死亡有关的原因相比,其可能性要低得多。然而,自然灾害的风险管理不应仅仅停留在人员伤亡的问题上。

根据发生的自然事件的类型和规模及其对社会的影响,可在分析中纳入其他要点,如安全、安保和公共卫生问题、人口迁移、费用估算、信息共享、规划公共和环境方面。

例如,在审查洪水风险时,应检查属于这一背景的各个方面,例如事件的复杂性问题、广泛的空间尺度、事件之间的间隔时间、脆弱性和社会心理方面,如抑郁、焦虑和利益冲突,以及它们之间的若干冲突方面。

此外,考虑到 Levy(2005)关于水库运行和管理的研究报告,对防洪保护(即最大限度地减少洪涝高峰时期水库流量)与能源生产(达到"生产预先确定的能源水平"的目标)之间的权衡进行了复杂的分析。防洪是指蓄水池必须保持在尽可能低的水平上,以便水库能够容纳洪水期间的多余水。相反,能源的生产要求水库中有尽可能多的水。在这种情况下,决策过程将直接影响到风险管理,因此需要的是更结构化的分析,以提供令人满意的结果。

根据 Nefeslioglu 等人(2013)的说法,在过去 20 年中,对"自然和人类事件在危害和风险方面的相互作用"的评价已成为一个共同的分析主题。对后果和概率进行建模是评估自然灾害影响的主要工具之一。

鉴于与环境有关的不确定性,Parlak 等人(2012)指出,基于多准则决策方法的分析为管理与自然灾害发生相关的复杂性和不确定性提供了一种系统方法,因为多准则方法利用了有助于发展这一模型的随机方法。

Levy(2005)指出,由于若干因素,MCDM/A 方法的使用在过去 30 年中有所增加,其中包括对只使用单一标准的传统方法的不满,以及能够找到解决复杂环境问题的软件和算法的易用性。因此,在上述水库运行和管理研究中,MCDM/A 方法有助于激发和模拟利害关系方的偏好,并改善国家机构、组织和受影响人口之间的协调,以尽量减少与洪水有关的风险,例如人员死亡或受伤、财产损失和可能的环境影响。

　　根据 Parlak 等人(2012)的说法,在规划应对灾害的过程中,也需要采取多标准的方法。这类规划需要多个学科的参与,如工程(基础设施)、管理紧急情况、保健、大众传播、供水和食品物流。作者认为,通过使用多标准分析来规划集成场景,可以对计划进行优先排序,这有助于更好地理解计划(应对灾害)。

　　多准则决策方法在自然灾害风险管理领域的一些应用,将在下一段中加以探讨。

　　为了解决领土风险评估问题,考虑到一组 DM,Cailloux 等人(2013)提出了一个基于 Electre TRI 方法的 MCDM/A 模型,以评估被某一工业工厂包围的考虑洪水等自然灾害的地区的风险水平。Scawthoron(2008)指出如何评估处于风险地区的资产,特别是地震对社会凝聚力与和平的影响、公众信心、政治团结、教育以及受影响人口的心理健康,还包括可以给予货币价值的实物资产和非实物资产。在最终获得对风险的全面评估之前,可能需要主观判断来比较这些不同资产的脆弱性。

　　Nefeslioglu 等人(2013)提出了一种称为 M-AHP 的层次分析法(MCDM/A)的推导,以支持自然灾害地区的决策问题,特别是山区的雪崩。

　　Karvetski 等人(2011)审议了 MCDM/A 的原则,以确定在气候变化背景下衡量工程系统所有可能设想情景的影响的方法。

　　Stefan 和 Stathis(2013)利用 AHP 和 GIS(地理信息系统)从自然和人为两个方面评估与洪水有关的危险区,从而建立两个洪水指数。

　　Tamura 等人(2000)处理了一个决策分析过程,以减轻与自然灾害相关的风险,其中考虑到低概率和高后果的事件。作者提出用一个风险下的函数值(风险下的价值函数)代替预期效用理论。

　　在滑坡背景下,GIS 和空间多尺度评价得到了广泛的应用。根据多项指标对风险和脆弱性的贡献进行处理、分析和加权。为了减少灾害造成的损失,需要改进关于为灾害做好准备和立即做出反应的现有规划,以及关于如何减少灾害风险的规划,这应以各级管理人员对风险的多方面评价为基础。Abella 和 Westen(2007)在其研究中使用了 4 个关键指标来研究滑坡的脆弱性:

- 生活条件和交通(人身脆弱性指标);
- 人口(社会脆弱性指标);
- 生产(经济脆弱性指标);
- 保护区(环境脆弱性指标)。

Abella 和 Westen(2007)应用了这些指标,分析结果导致在古巴制定了一项减少山体滑坡风险的计划,这一信息与国家系统联系在一起,国家系统提供飓风预警,并对易发生山体滑坡的地区的人员进行警告和疏散。

自然危害的另一个背景,加上人类的干预,产生于结束人口稠密地区的采矿作业。根据 Merad 等人的说法(2004),在法国洛林地区发生了许多滑坡和沉降,因此有必要为该地区的风险分区制定具体方法。作者提出了一种基于 Electre-TRI 的方法,其目的是在预定的居住区类别中分配危险区。这一办法使专家的知识、多个定性和定量标准以及不确定性得以考虑。

4.4.3　反恐风险分析

近几十年来,打击恐怖主义的斗争一直是全世界不断分析的焦点。安全措施得到加强,各国定期向社会提出新的反恐政策。这些政策的目标之一是确定防止恐怖袭击的好处,例如减少与人有关的死伤人数。更具体地说,恐怖袭击的风险管理已经加强,特别是在 2001 年 9 月 11 日美国世界贸易中心遭受恐怖袭击之后。

据 Aven 和 Renn(2009)称,风险管理力求确保制定适当措施,保护人民、环境和资产不受人类活动或自然事件造成的有害后果的影响。减少风险措施的合理程度取决于安全收益方面的成本和效益之间的平衡。此外,采用了若干 PRA 模型,考虑到基础设施、食品供应链、人口等方面,并将风险视为三个组成部分的产物:威胁、脆弱性和后果(Greenberg 等,2012)。

由于恐怖主义威胁,提出了若干模式和办法,以减轻与这类事件相关的风险(Merrick, Leclerc, 2014; Shan, Zhuang, 2014; Haphuriwat, Bier, 2011; Ezell 等,2010; Pamell 等,2010; Ngange 等,2008; Leung 等,2004)。在这些模型中,有一些对 MCDM/A 方法进行了研究(Akgun 等,2010; Sri Bhashyam, Montibeller, 2012; Koone 等,2008; Patterson, Apostolakis, 2007)。

Akgun 等人(2010)强调,评估关键资产(例如:机场、水坝、化工厂、核电站)易受恐怖袭击的脆弱性是一项高度复杂的战略活动,需要有一种方法来支持国防规划中的决策过程。他们的做法是在考虑到多种标准的情况下,确定每一项关键防御资产的脆弱性,以抵御恐怖袭击。在群体决策环境中,他们将智能理论与模糊集理论和模糊认知图相结合。他们的模型试图找出隐藏的漏洞,确定每个系统的角色和最关键的(或最活跃的)组件,并确定了 5 个标准:

- 威慑(恐怖分子认为难以穿透的防御方法);
- 侦查(恐怖袭击);
- 拖延(实物保护系统的一个组成部分,旨在防止恐怖主义入侵的时间);
- 反应(应对威胁所需的时间);
- 恢复(使受影响的地区和人员在事件发生前恢复到现有状态所需的时间)。

在第二份研究报告中,Sri Bhashyam 和 Montibeller(2012)提出了一个框架,可用来推断恐怖分子的优先事项随着时间的推移会发生何种变化,以及这些变化可能对选择有害行动产生的影响。这是基于使用 MAUT 的多标准模型完成的。这些目标可分为三类:复仇、声誉和反应。其他办法或决定问题是通过下列方式确定的:恐怖分子的打击、公共场所的简易爆炸装置、便携式核装置的方式或集体运输爆炸、引爆炸弹和生物武器或将爆炸物和放射性材料结合在一起的"脏弹"。

因此,建立恐怖分子优先事项模型的目的是确定恐怖分子将袭击的目标,在攻击的行动方面(费用)和效益(如果目标实现的话)之间提供最佳的权衡。

4.4.4 核能

电力系统风险分析是确保社会安全,特别是电厂运行安全的一项重要活动。更具体地说,近年来,由于 2011 年日本福岛核事故,社会各界坚持就核电站的安全问题进行新的讨论。在这方面,根据 Rogner(2013)的说法,福岛核事故造成了对社会对核能看法的更大不信任气氛。相比之下,各行业都试图提高自己的安全水平。此外,有几个问题已开始成为关于能源政策的公开辩论的主要议题,例如:能源安全;化石燃料的价格;气候变化;电力需求的增加。由于核能在其中几个方面具有缓解作用,一些国家的社会对核技术的容忍程度再次提高。

在这方面,Papamichail 和 French(2012)指出,放射性事故强调了为所有应急管理阶段提供支持的要求。目前正在开发若干决策支持工具,以防止和减轻放射性事故的影响。在这些工具中,多准则决策技术脱颖而出。

文献描述了最近在核能背景下多准则决策方法的一些应用。实例包括:

Atmaca 和 Basar(2012)使用分析网络程序(ANP)评估 6 种不同的核电站替代品,同时考虑到技术方面和可持续性、经济可行性、生活质量和社会经济影响等标准。

Hong 等人(2013)采用多标准决策分析,评估考虑到经济、环境和社会影响的日本电力未来发电情景。他们的研究是对福岛核事故造成的核危机的回应。

Erol 等人(2014)利用模糊逻辑将土耳其核电站的选址问题定义为多指标决策问题,并考虑定性和定量标准。他们确定的主要标准是:接近现有的电力基础设施;接近运输基础设施;获得大量的冷却水。作者还考虑了若干次要标准:人口密度;地质问题;大气条件;成本因素;以及风险因素。

Beaudouin(2015)提出了 MCDM/A 模式,支持关于核电厂安全选择的辩论,结合成本效益分析,综合考虑了 6 个安全准则,指出了电厂设计改造的最佳方案组合,满足了安全要求。

因此,在核电生产的各个阶段都可以使用 MCDM/A 工具,以促进风险管理,从而使决策过程成为核电厂安全措施规划的一个重要方面。

4.4.5　其他情况下的风险分析

环境管理是对建筑业的一项要求,无论是在建筑许可方面,还是在证明建成的建筑物符合管理要求方面,都是必要的,其中确定和评估对人类健康和环境健康的风险是第一阶段。Topuz 等人(2011)提出一种方法,将使用危险材料的行业中对具有环境心理健康风险的人的风险评估结合起来,以数量和指导性的结果支持环境危险管理。为此,该方法使用多准则和模糊逻辑来处理环境复杂和数据不确定所带来的问题。

具体而言,在桥梁方面,桥梁的使用是减少交通问题的最重要的结构要素之一。桥梁的风险管理决定了资源的最佳配置。根据 Adey 等人(2003)的说法,这些系统通常是根据"交通载荷"导致的桥梁结构退化进行评估的。然而,这些系统受到各种其他危险的影响,例如洪水和地震,而不仅仅是交通负荷。

大型桥梁的破坏通常是重要的重大事件,可能造成生命、财产和经济损失。根据 Shetty 等人(1997)的说法,桥梁被毁的后果可概括为:

- 影响伤亡人数的人为因素,例如车辆交通率高、过桥或桥下行人的流量;
- 危险物质溢出造成的环境后果,原因是道路、铁路等之间的交通交汇处造成交通堵塞,增加某一地点的交通量,使其他运输路线超载;
- 经济因素,包括带走建筑材料残余物的费用;重建;因毁坏车辆而应支付的赔偿金;环境宣泄;以及法律费用。

据 Wang 等人(2008)的说法,桥梁风险评估基本上是一个多标准问题,涉及多种评估标准,如安全(公众安全)、功能(对服务水平/网络可用性的影响)、可持续性(支出和工作量)和环境(对环境的影响,包括结构的美观外观)。Wang 等人(2008)提出了一种综合的 AHP-DEA 方法,用以评估数百座或数千座桥梁结构的桥梁风险,并据此制定桥梁结构的维修优先次序。

近几十年来,环境风险评估和决策策略日趋成熟,使用了密集而复杂的信息,包括专家意见、成本效益分析和毒理学风险评估等方法。据 Linkov 等人(2006)的说法,用于支持环境决策的一种工具是比较风险评估(CRA),但缺乏一个结构化的过程来达成另一种最优设计方法。使用多准则决策分析的方法满足了这一需要,提供了更好地支持比较备选方案的方法,并提供了一个结构,该结构结合了项目涉众的投入,其目的是对备选方案进行排序。

在过去几十年森林火灾危害的背景下,在一些地区,特别是在热带和地中海地区,这些火灾是由于几个潜在因素的影响受到越来越多的关注,涉及生态、经济、社会和政治影响。更复杂的火灾模型需要空间信息,这是通过遥感和 GIS 完成的(Vadrevu 等,2010;Arianoutsou 等,2011)。

根据 Vadrevu 等人(2010)的说法,MCDM/A 方法在空间领域的整合为解决许多环境问题提供了一个新的框架,包括量化火灾危险。这些作者在一个茂密的森林地区(印度地区)进行了一项研究,其中大多数利益相关者是当地人,他们对森林资源的依赖是巨大的。

此外,研究区内的森林火灾问题在空间上是多种多样的,涉及生物物理和社会经济参数,为使用 MCDM/A 方法提供了理想的场所。将这些多参数组合在一个协作框架中的决策方法可能会产生良好的结果,因此,将印度热带落叶森林的火灾风险量化为地形、植被、气候和社会经济属性的函数,以评估研究区域的火灾风险。

尽管如此,过去几十年来,土地上水资源的污染一直是一个主要的环境问题,主要是出于公众健康的考虑。根据 Khadam 和 Kaluarachchi(2003)的观点,传统上,地下污染的环境决策情景是以成本效益分析为指导的。

在这方面,风险评估包括量化对人类健康的风险,以及评估这一风险的重要性。当风险被确定为不可接受时,将确定潜在的补救方案,并进行决策分析以选择最佳的纠正措施。在个人风险和社会风险之间有一种权衡,在剩余风险与减少这种风险的成本之间进行权衡,并以成本效益作为补救的理由。作者提出了一种利用多指标决策框架对受污染地下水进行综合管理的方法,以评估对健康的风险并进行经济分析。

目前需要分析的另一个背景是纳米技术这一新兴领域,它越来越多地被植入能够造福人类的创新中(Siegrist 等,2007)。然而,在纳米材料的开发过程中涉及各种因素,从材料的技术规格到对人类可能产生的不利影响。因此,评估与纳米技术有关的环境卫生和安全(EHS)问题的好处和风险是很重要的。据 Linkov 等人(2007)说,目前,在做出合理和透明的决定方面,存在着结构化的方法,其中包括许多因素之间的明确权衡。

Linkov 等人(2007)将 MCDM/A 的使用概念化,将其作为评估和管理使用纳米材料时风险的有力分析框架和科学合理的决策工具。他们寻求社会利益与意外副作用和风险之间的平衡。他们还研究了如何收集多条线索的证据,以估计纳米材料的潜在毒性和风险,因为它的物理和化学特性方面的信息有限。作者强调,MCDM/A 的一个重要贡献是将绩效信息与科学家和管理者触发的决策标准和权重联系起来,从而使决策过程中涉及的权衡能够可视化和量化。

Luria 和 Aspinall(2003)利用不同学科的专家意见、补充技能和专门知识,结合传统定量分析,以多指标方法(层次分析法,AHP)为基础,对重大工业危险进行评估。这些作者认为,这种方法符合欧洲关于重大危险事故的指令提出的主要概念,其中建议增加经营者的参与,同时考虑到其他参与者,而且更多地注意城市控制、主观风险(风险感知)和无形因素的概念。

参 考 文 献

Abella EAC,Van Westen CJ (2007) Generation of a landslide risk index map for Cuba using spatial multi-criteria evaluation. Landslides 4:311-325.

Adey B,Hajdin R,Brühwiler E (2003) Risk-based approach to the determination of optimal interventions for bridges affected by multiple hazards. Eng Struct 25:903-912.

Akgun I,Kandakoglu A,Ozok AF (2010) Fuzzy integrated vulnerability assessment model for critical facilities in combating the terrorism. Expert Syst Appl 37:3561-3573.

Alencar MH,Cavalcante CAV,de Almeida AT,Silva Neto CE (2010) Priorities assignment for actions in a transport system based on a multicriteria decision model. In:Bris R, Soares CG, Martorell S (eds) European safety and reliability conference, Prague, September 2009. Reliability,Risk,and Safety:Theory and Applications,Vol. 1-3. 2009. Taylor and Francis,London,UK,p 2480.

Alencar MH,de Almeida AT (2010) Assigning priorities to actions in a pipeline transporting hydrogen based on a multicriteria decision model. Int J Hydrogen Energy 35(8):3610-3619.

Alencar MH,Krym EM,Marsaro MF,de Almeida AT (2014) Multidimensional risk evaluation in natural gas pipelines:Environmental aspects observed through a multicriteria decision model. In: Steenbergen RDJM,VanGelder PHAJM,Miraglia S,Vrouwenvelder ACWMT (eds) 22nd Annual Conference on European Safety and Reliability (ESREL),Amsterdam,2013. Safety,Reliability and Risk Analysis:Beyond the Horizon. Taylor & Francis Group,London,UK,p 758.

Almeida-Filho AT de,de Almeida AT (2010a) Cost-effectiveness analysis and multicriteria approaches:two irreplaceable paradigms for different problems in risk and safety problems. In:Proceedings of the European Safety and Reliability Annual Conference,Rhodes,2010. Reliability, Risk and Safety:Back to the Future,p 2293.

Almeida-Filho AT de,de Almeida AT (2010b) Multiple dimension risk evaluation framework. In: Bris R,Soares CG, Martorell S (eds) European Safety and Reliability Conference (ESREL), Prague,Czech Republic,2009. Reliability,Risk and Safety:Theory and Applications. CRC Press-Taylor & Francis Group,p 1049.

Andersson G,Donalek P,Farmer R,et al. (2005) Causes of the 2003 major grid blackouts in North America and Europe, and recommended means to improve system dynamic performance. Power Syst IEEE Trans 20:1922-1928.

Apostolakis GE,Lemon DM (2005) A Screening Methodology for the Identification and Ranking of Infrastructure Vulnerabilities Due to Terrorism. Risk Anal 25:361-376.

Arianoutsou M,Koukoulas S,Kazanis D (2011) Evaluating Post-Fire Forest Resilience Using GIS and Multi-Criteria Analysis: An Example from Cape Sounion National Park, Greece. Environ Manage 47:384-397.

Arnaldos J, Casal J, Montiel H, et al. (1998) Design of a computer tool for the evaluation of the consequences of accidental natural gas releases in distribution pipes. J Loss Prev Process Ind 11:135 -148.

Atmaca E, Basar HB (2012) Evaluation of power plants in Turkey using Analytic Network Process (ANP). Energy 44:555-563.

Aven T, Renn O (2009) The Role of Quantitative Risk Assessments for Characterizing Risk and Uncertainty and Delineating Appropriate Risk Management Options, with Special Emphasis on Terrorism Risk. Risk Anal 29:587-600.

Beaudouin F (2015) Implementing a Multiple Criteria Model to Debate About Nuclear Power Plants Safety Choices. Gr Decis Negot 1-29.

Beaudouin F, Munier B (2009) A revision of industrial risk management: Decisions and experimental tools in risk business. Risk Decis Anal 1:3-20.

Bedford T, Cooke R (2001) Probabilistic Risk Analysis: Foundations and Methods. Cambridge University Press, New York.

Berger JO (1985) Statistical decision theory and Bayesian analysis. Springer Science & Business Media, New York.

Berizzi A (2004) The Italian 2003 blackout. Power Eng Soc Gen Meet 2004 IEEE 1673-1679 Vol. 2.

VBrito AJ, de Almeida AT (2009) Multi-attribute risk assessment for risk ranking of natural gas pipelines. Reliab Eng Syst Saf 94(2):187-198.

Brito AJ, de Almeida AT, Mota CMM (2010) A multicriteria model for risk sorting of natural gas pipelines based on ELECTRE TRI integrating Utility Theory. Eur J Oper Res 200:812- 821.

Cailloux O, Mayag B, Meyer P, Mousseau V (2013) Operational tools to build a multicriteria territorial risk scale with multiple stakeholders. Reliab Eng Syst Saf 120:88-97.

Catrinu MD, Nordgård DE (2011) Integrating risk analysis and multi-criteria decision support under uncertainty in electricity distribution system asset management. Reliab Eng Syst Saf 96:663 -670.

Comes T, Wijngaards N, Hiete M, et al (2011) A Distributed Scenario-Based Decision Support System for Robust Decision-Making in Complex Situations. Int J Inf Syst Cris Response Manag 3:17 -35.

Cox LA Jr (2009) Risk analysis of complex and uncertain systems. Springer Science & Business Media, New York.

Cox LA Jr (2012) Evaluating and Improving Risk Formulas for Allocating Limited Budgets to Expensive Risk-Reduction Opportunities. Risk Anal 32(7):1244-1252.

Crowl DA, Jo Y-D (2007) The hazards and risks of hydrogen. J Loss Prev Process Ind 20:158-164.

de Almeida AT (2005) Multicriteria Modelling of Repair Contract Based on Utility and ELECTRE I Method with Dependability and Service Quality Criteria. Ann Oper Res 138:113-126.

de Almeida AT (2007) Multicriteria decision model for outsourcing contracts selection based on utility function and ELECTRE method. Comput Oper Res 34(12):3569-3574.

de Almeida AT, Ferreira RJP, Cavalcante CAV (2015) A review of multicriteria and multiobjective models in maintenance and reliability problems. IMA Journal of Management Mathematics 26(3): 249-271.

Dong M, Lou C, Wong C (2008) Adaptive Under-Frequency Load Shedding. Tsinghua Sci Technol 13:823-828.

Dziubiński M, Fratczak M, Markowski AS (2006) Aspects of risk analysis associated with major failures of fuel pipelines. J Loss Prev Process Ind 19:399-408.

Erol İ, Sencer S, Özmen A, Searcy C (2014) Fuzzy MCDM framework for locating a nuclear power plant in Turkey. Energy Policy 67:186-197.

Ezell BC, Bennett SP, Von Winterfeldt D, et al. (2010) Probabilistic Risk Analysis and Terrorism Risk. Risk Anal 30(4):575-589.

Faber MH, Stewart MG (2003) Risk assessment for civil engineering facilities:critical overview and discussion. Reliab Eng Syst Saf 80:173-184.

Figueira J, Greco S, Ehrgott M (eds) (2005) Multiple Criteria Decision Analysis:State of the Art Surveys. Springer Verlag, Boston, Dordrecht, London.

Garcez TV, de Almeida AT (2012) Multiple Dimension Manhole Explosion in an Underground Electrical Distribution System. In: Proceedings of the 11th International Probabilistic Safety Assessment and Management Conference and the Annual European Safety and Reliability Conference 2012. Curran Associates, Inc. Helsinki, Finland, p 4893-4899.

Garcez TV, de Almeida AT (2014a) A risk measurement tool for an underground electricity distribution system considering the consequences and uncertainties of manhole events. Reliab Eng Syst Saf 124:68-80.

Garcez TV, de Almeida AT (2014b) Multidimensional Risk Assessment of Manhole Events as a Decision Tool for Ranking the Vaults of an Underground Electricity Distribution System. Power Deliv IEEE Trans 29:624-632.

Garcez TV, de Almeida AT (2014c) Multidimensional risk assessment of underground electricity distribution systems based on MAUT. In: Steenbergen RDJM, VanGelder PHAJM, Miraglia S, Vrouwenvelder ACWMT (eds) 22nd Annual Conference on European Safety and Reliability (ES-REL), Amsterdam, 2013. Safety, Reliability and Risk Analysis:Beyond the Horizon. CRC Press-Taylor & Francis Group, p 2009.

Garcez TV, de Almeida-Filho AT, de Almeida AT, Alencar MH (2010) Multicriteria risk analysis application in a distribution gas pipeline system in Sergipe. In: Bris R, Soares CG, Martorell S (eds) Reliability, risk and safety: theory and applications vols 1 - 3. European safety and reliability conference (ESREL 2009), Prague, September 2009. Taylor and Francis, 1043-1047.

Geldermann J, Bertsch V, Treitz M, et al. (2009) Multi-criteria decision support and evaluation of strategies for nuclear remediation management. Omega 37:238-251.

Greenberg M, Haas C, Cox LA Jr, et al. (2012) Ten Most Important Accomplishments in Risk Analysis, 1980-2010. Risk Anal 32(5):771-781.

Guedes Soares CG, Teixeira AP (2001) Risk assessment in maritime transportation. Reliab Eng Syst Saf 74(3):299-309.

Haidar AMA, Mohamed A, Hussain A (2010) Vulnerability control of large scale interconnected power system using neuro-fuzzy load shedding approach. Expert Syst Appl 37:3171-3176.

Haphuriwat N, Bier VM (2011) Trade-offs between target hardening and overarching protection. Eur J Oper Res 213(1):320-328.

Henselwood F, Phillips G (2006) A matrix-based risk assessment approach for addressing linear hazards such as pipelines. J Loss Prev Process Ind 19:433-441.

Hobbs BF, Meier P (2000) Energy Decisions and the Environment. A guide to the use of multicriteria methods (International Series in Operations Research & Management Science). Kluwer Academic Publisher, Norwell.

Hong S, Bradshaw CJA, Brook BW (2013) Evaluating options for the future energy mix of Japan after the Fukushima nuclear crisis. Energy Policy 56:418-424.

IEEE1584 (2002) IEEE Guide for Performing Arc-Flash Hazard Calculations. IEEE Std 1584 - 2002.

Jo Y-D, Ahn BJ (2002) Analysis of hazard areas associated with high-pressure natural-gas pipelines. 2 J Loss Prev Process Ind 15:179-188.

Jo Y-D, Ahn BJ (2005) A method of quantitative risk assessment for transmission pipeline carrying natural gas. J Hazard Mater 123:1-12.

Jo Y-D, Crowl DA (2008) Individual risk analysis of high-pressure natural gas pipelines. J Loss Prev Process Ind 21:589-595.

Jozi A, Pouriyeh A (2011) Health-safety and environmental risk assessment of power plants using multi criteria decision making method. Chem Ind Chem Eng Q 17:437-449.

Karvetski CW, Lambert JH, Keisler JM, Linkov I (2011) Integration of Decision Analysis and Scenario Planning for Coastal Engineering and Climate Change. Syst Man Cybern Part A Syst Humans, IEEE Trans 41(1):63-73.

Keeney RL, Raiffa H (1976) Decisions with multiple objectives: Preferences and Value TradeOffs. Wiley Series in Probability and Mathematical Statistics. Wiley and Sons, New York.

Khadam IM, Kaluarachchi JJ (2003) Multi-criteria decision analysis with probabilistic risk assessment for the management of contaminated ground water. Environ Impact Assess Rev 23:683-721.

Koonce AM, Apostolakis GE, Cook BK (2008) Bulk power risk analysis: Ranking infrastructure elements according to their risk significance. Int J Electr Power Energy Syst 30:169-183.

Leung M, Lambert JH, Mosenthal A (2004) A Risk-Based Approach to Setting Priorities in Protecting Bridges Against Terrorist Attacks. Risk Anal 24(4):963-984.

Levy J (2005) Multiple criteria decision making and decision support systems for flood risk management. Stoch Environ Res Risk Assess 19:438-447.

Linares P (2002) Multiple criteria decision making and risk analysis as risk management tools for power systems planning. Power Syst IEEE Trans 17:895-900.

Linkov I, Satterstrom FK, Kiker G, et al. (2006) From comparative risk assessment to multicriteria decision analysis and adaptive management: Recent developments and applications. Environ Int 32:1072-1093.

Linkov I, Satterstrom FK, Steevens J, et al. (2007) Multi-criteria decision analysis and environmental risk assessment for nanomaterials. J Nanoparticle Res 9:543-554.

Lins PHC, de Almeida AT (2012) Multidimensional risk analysis of hydrogen pipelines. Int J Hydrogen Energy 37:13545-13554.

Lopes YG, de Almeida AT, Alencar MH, Wolmer Filho LAF, Siqueira GBA (2010) A Decision Support System to Evaluate Gas Pipeline Risk in Multiple Dimensions. In: Bris R, Soares CG, Martorell S (eds) European Safety and Reliability Conference (ESREL), Prague, Czech Republic, 2009. Reliability, Risk and Safety: Theory and Applications. Crc Press-Taylor & Francis Group, p 1043.

Luria P, Aspinall PA (2003) Evaluating a multi-criteria model for hazard assessment in urban design. The Porto Marghera case study. Environ Impact Assess Rev 23:625-653.

Merad MM, Verdel T, Roy B, Kouniali S (2004) Use of multi-criteria decision-aids for risk zoning and management of large area subjected to mining-induced hazards. Tunn Undergr Sp Technol 19:125-138.

Merrick JRW, Leclerc P (2014) Modeling Adversaries in Counterterrorism Decisions Using Prospect Theory. Risk Anal. doi:10.1111/risa.12254.

Montiel LV, Bickel JE (2014) A Generalized Sampling Approach for Multilinear Utility Functions Given Partial Preference Information. Decis Anal 11(3):147-170.

Morgan MG, Florig HK, DeKay ML, Fischbeck P (2000) Categorizing Risks for Risk Ranking. Risk Anal 20:49-58.

Mousseau V, Slowinski R (1998) Inferring an ELECTRE TRI Model from Assignment Examples. J Glob Optim 12:157-174.

Nefeslioglu HA, Sezer EA, Gokceoglu C, Ayas Z (2013) A modified analytical hierarchy process (M-AHP) approach for decision support systems in natural hazard assessments. Comput Geosci 59: 1-8.

Nganje W, Bier V, Han H, Zack L (2008) Terrorist Threats to Food: Guidance for Establishing and Strengthening Prevention and Response Systems. Am J Agric Econ 90(5):1265-1271.

Papamichail KN, French S (2013) 25 Years of MCDA in nuclear emergency management. IMA J.

Manag. Math. pp 481-503.

Parlak AI,Lambert JH,Guterbock TM,Clements JL (2012) Population behavioral scenarios influencing radiological disaster preparedness and planning. Accid Anal Prev 48:353-62.

Parnell GS,Smith CM,Moxley FI (2010) Intelligent Adversary Risk Analysis:A Bioterrorism Risk Management Model. Risk Anal 30:32-48.

Patterson SA, Apostolakis GE (2007) Identification of critical locations across multiple infrastructures for terrorist actions. Reliab Eng Syst Saf 92:1183-1203.

Radeva A,Rudin C,Passonneau R,Isaac D (2009) Report Cards for Manholes:Eliciting Expert Feedback for a Learning Task. Mach Learn Appl 2009 ICMLA '09 Int Conf 719-724.

Raiffa H (1968) Decision analysis:introductory lectures on choices under uncertainty. AddisonWesley,London.

Regös G (2013) Comparison of power plants' risks with multi criteria decision models. Cent Eur J Oper Res 21:845-865.

Rezaian S,Jozi SA (2012) Health- Safety and Environmental Risk Assessment of Refineries Using of Multi Criteria Decision Making Method. APCBEE Procedia 3:235-238.

Rogner H-H (2013) World outlook for nuclear power. Energy Strateg Rev 1:291-295.

Roy B (1996) Multicriteria Methodology for Decision Aiding. Springer US.

Rudin C,Passonneau R,Radeva A,et al. (2010) A process for predicting manhole events in Manhattan. Mach Learn 80:1-31.

Rudin C,Passonneau RJ,Radeva A,et al. (2011) 21st-century data miners meet 19th-century electrical cables. Computer (Long Beach Calif) 44:103-105.

Rudin C,Waltz D,Anderson RN,et al. (2012) Machine Learning for the New York City Power Grid. Pattern Anal Mach Intell IEEE Trans 34:328-345.

Salvi O,Merad M,Rodrigues N (2005)Toward an integrative approach of the industrial risk management process in France. J Loss Prev Process Ind 18:414-422.

Scawthorn C (2008) A Brief History of Seismic Risk Assessment. In:Bostrom A,French S,Gottlieb S (eds) Risk Assessment,Model. Decis. Support. Springer Berlin Heidelberg,Berlin,Heidelberg, pp 5-81.

Shan X,Zhuang J (2014) Subsidizing to disrupta terrorism supply chain-a four-player game. J Oper Res Soc 65(7):1108-1119.

Shetty NK, Chubb MS, Halden D (1997) An overall risk - based assessment procedure for substandard bridges. In:Das PC (ed) Saf. Bridg. Telford,London,Uk,pp 225-235.

Siegrist M,Keller C,Kastenholz H,et al. (2007) Laypeople's and Experts' Perception of Nanotechnology Hazards. Risk Anal 27:59-69.

Sklavounos S,Rigas F (2006) Estimation of safety distances in the vicinity of fuel gas pipelines. J Loss Prev Process Ind 19:24-31.

Sri Bhashyam S,Montibeller G (2012) Modeling State-Dependent Priorities of Malicious Agents.

Decis Anal 9:172-185.

Stefanidis S, Stathis D (2013) Assessment of flood hazard based on natural and anthropogenic factors using analytic hierarchy process (AHP). Nat Hazards 68:569-585.

Tamura H, Yamamoto K, Tomiyama S, Hatono I (2000) Modeling and analysis of decision making problem for mitigating natural disaster risks. Eur J Oper Res 122:461-468.

Topuz E, Talinli I, Aydin E (2011) Integration of environmental and human health risk assessment for industries using hazardous materials: A quantitative multi criteria approach for environmental decision makers. Environ Int 37:393-403.

Tweeddale M (2003) Managing Risk and Reliability of Process Plants. Gulf Professional Publishing. Burlington.

Vadrevu K, Eaturu A, Badarinath KVS (2010) Fire risk evaluation using multicriteria analysis— a case study. Environ Monit Assess 166:223-239.

Van der Vleuten E, Lagendijk V (2010) Transnational infrastructure vulnerability: The historical shaping of the 2006 European "Blackout." Energy Policy 38:2042-2052.

Vincke P (1992) Multicriteria Decision-Aid. John Wiley & Sons, New York.

Viscusi WK (2009) Valuing risks of death from terrorism and natural disasters. J Risk Uncertain 38:191-213.

Walsh BP, Black WZ (2005) Thermodynamic and mechanical analysis of short circuit events in an underground vault. Power Deliv IEEE Trans 20:2235-2240.

Wang J (2006) Maritime Risk Assessment and its Current Status. Qual Reliab Eng Int 22(1):3-19.

Wang Y-M, Liu J, Elhag TMS (2008) An integrated AHP-DEA methodology for bridge risk assessment. Comput Ind Eng 54:513-525.

Willis HH, DeKay ML, Fischhoff B, Morgan MG (2005) Aggregate, Disaggregate, and Hybrid Analyses of Ecological Risk Perceptions. Risk Anal 25:405-428.

Yoe C (2012) Principles of Risk Analysis - Decision Making under uncertainty. CRC Press, Boca Raton.

第5章 预防性维修决策

摘要 设备的技术进步和过程自动化程度的提高导致了维护功能在企业竞争力中的作用。本章讨论了预防性维修作为这一职能的重要组成部分所做的贡献,并着重讨论了在预防性维修的时间间隔意义上规划更换的方法。经典的优化方法被用来说明最初的预防性维护问题,能够洞察和讨论这些决策需要使用MCDM/A 方法的主要特性,从而考虑多维后果空间。提出了一个支持时间间隔选择的多准则决策模型的结构化框架。根据决策者(DM)的偏好,采用了两种不同的 MCDM/A 方法。首先阐述了多属性效用理论(MAUT)作为补偿方法的应用,其次,详细介绍了一种考虑超越关系的非补偿性效用理论的应用。

5.1 引 言

面对日益激烈的竞争,导致对更高生产力的需求增加,需要有使生产系统能够获得竞争优势的方法、工具和技术。预防性维修决策与任何业务组织的战略成果密切相关,其中生产系统必须制造产品,可能是商品或服务。

产品类型对一般维修(特别是预防性维修)与业务结果的关联方式有很大的不同。例如,服务生产系统具有同时性的特点(Slack 等,2010)。在这种情况下,当系统出现故障时,维修会立即影响到企业的竞争力(de Almeida, Souza, 2001)。因此,预防性维修决策成为一项与更高层次的组织结构联系在一起的更具战略性的决策。在特定的决策背景下,其后果具有多重和不那么具体的目标的特点,这可能需要 MCDM/A 的支持。第 1 章讨论了这些问题,介绍了两种不同类型的系统,即服务系统和货物生产系统的特点。

本章通过预防性维修时间间隔的选择来探讨预防性维修计划。这类决策适用于组件或项目(或设备),不适用于系统,除非利用系统的故障行为替换整个系统。

5.2 节介绍了一个经典的优化方法,然后是一个通用的 MCDM/A 预防性维修模型。最后两节讨论了支持预防性维修时间间隔的两种不同的 MCDM/A方法。

必须指出,与预防性维修有关的数学模型有许多(Shafiee, Finkelstein,

2015),尽量考虑到所需的适应性,可以采用类似的程序来建立 MCDM/A 模型。

5.2 预防性维修中的 MCDM/A 模型

维修领域中最重要的问题之一是应采取预防性维修行动的频率的定义。在这两个生产系统中,这个决定有很大的影响。

关于 MCDM/A 模型在维修方面的文献回顾中,发现约 22% 的研究与预防性维修有关(de Almeida 等,2015)。自 1970 年年末以来,预防性维修中的多目标优化一直被考虑。Inagaki 等人(1978)介绍了多目标非线性混合整数问题的任务可靠性、总成本、系统权重 3 个目标,提出了一种基于交互式优化的过程和一种非线性规划算法(Interactive Traatewise Optimization Method,ICOM)。Hwang 等人(1979)制定了一个定期维修政策问题,并设定了 3 个目标:最低更换费用率、最大可用性和任务可靠性下限;分析了 4 种多指标方法:严格选择法、词典法、华尔兹词典法和序列多目标问题解决法(SEMOPS)。Jiang 和 Ji(2002)通过多属性值理论(MAVT)考虑了 4 个属性:成本、可用性、可靠性和寿命。

在提出 MCDM/A 预防性维修模型之前,在下一小节中介绍一种经典的优化方法。

5.2.1 预防性维修的经典优化问题

Glasser(1969)将时间(年)替换和块替换作为预防性维修计划中的两种计划替换方法。虽然这些方法以前曾被其他作者描述过(Barlow,Hunter,1960;Cox,1962),但 Glasser(1969)的主要贡献是关注这些方法的管理影响。这些问题已在许多文献中提出(Scarf 等,2005)。

根据 Glasser(1969)的说法,预防性维修的主要问题与物品失效确切时间的不确定性相关。这种不确定性在保证替换的有效性方面造成了困难,在某些情况下,替换可能比失效更早发生;而在另一些情况下,替换仅在失效发生之后发生。

Glasser(1969)构造了一个两阶段的过程来模拟替换计划问题。这些阶段包括:①用概率密度函数描述项目随时间变化的故障模型 $f(t)$;②制定一个方程式,说明按照计划更换的特定政策以及每一时间的预期成本。

式(5.1)给出了该模型的一般描述。

$$cr(t) = \frac{E(c(t))}{E(v(t))} \qquad (5.1)$$

式中:$cr(t)$ 为成本率;$E(c(t))$ 为预期成本;$E(v(t))$ 为预期循环长度。

$cr(t)$的最终表达式取决于模型的假设,可能与行为对系统的影响有关。

大量的论文论述了这些不同的方面,几乎都遵循 Glasser(1969)的一般结构。虽然这些模型有很大的潜力来支持维修管理者,但它们可能不足以描述故障的后果空间。因此,应将费率成本作为一个标准与其他标准一并考虑。这是在一个总体框架中描述的,这个框架可以通过 MCDM/A 方法来解决这个问题,在下一小节中给出。

与最简单的替换模型(Cox,1962)相关的假设对于随后小节中的 MCDM/A 模型是有效的。最简单的基于时间(年)的替换模型的假设是(Cox,1962):

(1) 项目的状态是已知的;

(2) 可选方案集被定义为可选择的区间,可以是天、周、月或其他期间;

(3) 项目故障概率密度函数$f(t)$为 IFR(一个递增的故障率);

(4) 系统只能处于两种状态之一,即失效或运行;

(5) 在失效之前进行替换是值得的,通过预防性的替换来避免失效是有保留的;

(6) 项目替换将系统恢复到与新状态一样好的状态;

(7) 设备故障时间可以用已知的概率密度函数$f(t)$表示;

(8) 与故障之间的时间相比,执行替换所需的时间是可以忽略不计的,因此不被视为一个循环。

从式(5.1)的假设变为式(5.2)。

$$cr(t) = \frac{c_a(1 - R(t)) + c_b R(t)}{\int_0^t xf(x)\,\mathrm{d}x + t(R(t))} \tag{5.2}$$

式中:$cr(t)$为成本率;$R(t)$为可靠性函数;$f(t)$为密度概率函数;c_a为故障后的成本替换;c_b为故障前的成本替换。

如前所述,大多数模型仅将分析限制在成本标准$cr(t)$上。因此,了解这方面的行为是很重要的。为了说明成本率的不同行为,假设$f(t)$为 Weibull 函数。此外,它的参数的不同值可以用来给出成本率如何随着不同的故障数据模式变化的想法。

假设(5.2)中$f(t)$为威布尔分布,可得

$$cr(t) = \frac{c_a\left(1 - \mathrm{e}^{\left[-\left(\frac{t}{\eta}\right)\right]^{\beta}}\right) + c_b \mathrm{e}^{\left[-\left(\frac{t}{\eta}\right)\right]^{\beta}}}{\int_0^t x\frac{\beta}{\eta}\left[\frac{x}{\eta}\right]^{\beta-1}\mathrm{e}^{\left[-\left(\frac{x}{\eta}\right)\right]^{\beta}}\mathrm{d}x + t\mathrm{e}^{\left[-\left(\frac{t}{\eta}\right)\right]^{\beta}}} \tag{5.3}$$

显然,只有当$f(t)$函数是 IFR 时,预防性维修才是有效的。在实践中,这

意味着一个基于时间的预防性维修行动,只有当故障机制与时间相关联时才是有效的。图 5.1 给出了 Weibull 密度函数 $f(t)$ 的不同参数 β 的成本率函数[式(5.3)]的一些性质。此参数与故障率函数增加的强度有关。

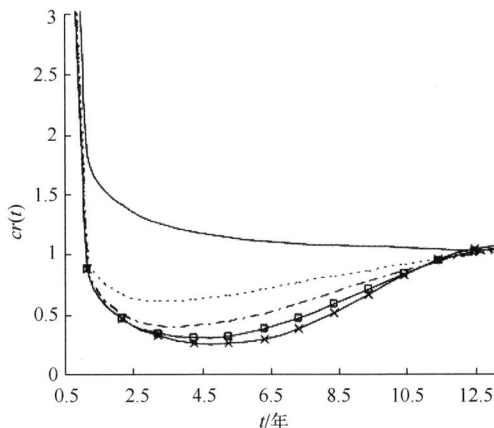

图 5.1　$c_a = 10, c_b = 1, \eta = 10$ 和不同 β 值的成本率函数:
$\beta = 1(\text{——}); \beta = 2(\cdots\cdots); \beta = 3(\text{——·——}); \beta = 4(\text{——}\square\text{——}); \beta = 5(\text{——}\times\text{——})$

在特定情况下,当 $\beta = 1$ 时,Weibull 分布对应于指数分布。在这种情况下,图 5.1 显示,没有最佳点的时间(年)替代。换句话说,没有说明预防性维修计划,只有在项目发生故障时才应进行更换。

另一种可能是,成本率函数呈现平滑的曲线,如 β 的小值。虽然在最佳点进行预防性维修有好处,但在成本方面并没有太大的差别,与在非最优点采取这一行动时没有太大的差别。

成本(c_b 和 c_a)的变化影响最小成本的时间(t),如图 5.2 所示。c_a/c_b 比值越大,时间 t 越小。这正是指导维修管理者的活动所必需的。为避免出现故障,管理准则应要求随着成本比率的增加,更多地采取预防性维修行动。

需要注意的是,在某些情况下,成本率没有提供关于进行预防性维修的最佳时间的信息,因为不同的备选方案(t 年)在术语或成本率方面具有几乎相同的评价。因此,为了做出决定,这个方面对 DM 没有帮助。例如,在考虑 $t>4.5$ 时,不应该在 $c_a = 3(\cdots\cdots)$ 的曲线中考虑它。

根据一项具体标准进行几乎相同评价的替代品在其他方面可能有很大不同。这就是为什么必须确保管理部具有尽可能广泛的视野,以便做出一致的决定。在下一小节中,在决策问题中引入了其他准则,包括从 MCMD/A 框架中构建多准则决策问题的一个步骤,以支持预防性维修间隔的选择。

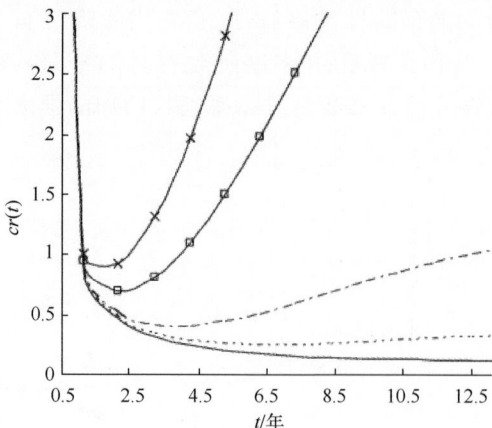

图 5.2　$c_b = 1, \eta = 10$ 和不同 c_a 值的成本率函数：$c_a = 1(—)$；
$c_a = 3(\cdots\cdots)$；$c_a = 10(—\cdot—)$；$c_a = 50(—\square—)$；$c_a = 100(—\times—)$

5.2.2　预防性维修中的 MCMD/A 模型

本小节按照第 2 章提出的决策结构进行组织。为了清晰起见，本节略去或粗略地考虑了本章中详细讨论的一些步骤。

1. 确定目标和标准

如第 2 章所述，这是最重要的步骤之一，因为目标影响决策过程的每一步。在预防性维修方面，成本只是维修目标的一部分。如第 3 章所述，维修职能的主要目标是：延长资产的使用寿命，确保令人满意的可用水平，确保系统的运作就绪，并保护使用这些设施的人员。这些目标是由维修职能作为一个整体来实现的。

没有必要强调，对于服务生成系统来说，系统可用性甚至更重要。当故障导致这些系统中断时，客户很容易察觉到它们。因此，可用性的增加可能会提高用户的满意度。停机时间是对这一目标的间接衡量。可用性还与系统的可靠性、系统不间断工作的能力有关。可靠性函数的行为如图 5.3 所示。

有时，可靠性被用作约束。然而，即使超过约束级别，也可能有助于区分替代方案。关于此方面的 DM 的偏好结构也应当考虑反映在 MCDM/A 结果中。

可用性、成本率、停机时间、操作故障之间的平均时间是与预防性维修决策相关的可能标准。在最近关于 MCDM/A 维护模型的文献综述中，描述了先前工作中考虑的几个准则，包括上面讨论的那些准则（de Almeida 等，2015）。

2. 建立备选方案集和问题

如第 2 章所述，这个步骤涉及 4 个主题：①建立备选方案的集合的结构；

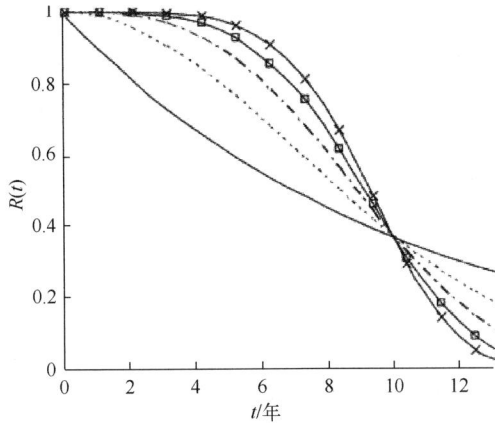

图 5.3　$\eta=10$ 和不同 β 值的可靠性函数:$\beta=1$(—);$\beta=2$(……);
$\beta=3$(— · —);$\beta=4$(—□—);$\beta=5$(—×—)

②建立要应用于该集合的问题;③产生备选方案;④建立后果矩阵。在预防性维修中,这些主题中的一些不是必需的,也不是直接定义的。在这个决策问题中,解决方案与预防性维修的时间间隔有关,因此问题是一个简单的选择,不需要考虑产生替代方案。因此,只需要讨论两个主题,即一组备选方案的结构和结果矩阵。

这些备选方案的种类可能完全改变要应用的 MCDM/A 方法。为了选择预防性维修间隔,这两种备选方案(离散或连续)需要不同的方法。如前所述,一组备选方案由维修策略中可以执行维护活动的不同可能时间间隔组成。

这个问题与经典的优化问题有关,其中备选方案集已经定义得很好,并且由用于预防性维护的连续时间间隔 t 组成。这个时间间隔 t 可以被看作日历中的天,使得备选方案集变得离散:$A=\{d_1,d_2,d_3,\cdots,d_n\}$。这个模型更现实,因为不需要使用包括白天或晚上任何时间的连续时间 t。对于预防性维修来说,选择一天 d_i 是一个合理的近似值,因为 24 小时的变化对与决策问题相关的结果没有相关差异,如图 5.1 所示。

在现阶段,确定了标准和一套备选办法之后,就可以建立后果矩阵,收集必要的成本数据和与标准有关的其他相关数据。对于这个特定的问题,这个矩阵的构造有些简单。

3. 识别自然状态

如第 2 章所述,自然状态(θ)对应于不能被 DM 控制并影响结果的方面。事实上,它们可能随机变化,从而可能深刻地影响决策过程的结果。该要素的建模过程采用了决策理论,包括 MAUT。

典型的 θ 是可靠性(de Almeida,Souza,2001),它影响着预防性维修决策问题中常用的指标可用性等结果。也就是说,可靠性并不是一个后果,尽管可以将其视为对模型的简化(Cavalcante,de Almeida,2007;de Almeida,2012)。

类似于备选方案的集合,自然状态集可以是离散的或连续的,并包含 θ 上的先验概率 $\pi(\theta)$。在维修预防问题中,由于故障数据较少,建立故障时间模型的概率密度函数可能是完全未知的,或者具有未定的参数。因此,如果合并了先验概率 $\pi(\theta)$,则概率建模任务将补充偏好建模。

4. 建立模型

偏好建模这一步骤为选择 MCDM/A 方法提供了信息,该方法与 DM 的偏好结构相一致,可以考虑补偿或非补偿因素的合理性。这个因素的主要问题是考虑哪一类方法更适合某一特定问题。这一过程可采用第 2 章中的建模程序。对 DM 合理性的分析是保证 MCDM/A 模型的结果真正反映 DM 偏好的关键。

在接下来的两个部分中,应用说明了使用补偿和非补偿的方法来支持预防性维修间隔的选择问题。

5. 标准内评估

对于一个具体的问题,这一步包括对任意 $j=1,2,\cdots,n$ 的价值函数 $v_j(x)$ 或效用函数 $u_j(x)$ 的推导,这与准则 j 的不同性能的值有关。

对于非补偿方法,序数值是足够的,因此可以轻松量化标准内评估。此外,对于排序方法,可以解决与无差异、偏好和不一致阈值相关的参数。

对于补偿方法,通常的结果包括每个备选方案的总体价值,反映了该备选方案的所有标准的综合。该总体价值来自与每个标准相关的效用函数 $u_j(x)$ 的集合。$u_j(x)$ 的评估依赖于启发程序。效用函数反映了 DM 对于不确定性情景的优先结构,考虑了 DM 在风险方面的行为。DM 可能认为风险中立、厌恶和易发风险。这些标准行为中的每一个都由效用函数 $u_j(x)$ 的特定形式反映。

6. 标准间评估

标准间评估是 MCDM/A 方法的一个基本步骤。标准之间的相互关系是将结果与任何其他方法区分开来的原因,即使考虑了多个方面,例如可用性和成本。例如,MCDM/A 方法的实质是如何在优惠领域中反映可用性和成本标准之间的冲突。

标准间评估包括通过启发程序确定标准权重的过程。这个过程和标准权重的含义取决于方法的类型。

7. 方案评价与敏感性分析

对于预防性维修间隔的选择,可选择的评估结果在适用的时间间隔内。

为了评估模型提供的结果随参数的变化以及假设简化是否影响结果,必须进行灵敏度分析。

这一步为 DM 提供了进一步的洞察力。在此过程中,可能会发现一些不明显的行为,为 DM 提供了一致决策所需的广泛视角。

8. 拟定建议

鉴于应用 MCDM/A 方法所获得的见解和观点,完整的报告应该包括整个决策过程的要点,以及在此过程中出现的主要方面。它应该提供在解释结果和建议的决定期间所要求的任何细节。

对原始问题的假设、简化和变更应该明确和清楚,以帮助传递对模型结果及其局限性的理解。

5.3　预防维修中的 MCDM/A 补偿模型

补偿方法通过标准之间的折中来处理 DM 的偏好结构,具有第 2 章中讨论的特征。在本节中,应用补偿方法来说明用于选择预防性维护间隔的 MCDM/A 模型。该模型基于 MAUT(de Almeida,Souza,2001;de Almeida,2012),并举例说明了一个电力公司的实际研究。

对于模型的洞察力是预防性维护决策问题的分析或结果空间。当这个结果空间不能被简化为一维时,经典的优化方法是没有用的。此外,当结果是多维时,DM 对每个标准的偏好必须被非常仔细地处理,因为在这个过程中的任何错误可能浪费将 DM 带到问题的中心的努力。

5.3.1　情景、备选方案和标准

这个问题的情景是一家电力公司,考虑成本率和可靠性标准(de Almeida,2012)。此应用情景所采用的底层模型是基于时间(年)替换模型,因此以前提出的所有假设和表达式在此应用中都是有效的。

所述备选方案集对应于时间间隔的离散集。例如,可以按通常间隔计算几个月或几天。在一个月间隔内,任何替代方案都是 30 天的倍数,因此备选方案集的元素可以用 $30i$ 表示,其中 i 是 $1\sim N$ 的任何正整数,N 是备选方案的数目。时间间隔概率分布的一个分位数可以用来选择 N,尽管在模型中它并不明确。

值得注意的是,对于基于替换时间(年)的情况,每当发生第一次故障时,应重新开始计时。这意味着应该非常谨慎地执行预防性维护操作的计划,因为日历时间对于帮助管理者安排特定的预防性维护操作没用,因此一旦计划生效,故障可能会迫使计划被重新安排。通过这种方式,使用基准时间并不意味着每

191

30i 天就会发生一次动作,而是意味着 30i 是特定项目在被另一个项目替换之前将运行的最大天数。日历逻辑对于基于块替换的策略有效,其中不必保持失效次数的寄存器。

如前所述,标准是成本率 $cr(t)$ 和可靠性 $R(t)$,其参数见表 5.1。

表 5.1 成本和可靠性函数的数据

威布尔	β	3
成本	η	1200
	更换成本 C_b	600
	故障成本 C_a	1200

可以建立结果矩阵应用于 $cr(t)$ 和 $R(t)$ 模型,如图 5.4 所示。

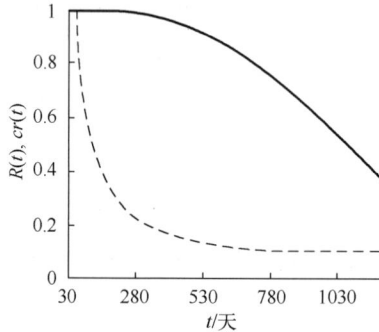

图 5.4 t 函数的标准:$R(t)$(——)和 $cr(t)$(········)

5.3.2 偏好建模和标准内以及标准间评估

对于标准内评估,找到了可靠性属性的逻辑函数 $U(R)$ 和成本属性的指数函数 $U(cr)$。可靠性的逻辑效用函数表明,DM 认为 $R>0.9$ 时的变化很小,而只有观察到 $R<0.8$ 的变化才是重要的。然而,成本越高,效用越小,这揭示了 DM 的风险规避行为。

在标准间评估方面,启发程序(Keeney,Raiffa,1976)包含了关于 DM 优先结构的一些公理的验证。这两个属性之间的相互效用独立性得到了确认,并因此应用了一个多线性效用函数,如式(5.4)所给出的。

$$U(cr,R) = K_1 U(cr) + K_2 U(R) + K_3 U(cr) U(R) \qquad (5.4)$$

式中:$U(cr)$ 为成本率标准的效用函数;$U(R)$ 为可靠性标准的效用函数;$U(cr,R)$ 为多属性效用函数;K_1、K_2、K_3 为比例常数,且 $K_1 + K_2 + K_3 = 1$。

在启发程序之后,这些比例常数获得的值是 $K_1 = 0.35$,$K_2 = 0.45$ 和 $K_3 = 0.20$。

5.3.3 结果和讨论

结果表明,$t = 600$ 天的总效用函数值最高,相当于 20 个月。应用仅考虑成本率标准的经典优化模型,最小成本率(t^*)的时间为 $t = 780$ 天,对应于 26 个月。

最小成本率(t^*)的可靠性 $R(780)$ 时间约为 0.75。因此,执行将成本率降至最低的政策可能是太冒险的,因为这一项目的故障概率可能被认为过高,不会有中断电力供应的风险。因此,不应忽视这一项目的可靠性。

在时间间隔$[540,660]$中,总效用函数在小于 0.009 的范围内变化。实际上,这意味着 DM 在预防性维修的时间间隔方面具有灵活性,而总体效用值没有明显下降。

当分析成本准则的效用形式变化时,可以发现另一个有趣的见解。分析表明,当用线性函数代替指数函数对成本率进行建模时,总效用会受到影响,并且在 $t^* = 360$ 天时达到最高值。在这种情况下,DM 并不是不愿意冒险稍微增加成本,所以当使用指数函数时被判断为不利的时间间隔越小,使用线性效用函数的结果就越好。

DM 可能会认为补偿方法的一个特征是不合适的。在这种方法中,在某些标准中性能非常差的替代方案可以通过其他标准中的良好性能来补偿,并且可以无限的方式发生。此功能不适用于非补偿方法。然而,这不是改变方法的理由,这种方法应仅基于 DM 的补偿合理性。解决这个问题的另一种方法是使用带有否决权的补偿方法(de Almeida,2013)。

5.4 预防性维修中的 MCDM/A 非补偿模型

在非补偿方法中,排序方法是遵循这种合理性的主要方法。在这些方法中,通过替代方案之间的成对比较来建立排序关系,并且可以考虑不可比性。PROMETHEE 家族的方法已应用于此案例(Chareonsuk 等,1997;Cavalcante,de Almeida,2007;Cavalcante 等,2010)。

本节介绍了两个应用。与先前的模型有一些相似之处,因此省略了建模过程的一些步骤。

5.4.1 第一个应用

考虑的标准是成本率和可靠性,就像以前的研究一样。设备选方案集为 $A = \{t_i\}$,其中 $t_i = 1.12, i = 1, 2, \cdots, 12$。

这些标准的参数见表 5.2。

表 5.2　成本和可靠性数据

威布尔	β	1.4
成本	η	1800
	更换成本 C_b	300
	故障成本 C_a	1800

结果矩阵见表 5.3。

表 5.3　决策问题的结果矩阵

替代方案	T	$R(t)$	$C_m(t)$
T1	720	0.9638	0.2526
T2	1440	0.9072	0.1633
T3	2160	0.8421	0.1401
T4	2880	0.7733	0.1327
T5	3600	0.7038	0.1315
T6	4320	0.6354	0.1333
T7	5760	0.5075	0.1413
T8	7200	0.3957	0.1522
T9	7920	0.3466	0.1582
T10	8640	0.3022	0.1644

对于 PROMETHEE 方法,如第 2 章所述,标准内评估产生偏好函数 $P_j(a, b)$,由此推导出 $\Pi(a, b)$。由于在本节中,$\pi(\theta)$ 表示先验概率函数,所以 $\Pi(a, b)$ 用于表示偏好函数集,尽管在第 2 章中,如一般文献中所示,它由 $\pi(a, b)$ 表示。

如式(5.5)所示,$\Pi(a, b)$ 基于 $P_j(a, b)$。

$$\begin{cases} \prod(a,b) = \sum_{j=1}^{N} P_j(a,b)w_j \\ \prod(b,a) = \sum_{j=1}^{N} P_j(b,a)w_j \end{cases} \qquad (5.5)$$

必须根据 DM 的偏好为每个标准 $j(w_j)$ 确定权重。

备选方案的评分基于结果和收入流,如第 2 章所述,并在式(5.6)和式(5.7)中予以回顾。

$$\phi^+(a) = \frac{1}{n-1}\sum_{x \in A}\prod(a,x) = \frac{1}{n-1}\sum_{x \in A}\sum_{j=1}^{k}P_j(a,x)w_j = \sum_{j=1}^{k}\phi_j^+(a)w_j \qquad (5.6)$$

$$\phi^-(a) = \frac{1}{n-1}\sum_{x \in A}\prod(x,a) = \frac{1}{n-1}\sum_{x \in A}\sum_{j=1}^{k}P_j(x,a)w_j = \sum_{j=1}^{k}\phi_j^-(a)w_j \qquad (5.7)$$

权重和标准内参数见表5.4。

表 5.4　偏好函数和标准特性

特　　性	R	C_m
最大值/最小值	Max	Min
权重	0.34	0.66
偏好函数	Type V	Type V
无差别阈值	0.001	0.00062
偏好	0.07	0.032

接下来的步骤是建立排序关系,如表5.5所示。

表 5.5　替代方案流

替代方案	T	ϕ^+	ϕ^-
T1	720	0.242142	0.660000
T2	1440	0.307792	0.318536
T3	2160	0.444011	0.022754
T4	2880	0.514990	0.037727
T5	3600	0.505728	0.092916
T6	4320	0.459229	0.164855
T7	5760	0.323753	0.248657
T8	7200	0.180039	0.409705
T9	7920	0.111208	0.533040
T10	8640	0.073333	0.674034

PROMETHEE Ⅰ方法应用如式(5.8)所示,P′、I′和 R′分别对应于偏好、冷漠和不可比性。

$$aP^Ib \Leftrightarrow \begin{cases} aS^+b \ e \ aS^-b \\ aS^+b \ e \ aI^-b \\ aI^+b \ e \ aS^-b \end{cases} \tag{5.8}$$

$$aI^Ib \Leftrightarrow aI^+b \ e \ aI^-b$$

$$aR^Ib,其他$$

如图 5.5 所示,最好的备选方案是 T3 和 T4,分别相当于每 2160h 或 2880h 更换一次。这些备选方案是不可比较的,这表明,管理事务部在做出选择时必须进一步选择,因为通过比较没有足够的资料或理由来对其中一种或另一种有特别的偏好。

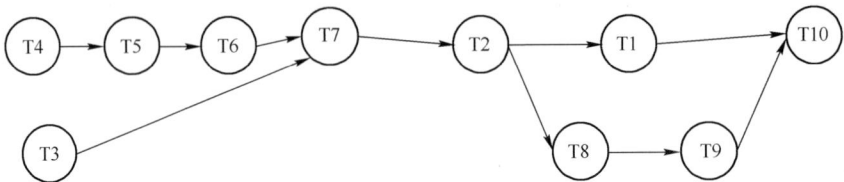

图 5.5　可供选择备选方案部分预先排序

正如第 2 章所阐释的,PROMETHEE Ⅱ方法提供了完整的预排序,强制在 T3 和 T4 之间进行比较。应该注意,使用 PROMETHEE Ⅰ 的结果比使用 PROMETHEE Ⅱ的结果更有说服力,因为不可比性是已知的。图 5.6 显示了 PROMETHEE Ⅱ的结果。

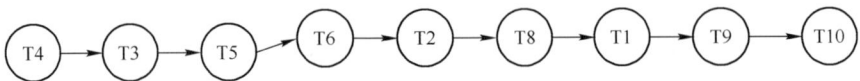

图 5.6　可供选择备选方案预先排序

5.4.2　第二个应用

这个模型采取了与以前的应用不同的假设(Cavalcante 等,2010):

● 用于维修行动的时间,无论是预防性更换或纠正性更换,都是不可忽视的,而且是众所周知的;

● 故障发生时间的分布是已知的,但其参数不清楚。

对于这两个基本的变化,表达式是不同的。尽管复杂性不断增加,但该模型是现实的,因为故障数据缺乏时间,使得时间分布参数未知。

考虑的替代方案是 100 的倍数,在间隔 [200,3000] 内。这些时间间隔以天为单位。表 5.6 给出了这个方案的数据。

表 5.6 偏好函数和标准数据

威 布 尔	$\pi(\beta)$		$\beta_1 = 3.4$
	$\pi(\eta)$		$\eta_1 = 4.5$
			$\beta_2 = 2.8$
			$\eta_2 = 2200$
成本	更换成本 C_b		\$250
	故障成本 C_a		\$1000
时间	预防性更换		0.5 day
	纠正性更换		3 days

标准的偏好函数均为 V 型,见第 2 章所描述的,这与绩效差异随着标准中的评估差异在线性关系中的增大而增大的情况相对应。此外,还存在两个阈值:无差异阈值和偏好阈值。

不同的权重值用来给 DM 提供更多关于这些值的敏感性的信息。从应用的变化来看,PROMETHE Ⅱ级代表的第一个解决方案,时间从 600 天改为 800 天。敏感度分析为 DM 提供了更多的信息,表明了预期的变化水平(Cavalcant 等, 2010)。

参 考 文 献

Barlow R,Hunter L (1960) Optimum Preventive Maintenance Policies. Oper Res 8:90-100.

Cavalcante CAV, Almeida AT de (2007) A multi – criteria decision – aiding model using PROMETHEE III for preventive maintenance planning under uncertain conditions. J Qual Maint Eng 13:385-397.

Cavalcante CAV,Ferreira RJP,de Almeida AT (2010) A preventive maintenance decision model based on multicriteria method PROMETHEE II integrated with Bayesian approach. IMA J Manag Math 21:333-348.

Chareonsuk C,Nagarur N,Tabucanon MT (1997) A multicriteria approach to the selection of preventive maintenance intervals. Int J Prod Econ 49:55-64.

Cox DR (1962) Renewal theory,vol 4. Methuen & Co,London.

de Almeida AT (2012) Multicriteria Model for Selection of Preventive Maintenance Intervals. Qual Reliab Eng Int 28:585-593.

de Almeida AT (2013) Additive-veto models for choice and ranking multicriteria decision problems. Asia-Pacific J Oper Res 30(6):1-20.

de Almeida AT, Ferreira RJP, Cavalcante CAV (2015) A review of multicriteria and multiobjective models in maintenance and reliability problems. IMA Journal of Management Mathematics 26(3): 249-271.

de Almeida AT, Souza FMC (2001) Gestão da Manutenção: na Direção da Competitividade (Maintenance Management: Toward Competitiveness) Editora Universitária da UFPE, Recife.

Glasser GJ (1969) Planned replacement - Some theory and its application (Probability theory applied to age and block replacement models in preventive maintenance of parts, noting inspection cost distribution). J Qual Technol 1:110-119.

Hwang CL, Tillman FA, Wei WK, Lie CH (1979) Optimal Scheduled-Maintenance Policy Based on Multiple-Criteria Decision-Making. Reliab IEEE Trans R-28:394-399.

Inagaki T, Inoue K, Akashi H (1978) Interactive Optimization of System Reliability Under Multiple Objectives. Reliab IEEE Trans R-27:264-267.

Jiang R, Ji P (2002) Age replacement policy: a multi-attribute value model. Reliab Eng Syst Saf 76(3):311-318.

Keeney RL, Raiffa H (1976) Decisions with multiple objectives: Preferences and Value TradeOffs. Wiley Series in Probability and Mathematical Statistics. Wiley and Sons, New York.

Scarf PA, Dwight R, Al-Musrati A (2005) On reliability criteria and the implied cost of failure for a maintained component. Reliab Eng Syst Saf 89:199-207.

Shafiee M, Finkelstein M (2015) An optimal age-based group maintenance policy for multi-unit degrading systems. Reliab Eng Syst Saf 134:230-238.

Slack N, Chambers S, Johnston R (2010) Operations management, 6th ed. Pearson Education, Harlow.

第6章　基于状态的维修决策

摘要　预测维修模型是一种能为维修管理领域提供很多便利的工具。本章为构建基于状态维修的决策模型提出了一种多准则方法。虽然预测维修使用了装备状态信息,但是预防性维修仅仅建立在时间基础上。本章讨论了基于状态的维修决策,并且提出了几种此背景下的构建多目标模型的有用方法。首先概括了CBM 的基本原理和监测检查活动的几个概念。延时的基本概念在 MCDM/A 方法中进行了陈述和讨论。接着介绍了一种基于多特征效用理论(MAUT)的决定状态监测检查间隙的多准则模型结构。参考模型、比例尺常数的获取、效用理论、DM 行为风险(倾向、中立、反对)这些方面均包含在决策模型中。以电力配送系统为背景,举例阐释了一种 MCDM/A 模型。因此,提出来的这种建立在 MAUT 上有公理结构的多准则模型,是为了解决一些独特需求,也做到了成本与待处理故障的停工时间和频率间的折中。

6.1　引　　言

　　装备制造商经常声明定期性的检查和预防维修活动必须依照一定的提示来进行,以便警告依然有效并且装备操作得当。各个工业维修队伍在他们多数的维修活动中需要遵循预决策制度。这样做的好处是因为它们简单。然而,就更新维修制度而言,操作中的装备状态信息没有考虑在内,这样的话一些设备没有被最佳地维修。因此,基于装备状态而不是使用年数的维修策略得到了发展,是为了提高维修行为的效率,延长装备的有效寿命。

　　Nowlan 和 Heap(1978)声称如果装备在没有预防性维修条件下被允许保持服役,它会使用状态监测进行维修,直至发生了功能性失效。基于状态的维修(CBM)被认为是个更宽泛的课题,并且包含状态监测。Jardine 等人声称 CBM是一种以收集的信息为基础的使用状态监测来推荐维修行为的维修程式。此外,仅当有证据表明实体装备有非正常行为时,CBM 会通过采取维护措施来尝试避免不必要的维修任务。de Almedia 等人 2015 年的文献综述指出,6.5%的有关 MCDM/A 方法的出版物探讨了这个主题。

　　Wang 和 Gao(2006)指出在缺陷引起不可预料的设备停工之前,对可实时监控设备状态、检测缺陷的起始和进展、灵活安排维修工序的更有效的技术需求在增加。Jardine 等人 2006 年声称诊断科学和预测科学是 CBM 方法两个很重要的方面。诊断科学处理缺陷发生时的检测、隔离和识别,而预测科学处理缺陷发生前的预判。

诊断技术具有潜在的经济回报,尤其是与矫正和预防性维修策略相比,它是适用于更多公司的工具。包含在主要技术中的是振动、声发射、油液分析、超声波、热影像、温度、速度、性能、腐蚀、输出功率、压力、电流等的测量或分析步骤。在 ISO 17359(2011)中可以找到状态监测数据采集分析的指导原则。

诊断学问题可以被描述为一种假设检验问题,因为系统状态是未知的。一种有效的诊断是那种有最小误差率的诊断。因为在假设检验中,诊断可能存在两种类型误差。它会错误声称产品有缺陷,事实上产品没有。这种误差也称为假阴性误差。另外,它会在产品事实上存在缺陷时声称没有,这种误差也称为假阳性误差。Berrade 等人 2012 年提出了两种为处理保护系统中的像假阳性(假报警)和假阴性这样的检验过程误差的模型。

Martin(1994)区分出了硬故障和软故障,它们展示在图 6.1 中。软故障导致了一种可预测的情况,它支持状态监测。但是硬故障是瞬间发生的。他指出预测维修涉及设备健康的定期监测以及仅当检测到功能失效时的维修安排,这使得机器组件的构造趋势和故障时间可以估计。

考虑到状态监测,预测技术是为了估计单个设备的剩余寿命。预测的概念超出了诊断的范畴。首先,故障是可检测的;其次,诊断是根据故障种类和严重程度来做的。为了评估设备的剩余有效寿命而预测故障进展也很重要(Ben-Daya 等,2000;Do Van,Berenguer,2012)。

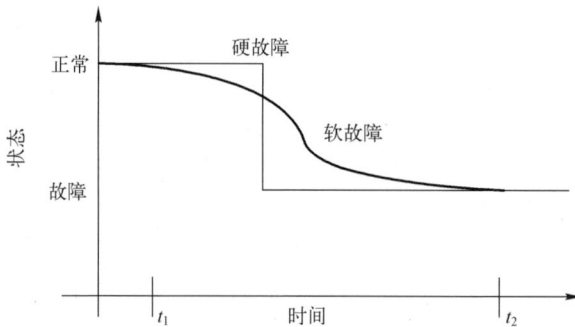

图 6.1　硬故障和软故障的状态演化

监测技术和飞行器诊断系统及其他复杂系统的发展让预测诊断受到追捧并且技术上可行成为共识。最常用到的预测手段是鉴于设备当前状况和过往运转记录来预测故障发生前的剩余时间,也称为剩余使用寿命(RUL)。Jardine 等人(2006)将预测学研究分类为 3 个领域:剩余使用寿命、预测合并维修策略、状态监测间隙。

根据 Wang(2008)的文献,当前的预测学方法可分为 3 个基本组:基于模型法、数据驱动法、混合法。使用随机滤波的剩余寿命建模是用在 CBM 中有重大意义的模型方法(Wang,Christer,2000)。Jardine 等人(1989)为将解释变量包括在模型中而提出了比例风险模型(PHM),以估计故障率。Vlok 等人(2002)使用一种 Weibull 比例风险模型来决定振动监测系统的最优更换。Wang(2011)概述了 CBM 监测物体的一种半随机滤波型剩余寿命预测方法。总之,预测信息是 CBM 的决策建模方面的一个关键要素。

6.2　监测和检测活动

Barlow 和 Prochan(1965)构建了检测策略模型,它假设故障只在实际检测时才会被发现,并且一般来说仅在故障发生,以及源于检测和故障的所有预期成本最小化的检查次数评估安排之后一段时间才会被发现。他们认为故障是从恶化的进程演化而来。该过程被认为是随机的,并且系统状态只有通过检测才能知道。

在检测策略中,故障检测前不建议更换或者维护。每个检测经常蕴含着不可行检测的成本。然而,故障和检测间的长时间停滞意味着惩罚性成本。最主要的挑战是找到最优检测策略来使预期所有成本最小化。例如,Chiu 等人(1999)提出的有关优先权约束系统和一系列的检测应该被决策。

Barlow 和 Prochan(1965)提出了一种指导对故障进行检测的使预期成本最小化的模型,即一种假设故障检测重新开始和几个被监测部件中使用单部件的机会替换策略的成本最小化的模型。

Ben-Daya 等人(2000)指出,对一些系统而言,对它们运转状态的连续监测并不经济合理,并且检测在对系统状态以预定的次数进行监测中是有用的,以减少系统故障的可能性。一旦检测到系统失控,就需要采取维修以使系统恢复至其可控的状态。

有些系统故障症状并不明显,并且劣化的程度仅仅通过检测才能知道(Fouladirad,Grall,2014;Chelbi,Ait-Kadi,2009;Grall 等,2002;Huynh 等,2012)。一些辅助系统的例子给出了警告。一种检测策略创建了时间,什么时候某个或者更多的运转参数应该得到控制,以判断系统是处于运转或失效状态(Chelbi,Ait-Kadi,2009)。

Chelbi 和 Ait-Kadi(2009)辨识出了两种普通状态。首先,如果系统正在工作或者处于失效状态,检测只是以评估为主要部分。其次,设备状态可通过直接或间接控制来进行评估,并且故障发生前可采取预防性措施,这被称为 CBM。

Chelbi 和 Ait-Kadi(2009)提出的一种基本检测模型。假设设备在时刻 X_i 检测,如果检测提示设备处于失效状态,新的同样的设备会立即取代它。检测时刻序列展示在图 6.2 中。

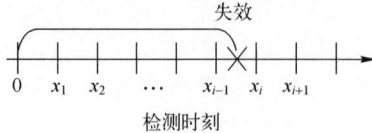

图 6.2　检测时刻序列

6.3　支持 CBM 的延时模型

Christer 和 Waller(1984)介绍了建立在两阶段失效过程基础上的检测模型,称为延时(DT)。他们称检测初始点 u 为出现缺陷能合理期待被检测识别出来的第一次机会。图 6.3 中从时刻 u 到失效时刻的时间 h 称为缺陷延时。延时代表的是缺陷发生后防止故障的时间窗口(Wang,2008)。

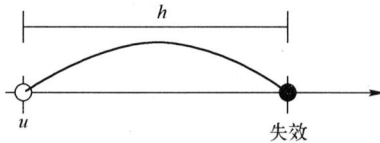

图 6.3　失效延时

在 DT 模型中,失效过程被看成一种非均匀泊松过程。运用检测策略的运转成本是可测量的。检测成本用 C_i 表示,指的是完成检测任务所需资源的价值。检测维修成本用 C_r 表示,由检测中修复鉴别出的故障而发生的必要成本所组成。总的来说,设备停工成本是惩罚性成本,与失效引起的后果成本相联系,这也是与产品损失相关的成本。停工修复成本用 C_b 表示。成本建立在延时基础上并且承认由这个根本方法所做出的重要假设。根据 Christer 和 Waller(1984)的文献,一个基本检测模型的预期检测策略成本可以由式(6.1)列出。

$$C(T) = \frac{\lambda T\{C_b b(T) + C_r[1-b(T)]\} + C_i}{(T+d)} \tag{6.1}$$

式中：T 为检测间隔时间；$f(h)$ 为延时的概率密度函数；λ 为每周期时间的缺陷出现率；C_b 为平均故障修复成本；C_r 为平均修复成本；C_i 为平均检测成本；d_b 为修复故障平均停工时间；d 为检测时间的预期延续（$d \ll T$）；$b(T)$ 为宕机引发故障的概率。

初始瞬时自最后检测后随时间均匀分布并且与 h 无关，在初始瞬时缺陷可能假设在计划内首先会上升，如式（6.2）所列。

$$b(T) = \int_0^T \left(\frac{T-h}{T} \right) f(h) \, \mathrm{d}h \tag{6.2}$$

就有效性而言，该准则与失效的非金融因素相关。这反映了系统在检测策略影响下的运行性能。有效性是指系统处于有效时间所占的百分比。因此就服务系统而言，这种有效性相当于为客户提供服务的时间百分比。因而，有效性越低，客户不满意度越高。

此外，评定检测策略性能的一个关键因素是系统有效性。可以评估宕机时间以反映该因素。根据 Christer 和 Waller（1984）的文献，基本检测模型的期望宕机时间用式（6.3）表达：

$$D(T) = \frac{\lambda \cdot T \cdot d_b \cdot b(T) + d}{(T+d)} \tag{6.3}$$

6.4　CBM 中的多准则和多目标模型

诊断技术在不断发展，它能识别出大多数初始缺陷。预测技术能更精确估计剩余寿命。CBM 的这两个领域一直建立在数学和统计评估技术基础上。Jardine 等人（2006）提出数据获取、数据处理、维修决策是 CBM 项目的 3 个关键步骤。假设一组同类型的设备具有相同的剩余使用寿命。取决于失效的影响，一台设备会被更频繁地检测；或者由于失效的可能性，预防性维修活动会先前行动。在决策过程中，DM 的维修策略性能参数选择也可被建模。当考虑多个目标时，可开发 MCDM/A 模型支持 CBM 项目。文中讨论了几个 CBM 项目的 MCDM/A 模型的例子。

Carnero（2006）提出一种用层次分析法（AHP）、贝叶斯理论建立的预测维修项目评估制度。Sasmal 和 Ramanjaneyulu（2008）分析了在模糊条件下使用 AHP 方法评估桥梁状态的一套方法。形象的、综合的、细致的评估是所考虑的准则。Tanaka 等人（2010）提出变电站维修用设备的健康评估和 AHP 升级计划的过程，并且将可靠性、硬件兼容与调节作为模型准则。就电力工业的检测计划，Sergaki 和 Kalaitzakis（2002）定义了一种给元器件危险程度排序的模糊模型，他们将安全性、可靠性、经济性、多运行状态、环境影响混合为准则。Ferreira 等人（2009）提出了一种建立在延时概念基础上的多目标最优化模型，其中成本和停机时间是模型的目标函数。

Kim 和 Frangopol（2010）开发出了两个目标（监测成本和有效性）的多目标模型，从中可得监测和预测期间的帕累托解。Liu 和 Frangopol（2005）对危化桥梁的状态和安全水平使用一种多目标遗传算法来平衡寿命周期的维修成本目标。Marseguerra 等人（2004）提出了一种基于遗传算法的多目标优化方法，他们将系统失效概率和方差作为目标。Martorell 等人（2006）展示了双态的多目标遗传算法以完成定期测试间隙（TI）的同步优化。

Podofillini 等人（2006）提出了一种多目标遗传算法来优化铁路轨道的经济性以及安全相关方面的检测和维修程序。使失效概率依赖于要求、假的出错率、周期寿命成本的是被 Torres-Echeverria 等人（2009）用在安全工具体系的证明测试策略的优化模型的目标函数，他们的模型融合了 NSGA - Ⅱ遗传算法。Zio 和 Viadana（2011）生成了一种多目标差分解来优化高压注入系统的检测间隔，无效性、成本、展示时间是该模型的对象。

6.5　状态监测中的 MCDM/A 方法

Barlow 和 Prochan（1965）、Nakagawa（2005）认为，最常见的假设是下次检查时，任何失效都可被发现。一种衍生方法对延时进行了分析。延时——两步失效过程，是从系统缺陷被发现的第一时刻至维修再也不能被推迟时的时间流逝，因为再推迟可能会发生诸如失效引起严重灾难这样的难以接受的后果（Christer，1999）。Wang（2012）调查了维修管理应用中的延时重要性。延时模型在几种背景中得到了应用。在某个制造业例子中，Jones 等人（2009）对建立在延时分析基础上的有关环境代价、公司经济价值、公司形象的破坏效应等失效后果的主观措施进行了评估。Pillay 等人（2011）把延时模型应用在了渔船的检测间隙决策中。

检测任务能在失效前识别出中间状态。Ferreira 等人（2009）以 MAUT 为基础建立了 MCDM/A 决策模型以辅助检测模型的维修计划。该模型考虑了 DM 的参数选择，也考虑了最重要的方面——设置定期状态检测的检测间隙，并且这些是与检测策略关联的成本和停机。

检测可解释为一组检查和观测任务，为的是就检测项目的特征和属性进行分类。当检测明确下来，公司能使维修成本最小化，并且提高系统的有效性。总的来说，利润存在于设备状态的发现中，无论它是否有缺陷。

管理者感兴趣的是平衡检测策略成本与系统性能的改进。事实上,依赖于复杂系统所支持的生产过程,失效引起的短暂中断可导致潜在的经济损失。

因为模型建立在延时概念基础上,所以模型的构建应该考虑延时方法做出的一般假设。当且仅当复合属性效用函数可预测时才建议使用 MAUT 模型,它认为成本的属性和有效性是可预测并且相互独立的。对这些准则,预测公式用下式表示为

$$\max u(C(T),D(T)) = k_c u_c(C(T)) + k_d u_d(D(T)) \tag{6.4}$$

式中:K_c 为成本准则的比例常数;$u_c(C(T))$ 为成本准则的状态效用函数;k_d 为停机准则的比例常数;$u_d(D(T))$ 为停机准则的状态效用函数。

根据 Keency 和 Raiffa(1976)的文献,MAU 函数的评估过程一般包含 5 个步骤:①介绍术语和概念;②确认有关独立假设;③评估状态效用函数;④评定比例常数;⑤连续性和重复性检查。

第一步包含使 DM 理解效用函数的主要目的,尤其使其理解结果空间。针对我们的特殊情况,弄明白这些很重要:t(检测时间)被认为是可行的选择,T 是所有检测次数选择的设置。这种情况下,所有检测次数选择的设置定义为 $T = [0,\infty]$。对每一次检测时间 t,会产生成本结果 $C(t)$ 和停机结果 $D(t)$。例如,点 $(C(t_1),D(t_1))$ 属于结果空间。图 6.4 是这个问题的结果空间的一个例子展示。

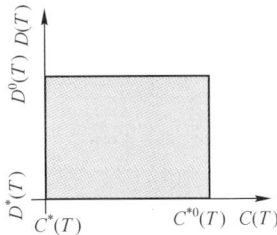

图 6.4　成本和停机的结果空间

第二步是确定一些与所考虑准则相关对 DM 也是真实的独立假设。效用独立性需要被检查以评估理论假设。如果这个独立发生,那么 MAU 函数就很简单,否则需要更多复杂函数来表达这个函数。

一旦观测到额外独立性,当求解 MAU 函数时可广泛探究分化策略和乘数。因此,对每个属性应该相应地引出每个一维效用函数。一些情况下,有选择性地,特殊分析函数可用在对特定属性的 DM 行为特殊瞬间的有趣描述上。

第三步一般是引出每个准则的状态效用函数。状态效用函数一般通过直接评估或者效用函数的估计来实现。一些情况下,由分析表达式来充当呈现某些

特殊准则效用函数的模型。

至于第四步,确定比例常数主要依赖于第二步。如果确认了附加独立条件,我们可使用图 6.5 所示抽签法来确认常数的值。最后,MAU 函数 $U(C(T), D(T))$ 应该被最大化以找出与成本和停机相关的检测时间的最好选择。

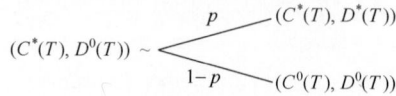

$$(C^*(T), D^0(T)) \sim \begin{matrix} \nearrow^{p} (C^*(T), D^*(T)) \\ \searrow_{1-p} (C^0(T), D^0(T)) \end{matrix}$$

图 6.5 求比例常数 K_c 的抽签法

图 6.6 中概括了 MAUT 应用的步骤,展示了部分建模流程,它建立在如第 2 章给出的建立 MCDM/A 模型流程一样的普通流程基础上。这个特殊流程中的一种特性是生成参数设置的帕累托前置识别的使用。

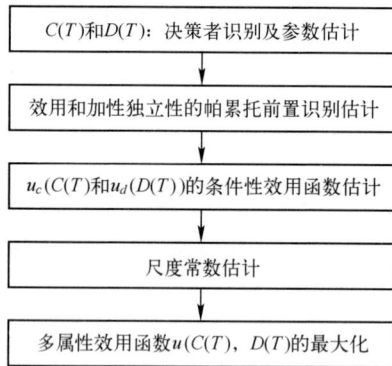

$$\boxed{C(T)和D(T):决策者识别及参数估计}$$
$$\downarrow$$
$$\boxed{效用和加性独立性的帕累托前置识别估计}$$
$$\downarrow$$
$$\boxed{u_c(C(T))和u_d(D(T))的条件性效用函数估计}$$
$$\downarrow$$
$$\boxed{尺度常数估计}$$
$$\downarrow$$
$$\boxed{多属性效用函数u(C(T), D(T))的最大化}$$

图 6.6 状态监测检测间隙的决策模型结构

6.6 电力配送公司状态监测的 MCDM/A 模型建立

维修管理是一项商业工作,目的是保证产品资源的有效性以使组织运转。以电力配送公司为背景,电力的获取对社会来说必不可少。因而,政府监管机构在控制这些公司的服务质量上扮演了重要的角色。为了整个社会的利益,监管机构为电力市场提供有利条件以在平衡的代理商环境中发展。本节开展了一个案例学习来评价和运用以一个巴西电力配送公司数据为基础的决策模型性能(Ferreira,de Almeida,2014)。

在几个国家,电力配送公司处于政府监管机构的控制环境中。开发多个性能指标来保证服务质量,它也被监管结构所监督。公司的盈利状况与这些目标直接相关。两个相关联的测量系统中断平均持续时间和频率的配送可靠性指标被称为系统平均中断频率指标(SAIFI)和系统平均中断持续时间指标(SAIDI) (Cepin,2011)。因此,用来评估被电力中断影响的顾客数量的一项测量受预期失效数目—SAIFI 等效估计的驱动,该测量用于检测策略中,被 Wang(2008)定义为式(6.5)。

$$E[N_f(T)] = \int_0^T \lambda F(t)\,dt \tag{6.5}$$

式中:$F(t)$ 为延时累计分布函数。

以延时概念为基础,代表着 SAIDI 的等效估计是停机时间 $D(T)$,用式(6.6)表示:

$$D(T) = \frac{d_f \cdot E[N_f(T)] + d_s}{T + d_s} \tag{6.6}$$

其中,失效会被立刻以平均成本 C_f 和停机时间 d_f 修复。

检测每隔 T 周期发生一次,花费成本为 C_s、耗费时间为 d_s,其中 $d_s \ll T$。检测成本由延时概念决定,用式(6.7)表示(Christer,1999):

$$C(T) = \frac{c_f \cdot E[N_f(T)] + c_s}{T + d_s} \tag{6.7}$$

当要决定电力系统的检测频率时,有几个因素值得考虑,比如系统有效性和中断次数。在电力行业,因为服务的特许经营带来的强大影响,应该避免失效带来的后果。

应该使用多准则模型来解释检测间隙策略,该策略能满足 3 个目标,即最小化顾客所经历的基于预定时间段、中断长度、系统成本的持续中断次数。

MAUT 用来为该问题建模(Keeney,Raiffa,1976)。这样做的主要理由是基于假设——DM 对该问题的论证是该理论公理结构的代表。在该理论中,准则的修正意味着综合函数的使用,它的目标是把所有准则集合在一个分析函数内。因此,DM 的参考架构应该建立在修正概念基础上。

假设有个维修管理者,他的职责是决定状态监测的检测间隙。因此,通过 MAUT 推荐的模型得到开发是为了满足他/她的要求,以便评估 MAU 函数。这种情况下,所有的检测时间选择设置定义为 $T = [0, \infty]$。每一次检测时间 t,对应着一个关于成本 $C(t)$、停机时间 $D(t)$ 和预期失效次数 $Nf(t)$ 的结果。例如,点 $(C(t), D(t), Nf(t))$ 属于结果空间。

图 6.7 展示的是该问题的结果空间的一个例子。DM 有意同时最小化结果空间的 3 个维度。该问题包含着最佳检测时间的选择,但是结果的 3 个维度又

存在冲突。

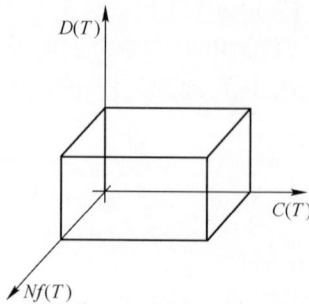

图 6.7　结果空间的三准则:停机时间、成本、失效次数

　　图 6.7 所定义的结果空间展示了这 3 个因果的所有可能组合,但是一般来说这个空间呈现了很多不可实现的点,比如在每个维度上都最优化的点 $(C^*(t),D^*(t),Nf^*(t))$。假如这个点是可行的,那么就没必要用多准则方法来为该问题建模,因为这个点影响了其他所有选择并且只能选它。

　　在 MAUT 的使用中,优先选择、有效性和附加独立条件是我们要探讨的 3 个重要概念。有效独立是 MAUT 中等同于多变量概率理论的概率独立概念。有效独立条件说明 MAU 函数必定是一种特殊形式。一般来说,独立假设极大简化了原始有效函数评估。这 3 个特征是附加独立条件,如果由两个联合概率分布所定义的任何两个抽签的配对优先比较,仅仅依赖于它们的边界概率分布(Keeney,Raiffa,1976)。

　　建立在附加有效性概念基础上,当且仅当这 3 个特征效用函数是附加的,能得出推论这 3 个特征是附加独立。对这些准则而言,附加独立公式可表示为

$$u(C(T),D(T),Nf(T))=k_c u_c(C(T))+k_d u_d(D(T))+k_n u_n(Nf(T)) \quad (6.8)$$

式中:k_c 为成本准则比例常数;$u_c(C(T))$ 为成本准则的状态效用函数;k_d 为停机准则的比例常数;$u_d(D(T))$ 为停机准则的状态效用函数;k_c 为失效数目准则比例常数;$u_n(Nf(T))$ 为失效数目准则的状态效用函数;

　　该应用建立在某电力配送公司的秘密案例学习基础上。尽管该应用的图解和其他方面并不是真实数据,但是它们已被适当修改以代表一个真实一致的背景。

　　该公司的目标是最小化因检测策略引起的成本、停机时间、系统中断预期数目。以前面章节所提出的模型为基础,应用该模型的第一步是识别 DM。公司负责做此决定的维修经理对此很熟悉。该模型的参数估计及说明见表 6.1。

表 6.1　模型参数

参　数	值
λ	每天 0.005 次失效
h	威布尔分布(1.9;200)
d_s	0.01 天
d_b	2 天
C_b	US$500.00
C_i	US$25.00

由于 MAU 函数的影响,检测时间的最大功效是 44 天时间内 0.8981。图 6.8 展示的是检测间隙的效用。

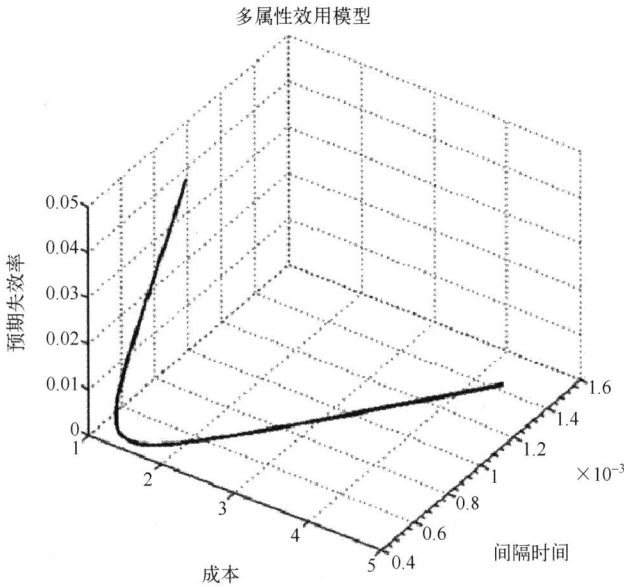

图 6.8　MAU 函数

本节阐释的是用 MAUT 来支持某电力输送公司的检测策略计划。顾客所经历的给定时间段、中断长度、系统成本的持续性中断的次数是所要考虑的 3 个主要目标。延时概念用来为失效过程建模。

依照该公司的监管法律,MAUT 用来为成本、SAIDI 和 SAIFI 准则优先级建模,并且用合适的方法处理可能结果的折中。该模型被一个巴西公司经理评估和批准生效。

预测维修和监测的建模是一种为维修管理领域带来很多便利的工具。本章

209

提出了一种 CBM 决策建模的多准则方法。因此,所提出的多准则模型目的是回答了建立在 MAUT 基础上的这种需求,它拥有公理结构且能处理预期和检测策略停机时间成本间的冲突。

参 考 文 献

Barlow RE,Proschan F(1965)Mathematical theory of reliability. John Wiley & Sons,New York.

Ben-Daya M,Duffuaa S,Raouf A(eds)(2000)Maintenance,Modeling,and Optimization. Kluwer Academic Publishers,Norwell.

Berrade MD,Cavalcante CAV,Scarf PA(2012)Maintenance scheduling of a protection system subject to imperfect inspection and replacement. Eur J Oper Res 218:716-725.

Carnero MC(2006)An evaluation system of the setting up of predictive maintenance programmes. Reliab Eng Syst Saf 91:945-963.

Č epin M(2011)Assessment of Power System Reliability:Methods and Applications. Springer London.

Chelbi A,Ait-Kadi D(2009)Inspection Strategies for Randomly Failing Systems. In:Ben-Daya M,Duffuaa SO, Raouf A, et al.(eds)Handb. Maint. Manag. Eng.SE - 13. Springer London, pp 303-335.

Chiu SY,Cox LA Jr,Sun X(1999)Optimal sequential inspections of reliability systems subject to parallel-chain precedence constraints. Discret Appl Math 96 - 97:327-336.

Christer AH(1999)Developments in delay time analysis for modelling plant maintenance. J Oper Res Soc 50:1120-1137.

Christer AH, Waller WM(1984)Delay time models of industrial inspection maintenance problems. J Oper Res Soc 35:401-406.

de Almeida AT,Ferreira RJP,Cavalcante CAV(2015)A review of multicriteria and multiobjective models in maintenance and reliability problems. IMA Journal of Management Mathematics 26(3):249-271.

Do Van P,Bérenguer C(2012)Condition-Based Maintenance with Imperfect Preventive Repairs for a Deteriorating Production System. Qual Reliab Eng Int 28(6):624-633.

Ferreira RJP,de Almeida AT(2014)Multicriteria model of inspection in a power distribution company. Reliab Maintainab Symp(RAMS),2014 Annu 1-5.

Ferreira RJP,de Almeida AT,Cavalcante CAV(2009)A multi-criteria decision model to determine inspection intervals of condition monitoring based on delay time analysis. Reliab Eng Syst Saf 94:905-912.

Fouladirad M,Grall A(2014)On-line change detection and condition-based maintenance for systems with unknown deterioration parameters. IMA J Manag Math 25(2):139-158.

Grall A,Bérenguer C,Dieulle L(2002)A condition-based maintenance policy for stochastically deteriorating systems. Reliab Eng Syst Saf 76(2):167-180.

Huynh KT, Castro IT, Barros A, Bérenguer C (2012) Modeling age-based maintenance strategies with minimal repairs for systems subject to competing failure modes due to degradation and shocks Eur J Oper Res 218(1):140-151.

ISO 17359:2011 (2011) Condition monitoring and diagnostics of machines - General guidelines. International Organization for Standardization.

Jardine AKS, Lin D, Banjevic D (2006) A review on machinery diagnostics and prognostics implementing condition-based maintenance. Mech Syst Signal Process 20:1483-1510.

Jardine AKS, Ralston P, Reid N, Stafford J (1989) Proportional hazards analysis of diesel engine failure data. Qual Reliab Eng Int 5:207-216.

Jones B, Jenkinson I, Wang J (2009) Methodology of using delay-time analysis for a manufacturing industry. Reliab Eng Syst Saf 94(1):111-124.

Keeney RL, Raiffa H (1976) Decisions with multiple objectives: Preferences and Value Trade-Offs. Wiley Series in Probability and Mathematical Statistics. Wiley and Sons, New York.

Kim S, Frangopol D (2010) Cost-Effective Lifetime Structual Health Monitoring Based on Availability. J Sturct Eng 137:22-33.

Liu M, Frangopol D (2005) Multiobjective Maintenance Planning Optimization for Deteriorating Bridges Considering Condition, Safety, and Life-Cycle Cost. J Struct Eng 131:833-842.

Marseguerra M, Zio E, Podofillini L (2004) Optimal reliability/availability of uncertain systems via multi-objective genetic algorithms. Reliab IEEE Trans 53:424-434.

Martin KF (1994) A review by discussion of condition monitoring and fault diagnosis in machine tools. Int J Mach Tools Manuf 34:527-551.

Martorell S, Carlos S, Villanueva JF, et al. (2006) Use of multiple objective evolutionary algorithms in optimizing surveillance requirements. Reliab Eng Syst Saf 91:1027-1038.

Nakagawa T (2005) Maintenance Theory of Reliability. Springer, London.

Nowlan FS, Heap HF (1978) Reliability-centered Maintenance. Dolby Access Press.

Pillay A, Wang J, Wall AD, Ruxton T (2001) A maintenance study of fishing vessel equipment using delay time analysis. J Qual Maint Eng 7:118-128.

Podofillini L, Zio E, Vatn J (2006) Risk-informed optimization of railway tracks inspection and maintenance procedures. Reliab Eng Syst Saf 91:20-35.

Sasmal S, Ramanjaneyulu K (2008) Condition evaluation of existing reinforced concrete bridges using fuzzy based analytic hierarchy approach. Expert Syst Appl 35:1430-1443.

Sergaki A, Kalaitzakis K (2002) A fuzzy knowledge based method for maintenance planning in a power system. Reliab Eng Syst Saf 77:19-30.

Tanaka H, Tsukao S, Yamashita D, et al. (2010) Multiple Criteria Assessment of Substation Conditions by Pair-Wise Comparison of Analytic Hierarchy Process. Power Deliv IEEE Trans 25:3017-3023.

Torres-Echeverría AC, Martorell S, Thompson HA (2009) Modelling and optimization of proof testing policies for safety instrumented systems. Reliab Eng Syst Saf 94:838−854.

Vlok PJ, Coetzee JL, Banjevic D, et al. (2002) Optimal component replacement decisions using vibration monitoring and the proportional-hazards model. J Oper Res Soc 53:193−202.

Wang L, Gao RX (2006) Condition Monitoring and Control for Intelligent Manufacturing. Springer Series in Advanced Manufacturing, Springer, New York.

Wang W (2008) Delay time modeling. In:Kobbacy KAH, Murthy DNP (eds) Complex Syst. Maint Handb. SE − 14. Springer London, pp 345−370.

Wang W (2011) Overview of a semi-stochastic filtering approach for residual life estimation with applications in condition based maintenance. Proc Inst Mech Eng Part O J Risk Reliab 225: 185−197.

Wang W (2012) An overview of the recent advances in delay-time-based maintenance modeling. Reliab Eng Syst Saf 106:165−178.

Wang W, Christer AH (2000) Towards a general condition based maintenance model for a stochastic dynamic system. J Oper Res Soc 51(2):145−155.

Zio E, Viadana G (2011) Optimization of the inspection intervals of a safety system in a nuclear power plant by Multi − Objective Differential Evolution (MODE). Reliab Eng Syst Saf 96: 1552−1563.

第7章 维修外包决策

摘要 本章阐释的是关于维修合同的维修外包决策 MCDM/A 多准则方法的关键方面,包括合同的选择(如修理合同)和供应商选择。合同设计是种多目标任务,它需要维修经理或 DM 在合同与服务提供商投标的组合中做出选择。鉴于这种问题的多目标属性,本章提出了包括维修能力、独立能力、修理质量、除成本之外的其他方面的模型。所提出的决策模型考虑多特征效用理论方法来解决代偿优先性和需要高级方法的 ELECTRE 优先性。用功效理论和决策理论基础考虑 DM 行为风险(倾向、中立、反对)是为了在决策模型中包括自然状态。这样,大多数问题是关于供应商和合同选择,当考虑到所有合同和供应商的组合作为选择时它能建模成一个简单问题,包括维系服务提供商承担的机构内部维修的可能性。依据组织情况和维修功能所具有的战略意义,维修外包决策可能被分为几个阶段。因此,定义对这些问题的一个关键性能指示,依赖于组织类型、能力、维修活动的数量,同时战略目标的折中平衡是为了确保系统的可用性。

7.1 引　　言

自从有管理理论以来,就裁员、核心竞争力、商业过程再造及其他管理趋势一直存在激烈争论,它们被普遍应用于外包中。这些讨论也可应用在维修中。根据 Buck-Lew(1992)的观点,当一个公司需要外部公司补充它在组织中的一项或多项功能的服务时,它会寻求外包。外包决策与合同选择(de Almeida, 2001b)、合同设计、供应商选择决策非常相关。

在 de Almeida(2007)看来,外包决策需要越来越多的关注,因为合同价格不是 DM 考虑的唯一方面。因此,MCDM/A 技术内含评估合同成本和关联服务表现的最合适工具。de Almeida 等人(2015)检索发现,该主题出现在 2.7% 的可靠性和可维修性的 MCDM/A 方法的有关出版物中。

像其他组织领域比如信息系统(IS)所发现的一样,维修外包趋势被技术快速发展严重影响。Murthy 和 Jack (2008)指出,带来更多复杂和昂贵设备的技术进步的作用,增加了维修该设备所需要的专业技术的水准,也带来了大量需要不断升级的劳动力特技和诊断工具。

Murthy 和 Jack(2008)也提醒说政府设施的维修传统上来说维持于机构内部。这也随着管理趋势发生了变化,例如有了第二方来完成诸如公路和铁路维修服务的活动。

这样的话,外包就成为很多机构跟随的趋势,他们希望把精力集中在核心能力上。并且由于技术进步,维修外包决策方面增加和激发了大量文献文章,特别是因为大多数机构并不把维修看作商业活动。

以文献为基础,本章提出了一些主要的 MCDM/A 维修外包决策问题和准则,它们可能被考虑用来指导这些决策。此外,维修外包决策问题也得到解决,包括合同选择。

外包决策是战略性的,它们中的大多数包括定义哪个功能和活动是外包的候选,以及哪些应该在机构内部解决。另外,需要建立维修服务供应商会采用的准则和关键性能指标,它们应该在外包合同中结构化。

而且,当要选择服务供应商时,还有一个选择性的问题。这些决策建立在多因素基础上,它们强调 MCDM/A 方法是这些决策固有的。

通过对所有可用合同和供应商的组合作为选择进行评估,包括如果机构有能力实施自己的维修活动的内部维修服务,这些决策能被构建成一个单独的决策问题。这样,内部维修服务也是服务供应商选择之一。因此,最后的建议将会反映出活动是否会采取外包和将会选择哪个合同。

在这些决策中很明显需要考虑 MCDM/A,尤其是面对使维修问题变得更有战略性和关联性的问题。首先,选择一项活动是否进行外包时,战略方面被视为该项活动所考虑外包的影响的关键性能指标。有关外包合同中建立的外包要求有几个特征,它们被认为与用其评价这些合同的目标有关。同样,这也可以应用在服务提供商一览表的决策上。传统上来说,成本会在这些准则间考虑。

考虑 MCDM/A 方法的需求源于与这些决策相关的几个因素,它需要方法论的支持以确保 DM 会得到支持以根据他/她的偏好去合理评价这些因素。接下来的部分,特定问题得到解决,文献中出现准则来解决外包决策。

本章以 MCDM/A 为观察点,它也适用于供应商选择,以维修和修理合同问题为中心。维修外包决策相关文献中还有其他一些关于担保、扩展担保、维修合同设计的问题。本章没有解决这些问题。

7.2 外包需求和合同参数的选择

外包维修策略与合同管理联系紧密。合同立约方(将其一项或多项服务外包出去的公司—当事公司)与合同承约方(服务供应商)之间的关系由合同控制,在合同中参与各方明确约定时间内履行的服务规则。

维修领域的服务合同通常强调条款的法定权利,这些条款会涉及处理价格、再调整价格的形式、付款方式、所提供服务的质量和担保条款、技术方面、第三方责任转移、保留/罚款/损失、终止日、期限、信息交换(通信渠道)以及这种关系的其他重要方面。

Brito 等人(2010)认为,鉴于目前减少成本和聚焦核心能力增加竞争力的趋势,选择合同在维修外包过程中是个非常重要的阶段。学者实施了很多关于外包和维修合同的研究,其中大部分是处理质量方面的(Kennedy,1993;de Almeida,2005)。这样,MCDM/A 在支持 DM 处理多冲突准则中扮演着重要角色,与选择外包合同过程中的不确定性相关联(Brito 等,2010)。

Wideman(1992)说当公司考虑外包时,他们需要在雇佣开始时,做关于竞标公司的先行调查。Martin(1997)认为,维修合同当事方对订立承诺给予更高利润、增加流动性、更低的维修成本的新型合同很感兴趣。

从历史观点看,工业领域的初始实践是以人力资源形式雇佣维修服务,也就是以人力工时付费。这种类型合同里,维修服务供应商的唯一职责是保证他们员工在顾客工厂里工作,这样根据员工总的工作时间,供应商得到报酬。人力资源合同的主要缺陷是:不专业的人事、低生产率服务、低质量的服务、高发事故率、不履行劳动法。

尽管这种类型合同广泛被采用,但是它并不要求外包员工致力于提供优秀产品,不变的是,中长期来看对工业的后果是负面的。这样的话,该类型合同导致相对高的商业风险,如果该公司定位为全球优化组合之一,它不应该被通过。这是因为尽管可能维修成本会有明显下降,但是会产生总结果的非预期效应。

该类型合同实际上是单方面关系。从比赛理论角度看,可以说策略合同短期是“赢-输”,但实际上中长期来说,它会变成一种“输-输”策略。因此,有时这种模型被证明对合同当事方和服务方都不利。

鉴于以上所讨论的问题,工业领域形成了另一种不同类型的合同:对特定维修岗位或者特种设备机械的特殊维修服务进行外包雇佣。这种类型合同以单独形式或者混合合同的子部分形式出现,后者在工业领域被广泛采用。这种类型合同的优点在于:更优资质的劳动力、生产率的提升、更优质的服务。

外包维修活动历程进展为雇佣单个或者少许供应商,他们更加专业化,更能胜任,也对整个维修过程承担责任。在这个阶段,由维修领域的公司和当事方之间的合伙关系所建立的相互关系变得成熟。

该类型合同里,合同当事方必须对外包活动给予支持,并且要让外包服务方的员工感觉与合同当事方有联系,就好像他们是一个有机组织的完整部分,需要保持它的基本功能健康运转。

另一类同时强调当事方和供应商的合同,包括对完成结果的追踪。通常来说,这种类型合同涉及合同双方更多的承诺,形式化了中长期合伙关系(Wideman 1992)。

Tsang(2002)讨论了一种出租合同的选择形式,合同中当事方是供应商生产的最终产品使用者(此外积极的维修公司是投资方)。

Wideman(1992)讨论了工程管理领域各种不同类型的合同,它也能复制用于维修管理现实中。他认为从顾客的角度,不同类型的合同存在 4 种主要风险领域。

● 总额(总的价格)——最终价格以所有涉及成本总和为基础,考虑到偶然事故、风险、日常管理费用、利润率或者预期能帮助形成合同价格的其他参数。

● 单位价格——应该考虑涉及的所有直接和间接成本以及综合价格,然后除以发生事件的数量。

● 目标成本(建立在总成本目标基础上)——成本透明地分摊给涉事各方,最终价格合同与目标合同价值一起建立。

● 补偿成本(浮动报酬)——为相关实际成本所付的报酬,并且建立在完全透明和各合同方相互信任的基础上,需要建立当事方和供应商间的战略同盟和高度互信。

Martin(1997)提出了一种有关运营准则和知识保留的维修合同类型的分析方法。他将它们分为三类:任务集合同、绩效合同、设施合同,如表 7.1 所描述。

表 7.1 维修合同特征

合 同 类 型	描 述
任务集合同	大多数基本合同类型。这种合同比较简单,其中雇佣服务的报酬建立在单位价格或总额基础上。服务要求由当事方提出。甲方主要关心最便宜的乙方选择,与其关系怎样倒是次要的。有关运营体系的知识仍然全部归甲方所有
绩效合同	以绩效目标为基础,甲方和乙方共同承担责任。用所明确的条款合同评价合同结果,让合同变得高度复杂(绩效盈利指标矛盾)。合同各方间的关系应该是亲密并通常是长期合作的。知识也是相互共享的
服务商合同	这种类型合同,服务商对完成的结果完全负责,因此合同不那么复杂。它也称为租约合同

图 7.1 展示的是这些合同类型的相互关系、合同复杂性问题、甲-乙方关系、甲方维修技术基础。Martin(1997)所讨论的 3 种合同类型都是极端情况。然而,甲方可为不同类的生产体系、相关技能生成不同或混合类型型合同 ,以分摊

甲、乙双方的财务风险。

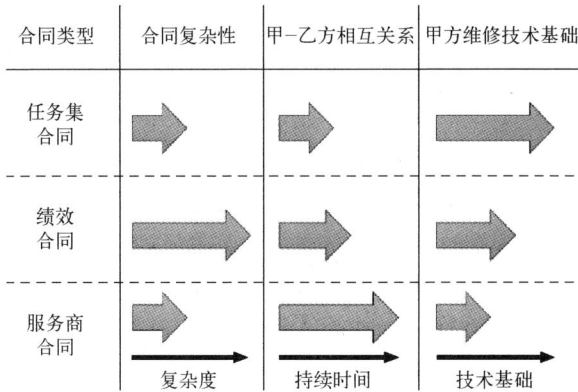

图 7.1 不同合同类型和合同复杂度的关系、
甲-乙方关系以及甲方维修技术

设备维修和质量、灵活性、成本、有效性和安全体系的潜在影响在维修管理制度内变得急剧明显。所以,测量维修性能的需要很明显,这也意味着维修作为一项手段为企业产生了利润。

因此,性能指标的设置过程很关键,它将充当质量、浮动报酬(取决于所选合同类型)或其他指标的监督要素。

值得注意的是,生产体系不同环节的指标生成没有单个标准。评价"生产力"的方法彼此不同,例如:一个能衡量"生产力"的指标也能被认为仅仅关乎利润的提高或有效性、生产率、产品、存货目录管理、安全或它们的组合的改进。

除了选择使用哪个性能指数外,各方也要考虑用这些指数的性能排序。比如,合同各方必须商讨性能指标排序的含义。比如,他们必须就从什么角度排序合同成本会引起操作时间增加,从什么角度排序合同成本导致完成外包服务耗费时间较短,达成一致。

在几个合同模板里,我们能识别出建立在有效性、生产体系可靠性(利用故障间平均时间 MTBF 和修复平均时间 MTTR 指标)基础上的合伙关系协议的类型,其中当服务外包公司提高客户企业体系的有效性和可靠性,他自己的利润也会增加(de Almeida,Souza,2001)。因此,这种类型合同不给服务付报酬(授予津贴),但是会为提高系统有效性和可靠性水平的解决方案付给报酬。

然而,一些因素扰乱了这类合同,其中一个突出因素是志同道合各方战略目标的结盟。实际上,也会存在因为利润的冲突乙方在竞争市场上会有生存困难,他需是有竞争力的。对乙方来说,这种服务是一种核心业务,而对甲方来说它仅仅是支持最终业务的一种手段,因此乙方履行维修服务是其唯一的资金来源。当合同周期主要是中短期时,这种冲突更加明显。

因此,假设在生产体系的设计阶段,可靠性方面得到适当处理(各方都认同除了在设计时特殊考虑,维修服务没有能力提高系统可靠性),维修协议里仍然需要包括维修能力研究(de Almeida,2002)。这方面会包含管理时间(TD)、待修复有效时间(TTR)、多余零部件的可使用性、外包队伍的培训水平。然而,先前所有方面都包含一个成本(C),它与获得想要的水平相关。

TD是告知维修公司发生故障所耗费的时间以及该公司去顾客那里处理它所耗费的时间。TD基本上包含:挑选以及使技术人员准备就绪的时间;提供工具所需时间和完成服务必要的预算时间;服务供应商到待修复系统位置的通勤时间。

因此,TD是合同中待商议事项因为它直接影响客户系统中断时间。与之对应的是,须记住外包公司有很多客户,他们努力使他们工作团队的空闲时间保持在一定水平以满足不同客户的需求和合同允许的访问次数。维修队伍从维修过程开始到生产系统恢复正常运转所耗费的时间称为TTR。一般来说,该时间与队伍的技能、队伍培训、队伍学习曲线、系统/设备的模块化、修理备件的可用性和其他变量直接相关。

因此,当合同被建模成TD和TTR的函数时,维修合同必须为服务公司的维修构造成本给予适当补偿,该公司应该处于应对来自客户突发需求的准备状态。然而,保持大群维修人员供客户可用和高备件存货水平以保证系统有效性的充分水准,变得非常也确实不适合服务商和客户所在的竞争市场模型。

事实上,需要的是维修服务公司不变的承诺去保证系统有效性(因此需要在很短通知时间内外包队伍可用)并且不增加服务成本。因此,最好的选择是使用决策模型来起草合同,该模型包含用成本属性(C)、中断时间(TI = TD + TIR)、系统可维护性的效用函数表述的DM优先结构,它用概率论来建模。

因此,经理或者DM所面对的问题变成怎样顺着决策过程继续前进,该过程允许合同中考虑的不同性能指数最优化,因为这些不同指数相互间会有冲突。Brito等人(2010)认为,那些提出低成本的合同也可能提供较低满意度的质量和可用性的性能准则,它会让交易变得更加复杂。

DM面临着维修合同的几种选择,每种都包含不同的系统性能和有关成本。de Almeida(2001a)认为,修理合同的选择并非一个不重要的的过程,因为一个错误选择的后果可能很关键,比如电信和电力输送行业服务的有效性是最根本的。

关于合同选择,有人对多准则决策方法进行了少量探索和尝试。de Almeida

(2001b)提出了基于 MAUT 的 MCDM/A 模型来选择修理合同,它通过附加效用函数聚合了中断时间和有关成本。de Almeida(2002)还提出了一种不同的方法,该文献中 ELECTRE I 方法与有关修理合同问题的效用函数混合在一起。

Brito、de Almeida(2007)和 Brito 等人(2010)提出了一种 MCDM/A 方法论,支持当 DM 不能给合同选择准则的重要参数分配精确价值时,信息不精确条件下的维修合同选择。效用理论结合可变相互依存参数方法(VIP)使用关于中断时间、合同成本、维修服务商独立性的附加价值函数评估选择。

一般来说,在起草外包维修合同的背景下,DM 应该选择最优先的选项,即最优的合同条件组合(de Almeida,2002)。de Almeida(2005)在文献中用到的变量可能依赖于公司所处市场和其战略,可能涉及物流速度或者反应时间、质量、灵活性、独立性和成本。

从外包维修合同类型总览来看,强调没有最优合同典范很重要。

现实上,有些合同类型对客户和服务商之间的合伙关系、服务合同类型、财务联系、经济问题等特别合适。

所以,为了起草复杂合同,拥有大量连续的信息和知识很有必要。Wideman(1992)推荐以一个简单和传统的维修合同开始使用该模型。之后,当各方建立了更亲密和系统性的关系时,涉及性能评价准则和鉴定的深度合同分析可使用。

订立合同必须要考虑的一个重要因素是涉事各方的文化交流。当各方文化开始就存在分歧时,文化的交流就会遭遇阻力。同化过程需要时间,对合同所期望的结果会有直接不良影响。

更进一步,公司趋向于认为合同能被快速和简单地编辑,它会导致仓促订立合同,从而产生无效假设,它会扰乱各方长期合伙关系。各方应该努力达成共识以求产生双赢,它会带来各方对透明长久持续高满意度关系的享受。因此,共担责任的固定维修合同可看成双方战略结盟的典范。

接下来 7.3 节介绍了基于多准则的维修服务商选择的一些文献。

7.3　MCDM/A 维修服务商选择

这是外包过程中的重要决策问题,因此服务商要求在成本和性能间取得平衡。确切地说,需要用冲突处理准则工具解决这些问题,当涉及维修决策后果时它通常伴随着不确定性。

接下来要讨论的是研究 MCDM/A 方法的文献中的一些决策模型和应用。

7.3.1　补偿优惠的维修服务商选择

当 DM 有补偿优惠时,为解决维修服务商选择问题,文献列举了基于 MAUT 的两种决策模型(de Almeida,2001a;de Almeida,2001b)。

这些决策模型以第 2 章描述的 MCDM/A 方法为基础,处理以下目标:中断时间和成本。

尽管模型处理的是同一目标,描述每个模型特征的不同假设,反映了 DM 所面对的不同处境。

如 7.2 节所描述,中断时间表现为管理活动所耗费的时间和执行修复所耗费的时间。

第一个模型认为中断时间内,管理时间是确定的(de Almeida,2001a),而第二个模型则认为管理时间遵循指数分布(de Almeida,2001b)。

1. 确定性管理时间模型

尽管认为管理时间是确定性的,de Almeida(2001a)列出的模型遵循第 2 章描述的 MCDM/A 方法,并且认为与自然状态有关的不确定性是该问题固有的。

de Almeida(2001a)作出了如下假设:

● TI 包含 TD 和 TTR,TI=TD+TTR。

● 对合同中的所有服务商来说,TTR 遵循指数分布,如式(7.1)所列,其中 u 是 MTTR^{-1},因此参数 u 代表自然状态。

$$f(\text{TTR}) = u e^{-\text{MTTR}} \tag{7.1}$$

● 有关 u 的先验知识 $\pi(u)$ 可由专家评估。

● TD 是确定性的,且根据服务商和合同具有不同的值。

● DM 优先结构适用于 MAUT 原则要求,它用附加效用函数 $U(\text{TI},C)$ 表示,如式(7.2)所列,其中 k_{TI} 和 k_c 是相应的比例常数

$$U(\text{TI},C) = k_{\text{TI}} U_{\text{TI}}(\text{TI}) + k_c U_c(C) \tag{7.2}$$

● DM 优先结构适用于使用指数效用函数 $U_{\text{TI}}(\text{TI})$ 和 $U_c(C)$ 代表 DM 一维参数选择,用式(7.3)和式(7.4)表示。它意味着对 DM 来说,越高的时间和成本是越不被期望的,它是一个合理假设,也是这种效用函数在很多实际中得到应用的理由之一。

$$U_{\text{TI}}(\text{TI}) = e^{-\lambda_1 TI} \tag{7.3}$$

$$U_c(C) = e^{-\lambda_2 C} \tag{7.4}$$

考虑到自然状态(MTTR)的不确定性,DM 应该最大化其期望效用 $E_u U(u, a_i)$,其中 $U(u,a_i)$ 是自然状态 u 和行为 a_i 的功效,指的是特定维修服务商和合同代表的结果 (TI,C),因此 $U(u,a_i)$ 也被包含进来。$E_u U(u,a_i)$ 的表达式如

式(7.5)(de Almeida,2001a)。

$$E_a U(u, a_i) = \int_a U(u, a_i) \pi(u) \mathrm{d}u \qquad (7.5)$$

为了使式(7.5)中的期望功效最大化,需要从 $U(\mathrm{TI}, C)$ 求解 $U(u, a_i)$。鉴于 TD 确定性假设可能将 TD 作为常数包含进 TTR 中,TI 被简化为 TTR,这样 $U(\mathrm{TI}, C)$ 等价于 $U(\mathrm{TTR}, C)$,$U(\mathrm{TI})$ 也变成了 $U(\mathrm{TTR})$。

这样,如 de Almeida(2001a)所指出的,$U(u, a_i)$ 是 $U(\mathrm{TTR}, C)$ 的期望值,如式(7.6)所示。

$$U(u, a_i) = \int_{\mathrm{TTR}} U(\mathrm{TTR}, C) \Pr(\mathrm{TTR} \mid u, a_i) \mathrm{dTTR} \qquad (7.6)$$

因为 $\Pr(\mathrm{TTR} \mid u, a_i)$ 相当于 $f(\mathrm{TTR})$,式(7.6)可以改写成

$$U(u, a_i) = \int_o^\infty [k_{\mathrm{TI}} U_{\mathrm{TI}}(\mathrm{TI}) + k_c U_c(C)] u \mathrm{e}^{-a(\mathrm{TTR})} \mathrm{dTTR} \qquad (7.7)$$

将式(7.3)代入式(7.7),得到

$$U(u, a_i) = \frac{k_{\mathrm{TI}} u}{A_1 + u} + k_c U_c(C) \qquad (7.8)$$

最后,将式(7.4)代入式(7.8)和式(7.5),得到

$$E_a U(u, a_i) = \int_u \left[\frac{k_{\mathrm{TI}} u}{A_1 + u} + k_C \mathrm{e}^{-A_2 C} \right] \pi_i(u) \mathrm{d}u \qquad (7.9)$$

因此,对每一种 TTR 分布,相应的服务商合同就会有一种隐形成本,这也意谓着 DM 决定了 TTR 和其对应成本 C 以最大化其多特征效用函数。该问题的可选方案为现存维修服务商与其合同的结合。解决这个问题就得求解式(7.9),供所有选择方案可用,它也是所有现存维修服务商与合同的结合。因此,k_{TI} 和 k_c 代表着根据 DM 参数选择做出的成本和修理时间之间的权衡。

2. 随机管理时间模型

de Almeida (2001b)提出的模型允许依据不同类型合同做出不同考虑,从而找到成本和系统性能的最优选择,假设决策参数选择由附加函数表示。

该模型不同于上一节所列模型之处在于它将 TD 看成一个随机变量。该特征允许包含很多出现在现实问题中的特定条件,比如 TI 的重要变化和不确定性。

de Almeida (2001b)举例说明了需要将 TD 看成随机变量的情况,比如备件供应。

de Almeida (2001b)中对该模型做出的假设有:

(1) TI 包含 TD 和 TTR，TI＝TD+TTR。

(2) 对合同中的所有服务商来说，TTR 遵循指数分布，如式(7.1)所列。

(3) 有关 u 的先验知识 $\pi(u)$ 可由专家评估。

(4) 对合同中的所有服务商来说，TD 遵循指数分布，式(7.10)所列，其中 ω 是根据服务商合同服务水平和备件供应定义的参数。

$$f(TD) = \varpi\, e^{-aTD} \tag{7.10}$$

(5) TD 和 TTR 是独立随机变量。

(6) DM 优先结构适用于 MAUT 原则要求，它用附加效用函数表示，如式(7.2)所列。

(7) DM 优先结构适用于使用指数效用函数代表 DM 一维参数选择，用式(7.3)和式(7.4)表示。

由于该模型考虑随机 TD，TI 是两个独立随机变量的和。TI 的概率密度函数由式(7.11)求解：

$$f(TI) = \int_{-\infty}^{\infty} f(TD)f(TI - TD)\,\mathrm{d}TD = \int_{-\infty}^{\infty} f(TTR)f(TI - TTR)\,\mathrm{d}TTR \tag{7.11}$$

这样，从式(7.1)和式(7.10)以及下面的式(7.12)可求得式(7.13)，考虑到当且仅当 TD≥0 和 TI≥TD，即 TI≥TD≥0 时结果为正，式(7.12)求得的整数解转变为式(7.13)。

$$f(TI) = \int_{-\infty}^{\infty} \varpi\, e^{-aTD} u e^{-u(TI-TD)}\,\mathrm{d}TD \tag{7.12}$$

$$f(TI) = \varpi\, u e^{-aTD} \int_{0}^{TI} e^{-TD(\varpi-u)}\,\mathrm{d}TD \tag{7.13}$$

因此，求解式(7.13)，可能对所有 TI≥0 会得到式(7.14)：

$$f(TI) = \frac{\varpi\, u}{u-\varpi}(e^{-aTI} - e^{-uTI}) \tag{7.14}$$

这样，每个维修服务商合同 a_i 与成本 C_i 和 w_i 表示的 TD 特定概率函数相关联。因此，在前面的模型中，预期功效由式(7.5)给出，考虑到先验知识 $\pi(u)$，通过式(7.14)而不是式(7.1)将预期功效最大化(de Almeida，2001b)。这样的话，与前面模型类似，$U(u,a_i)$ 是 $U(TI,C)$ 的期望值，应用功效函数的线性特性由式(7.15)给出(de Almeida，2001b)：

$$U(u,a_i) = \int_{TI} U(TI,C)\Pr(TI\mid u,a_i)\,\mathrm{d}TI \tag{7.15}$$

鉴于 $\Pr(TI\mid u,a_i)$ 等效于式(7.14)，式(7.15)可被改写为

$$U(u,a_i) = \int_{\text{TI}} [k_{\text{TI}} e^{-A_1 \text{TI}} + k_C U_C(C)] \frac{\varpi u}{u - \varpi} (e^{-\varpi \text{TI}} - e^{-u \text{TI}}) d\text{TI} \qquad (7.16)$$

将式(7.16)变形得到式(7.17),将式(7.14)代入式(7.17)可得到式(7.18),进一步变化得到式(7.19)~式(7.21)。

$$U(u,a_i) = k_{\text{TI}} \frac{\varpi u}{u - \varpi} \int_{\text{TI}} e^{-A_1 \text{TI}} (e^{-a \text{TI}} - e^{-u \text{TI}}) d\text{TI}$$
$$+ k_C U_C(C) \int_{\text{TI}} \frac{\varpi u}{u - \varpi} (e^{-a \text{TI}} - e^{-u \text{TI}}) d\text{TI} \qquad (7.17)$$

$$U(u,a_i) = k_{\text{TI}} \frac{\varpi u}{u - \varpi} \left\{ \int_0^\infty e^{-(A_1 + \varpi) \text{TI}} d\text{TI} - \int_0^\infty e^{-(A_1 + a) \text{TI}} d\text{TI} \right\}$$
$$+ k_C U_C(C) \int_0^\infty F(\text{TI}) d\text{TI} \qquad (7.18)$$

$$U(u,a_i) = k_{\text{TI}} \frac{\varpi u}{u - \varpi} \left\{ \int_0^\infty e^{-(A_1 + \varpi) \text{TI}} d\text{TI} - \int_0^\infty e^{-(A_1 + a) \text{TI}} d\text{TI} \right\}$$
$$+ k_C U_C(C) \qquad (7.19)$$

$$U(u,a_i) = k_{\text{TI}} \frac{\varpi u}{u - \varpi} \left\{ \frac{e^{-(A_1 + \varpi) \text{TI}}}{-(A_1 + \varpi)} \Big|_0^\infty - \frac{e^{-(A_1 + a) \text{TI}}}{-(A_1 + u)} \Big|_0^\infty \right\}$$
$$+ k_C U_C(C) \qquad (7.20)$$

$$U(u,a_i) = k_{\text{TI}} \frac{\varpi u}{u - \varpi} \left\{ \frac{1}{(A_1 + \varpi)} - \frac{1}{(A_1 + u)} \right\} + k_C U_C(C)$$
$$(7.21)$$

这样,求解式(7.21)并应用式(7.4),$U(u,a_i)$可由式(7.22)给出:

$$U(u,a_i) = k_{\text{TI}} \frac{\varpi u}{(A_1 + \varpi)(A_1 + u)} + k_C e^{-A_2 C_i} \qquad (7.22)$$

因此,考虑到随机变量 TD 和 TTR 及对应隐含成本,每个服务商合同(选择或行为)将被特征化为 TI 的分布。

因此,假设 $\pi(u)$ 根据式(7.5)求解,DM 决定着 TI 分布及其对应成本 C 以最大化式(7.22)的期望值。

将式(7.22)应用在式(7.5)中可得随机 TD 模型的 $E_u U(u,a_i)$ 的表达式:

$$E_a U(u,a_i) = \int_u \left[k_{\text{TI}} \frac{\varpi u}{(A_1 + \varpi)(A_1 + u)} + k_C e^{-A_2 C_i} \right] \pi(u) du \qquad (7.23)$$

因此,随机 TD 模型式(7.23)应该最大化,与确定 TD 模型式(7.9)类似。

先前陈述的这些模型的主要假设有:

● 时间具有指数分布特征。

223

● DM 的参数选择满足有关系统性能和成本的附加效用函数的 MAUT 要求。

这些都是非常现实的假设,因为在很多应用的实际情况中这些假设都得到证实(de Almeida,2001a;de Almeida,2001b)。

这些决策模型的应用允许合理测量维修服务商合同的反应时间,也允许考虑与其他维修服务商相比较的内部维修服务,并且如果外包的话,通过考虑附加效用函数来构建有关系统性能和成本的 DM 参数选择,看哪个活动会完成得更好。

在这些问题背景下,应该应用第 2 章给出的 MCDM/A 框架,通过考虑不同的 MCDM/A 方法或者不同的概率假设,以构建一个更加精确的决策模型 ,这样,选择就可视第 2 章所讨论的问题背景而定。

7.3.2 无补偿优惠的维修服务商选择

为了给无补偿合理性的 DM 提供更加合适的模型,提出了一种关于无补偿优惠的决策模型。它使基于 MAUT 的决策模型适合于用无补偿优惠的兼容方法来解决维修服务商选择问题(de Almeida,2002)。这也解释了第 2 章陈述的构建模型流程的步骤 6 的有关情况。

该决策模型将效用理论和 ELECTRE I 方法联系在一起。ELECTRE I 的使用给 MCDM/A 决策模型带来成对的以一致和不一致指数为基础的优势方法,该指数构建了选择最佳维修服务商合同的级别优先关系。因此,该决策模型使用一维效用函数值作为每个准则选择的表现。

鉴于每种选择的含意,构建可修复系统的决策模型主要体现在两方面:中断时间(反应时间)和成本。

与先前陈述的决策模型相似,该决策模型就可维护性和相关服务成本评价维修服务商合同的益处。

反应时间内的维修服务商合同表现反映了备件供应和维修能力的特定条件。

该决策模型的假设包括(de Almeida,2002):

(1) TI 包含 TD 和 TTR,TI=TD+TTR。

(2) 对合同中的所有服务商来说,TTR 遵循指数分布,如式(7.1)所列。

(3) 有关 u 的先验知识 $\pi(u)$ 可由专家评估。

(4) 对合同中的所有服务商来说,TD 遵循指数分布,如式(7.10)所列。

(5) TD 和 TTR 是独立随机变量。

(6) DM 优先结构适合无补偿合理性,且依据第 2 章要求 MCDM/A 方法兼容级别关系优先。

（7）DM 优先内部准则优先结构适用于代表 DM 一维参数选择的指数效用函数的双重属性，即确定性管理时间模型（de Almeida，2001a）和随机管理时间模型（de Almeida，2001b），这些函数由式（7.3）和式（7.4）给出。

由于该模型将 TTR 和 TD 看成两个独立随机变量（它们分别用式（7.1）和式（7.10）表示），所以 TI 用式（7.14）表示。

尽管该决策模型实际上并不考虑权衡，面临不确定性的 DM 行为通过式（7.3）和式（7.4）给出的效用函数来构建内部准则评估。

由于该特殊决策模型的假设，成本并不受自然状态影响，因此每个维修服务商合同有不受不确定性影响的特殊成本规定，这样，成本准则根据每种选择的成本由式（7.4）直接评估（de Almeida，2001b）。

另外，由于自然状态的不确定性对其结果的干涉，TI 所代表的反应时间并不能直接评价为每种选择的成本。

针对这种情况的处理，de Almeida（2002）考虑了与 TD 有关的参数 w。在之前的模型中运用效用函数的线性特性得到 $U_{TI}(w)$，如式（7.24）所示。

$$U_{TI}(\varpi) = \int_{TI} U_{TI}(TI) \Pr(TI \mid \varpi) dTI \tag{7.24}$$

$\Pr(TI \mid w)$ 等效于式（7.14），那么式（7.24）可以改写为

$$U_{TI}(\varpi) = \frac{u\varpi}{(A_1 + \varpi)(A_1 + u)} \tag{7.25}$$

以式（7.4）和式（7.25）给出的内部准则选择评估为基础，ELECTRE Ⅰ 方法基于一致指数 $C(a,b)$ 和非一致指数 $D(a,b)$ 构建了超序关系。

式（7.26）给出的是一致性指数 $C(a,b)$，并且测量每种选择 a 相对选择 b 的相对优势（Vincke，1992）。

$$C(a,b) = \frac{\sum (W^+ + 0.5W^=)}{\sum (W^+ + 0.5W^- + W^-)} \tag{7.26}$$

式中：W^+ 为 a 权重大于 b 条件下的权重和；$W^=$ 为 a 权重等于 b 条件下的权重和；W^- 为 a 权重小于 b 条件下的权重和。

式（7.27）给出的是测量每种选择 a 相对选择 b 的相对劣势的非一致性指数（Vincke，1992）。

$$D(a,b) = \max \left[\frac{(Z_{bk} - Z_{ak})}{(Z_k^* - Z_k^-)} \right] \tag{7.27}$$

式中：Z_{ak} 为对与准则 k 相关的选择 a 的评估；Z_{bk} 为对与准则 k 相关的选择 b 的

评估;Z_k^* 为对准则 k 的最佳评估;Z_k^- 为对准则 k 的最差评估。

由于为该选择模型而假设的 DM 优先结构,对维修服务商合同反应时间的评估方法进行改变显得很有必要,而不同于之前使用的 MAUT 方法。

除了不同假设所要求的调整,强调代表每种决策模型的 DM 优先性的参数设置具有不同意义也很重要,因此体现 DM 优先性的测量,如 ELECTRE 方法所使用的权重,并不兼容 MAUT 所要求的权重(比例常数)。

因此,构建关于不同优先典范的决策模型对提高这类问题的有效决策模型精度很重要,也可以让第 2 章所讨论的 DM 不同类型具有更高灵活性。

7.3.3 包含独立性和服务质量的无补偿优惠的维修服务商选择

使用无补偿 MCDM/A 方法的维修服务商选择问题已经得到解决(de Almeida,2005)。该模型探讨了使用 ELECTRE Ⅰ方法的包括成本(即修复时间)、独立性和服务质量三准则的情况。

Slack 和 Lewis(2002)给出的独立性定义为独立性关乎承诺投递业绩表现的度量。因此,它代表着服务商成功保持其服务水平在先前建立的极限之下的机会度量。

因此,对维修服务商来说,独立性与完全按照合同建议的反应时间 i 条件下成功履行服务的概率 d_i 紧密相关。

服务质量可能有几种定义。de Almeida(2005)为决策模型采用的定义为服务质量反映了一旦修理完成所产生的错误程度。因此,服务质量依据合同定义的期望条件 i,由修理服务过程中无故障概率 q_i 代表。

伴随着拓展,解决维修服务商选择问题的决策模型构建包括以下 4 个准则:

(1)中断时间或反应时间(TI);

(2)成本(C);

(3)独立性(d_i);

(4)服务质量(q_i);

与前部分陈述的决策模型类似,该决策模型(de Almeida,2005)评估了有关三准则的维修服务商合同优势和服务合同成本。

因此,维修服务商合同性能不仅包括反映备件供应和维修能力的特定条件的反应时间,也包括维修服务队伍的稳定性,以避免产生系统故障和队伍的力量以足够在合同设定的反应时间内提供服务。

因此,该模型作出了如下假设(de Almeida,2005):

(1)TI 仅仅取决于 TTR,遵循 Goldman 和 Slattery (1977)给出的可维护性

方法；

（2）对所有合同服务商来说，TTR遵循指数分布，如式（7.1）所列；

（3）尽管有关 u 的先验知识 $\pi(u)$ 可由专家评估，但是对应每个合同 i 的 u_i 真实值具有不确定性；

（4）基于上一假设，d_i 定义为对行为 a_i 来说 $u_i \geqslant u_{ie}$ 的概率，因此 u_{ie} 是 u_i 的合同确认值。d_i 由式（7.28）给出：

$$d_i = \int_{u_{id}}^{\infty} \pi(u_i)\,\mathrm{d}u_i \qquad (7.28)$$

（5）DM优先结构适合无补偿合理性，且依据第2章要求 MCDM/A 方法兼容级别关系优先；

（6）DM参数选择内部准则优先结构适合修复时间和成本属性指数效用函数，分别由式（7.3）和式（7.4）给出。d_i 越高，$U_d(d_i)$ 和DM独立性效用函数越高。式（7.29）给出的是独立性对数效用函数（de Almeida，2005）。运用在服务质量上，同样可得到对数效用函数，如式（7.30）所示。

$$U_d(d_i) = B_3 + C_3\ln(A_3 d_i) \qquad (7.29)$$
$$U_q(q_i) = B_4 + C_4\ln(A_4 q_i) \qquad (7.30)$$

该决策模型假设认为成本不受先前部分的自然状态影响。因此成本准则根据每种选择的成本直接由式（7.4）做出评估（de Almeida，2005）。同样，运用在独立性和服务质量上，可相应由式（7.29）和式（7.30）做出评估。通过TTR的先验知识假设，必须考虑自然状态由参数 u_i 而不是 TTR 评估修复时间的影响。与之前相似，de Almeida（2005）提出的决策模型利用线性特性得到式（7.31）的 $U_{TI}(u_i)$。

$$U_{TI}(u_i) = \int U_{TI}(TTR)\Pr(TTR \mid u_i)\,\mathrm{d}TTR \qquad (7.31)$$

由于 $\Pr(TTR \mid u_i)$ 由式（7.1）给出，将式（7.1）和式（7.3）代入式（7.31），得到

$$U_{TI}(u_i) = \frac{u_i}{(A_1 + u_i)} \qquad (7.32)$$

假设 TI 仅仅取决于 TTR，是特定组织条件需要的话所采取的一种简化。它取决于每个应用的特定情况。该决策模型简化允许处理包含在解决维修服务商合同的独立性和服务质量属性的优先性评估中的参数精度问题。

7.3.4 附部分优先信息的维修服务商选择

在某些情况下，DM可能并不适合为决策模型参数设置精确值，这样就需要

227

使用适合处理这些情况的方法。

Brito、de Almeida（2007）和 Brito 等人（2010）提出的维修服务商合同选择决策模型,使用了可就有关决策者偏好的模糊描述而做出推荐的方法解决这类特殊情况,并且已为需求获取流程所支持。

许多 DM 方法很难确定"权重"准则的常值。在附加价值函数中,它不仅代表着准则的重要性,也表示准则间的补偿费率。

决策者可能有好几个理由避免精确陈述。其中之一可能是他不确定某个参数应该是 0.75 还是 0.7。这样如果参数能使用范围值,决策者就决策问题能给出更肯定的陈述。

Brito 和 de Almeida（2007）探讨了该模型的三个基本准则:中断时间、请求者独立性和合同成本。

独立性准则用来评估关于期限的合同选择。它是对许诺保持交付的一种测量。所选公司在合同设置的维修服务商建议的时间内,完成特定概率分布条件下的修复,其发生概率是该测量的一种表示,与上节陈述的模型类似。

Brito 和 de Almeida（2007）认为,在选择中这三个准则可能存在冲突。通常来说,越低的中断时间(修复时间)意味着越优的资源状况、越优的备件供应和越高的专业技能,也隐含着更高的成本。

此外,选择的独立性并不与中断时间的建议条件直接相关,但是它可由合同公司考虑的申请者信誉、过往服务、修理组织结构等因素评价。

Brito 等人（2010）使用的决策模型方法认为效用函数通过整合多个独立性参数为附加函数,并且使用如下准则做出评估:

（1）平均修复时间（MTTR）;

（2）服务商成本;

（3）服务商网络的地理分布;

（4）服务商信誉;

（5）公司文化的包容性。

Brito 等人（2010）考虑的特定问题与电力输送服务有关,该问题也可能延伸到电信行业。

服务商 MTTR 表现标志着其结构和能力,因此也反映了其维修员工技能、运输资源、设施和备件存货。

服务商的地理分布揭示了其战略网络结构,且与当地分支机构的数量和分布有关,这使完成维修更加灵活和高效。这对在当地具有广泛分支机构的公司来说是很重要的一点,而且它与提供给合同机构或其几个单元的服务反应速度和灵活性直接相关。

服务商的信誉是要考虑的另一个重要因素,因为这样可以在合同时间范围内,避免过去服务中糟糕的经历,甚至避免服务水平前后不一致再次发生。从该角度评价服务商可能出于外部原因,比如以前和服务商有过合作经验的其他公司、检验向政府纳税的方式是否升级、质量和(或)安全准则的充分证明所有权。

文化包容性是另一个越来越重要的话题,因为很多机构正通过构建战略伙伴关系来寻求建立长期联系。与这些战略因素相关的是,很多公司还将承担社会和环境责任写进公司目标,包括可持续发展,也要求来自伙伴和供应商同样的努力。

通过使用多个相互独立参数,Brito 等人(2010)考虑了每个参数的范围,估计了低值和高值边界。另一种模糊信息是参数的排序。决策者给出的这些模糊描述评估以决策者评估优先性为基础,允许服务商间建立支配关系。

Brito 等人(2010)认为,为了评估前两准则的合同选择性能(因为 MTTR 和合同成本能直接由值表示),应该使用适当步骤引出效用值。然而,后三个准则代表的是不够客观的特征。这种情况下,每份问卷完成后应该对每个候选者进行评估,这样做是为了得到合同机构所需要的所有信息,以评估这三个准则的每个候选项。

7.4　供应商选择的其他方法

供应商选择问题在很多背景下已经进行了研究,而不只是 RRM 背景。同时,供应商评估和选择问题的 MCDM/A 和其他方法也被深入研究。

文献中推荐了几种决策方法。HO 等人(2010)发表了有关该主题的文献综述,强调哪些方法经常被应用,哪些准则被考虑得最多,调查了 2000—2008 年发表在国际期刊上的文章中发现的方法研究的不充分性。

其他广泛应用在供应商评估和选择的方法中,HO 等人(2010)强调了使用解析分层法(AHP)、解析网络法(ANP)、案例推理技术(CBR)、数据封装分析(DEA)、模糊设置理论、遗传算法(GA)、运算程序、简单多目标排序方法(SMART)、混合法的。

HO 等人(2010)评估了 MCDM/A 法与传统成本基础法的对比。应用MCDM/A 法的优点在于允许对决策过程而不是成本的重要和相关因素给予考虑。

最近另一篇 Chai 等人(2013)发表的关于供应商选择的文献综述,参考了2008—2012 年的陈述供应商选择的决策技巧应用的期刊文章。

根据 Chai 等人(2013)发表的文献综述,近年来很多决策方法已运用在该问题上。Chai 等人发现了运用在供应商评估和选择上的 26 种决策技巧,并将它们分类为 3 组:MCDM/A、数理方法、人工智能法。

供应商选择是个附带很多研究和解决方法的重要话题,尽管其中大部分与RRM 背景不相关。

运用在供应商选择问题上的特定技巧按照 Chai 等人(2013)的分类列举如下:

(1) MCDM/A:AHP、ANP、ELECTRE、PROMETHEE、TOPSIS、VIKOR、DEMATEL、SMART、多目标方法、目的法。

(2) 单目标的数理法:DEA、线性法、非线性法、随机法。

(3) 人工智能:遗传算法、灰色系统理论、神经网络、粗糙集理论、贝叶斯网络、决策树、案例式推理、粒子群算法、支持向量机、关联规则挖掘、蚁群算法、Dempster-Shafer 证据理论。

维修服务商选择问题,依据决策环境可能通过用不同的准则和技巧来解决,尽管很少有关于特定维修环境的文献,但这是一个包括战略组织目标和不同自然状态下的结果的重要复杂决策问题。

参 考 文 献

Brito AJ de M, Almeida-Filho AT de, de Almeida AT (2010) Multi-criteria decision model for selecting repair contracts by applying utility theory and variable interdependent parameters. IMA J Manag Math 21:349-361.

Brito AJ de M, de Almeida AT (2007) Multicriteria decision model for selecting maintenance contracts by applying utility theory and variable interdependent parameters. In:Carr M, Scarf P, Wang W (eds) Model. Ind. Maint. Reliab. Proc. Mimar. 6th IMA Int. Conf. Manchester, United Kingdom, pp 74-79.

Buck-Lew M (1992)To outsource or not? Int J Inf Manage 12:3-20.

Chai J, Liu JNK, Ngai EWT (2013) Application of decision-making techniques in supplier selection:A systematic review of literature. Expert Syst Appl 40:3872-3885.

de Almeida AT (2001a) Repair contract decision model through additive utility function. J Qual Maint Eng 7:42-48.

de Almeida AT (2001b) Multicriteria decision making on maintenance:Spares and contracts planning. Eur J Oper Res 129:235-241.

de Almeida AT (2002) Multicriteria modelling for a repair contract problem based on utility and the ELECTRE I method. IMA J Manag Math 13:29-37.

de Almeida AT (2005) Multicriteria Modelling of Repair Contract Based on Utility and ELECTRE I Method with Dependability and Service Quality Criteria. Ann Oper Res 138:113-126.

de Almeida AT (2007) Multicriteria decision model for outsourcing contracts selection based on utility function and ELECTRE method. Comput Oper Res 34(12):3569-3574.

de Almeida AT, Ferreira RJP, Cavalcante CAV (2015) A review of multicriteria and multiobjective models in maintenance and reliability problems. IMA Journal of Management Mathematics 26(3): 249-271.

de Almeida AT, Souza FMC (2001) Gestão da Manutenção:na Direção da Competitividade (Maintenance Management:Toward Competitiveness) Editora Universitária da UFPE. Recife.

Goldman AS, Slattery TB (1977) Maintainability:a major element of system effectiveness. Robert E. Krieger Publishing Company, New York.

Ho W, Xu X, Dey PK (2010) Multi-criteria decision making approaches for supplier evaluation and selection:A literature review. Eur J Oper Res 202:16-24.

Kennedy WJ (1993) Modeling in-house vs. contract maintenance, with fixed costs and learning effects. Int J Prod Econ 32:277-283.

Martin HH (1997) Contracting out maintenance and a plan for future research. J Qual Maint Eng, 3:81-90.

Murthy DNP, Jack N (2008) Maintenance Outsourcing. In: Kobbacy KAH, Murthy DNP (eds) Complex Syst. Maint. Handb. SE - 15. Springer London, pp 373-393.

Slack N, Lewis M (2002) Operations Strategy. Prentice Hall, London.

Tsang AHC (2002) Strategic dimensions of maintenance management. J Qual Maint Eng 8:7-39.

Vincke P (1992) Multicriteria Decision-Aid. John Wiley & Sons, New York.

Wang W (2010) A model for maintenance service contract design, negotiation and optimization. Eur J Oper Res 201:239-246.

Wideman RM (1992) Project and program risk management:a guide to managing project risks and opportunities. Project Management Institute.

Wu S (2013) A review on coarse warranty data and analysis. Reliab Eng Syst Saf 114:1-11.

第8章 备件计划决策

摘要 关于维修管理的一个重要课题是确定备件数量的问题。过多的备件数量将导致经济损失。然而,备件不足也有负面影响,因为设备宕机时间增加将导致生产不足。因此,备件应该在适当时候以适当数量进行供应。备件计划决策需要评估多维目标,例如成本、盈利性、可靠性、可获得性、缺货概率。通常这些目标相互冲突。不像单目标法通常意味着决策者看重的其他目标的低效果,MCDM/A 方法通过使用多特征效用函数提供了折中的解决范围,它反映了 DM 优先结构代表的权衡。另一相关因素是使用决策理论概念和包含专家先验知识的贝叶斯方法进行有关系统可靠性或可维修性的不确定性管理。本章对考虑存货短缺风险和成本方面的备件计划,提出了一种基于多特征效用理论(MAUT)的模型。并且讨论了一种对多备件计划的 NSGA-Ⅱ多目标模型。最后,提出了一种有关基于状态维修(CBM)的模型。

8.1 引 言

备件管理对维修管理肯定会产生积极影响,因为这会带来装备更高的可靠性和有效性,所以它对商业利润也有直接影响。因此维修管理最重要问题之一是确定存货的备件数量,须知这会影响维修性能,因为可用备件数量直接影响装备(系统)特定部件全操作的中断或宕机时间。备件应该在恰当的时间和数量有效,就像存储超数量备件导致公司可用在其他地方的存储资金损失一样,备件缺乏也有不利,因为由于等待所需备件传送时,装备宕机时间增加,这可能会导致生产损失。确定需要最优存储的备件数量非常影响一个公司的成本和利润。因此,这类资源的管理是维修管理中最关键的任务之一(de Almeida,Souza, 2001)。该话题对很多背景都有重要意义,例如冶炼厂(Porras,Dekker,2008)或逻辑网络(Syntetos 等,2009)。

当与存货目录模型的其他类型比如制造工艺的原材料比较时,确定和管理备件存货目录是个更为复杂的任务,鉴于制造投入相比预测备件需求更为容易,尤其如果比较的是营业额的话。生产存货通常会遵循市场规律,但是备件需求建立在失误率和系统可靠性设计基础上。

因此,备件根据系统可靠性的相对重要性来确定数量。糟糕的备件数量决策可能导致损失,降低公司利润率和系统有效性。

根据 Brilish Standards 3843-1:1992,TERO 技术是考虑到周期循环成本而允许通过管理、金融、工程和应用到物理装置比如设备的其他实践的结合来采取最优行动的装备维修研究。

确定备件数量需要考虑到修复时间或服务中断时间。该决策必须确保需要的零件在需要时可提供。因此备件数量确定问题有个矛盾的目标,即一方面增加有效备件,通过减少服务中断时间增加装备可靠性,另一方面减少存货和备件的购买成本。

考虑到由于二者项目需求的不同,生产存货模型不适用于管理备件存货。备件存货认为每个项目的需求遵循随机过程,用装备失效的随机变量表示。

Marseguerra 等人(2005)认为,为避免设备风险和由于备件缺乏而不可得的昂贵设备,后者通常超量储备,由于没必要的投资大量投在它们身上或者它们很多已经老旧废弃而导致巨大损失。

Roda 等人(2014)认为,备件管理对装备密集型公司扮演着重要角色,他们阐述了应用在备件分类中的准则类型。该过程的一个重要步骤是用一种考虑到它们的特色而允许不同项目被恰当管理的观点来进行备件分类(临界)。恰当分类能带来很多优势,比如一个公司能用保持备件需求的临界来安排其存货管理系统政策(Macchi 等,2011);当改进设备性能时,需求预测可能由不同类型零件上积累的数据驱动,并且系统整体可能关注关键类型,因此通过允许分析人员有效地专注于当前的存货控制政策,使其工作更简单。预测备件需求对构建相关决策模型是个重要部分(Boylan,Syntetos,2010)。

一些研究已经解决了最优备件存货确定问题,比如通过使用梯度法、动态计算、整数计算、整数和非线性混合计算。但是,如 Marseguerra 等人(2005)所提到的,该优化技术设备或系统模型的使用可能会出现可靠性问题。

一般来说,备件管理至少两个目标是矛盾的:通过积累和储存备件而致力于增加系统有效性;确保合适数量的备件供应来减少中断时间;减少购买和储备备件的成本(de Almeida,2001)。

备件供应的决策模型认为至少要保持一个备件项目存货(de Almeida,2001;de Almeida,1996)。因此,当发生失效时,在适当的时候,失效部件会被补给站可得的备件所取代。出错部件会被送出去修理,并且修理后(像新的一样好),它被运回设备补给站充当备件。该决策问题使用了一种 MCDM/A 模型以定义与什么准则相应的需要供应多少额外零件。de Almeida (2001)运用了建立在先验概率分布基础上的贝叶斯方法。Aronis 等人（2004）也使用了失效率的先验分布来预测需求。

在制造系统(商品生产系统)背景下形成了一些计划和存货控制技术，后来拓展到服务生产系统。其中一个例子就是 Just-In-Time,它为了满足即时需求,仅需要时顾客必要的数量。这些技术对有预测需求的系统很合适,且由顾客决定。然而,在有关可靠性的研究中(维修背景下),需求是用失效数量(随机变量)表示的可能性事件。正因为如此,有关维修领域的备件存货确定的文献用特定方式解决了这个问题。

其他使它们不同于生产存货的重要条件有（Kennedy 等,2002;Macchi 等,2011）:存货的备件数量通常太大;由于有关采购交货时间和成本的限制,备件来源通常限定在一个或几个供应商。或者在多渠道来源的相反情况下,供应材料质量的变动而发生有关风险。陈旧老化可能是个问题:确实,对一个过时设备,很难决定储存多少套备件。备件特性的多样性一般可观察(一些零件的消耗率比其他零件高;一些零件买入便宜,而其他一些则很贵;通常采购交货时间变化很大,还可能很长,尤其是一些特定零件或那些需要按顺序放置的零件)。并且管理过程通常缺乏信息透明度,由于较少的存货数据记录,低下的效率或无效的指令过程,且存货管理信息隐藏在隔离的筒仓(silos)。这些仅仅是低透明度的一些典型理由。

Duchessi 等人（1988）提出了一种 Top-down 方法论,将零件分类为不同类别,并对每种类别进行适当管理。该方法论指出了不需要储存的备件。通过从存货目录中排除这些备件,能降低成本和提高利润。之后,对于一些关键的备件,当需要它的时候没有存货会导致过多的宕机成本。而且,避免宕机可减少产品交货时间和缩短投递至顾客的时间。最后,陈列了一个逻辑框架以便需求和备件储存与正式的控制政策、流程和技术相匹配。

Molenaers 等人（2012）以一个零件的临界为基础,使用了一种 MCDM/A 模型,提出了一种备件分类方法。从多准则分析出发,当考虑到该零件的临界水平时,所提模型在这个临界点上将重要准则转换为一个单独分数。该水平用来提高备件存储政策的效率。

关于可靠性和维修的 MCDM/A 方法的文献综述展示了所做有关备件确定的工作(de Almeida 等,2015)。

8.2　修理中备件数量确定的几种方法

本节内容强调了备件需求数量问题的几种方法(de Almeida,Souza,2001):

（1）以存货短缺风险为基础的方法；

（2）以存货短缺风险为基础的使用先验知识的方法；

（3）成本限制法；

（4）MCDM/A 模型法。

8.2.1　分选备件的重要因素

系统类型，无论可修复还是不可修复，都会影响备件需求确定。对不可修复系统，系统预期生命周期应看成一个变化时间 T（de Almeida，1996；de Almeida，Souza，2001）。值得注意的是，因此，存货数量由获得备件的难易（价格、物流时间、多渠道供应等）和存货管理直接项目（可利用空间、储藏成本等）来定义。

对可修复系统，变量 T 等于项目可修复时间，这样当缺陷零件由存货中的相似零件来代替时，系统得到修复。这种情况下，备件数量 $N_s = N+1$，因为缺陷零件被修复后会返回仓库（de Almeida，1996；de Almeida，Souza，2001）。

另一个会影响备件管理的因素与失效率有关。很明显，有效的备件数量与失效次数直接相关，反过来它又与设备（系统）稳定性直接相关。因此，该问题认为失效次数是时间的函数。我们也要考虑关于修复系统的零件的失效独立性。

在澡盆曲线的分析下，修理背景中的备件管理通常在第二周期阶段得到处理，它与有效周期或设备的操作相位相匹配。在该阶段，假设失效率具有时间函数的普通特性（可靠性函数用指数概率函数表示）。

在澡盆曲线的第一阶段，主要故障被分类为早期失效，通常被设备制造商的保修所解决，使用者就没必要直接费力来解决该问题，换言之，没必要在设备周期循环中储存备件来覆盖该阶段。在一些特定类型的合同中，分析有备件的可能性挺有趣。从制造者的角度看，用合理假设，该阶段必须做出数量决策并且遵循该部分陈述的模型。

在澡盆曲线的第三阶段，设备处于其有用周期的末段。因此在修理背景中，学习备件需求的维度问题不大可能很有意义，因为在该阶段由损耗引起的失效率很高。失效率随时间增加，以致修理对改变退化设备的行为无效，因此该阶段设备达到了其使用极限。该阶段仍然不变的是考虑预防维修、替换、重建或彻底翻修政策。如果经济允许，必要的话该阶段可能延长直到设备逐步废弃和被扔掉。

不同背景中的备件确定应该使用那个特殊背景中的维修决策所积累的信息。比如，如果运用某预防维修模型，比如第 5 章的其中一个，那么从有关决策模型到计划时间视野中必要替换件的数量信息都与备件确定有关。

另一个备件需求确定要考虑的重要因素是技术过时,它是一台设备(系统)的生命周期中的一个限制因素,因此可能缩短它的寿命期望。在有效生命的末段,设备变得技术落后,为其储存的备件短时间内会丧失其功能,也会带来需要注销的经济损失(过时存货)。

此外,易变质商品(储存中易毁坏备件)需要做的是 Rezg 等人(2008)和 Ben-Daya 等人(2009)定义的 Wilson 模型。Gopalakrishnan 和 Banerji(2013)指出,具有较短保存期的易坏零件必须找出来,而且要使用先进/先出法。每种备件总量的最优确定必须做出裁定,且要考虑到系统成本和消耗(退化引起材料损失)最小化的目标作为投资约束(Padmanabhan, Vrat, 1990)。

Van Volkenburg 等人(2014)开发了一种模型,解决了备件(易毁零件)保存期对备件储存优化的影响,因为某些条件会加重它们的毁坏,因而影响系统可靠性或需要时发现备件不能用。超期存储的不可修复件表现更明显。

8.2.2　基于存货短缺风险的方法

该方法涉及给出特定时间段 T 内的存货短缺风险 a 值的情况下,备件数量 N 的确定。这样,用非直接法考虑成本,因为当期望降低风险时,成本也因之增加,反之亦然,这样立刻得出定义运营风险水平的成本(换言之,在选定 a 值时就能得出)。

存货短缺风险 a 意味着备件存货数量小于失效数量 x 的概率,也就是 $P(x > N)$(备件缺货概率 PS)。因此,安全边界定义为 $\mathrm{MOS} = 1-a$ 或 $\mathrm{MOS} = 1-\mathrm{PS}$,它是存货跌出划定范围概率的度量。因此,

$$\mathrm{MOS} = 1-\alpha = P(x \leqslant N) \tag{8.1}$$

式中:N 为备件存货数量;MOS 为失效数量的累计概率分布。

对包含 n 个部件的系统,假设泊松过程

$$\mathrm{MOS} = P(x \leqslant N) = \sum_{k=0}^{N} \frac{(n\lambda T)^k \mathrm{e}^{-n\lambda T}}{k!} \tag{8.2}$$

由于

$$\mathrm{MOS} = P(x \leqslant N) = \sum_{k=0}^{N} \frac{(\lambda_S T)^k \mathrm{e}^{-\lambda_S T}}{k!} \tag{8.3}$$

式中:N 为存储零件的数量;λ_S 为系统失效率;T 为间隔时间。

最后,对存货短缺风险 α 或 MOS,可通过一个程序计算备件数量 N,如下式:

$$P(x > N) < \alpha \tag{8.4}$$

或者

$$P(x \leqslant N) \geqslant \mathrm{MOS} \tag{8.5}$$

因此,该步骤包括找出每一个可能值 N,从 $N=0$(无备件)开始直到满足极限风险条件的最后一个 N 值。

8.2.3　使用先验知识的存货短缺风险方法

有些情况下不可能取得系统可靠性和可维护性参数值。该方法给出了其中至少一个参数未知的备件需求确定步骤(de Almeida,1996;de Almeida,Souza,2001)。

这种情况下,有关系统可靠性和可维修性使用了先验知识(如第 3 章所讨论)。因此,运用了先验概率求取风险或 MOS 期望值以便决定应该储存多少备件合适。

本节研究中,考虑 3 个设想:

- 缺乏关于失效率 λ 的知识;
- 缺乏关于平均修复时间(MTTR)的知识;
- 缺乏参数 λ 和 MTTR 的知识。

第一种情况,缺少参数 λ,我们得到的是 λ 的先验概率 $\pi(\lambda)$;第二种情况应该求取关于 MTTR 的先验概率 $\pi(\text{MTTR})$,也就是需要得到先验概率的这两个函数。因此,在缺少数据的情况下为了解决备件需求的确定问题,文献认为MOS 数据的期望值源于先前明确的情况,相应有

$$E_\lambda[\text{MOS}] = \int_\lambda (\text{MOS})\pi(\lambda)\,d\lambda = \int_\lambda \left(\sum_{k=0}^{N} \frac{(n\lambda T)^k e^{-n\lambda T}}{k!} \right) \pi(\lambda)\,d\lambda \quad (8.6)$$

$$E_{\text{MTTR}}[\text{MOS}] = \int_{\text{MTTR}} (\text{MOS})\pi(\text{MTTR})\,d\text{MTTR}$$

$$= \int_{\text{MTTR}} \left(\sum_{k=0}^{N} \frac{(n\lambda(\text{MTTR}))^k e^{-n\lambda(\text{MTTR})}}{k!} \right) \pi(\text{MTTR})\,d\text{MTTR}$$

$$(8.7)$$

$$E_{\lambda,\text{MTTR}}[\text{MOS}] = \int_{\text{MTTR}} \left[\int_\lambda (\text{MOS})\pi(\lambda)\,d\lambda \right] \pi(\text{MTTR})\,d\text{MTTR} \quad (8.8)$$

8.2.4　成本限制法

该方法中,价值属性直接处理。成本准则被视为限制因素,由于给定的成本极限,它极力最小化存货短缺毁坏风险。换言之,从分配的资源(金钱)数量出发以决定应储存的存货项目最优数量(Goldman,Slatery,1977)。

决策过程由成本值的阈值决定,取决于资源的可获得性。这决定了最小化存货短缺风险的 N 的备件数量值。

因此,计算需求 N 备件数量的表达式,得到

$$C_T \leqslant C_0 \tag{8.9}$$

式中: C_T 为最终总成本; C_0 为可用资源的数量:

$$C_T = N \cdot C \tag{8.10}$$

式中: N 为备件数量; C 为每个零件的单位成本。

流程包括求取 N 值,从 $N=0$ 开始(无备件), N 值满足先前通过预算限制建立的条件,使存货短缺风险最小化。

在更复杂的情况中,比如模块化的具有 J 种不同类型模块设备的系统,其中每个模块都有自己的实效率。最终总成本由每种模块总的最终成本相加得到,即

$$C_T = \sum_{j=0}^{J} N_j \cdot C_j \tag{8.11}$$

式中: C_j 为模块类型 j 的单独成本; N_j 为类型 j 的模块数量。

该方法中,选择了 $N=(N_1, N_2, \cdots, N_j)$ 的 MOS 代表无存货短缺 N 的概率,也就是由 MOS 模块间的产品操作员给出:

$$\mathrm{MOS}_N = \prod_{j=0}^{J} P(x_j \leqslant N_j) \tag{8.12}$$

因此,解的目的是最大化 MOS_N,这样总成本小于或等于设为限制的初始成本,即 $C_T(N) \leqslant C_0$。对此,需要使用非线性最优化。

8.2.5　MCDM/A 模型的使用

该方法起源于多维角度(de Almeida,2001;de Almeida,1996)。多目标可聚合为决策模型,比如考虑最大化系统收入和最小化总零件数量。然而,当努力优化工程系统的任何设计因素时,事实依然是分析员经常面临着完成好几个目标的要求(比如低成本、高收入、高可靠性、低事故风险),其中一些可能相互矛盾。同时,一些特别的要求(比如航空器系统、最大化允许重量、体积等)也应该得到满足(Marseguerra 等,2005)。

不像单目标法,它通常意味着其他期望目标的较差性能。以多目标法为标志的集合提供了可接受解决方案的范围和找到折中的努力,这也是多维因素(多目标)下工作优势之一。

Jajimoggala 等人(2012)认为,备件危险程度的系统性评估是存货系统记录的备件有效控制的关键。用哪种方法测量修理活动的备件危险程度,有很多因素要考虑。而且这些评估步骤涉及几种目标,有必要在可能的有形和无形因素中做出折中。Jajimoggala 等人(2012)使用了一种 MCDMA 方法解决这种问题,

也就是使用了三阶混合模型:第一阶段涉及明确准则;第二阶段为使用模糊 ANP 划分不同准则的优先顺序;第三阶段使用模糊 TOPSIS 排序备件的危险程度。

Molenaers 等人(2012)提出了一种基于零件危险程度的备件分类法。从多准则分析出发,所提模型将影响零件危险程度的重要准则转换为一个单独分数,它代表着危险程度水平。他们考虑了以下准则:

（1）设备危险程度;

（2）零件失效概率;

（3）补充时间;

（4）潜在供应者数量;

（5）技术规格的有效性;

（6）维修类型。

de Almeida (2001)考虑了两种准则(风险和成本)通过备件供给决策模型中的多特征效用函数将二者结合。换言之,零件供给也可基于零件需求和无供应风险,构建为多准则效用函数(使用 MAUT 法)。

MAUT 一直很少用于零件供给问题。几种准则,比如可获得性、风险和成本,被用来评估零件需求值。在 Mickel 和 Heim(1990)文章中,风险是一种普遍使用的准则。其他模型优化单独准则,比如与成本相关的可靠性或风险(Goldman,Slattery,1977;Barlow 等,1996)。

这两种特征的结合是通过效用函数做出的(多特征函数)。该方法所采纳的决策是决定成本和风险的特征值,以最大化结果的多特征效用函数 $u(C,a)$。

通过决策理论概念,我们就有行动空间,它由备件的可能数量 N 组成,它是决策者能够行动以实现期望目标的环节,这种情况下它就是多特征效用函数 $u(C,a)$ 的最大化。

进一步说,自然状态、系统可靠性和其结构可维修性需要考虑。如前文所述,它们可用通过使用统计步骤或专家先验知识来获取的可靠性和可维修性参数表示(de Almeida,2001; de Almeida,1996)。

有关研究系统的可靠性和可维修性的观察数据允许对自然状态行为做些考虑。自然状态对决策者所做决策顺序的结果具有直接影响,但是决策者对自然状态并不具任何控制或影响。

结果空间由预期效用值 $E[u(C,a)]$ 给出。函数 $u(c,a)$ 使用引出多特征效用函数步骤获得(Keeney,Raiffa,1976),它定义了 DM 的有关成本和存货短缺风险值的优先结构。

最终,该方法的目标是决定备件数量 N 的值,它使 $u(C,a)$ 最大化。数学模型由下式给出：

$$u(\theta,a) = E_{p|\theta,a}(u(p)) = \int u(p)P(p \mid \theta,a)\mathrm{d}p = \int u(C,\alpha)P(C,\alpha \mid \theta,a)\mathrm{d}p$$

$$(8.13)$$

其中，$P(C,\alpha \mid \theta,\alpha)$ 是个结果函数，假设决策者采纳行动 a 和已发生的自然状态。

文中重点强调了备件成本特别依赖于最大化效用函数所采取的行动。并且这种情况下，自然状态 $C(\lambda,T)$ 没有独立性。

另外，风险 a 依赖于自然状态和决策者所采取的行为，因此这些特征相互间没有独立性，进而如下所示使用条件概率函数 $P(p \mid \theta,a)$：

$$P(p \mid \theta,a) = P(C,\alpha \mid \theta,a) = P(C \mid \theta,a) \cdot P(\alpha \mid \theta,a) \quad (8.14)$$

对每种决策者采取的行为，相应会有个成本，因此成本函数结果为：

$$P(C_i \mid \theta,a) = 1, \quad a = a_i \quad (8.15)$$

因此，

$$P(p \mid \theta,a) = P(C \mid \theta,a) \cdot P(\alpha \mid \theta,a) = 1 \cdot P(\alpha \mid \theta,a) = P(\alpha \mid \theta,a)$$

$$(8.16)$$

对 $P(a \mid \theta,a)$，风险 $a = 1 - p(\theta,N,T)$；因此，由 θ、N、T 的值，可求出风险 a 的值。类似会得到：

$$\begin{cases} P(\alpha \mid \theta,a) = P(\alpha = 1 - \mathrm{MOS} \mid \theta,a) = 1, & \mathrm{MOS} = \sum_{k=0}^{N} \dfrac{(n\lambda T)^k \mathrm{e}^{-n\lambda T}}{k!} \\ P(\alpha \mid \theta,a) = P(\alpha = 1 - \mathrm{MOS} \mid \theta,a) = 0, & \mathrm{MOS} \neq \sum_{k=0}^{N} \dfrac{(n\lambda T)^k \mathrm{e}^{-n\lambda T}}{k!} \end{cases}$$

$$(8.17)$$

由于失效率参数表示时间函数中的一种普通行为，假设可靠性函数用指数概率函数表示，那么系统默认变量数目 x 的随机行为用泊松概率分布来表示。同样，用决定论观点看，$P(\alpha = 1 - \mathrm{MOS} \mid \theta,a) = 1$。

因此，$u(c,a)$ 的最大化用决定论方法实现，其中 $u(\theta,a_i) = u(p \mid \theta,a_i)$，由决定存货可用的备件数量 N 组成。

在最大化效用函数的决策理论准则中，有人强调了贝叶斯方法，它由挑选行为 a_i 组成，也就是依赖于先验概率 $\pi(\theta)$，根据以下公式求存货可用备件数量以最大化期望效用 $u(\theta,a_i)$：

$$\max_{a_i} \int_{\theta} u(a_i,\theta)\pi(\theta)\mathrm{d}\theta \quad (8.18)$$

该模型中，有人认为自然状态有两种维度：一种适用于构成系统的设备的可靠性,用系统失效率 λ₅ 表示;第二种维度是可修复系统的可维修性,用平均修复时间 MTTR 表示。因此,自然状态的概率分布 $\pi(\theta)$ 定义为 $\pi(\text{MTTR})$。因此,预期效用可表达为:

$$E_{p|\theta,a}[u(p)] = E_{C,\alpha|\theta,a}[u(C,\alpha)] = \int_{T_0}^{T_{\max}} \int_{\lambda_0}^{\lambda_{\max}} u(\lambda,T;N)\pi(\lambda)\pi(T)\mathrm{d}\lambda\,\mathrm{d}T$$

(8.19)

因此,最大化多特征效用函数取决于备件数量,通过最大化预期效用函数实现:

$$\max_N \lfloor E_{\lambda,T}[u(\lambda,T;N)] \rfloor$$ (8.20)

数学化的公式为:

$$\max_N \left[\int_{T_0}^{T_{\max}} \int_{\lambda_0}^{\lambda_{\max}} u(\lambda,T;N)\pi(\lambda)\pi(T)\mathrm{d}\lambda\,\mathrm{d}T \right]$$

$$\alpha = 1 - \sum_{k=0}^{N} \frac{(n\lambda T)^k \mathrm{e}^{-n\lambda T}}{k!} \quad \text{and} \quad C = a_i \cdot C_i$$

(8.21)

8.3　多重备件确定

备件管理通常考虑的是一个单独备件的问题和其他系统零件的单独决策问题。然而很多设备需要备件能和同样的资源竞争。比如,某人可能评估减少某个给定项目备件数量的可能性,以平衡另一项目备件数量的增加。需要注意的是,这些选择有明显的全局性能评判。

当考虑到模拟多重备件的建模时,维修经理不只是对确定每个项目的最优数量感兴趣。这种情况下他对找出最优资源集合感兴趣,假设在各个项目中分配有限数量的资源被认为是一种典型产品组合问题。

在本节中,有几篇论文解决了使用多目标遗传算法的备件政策问题。Marseguerra 等人(2005)探讨了使用遗传算法优化多构件系统中的备件数量可能性,所考虑的目标是系统收入的最大化和所有零件数量的最小化。文章定义了一种处理系统失效、修复和替换静态过程的蒙特卡洛仿真法。Ilgin 和 Tunali(2007)提出了一种使用遗传算法优化预防维修和自动控制领域制造系统备件政策的方法。Lee 等人(2008)对飞行器备件分配的多目标仿真优化问题,开发了一个融合多目标进化(MOEA)算法和多目标计算预算分配(MOCBA)方法的框架。

一般来说,维修经理对最小化备件总成本和存货短缺概率感兴趣。本节提出了一种多目标遗传算法解决多备件问题。首先,指出失效率模型的固定外形很重要。Finkelstein 和 Cha（2013）认为这种假设很好地建立在备件集合上。这种失效率属性仅仅对使用在正确维修中的备件有意义，而不是使用在预防性维修中的零件，在预防性维修中可以假设为周期性替换策略。该背景证明了某零件存货短缺概率计算的泊松分布的使用。也可认为每个零件都有失效率和购买成本。每个零件也可被分类为两类对系统的重要性水准，以管理不同系统零件危险程度水平。有限预算下的关键件和非关键件也竞争相同资源。

开发基于 NSGA-Ⅱ 的多目标模型是为了辅助多备件管理。该模型在城市乘客汽车运输公司中被测试。

8.3.1　数学模型

备件存货问题的数学模型是一种多目标优化模型，其目标为优化存货短缺平均概率和购买备件总成本最小化。

该模型为了解决存货管理任何环节固有的主要问题：以最小成本获取并以最大效用供给的备件的理想存货水平是多少。

如 Kennedy 等人（2002）和 Bevilacqua 等人（2008）所述，在优化备件存货的文献中，以使用概率分布构建零件需求行为模型为前提，泊松分布是最广泛使用的数学静态模型，它也被广泛用来描述少数随机事件。泊松分布表示为

$$P_x(t) = \frac{(\lambda t)^x \mathrm{e}^{-\lambda t}}{x!} \tag{8.22}$$

式中：x 为中断时间内替换件的消耗量，其目标是评估概率；t 为所考虑的时间中断；λ 为单位时间内替换件的历史消耗率；$P_x(t)$ 为中断时间 t 内有 x 个替换件需求的概率。

该模型可表示为

$$PS_i = P(x > N_i) = 1 - P(x \leqslant N) = 1 - \mathrm{MOS} = 1 - \sum_{i=0}^{N_i} \frac{(\lambda_i t)^i \mathrm{e}^{-\lambda_i t}}{i!} \tag{8.23}$$

式中：PS_i 为第 i 个备件有 N_i 个数量情况下存货短缺的概率；i 代表每种备件（关键或非关键）；N_i 为每种备件的储存数量；x_i 为第 i 个备件每个月的消耗率；C_i 为第 i 个备件的单位成本。

因此，该问题由最小化目标函数式（8.24）和式（8.25）组成：

$$\min\left[\sum_{i=1}^{n} PS_i\right] \tag{8.24}$$

$$\min\left[\sum_{i=1}^{n} C_i\right] \tag{8.25}$$

用来解决备件存货问题的遗传算法是 Deb 等人（2002）提出的优秀多目标遗传算法 NSGA Ⅱ 的改进。该算法基于非主要染色体的分类，以找到多目标问题的帕累托前项，以及维持进化过程中的优秀解，因为它是种优秀算法。在所提的算法中，染色体的长度等于不同备件的数量，其中每种基因代表所需购买的数量。

选择进行杂交行为的父母以产生后代是随机的，并且对每一种所选的父母集，使用基因操作产生两个后代。杂交行为基于切断点染色体位置的随机选取。子女 1 继承父母 1 的基因一直到截断位置为止，从这之后他们继承父母 2 的基因。此外，子女 2 继承父母 2 的基因一直到截断位置为止，从这之后他们继承父母 1 的基因。

8.3.2　案例学习

对案例学习，步骤如下：

（1）定义所研究汽车替换零件的组成部分，其中使用的 14 个关键部件单独定义为正确维修行为；

（2）定义需要确定数量的参数，该案例中它通常指消耗率、单位价格和原始存货。

这些参数如表 8.1 所示。引起交通服务失效的零件被定义为关键件。本研究中的数据从运营汽车超过 25 年的城市公共交通公司收集而来。这个公司车队有 83 辆汽车，它们平均寿命是 5.69 年，每个月行驶 600000km。

表 8.1　关键件的原始数据

部　件	λ	部件成本 C	原始短缺
P1	0.636	168.00	0
P2	0.364	660.00	0
P3	0.727	2700.00	0
P4	1.0	1843.00	0
P5	0.364	23.00	0
P6	2.273	882.00	0
P7	2.727	1176.00	1
P8	1.364	136.00	0
P9	0.909	200.00	0
P10	18.0	1180.00	13
P11	7.636	380.00	4

（续）

部 件	λ	部件成本 C	原 始 短 缺
P12	85.455	14.49	74
P13	1.273	268.00	0
P14	3.0	30.00	1

刚开始,该算法是针对关键件使用的。99.9%的部件建立为存货短缺概率平均值的上限,它保证了购买关键件获得的高质量服务。如前所述,生成遗传算法的原始解以作为运用基于成本收益比模型的解,该比例由通过变换购买零件带来的服务水平的成本比例而获得。基于成本收益的算法在帕累托前沿中共呈现出 142 个解。在 NSGA Ⅱ中使用的人口数量是 CB 模型解数量的 2 倍,也就是 284。原始解的头 142 个染色体是通过 CB 模型获取的相同染色体,另一半染色体是随机产生的,这样就保持了解的多样性。

遗传算法经 250 次迭代后,就得到帕累托前沿中总共 142 个解。其中仅有 21 个与 CB 模型生成的解相符,它表明基因操作与原始解非常不一样。如果一起分析,这两个模型总共产生了 397 个不同解,其中 363 个是非支配的。基于成本收益模型和关键件的 NSGA Ⅱ解的对比图如图 8.1 和图 8.2 所示。

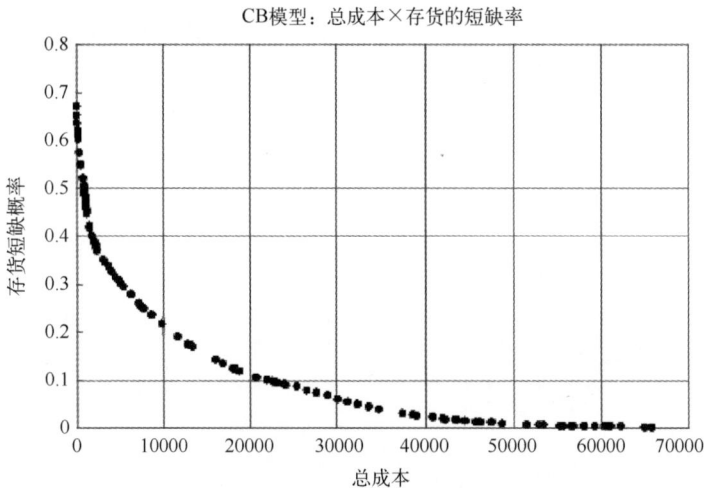

图 8.1 关键件存货短缺概率总成本对比(成本-收益)

在图 8.1 和图 8.2 中,达到 10%的存货短缺概率后,曲线立刻达到饱和,这与主要逻辑相反,换言之高投资换来的是低回报(存货短缺概率降速慢),这种情况下很明显公司不值得消耗资源。

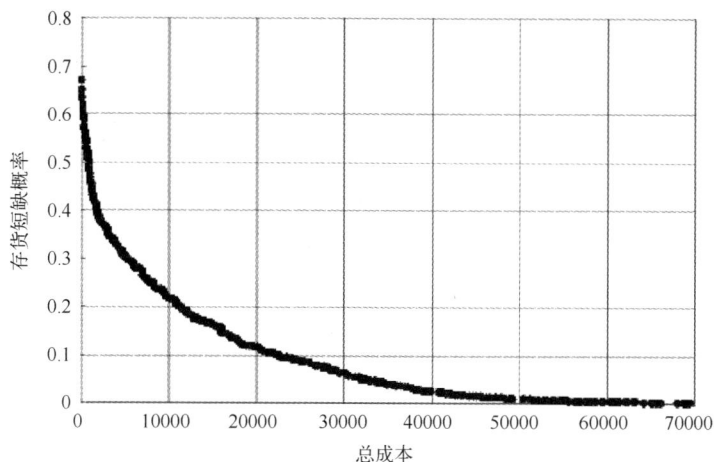

图 8.2　关键件存货短缺概率总成本对比(NSGA-Ⅱ)

选择单独处理关键件允许经理在管理其预算意外部分有更大灵活性,且肯定会放弃存货管理更好的结果,因为它允许程序逻辑,以典型的资产组合问题为基础,其中好几个零件在它们的临界组中竞争模拟资源,因此得到呈现出最低成本-收益指数的那个解将为整体操作带来收益。

我们能得出结论,在真实情境下开发和运用的模型达到了其目的,因为它允许控制替换备件存货的重要参数被有效监督,这样对城市公交公司的管理做出贡献。该模型可复制到任何其他公司,这些公司存货中有替代备件,且实行正确维修时可消耗它们。

8.4　CBM 备件

失效概率、检测周期、持有成本和陈旧过时是构建备件存货模型的关键因素。就维修政策而言,在基于状态维修(CBM)的背景下,可以说条件监测能很好地得给出被监测系统剩余寿命的预测,且支持更好的购买备件决策。备件需求普遍由预防维修行为需求和失效所生成。除此之外,维修成本受备件可获得性影响。须知由不可获得备件带来的惩罚通常由延长的宕机时间成本和紧急情况下获取备件的高成本组成。状态监测的技术进步提供了一种保证高获得性和计划与非计划生产中断的方法(Ferreira,Wang,2012;Wang,2012;Wang,2008)。

关于处理基于维修失效的备件研究,几位学者对基于新旧年数或区块的替换策略产生了兴趣。Kennedy 等人(2002)发表了一篇有关备件存货的文献综述,指出了该课题的研究方向,尽管没有发现 CBM 模型用于备件存货控制。

关于基于寿命的替换,一篇最优存货策略和 Barlow-Proschan 年龄替换策略之间的比较研究展示了前者的成本效率。Zohrulb Kabir 和 AL-Olayan(1996)研究了联合存储和基于年龄的替换策略。Barabadi 等人(2014)评估了备件预测领域相关变量可靠性模型。van Horenbeek 等人(2013)提出了多组成系统的基于预测信息的联合维修存储策略模型以评估预测信息的附加值。

Rezg 等人(2008)提出了一种联合最优存储控制和预防维修策略以满足可获得性的最低水平。Diallo 等人(2008)推荐了一种有预算限制下的最大化系统可获得性的数学模型,基于系统生命周期分布的放置顺序和预防维修中断参数也起源于它。Vaughan(2005)认为,由普遍计划性的预防维修和服务单元的随机失效引起的备件需求是相互独立的。Chang 等人(2005)提出了一种考虑到生产设备危险程度的备件存货模型。Aronis 等人(2004)运用了一种基于失效率先验分布的贝叶斯方法预测需求,其中备件数量由所需的服务水平决定。

CBM 策略应该融合传统模型来提示什么时候需要多少数量的备件。考虑使用状态监测技术评估设备剩余寿命,有人提出了一种仿真和分析混合模型。CBM 的优势包括降低存货成本、对所需零件数量有更好的预测和计划,因为剩余寿命可通过 CBM 更好地预测出来,它能带来需求零件数量的更好预测。

在 CBM 模型中,实现两类问题很重要。Wang(2008)解释了直接和间接监测概念。在直接监测中,可观察到零件的真实状态,且可设立一个关键水平。然而在间接监测中,我们只能收集与被监测零件在静态条件下的真实状态的测量信息。有人对直接监测做了加强措施。Rausch 和 Liao(2010)开发了基于 CBM 的备件存储和生产联合模型,其中可直接观察到被监测状态。Wang 等人(2009)陈述了基于状态的替换概念和零件供应策略,通过仿真法和遗传算法,对最小化成本率,决策变量被一起优化。Elwany 和 Gebraeel(2008)评估了线性和指数恶化模型以支持替换和基于设备物理状态存储的动态决策。Ferreira 等人(2009)提出了一种多准则模型以决定基于延时分析的状态监测的检查中断。

Ferreira 和 Wang(2012)认为,在一个系统中有很多相同的部件,它们都周期性地进行状态监测。可能有很多重要和相同的轴承安装在造纸机上,由于有状态监测信息,这些轴承的适当维修应该带来更好的使用性能,降低机器的操作成本。在正确的时间点提供适当数量的备件对管理维修活动至关重要。

维修行动的时机,比如状态监测和预防维修次数,与购买东西的订单顺序和到达一样,展示在图 8.3 中以呈现该问题的主要特征。

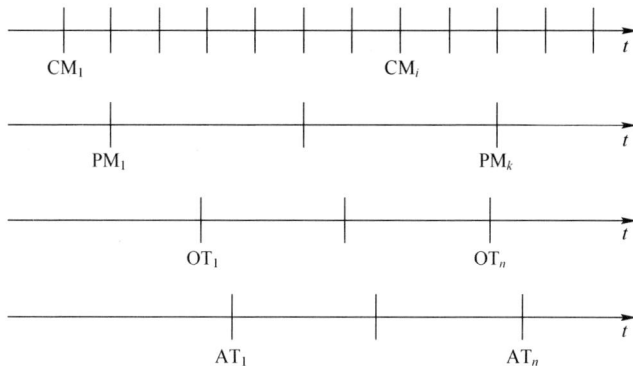

图 8.3　状态监测(CM)、预防维修(PM)、命令时间(OT)、
命令到达(AT)间隙和备件的供货时间

　　这样,在图 8.4 所示的每次替换时机都有个决策问题。一般来说,有以下几种选择:

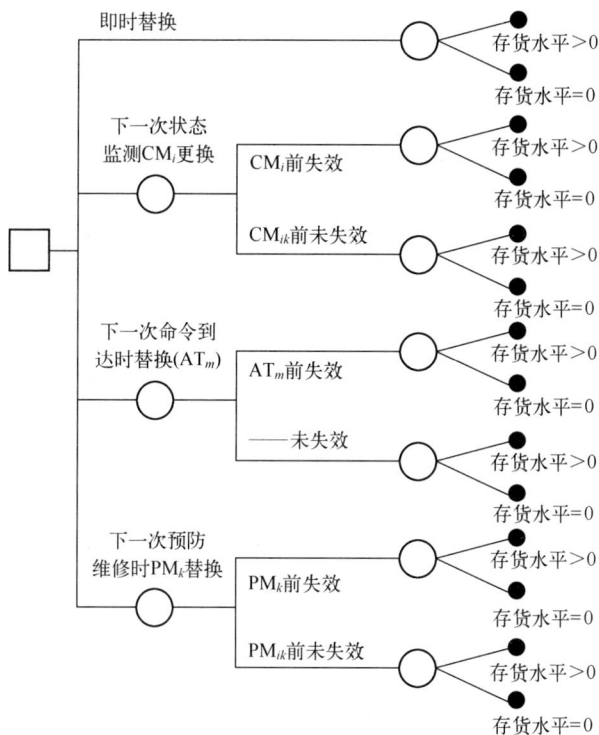

图 8.4　每次替换时刻的决策树

（1）选择1——立刻替换，取决于存货水平；

（2）选择2——在下一次状态监测时替换（CM_i），取决于失效概率和存货水平；

（3）选择3——在下一次命令到达时刻替换（AT_n），取决于失效概率和存货水平；

（4）选择4——在下一次预防维修时刻替换（PM_k），取决于失效概率和存货水平。

在图8.4的决策树结构中，有可能通过比较结果和分析替换次数来动态评估一个给定维修政策的性能。以所监测信息为基础，可得到存货短缺风险的机构、成本和剩余寿命的评估。评估不同意味着备件需求可能会变。

这部分通过使用状态监测信息解决了备件问题。CBM比基于时间的维修更是一种成本效益型维修策略，因为当对备件需求做出更好预测时，它能避免草率维修或替换。在传统CBM模型中，很多人认为当需要时备件总能得到供应。然而在好几种实际情况中并不是这样。

参 考 文 献

Aronis K-P, Magou I, Dekker R, Tagaras G (2004) Inventory control of spare parts using a Bayesian approach: A case study. Eur J Oper Res 154:730-739.

Barabadi A, Barabady J, Markeset T (2014) Application of reliability models with covariates in spare part prediction and optimization - A case study. Reliab Eng Syst Saf 123:1-7.

Barlow RE, Proschan F (1965) Mathematical theory of reliability. John Wiley & Sons, New York.

Ben-Daya M, Duffuaa SO, Raouf A, et al. (2009) Handbook of Maintenance Management and Engineering. Springer, London.

Bevilacqua M, Ciarapica FE, Giacchetta G (2008) Spare parts inventory control for the maintenance of productive plants. 2008 IEEE Int. Conf. Ind. Eng. Eng. Manag. IEEM 2008. IEEE, Singapore, pp 1380-1384.

Boylan JE, Syntetos AA (2010) Spare parts management: A review of forecasting research and extensions. IMA J Manag Math 21:227-237.

Chang PL, Chou YC, Huang MG (2005) A (r, r, Q) inventory model for spare parts involving equipment criticality. Int J Prod Econ 97:66-74.

de Almeida AT(1996)Multicriteria for spares provisioning using additive utility function. In: International Conference on Operational Research for Development, IFORS-ICORD II. Rio de Janeiro, RJ, pp 1414-1418.

de Almeida AT (2001) Multicriteria decision making on maintenance: Spares and contracts planning. Eur J Oper Res 129:235-241.

de Almeida AT, Ferreira RJP, Cavalcante CAV (2015) A review of multicriteria and multiobjective models in maintenance and reliability problems. IMA Journal of Management Mathematics 26(3): 249-271.

de Almeida AT, Souza FMC (2001) Gestão da Manutenção: na Direção da Competitividade(Maintenance Management: Toward Competitiveness) Editora Universitária da UFPE. Recife.

Deb K, Pratap A, Agarwal S, Meyarivan T (2002) A fast and elitist multiobjective genetic algorithm: NSGA-II. IEEE Trans Evol Comput 6: 182-197.

Diallo C, Ait-Kadi D, Chelbi A (2008) (s, Q) Spare parts provisioning strategy for periodically replaced systems. IEEE Trans Reliab 57: 134-139.

Duchessi P, Tayi GK, Levy JB (1988) A Conceptual Approach for Managing of Spare Parts. Int J Phys Distrib Logist Manag 18: 8-15.

Elwany AH, Gebraeel NZ (2008) Sensor-driven prognostic models for equipment replacement and spare parts inventory. IIE Trans 40: 629-639.

Ferreira RJP, de Almeida AT, Cavalcante CAV (2009) A multi-criteria decision model to determine inspection intervals of condition monitoring based on delay time analysis. Reliab Eng Syst Saf 94: 905-912.

Ferreira RJP, Wang W (2012) Spare parts optimisation subject to condition monitoring. In: 11th International Probabilistic Safety Assessment and Management. Conference and the Annual European Safety and Reliability Conference, Helsinki, Finland, 25-29 June 2012.

Finkelstein M, Cha JH (2013) Stochastic Modeling for Reliability: Shocks, Burn-in and Heterogeneous populations. Springer, London.

Goldman AS, Slattery TB (1977) Maintainability: a major element of system effectiveness. Robert E. Krieger Publishing Company, New York.

Gopalakrishnan P, Banerji AK (2013) Maintenance and Spare Parts Management. PHI Learning, New Delhi.

Ilgin MA, Tunali S (2007) Joint optimization of spare parts inventory and maintenance policies using genetic algorithms. Int J Adv Manuf Technol 34: 594-604.

Jajimoggala S, Rao VVSK, Beela S (2012) Spare parts criticality evaluation using hybrid multiple criteria decision making technique. Int J Inf Decis Sci 4: 350.

Kabir ABMZ, Al-Olayan AS (1996) A stocking policy for spare part provisioning under age based preventive replacement. Eur J Oper Res 90: 171-181.

Keeney RL, Raiffa H (1976) Decisions with multiple objectives: Preferences and Value TradeOffs. Wiley Series in Probability and Mathematical Statistics. Wiley and Sons, New York.

Kennedy WJ, Wayne Patterson J, Fredendall LD (2002) An overview of recent literature on spare parts inventories. Int J Prod Econ 76: 201-215.

Lee LH, Chew EP, Teng S, Chen Y (2008) Multi-objective simulation-based evolutionary algorithm for an aircraft spare parts allocation problem. Eur J Oper Res 189: 476-491.

Macchi M, Fumagalli L, Pinto R, Cavalieri S (2011) A Decision Making Framework for Managing

Maintenance Spare Parts in Case of Lumpy Demand: Action Research in the Avionic Sector. In: Altay N, Litteral LA (eds) Serv. Parts Manag. pp 89-104.

Marseguerra M, Zio E, Podofillini L (2005) Multiobjective spare part allocation by means of genetic algorithms and Monte Carlo simulation. Reliab Eng Syst Saf 87:325-335.

Mickel LS, Heim RL (1990) The spares calculator: a visual aid to provisioning. Annu. Proc. Reliab. Maintainab. Symp. IEEE, Los Angeles, CA, pp 410 - 414.

Molenaers A, Baets H, Pintelon L, Waeyenbergh G (2012) Criticality classification of spare parts: A case study. Int J Prod Econ 140:570-578.

Padmanabhan G, Vrat P (1990) Analysis of multi-item inventory systems under resource constraints: A non-linear goal programming approach. Eng Costs Prod Econ 20:121-127.

Porras E, Dekker R (2008) An inventory control system for spare parts at a refinery: An empirical comparison of different re-order point methods. Eur J Oper Res 184:101-132.

Raiffa H (1968) Decision analysis: introductory lectures on choices under uncertainty. Addison-Wesley, London.

Rausch M, Liao H (2010) Joint production and spare part inventory control strategy driven by condition based maintenance. IEEE Trans Reliab 59:507-516.

Rezg N, Dellagi S, Chelbi A (2008) Joint optimal inventory control and preventive maintenance policy. Int J Prod Res 46:5349-5365.

Roda I, Macchi M, Fumagalli L, Viveros P (2014) A review of multi-criteria classification of spare parts: From literature analysis to industrial evidences. J Manuf Technol Manag 25:528- 549.

Syntetos A, Keyes M, Babai M (2009) Demand categorisation in a European spare parts logistics network. Int J Oper Prod Manag 29:292-316.

Van Horenbeek A, Scarf P, Cavalcante CAV, Pintelon L (2013) On the use of predictive information in a joint maintenance and inventory policy. In: Steenbergen RDJM, VanGelder PHAJM, Miraglia S, Vrouwenvelder ACWMT (eds) 22nd Annual Conference on European Safety and Reliability (ESREL), Amsterdam, 2013. Safety, Reliability and Risk Analysis: Beyond the Horizon. Taylor & Francis Group, London, UK, p 758.

Van Volkenburg C, Montgomery N, Banjevic D, Jardine A (2014) The effect of deterioration on spare parts holding. 2014 Reliab. Maintainab. Symp. IEEE, Colorado Springs, CO, pp 1-6.

Vaughan TS (2005) Failure replacement and preventive maintenance spare parts ordering policy. Eur J Oper Res 161:183-190.

Wang L, Chu J, Mao W (2009) A condition-based replacement and spare provisioning policy for deteriorating systems with uncertain deterioration to failure. Eur J Oper Res 194:184-205.

Wang W (2008) Condition-based maintenance modelling. In: Kobbacy KAH, Prabhakar Murthy DN (eds) Complex Syst. Maint. Handb. Springer London, pp 111-131.

Wang W (2012) A stochastic model for joint spare parts inventory and planned maintenance optimisation. Eur J Oper Res 216:127-139.

250

第 9 章　冗余分配的决策

摘要　冗余分配是现存系统运营在最低需求之上,为了提升系统可靠性,一种涉及评估和选择什么地方放置多余部件或组件的决策。20 世纪 70 年代开始,有好几位学者在多目标冗余分配领域做出了贡献,这些问题复杂度的组合基本上激励了学者聚焦帕累托前沿定义这个文献中最常用的方法来开发搜索算法。找到基于探索模式的非支配解的集合是一种需要大量计算来解决问题的步骤。尽管有困难,还是应该评估 DM 优先法以推荐一种解,它代表所考虑准则比如可靠性、成本和权重间的最好折中。本章从多准则角度探讨冗余分配问题。陈述了与典型准则相关的基本概念和冗余分配问题的权衡,给出了有关 MCDM/A 冗余分配的简短文献综述。为了解释冗余分配的 MCDM/A 法,使用了一种基于多特征效用理论备用系统的决策模型,包括 DM 行为风险(倾向、中立和翻转风险)。本章探讨的问题涉及怎样选择一种合适的维修策略以评估系统有效性和成本的折中,包括处理失效不确定性的专家先验知识和修复费用参数。

9.1　引　　言

　　冗余分配是现存系统运营在最低需求之上,为了提升系统可靠性,一种涉及评估和选择什么地方放置多余部件或组件的决策。该问题是可靠性理论中的典型问题之一,可靠性理论中系统设计是为了寻求可靠性、成本和权重等基本因素间的平衡。自从 Barlow 和 Prochan(1965)发表可靠性理论以来,这些因素间的平衡一直都是相关研究的课题。

　　Barlow 和 Prochan (1965)陈述了有关冗余模型,揭示了在有关权重、数量和成本的线性限制下,各种子系统间怎样分配冗余以最大化系统可靠性。在一个或多个关于总成本、权重、数量限制下的最大化一系列系统可靠性问题,有很多变化,取决于冗余是相似还是备用的。类似系统中,冗余单元同时运行,它们引起了失效。在备份冗余中,冗余单元作为备份零件放置,成功被用于替换,且在备份条件下它们不会导致失效。在一些活跃的相似冗余配置中,可能要求 n 个单元中的 K 个单元必须为系统功能服务。有 n 个不相关组件的 n 个系统中的 K

个系统可靠性,其中所有单元的可靠性是相同的,由二次可靠性函数表达(O'Connor,Kleyner,2012;Kuo,Zuo,2003)。

即使 Barlow 和 Prochan(1965)没有使用 MCDM/A 问题的专门术语,他们提出了没有提供特定限制集一类问题。这种情况下,有望生成有关相同和备份冗余中可靠性和成本的非支配分配集。

非支配解的概念在 Barlow 和 Prochan(1965)的文献中被定义为:如果 $R(x) > R(x_0)$,$x_0 = (x_{10}, x_{20}, \cdots, x_{n0})$ 是非支配的,它意味着对某些 j 来说,$C_j(x) > C_j(x_0)$,然而 $R(x) = R(x_0)$ 意味着要么对某些 j,$C_j(x) > C_j(x_0)$,要么对某些 j,$C_j(x) = C_j(x_0)$,其中 $C_j(x) = C_{ij}x_i$。

该特征与第 2 章陈述的用在多目标准则中的帕累托前沿的典型定义相同。Barlow 和 Prochan(1965)认为,如果得到包括所有非支配冗余的分配集,那么在限制集下的冗余分配问题解肯定是该家族一员。换句话说,Barlow 和 Prochan(1965)认识到单声道目标法是 MCDM/A 方法的一个特殊情况,单声道目标情况解是帕累托前沿集之一。

他们列出了一种能生成单成本因素下非支配分配的不完整集合的步骤。该步骤基于每循环中的每一美元获得的附加最大可靠性的原则,以系统无冗余开始。在多成本因素情况下,提出了一种简单的可靠性权重函数,推荐任意选一个权重值。他们也推荐一种找到基于 Kettelle Jr(1962)动态程序算法的非支配分配的完整集合程序。

Tillman 等人(1977)发表了最优冗余分配模型的文献综述。他们将早期关于优化技术和系统配置领域的文献进行了分类。在优化技术中,没有提到 MCDM/A 方法。

Kuo 和 Prasad(2000)更新了 Tillman 等人(1977)的文献综述,对 MCDM/A 方法作为一种分析手段帮助优化系统可靠性进行了明确。他们找到了 12 篇该领域内的论文,认为在可靠性优化中,MCDM/A 方法是一种重要但并不被广泛研究的问题。尽管可用一些精确法解决冗余分配问题,使用的探索包括蚂蚁克隆优化法、混合遗传算法和禁止搜索。

Kuo 和 Wan(2007)将多目标优化作为一个最新话题并引用了 11 篇该领域 2000 年以来发表的参考文献。他们明确了 4 类问题结构:①传统可靠性冗余分配问题;②百分制寿命优化问题;③多状态系统优化;④多目标优化。

一些类型的系统配置定义如图 9.1 和图 9.2 所示。

一个简单的冗余分配问题版本如图 9.3 所示。它是一系列将系统可靠性看成目标函数 $R(x_j)$ 的系统。该系统有 n 个阶段串联,有 $x_j + 1$ 个相互独立的相同分布单元与阶段 j 并行。x_j 是阶段 j 并行冗余组件数量。C_{ij} 是阶段 j 每个 i 类型组件的成本。成本类型包括货币价值、权重和数量。p_j是j阶段每个组件的可靠性。C_j是j阶段每个组件的一些特定成本。r是所包含的成本类型数量。假设所有单元间的失效相互独立。

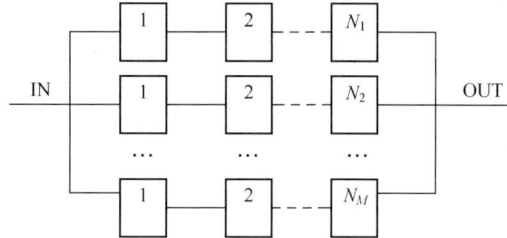

图 9.1　混合并行系列系统,有 N 个组件连接成一个系列,
有 M 个这样的并行系列连接以形成系统

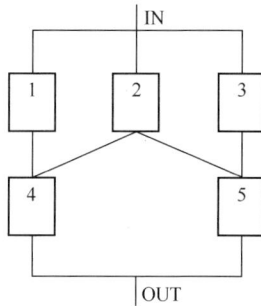

图 9.2　非并行系列系统

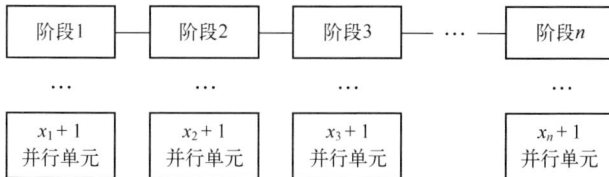

图 9.3　一种简单的冗余分配问题的结构

该问题在数学上表达下式表示:

$$
\begin{cases}
\text{maximize} R(x_j) = \prod_{j=1}^{n} \left(1 - (1-p_j)^{x_j+1}\right) \\
\text{subject to} \sum_{i=1}^{n} c_{ij} x_j \leqslant c_j, \quad j = 1, 2, \cdots, r \\
0 \leqslant x_j \leqslant u_j, \quad x_j \text{integer}, j = 1, 2, \cdots, n
\end{cases}
\tag{9.1}
$$

在单目标构想中,受可利用资源数量限制而最大化系统可靠性或受系统可靠性必须满足特定可靠性目标限制而最小化一些资源成本变得可能。成本、权重和数量受到约束的限制。

Kuo 和 Zuo(2003)提出了一些衡量组件重要性的方法,比如结构重要性、可靠性重要性、危险程度重要性和相对危险程度。这些因素对比较组件对系统的重要性很有用。

Kuo 和 Zuo(2012)定义了 3 种备份冗余类型:热备份、暖备份和冷备份。热备份和积极组件有相同的失效率。冷备份失效率为 0。暖备份意味着非积极组件失效率介于 0 和积极组件失效率之间。在备份条件下,暖备份和热备份可能失效,但是冷备份不会失效。

一些冗余分配问题的约束值得重点考虑。比如,冗余组件可能受相同外部载荷和限制冗余效果的普通失效模型影响(Pate-Cornell 等,2004)。

关于分类模型,有假设仅可能有两种组件状态:运行和失效状态的冗余模型。但是有些模型认为会有两种以上的组件状态,它们被称为多状态系统。

根据基于 MCDM/A 方法的可靠性和维修模型的文献综述(de Almeida 等,2015),18.8%的文献是关于冗余分配的。MCDM/A 冗余分配问题的重要文献集如表 9.1 所列。大多数文章使用可靠性、成本和权重作为优化目标。寻求解的方法中,大家都推荐多范围提议法。

表 9.1 有关 MCDM/A 冗余分配问题的出版物清单

文献	可靠性	成本	权重	其他	搜索方法
Khalili - Damghani, et al. (2013)	×	×	×		Multiobjective particle swarm optimization
Garg and Sharma(2013)	×	×			Fuzzy multiobjective particle swarm optimization
Cao, et al. (2013)	×	×	×		Decomposition−based approach
Sahoo, et al. (2012)	×	×			Tchebycheff;Lexicographic;Genetic Algorithms
Safari(2012)	×	×			NSGA−Ⅱ
Okafor and Sun(2012)	×	×			Genetic Pareto set identification algorithm
Khalili−Damghani and Amiri (2012)	×	×	×		ε−constraint method and data envelopment analysis
Zio and Bazzo(2011a);Zio and Bazzo(2011b)		×	×	Availability	Clustering procedure;Level Diagrams and MOGA
Li, et al. (2009)	×	×	×		NSGA−Ⅱ and data envelopment analysis

（续）

文献	可靠性	成本	权重	其他	搜索方法
Kumar, et al.（2009）	×	×			Multiobjective hierarchical genetic algorithm；SPEA2 and NSGA-Ⅱ
Tian, et al.（2008）		×		System utility	Physical programming；Genetic algorithms
Limbourg and Kochs（2008）		×		Life distribution	Feature models；NSGA-Ⅱ
Taboada, et al.（2008）		×	×	Availability	Multiobjective multi-state genetic algorithm
Zhao, et al.（2007）		×	×		Multiobjective ant colony system；
Taboada, et al.（2007）	×	×	×		NSGA
Liang, et al.（2007）	×	×			Variable neighbourhood search
Chiang and Chen（2007）		×		Availability and net profit	Simulated annealing and genetic algorithms
Tian and Zuo（2006）		×	×	System performance utility	Physical programming；genetic algorithms and fuzzy theory
Salazar, et al.（2006）	×	×			NSGA-Ⅱ
Coit and Konak（2006）				Subsystem reliability	Multiple weighted objective heuristic；linear programming
Marseguerra, et al.（2005）	×			Reliability estimated variance	Genetic algorithms and Monte Carlo simulation
Coit, et al.（2004）	×			Reliability estimated variance	Weighted sum；
Elegbede and Adjallah（2003）		×		Availability	Weighted sum；Genetic algorithms
Huang（1997）	×	×			Fuzzy and multiobjective optimization
de Almeida and Souza（1993）；de Almeida and Bohoris（1996）		×		Interruption time	Multi-attribute utility theory
Gen, et al.（1993）	×	×	×		Fuzzy goal programming model
Dhingra（1992）；Rao and Dhingra（1992）	×	×	×		Fuzzy goal-programming and goal-attainment
Misra and Sharma（1991）	×	×	×		Efficient search multiobjective programming；min-max concept
Sakawa（1980）；Sakawa（1981）	×	×	×	Volume	Surrogate Worth Trade-off method and dual decomposition method
Sakawa（1978）	×	×			Surrogate Worth Trade-off method
Inagaki et al.（1978）	×	×	×		Interactive Optimization

表 9.1 所列的 35 个出版物中,关于多目标冗余分配问题,23 个使用可靠性作为目标函数(65.7%),32 个使用成本(91.4%),17 个使用权重(48.6%)。

冗余分配问题本身就是复杂的。Chern(1992)评估了在一系列系统中分配可靠性冗余的计算复杂度,证明了一些可靠性冗余优化问题非确定性多项式 NP-hard 问题。

由于该问题复杂度,研究聚焦于强调探索方法的使用以找到帕累托前沿。然而,缺少优先模型是参数选择过程中非常明显的缺点。DM 在选择哪个帕累托解集提供了给定优先结构的最好平衡方面有真实需求。

9.2　两组件冗余备份系统的 MCDM/A 模型

本节陈述了基于 MAUT 的备份系统决策模型(de Almeida,Souza,1993)。该模型解决了当 2 组件备份系统的第一段设备失效时,呼叫修理工具的等待时间。第一次失效仅仅意味着可靠性降低,并不是系统失效,因为其他组件还在运转。当第一次故障发生时等待时间避免了修理服务中的超时时间成本。使用专家先验知识法是为了处理参数失效和修理速度的不确定性。另一种决策模型(de Almeida,Bohoris,1996)拓展了第一个模型,介绍了修理时间的 Gamma 分布。图 9.4 展示了 2 组件冗余备份系统的可能状态。

该问题涉及怎样选择一个合适的维修策略以兼顾系统可靠性和成本优先。有种假设认为,修理能力有限,快速修理并不适用。MCDM/A 方法考虑系统可靠性和成本需求的 DM 优先,通过多属性效用函数能解决这些冲突需求。用这种方法,MAUT 也能处理结果的不确定性。

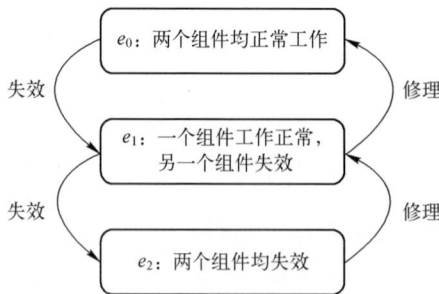

图 9.4　2 组件冗余备份系统的状态

值得注意的是,好几种冗余分配模型认为系统配置在给定的时间范围内被修理,它反映了有关设计方面和系统可靠性的重点,与计划阶段相对应,优

先于系统操作。而且,维修行为明确了在系统运转阶段,成本和可获得性之间
有个平衡的策略。假设设计阶段,系统被设计为冗余单元作为备份运转,在这
个阶段需要建立修理工完成维修或故障单元替换的时间限制。很明显,维修
成本和系统有效性之间存在冲突。表 9.2 给出的是模型参数(de Almeida,
Souza,1993)。

表 9.2　模型参数

参　　数	描　　述
λ	设备失效率
μ	维修率
a	行为空间的行为、元素,代表维修策略
e_0,e_1,e_2	分别表示三种状态,系统中没有单元失效、有 1 个、2 个单元失效
T_a	代表与 a 相对应的修理延迟的决策变量
T_0	第一次失效发生的时间
T_1	第二次失效发生的时间
T_2	第一个失效单元重新开始运行的时间,此时系统状态恢复主 e_0
TTR	T_2-T_a
$\pi_1(\lambda)$	λ 的先验知识分布
$\pi_2(\mu)$	μ
A_i	π_i 的尺度参数
B_i	π_i 的形状参数
C_i	a_i 的成本
FC_i	a_i 的固定成本
CR_i	a_i 的修理成本比率
MCR_i	CR_i 的平均值
$U\{TI,C\}$	中断时间及成本的多属性效用函数

模型(de Almeida,Souza,1993)的假设包括:
(1) 2 单元失效的概率分布式遵循相同的分布;
(2) 每个单元有 2 个状态,即良好和失效;
(3) 当 2 个单元都不运转时系统崩溃;
(4) 只有 1 个修理服务;
(5) 失效率 λ 是常数,失效数遵循泊松分布;
(6) 被维修的单元变得和新的一样;

（7）维修率 μ 是常数；

（8）如果在故障单元的维修期间，其他单元也发生了故障，直到前一个单元完成维修，后一个单元才开始维修；

（9）关于 λ 和 μ 的先验知识表现为这些参数的先验概率分布；

（10）故障和修理状态是相互独立的；

（11）根据效用理论的公理优先，DM 在结果空间 (TI, C) 中有优先结构；

（12）C 和 TI 是相互独立的；

（13）目标函数是为了最大化多属性效用函数 $U(\mathrm{TI}, C)$。

决策模型的建立基于某个电力公司的 2 单元备份冗余通信系统的背景。DM 优先对结果（中断时间和成本）的启发，生成了多属性效用函数，依据式(9.5)，它被转化为决策模型。选择参数的预期效用由式(9.2)给出：

$$E_{(\lambda,\mu)}\{U\{(\lambda,\mu),a_i\}\} = \int_{\lambda_0}^{\lambda_m}\int_{\mu_0}^{\mu_m}\pi_1(\lambda)\cdot\pi_2(\mu)\cdot U\{(\lambda,\mu),a_i\}\,\mathrm{d}\lambda\,\mathrm{d}\mu$$

$$(9.2)$$

其中，

$$\pi_1(\lambda) = (B_1/A_1)\cdot(\lambda/A_1)^{B_1-1}\cdot\exp[-(\lambda/A_1)^{B_1}] \qquad (9.3)$$

$$\pi_2(\mu) = (B_2/A_2)\cdot(\mu/A_2)^{B_2-1}\cdot\exp[-(\mu/A_2)^{B_2}] \qquad (9.4)$$

$$U\{\mathrm{TI},C\} = K_t\cdot\exp(-K_{kt}\cdot\mathrm{TI})+K_c\cdot U\{C_i\} \qquad (9.5)$$

$$C_i = FC_i+(\lambda/\mu)\cdot CR_i \qquad (9.6)$$

$$U\{(\lambda,\mu),a_i\} = K_c\cdot U\{C_i\}+\left(\frac{K_t\cdot\mu}{K_{kt}+\mu}\right)\cdot\left[1+\left(\frac{K_{kt}}{\lambda+\mu}\right)\cdot\exp(-\lambda\cdot T_{at})\right] \qquad (9.7)$$

将式(9.2)代入式(9.8)，问题得到解决。

$$\mathrm{Max}_{a_i}(E_{(\lambda,\mu)}\{U\{(\lambda,\mu),a_i\}\}) \qquad (9.8)$$

有关自然状态的先验知识从 λ 和 μ 的先验分布中可获得。文献中可得到几个先验概率的引发程序，比如 Winkler(1967) 给出的。所用引发程序基于平等概率中断。以设备专家和系统的可维修性为基础，相应地，根据式(9.3)和式(9.4)可得到 $\pi_1(\lambda)$ 和 $\pi_2(\mu)$，在图 9.5 和图 9.6 中进行了解释。

状态 e_1 有 3 种可能情况：

- $T_1>T_a$ 且 $T_1>T_2$，因此 $\mathrm{TI}=0$；
- $T_1>T_a$ 且 $T_1<T_2$，因此 $\mathrm{TI}=T_2-T_1>0$；
- 否则，紧急情况下，立即召唤修复服务，这样 $T_a=T_1$。

中断时间为：

$$\mathrm{TI} = \max(0,\min(T_a+\mathrm{TTR}-T_1,\mathrm{TTR})) \qquad (9.9)$$

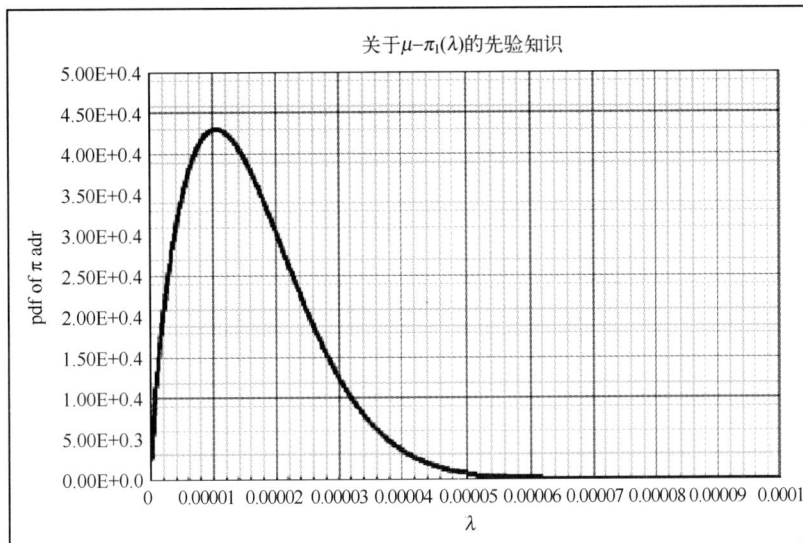

图 9.5　关于 λ 的先验知识 $\pi_1(\lambda)$，其中 $A_1 = 18.06 \times 10^{-6}$，$B_1 = 1.68$

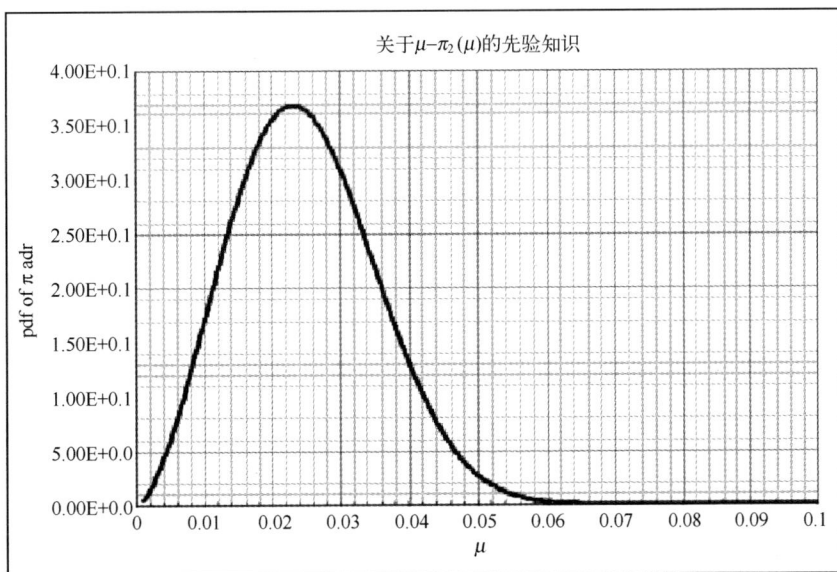

图 9.6　关于 μ 的先验知识 $\pi_2(\mu)$，其中 $A_2 = 0.028$，$B_2 = 2.57$

关于维修延时的使用维修策略的该问题的选择集表述如下：

● a_1——无修理延时，那么 $T_{a_1} = 0$。假设维修部有外部分支机构，修理单元的资源在故障时立即可用。

● a_2——仅在常规工作时间内无修理延时,在非常规工作时间内有修理延时,那么 T_{a_2} 是 0～14 的随机变量。假设 T_{a_3} 的期望值等于7h。

● a_3——仅在常规工作时间内的 0 修理延时有一个更便宜的结构,但是可获得性更低,那么 T_{a_3} 是 0～62 的随机变量。假设 T_{a_3} 的期望值等于31h。

● a_4——允许修理延时以便资源与其他任务共享,这样 $T_{a_4}=360\mathrm{h}$。

固定成本和维修成本速度(FC_i 和 CR_i)从这 4 种选择中获取。选择 a_3 呈现多属性效用函数的最佳表现。

参 考 文 献

Barlow RE,Proschan F（1965）Mathematical theory of reliability. John Wiley & Sons,New York.

Cao D,Murat A,Chinnam RB（2013）Efficient exact optimization of multi-objective redundancy allocation problems in series-parallel systems. Reliab Eng Syst Saf 111:154-163.

Chiang C-H,Chen L-H（2007）Availability allocation and multi-objective optimization for parallel-series systems. Eur J Oper Res 180:1231-1244.

Coit DW,Jin T,Wattanapongsakorn N（2004）System optimization with component reliability estimation uncertainty:a multi-criteria approach. Reliab IEEE Trans 53:369-380.

Coit DW,Konak A（2006）Multiple weighted objectives heuristic for the redundancy allocation problem. IEEE Trans Reliab 55:551-558.

de Almeida AT,Bohoris GA（1996）Decision theory in maintenance strategy of standby system with gamma-distribution repair-time. Reliab IEEE Trans 45:216-219.

de Almeida AT,Ferreira RJP,Cavalcante CAV（2015）A review of multicriteria and multiobjective models in maintenance and reliability problems. IMA Journal of Management Mathematics 26(3):249-271.

de Almeida AT,Souza FMC（1993）Decision theory in maintenance strategy for a 2-unit redundant standby system. Reliab IEEE Trans 42:401-407.

Dhingra AK（1992）Optimal apportionment of reliability and redundancy in series systems under multiple objectives. Reliab IEEE Trans 41:576-582.

Elegbede C,Adjallah K（2003）Availability allocation to repairable systems with genetic algorithms:a multi-objective formulation. Reliab Eng Syst Saf 82:319-330.

Garg H,Sharma SP（2013）Multi-objective reliability-redundancy allocation problem using particle swarm optimization. Comput Ind Eng 64:247-255.

Gen M,Ida K,Tsujimura Y,Kim CE（1993）Large-scale 0-1 fuzzy goal programming and its application to reliability optimization problem. Comput Ind Eng 24:539-549.

Huang H-Z（1997）Fuzzy multi-objective optimization decision-making of reliability of series system. Microelectron Reliab 37:447-449.

Inagaki T, Inoue K, Akashi H (1978) Interactive Optimization of System Reliability Under Multiple Objectives. Reliab IEEE Trans R-27:264-267.

Kettelle Jr JD (1962) Least-Cost Allocations of Reliability Investment. Oper Res 10:249-265.

Khalili-Damghani K, Abtahi A-R, Tavana M (2013) A new multi-objective particle swarm optimization method for solving reliability redundancy allocation problems. Reliab Eng Syst Saf 111: 58-75.

Khalili-Damghani K, Amiri M (2012) Solving binary-state multi-objective reliability redundancy allocation series-parallel problem using efficient epsilon-constraint, multi-start partial bound enumeration algorithm, and DEA. Reliab Eng Syst Saf 103:35-44.

Kumar R, Izui K, Yoshimura M, Nishiwaki S (2009) Multi-objective hierarchical genetic algorithms for multilevel redundancy allocation optimization. Reliab Eng Syst Saf 94:891-904.

Kuo W, Prasad VR (2000) An annotated overview of system-reliability optimization. Reliab IEEE Trans 49:176-187.

Kuo W, Wan R (2007) Recent Advances in Optimal Reliability Allocation. In: Levitin G (ed) Comput. Intell. Reliab. Eng. SE - 1. Springer Berlin Heidelberg, pp 1-36.

Kuo W, Zhu X (2012) Importance measures in reliability, risk, and optimization: principles and applications. John Wiley & Sons, New York.

Kuo W, Zuo MJ (2003) Optimal reliability modeling: principles and applications. John Wiley & Sons, New York.

Li Z, Liao H, Coit DW (2009) A two-stage approach for multi-objective decision making with applications to system reliability optimization. Reliab Eng Syst Saf 94:1585-1592.

Liang Y-C, Lo M-H, Chen Y-C (2007) Variable neighbourhood search for redundancy allocation problems. IMA J Manag Math 18:135-155.

Limbourg P, Kochs H-D (2008) Multi-objective optimization of generalized reliability design problems using feature models - A concept for early design stages. Reliab Eng Syst Saf 93:815-828.

Marseguerra M, Zio E, Podofillini L, Coit DW (2005) Optimal design of reliable network systems in presence of uncertainty. Reliab IEEE Trans 54:243-253.

Misra KB, Sharma U (1991) An efficient approach for multiple criteria redundancy optimization problems. Microelectron Reliab 31:303-321.

O'Connor P, Kleyner A (2012) Practical reliability engineering. John Wiley & Sons, Chichester.

Okafor EG, Sun Y-C (2012) Multi-objective optimization of a series-parallel system using GPSIA. Reliab Eng Syst Saf 103:61-71.

Paté-Cornell ME, Dillon RL, Guikema SD (2004) On the Limitations of Redundancies in the Improvement of System Reliability. Risk Anal 24(6):1423-1436.

Rao SS, Dhingra AK (1992) Reliability and redundancy apportionment using crisp and fuzzy multiobjective optimization approaches. Reliab Eng Syst Saf 37:253-261.

Safari J (2012) Multi-objective reliability optimization of series-parallel systems with a choice of redundancy strategies. Reliab Eng Syst Saf 108:10-20.

Sahoo L, Bhunia AK, Kapur PK (2012) Genetic algorithm based multi-objective reliability optimization in interval environment. Comput Ind Eng 62:152-160.

Sakawa M (1978) Multiobjective reliability and redundancy optimization of a series-parallel system by the Surrogate Worth Trade-off method. Microelectron Reliab 17:465-467.

Sakawa M (1980) Reliability design of a standby system by a large-scale multiobjective optimization method. Microelectron Reliab 20:191-204.

Sakawa M (1981) Optimal Reliability-Design of a Series-Parallel System by a Large-Scale Multiobjective Optimization Method. Reliab IEEE Trans R-30:173-174.

Salazar D, Rocco CM, Galván BJ (2006) Optimization of constrained multiple-objective reliability problems using evolutionary algorithms. Reliab Eng Syst Saf 91:1057-1070.

Taboada HA, Baheranwala F, Coit DW, Wattanapongsakorn N (2007) Practical solutions for multi-objective optimization:An application to system reliability design problems. Reliab Eng Syst Saf 92:314-322.

Taboada HA, Espiritu JF, Coit DW (2008) MOMS-GA:A Multi-Objective Multi-State Genetic Algorithm for System Reliability Optimization Design Problems. Reliab IEEE Trans 57:182-191.

Tian Z, Zuo MJ (2006) Redundancy allocation for multi-state systems using physical programming and genetic algorithms. Reliab Eng Syst Saf 91:1049-1056.

Tian Z, Zuo MJ, Huang H (2008) Reliability-Redundancy Allocation for Multi-StateSeriesParallel Systems. Reliab IEEE Trans 57:303-310.

Tillman FA, Hwang C-L, Kuo W (1977) Optimization Techniques for System Reliability with Redundancy:A Review. Reliab IEEE Trans R-26:148-155.

Winkler RL (1967) The Assessment of Prior Distributions in Bayesian Analysis. J Am Stat Assoc 62:776-800.

Zhao J-H, Liu Z, Dao M-T (2007) Reliability optimization using multiobjective ant colony system approaches. Reliab Eng Syst Saf 92:109-120.

Zio E, Bazzo R (2011) Level Diagrams analysis of Pareto Front for multiobjective system redundancy allocation. Reliab Eng Syst Saf 96:569-580.

Zio E, Bazzo R (2011a) A clustering procedure for reducing the number of representative solutions in the Pareto Front of multiobjective optimization problems. Eur J Oper Res 210:624-634.

262

第 10 章　设计选型决策

摘要　RRM 环境下的设计选择问题更多考虑的是产品的长期性能,如果在项目设计阶段应该包含的一些未预见特性需要在之后实现,则会带来更高的额外成本。设计决策涉及多个方面,更为关键的是需要根据产品的种类而定,比如消耗品、生产设备,或者必须考虑安全方面等因素(飞机或其他设施)。尽管根据具体设计问题需要考虑各种有关的方面,比如可维修性和风险评估,但产品可靠性在设计抉择中依旧起着至关重要的作用。因此,需要从多维的视角考虑问题。在本章中,我们将讨论这些方面来说明在面对设计抉择问题时更广泛视角的重要性。基本要求是考虑可靠性、可维修性和风险性方面,以便在设立项目中建立特性,包括材料、过剩、控制系统、安全防火墙等的定义。为了说明这些决策,将讨论可靠性(例如平均故障间隔时间,MTBF)、维修性(例如平均故障修复时间,MTTR)、安全性、成本、使用寿命和效率等方面作为标准。本章将应用多属性效用理论(MAUT)来说明 MCDM/A 模型中如何包含可靠性、维修性和风险性等方面,以结合自身特性进行设计选择,以及在设计项目中哪些特性选择的决策可以被认为是组合问题。最后,介绍了在多准则方法的维护环境中,重新设计问题是如何产生的。

10.1　引　　言

"设计"这个词有不同的含义,比如项目和美学概念。本章的主要观点与前者有关,尽管后者慢慢被具体应用为一个汽车设计项目的标准决策之一。产品的设计决策决定了产品的可靠性。设计过程中的错误会大大增加产品开发周期中的成本。因此,可靠性与工程设计问题高度相关(O'Connor, Kleyner,2012)。

在这一领域,性能和成本是设计中最重要的两个因素。性能意味着设计是否能够满足所需的功能,而成本则意味着在设计中为了满足其所需性能要投入多少资金。为了在设计过程中权衡处理性能、成本和可靠性,设计师必须分析如何将可靠性要求构建到设计中(Lewis,1987)。一项关于 MCDM/A 模型可靠性和维修方法的文献综述显示,16.7%的系统工作与设计相关(Almeida 等,2015)。

值得注意的是,根据失效的模型和概率,这个比重也会随之变化。可靠性要求也可以通过由设计师、产品购买者和政府机构等多种方式定义。

更可靠的产品意味着更高的资本成本以及更低的维护和维修成本。对于经典的优化方法,可以描述一个表示总成本(包括资金和维修成本)的函数。当这个函数被最小化时,可以找到一个最优解。然而,DM(决策者)可以优先选择其他解决方案,而不是最小化单一目标成本函数的最优方案。当 DM 对资本和维修成本之间的权衡有一些额外的考虑时,这种情况就会发生。DM 的偏好有 3个例子:移动电话、自动化工业机器和飞机涡轮。

手机是一种消费品,其可靠性要求取决于消费者的期望。在这种情况下,这种产品的可靠性可以提高价格,降低维修成本,提供比竞争对手更长的保修期,并促进销售。虽然一些负面的结果是由于过度的可靠性导致的,如销售量下降。相反,可靠性过低也会造成很多不便,如公司的声誉会由于欠佳的设计而变差。这里所说的设计决策是由制造商通过市场调查并根据公众对价格和可靠性的偏好得出的。

在直接针对大型组织的自动化工业机器或其他设备的设计中,DM 的偏好结构是完全不同的。在这种情况下,应该评估资本成本与因故障造成的生产损失之间的权衡。因此,设计决策必须考虑可靠性和可维修性方面的问题。

最后,在飞机涡轮设计中,失效后果十分严重,需要更高的可靠性。这意味着因为该产品要求的可靠性水平,涡轮成本的增加是合理的。此外,航班延误和航空公司维护的安全方面问题也与此相关(Sachon,Pate-Cornell,2000)。在这种情况下,保险承保人和政府机构负责制定可靠性规范,而风险分析在设计中起着重要的作用。

10.1.1 系统设计中的可靠性角色

新产品在制造前的可靠性评估对设计师来说很有吸引力。这些信息可以准确地预测支持成本、备件需求、保修成本和适销性(O'Connor,Kleyner,2012)。可靠性是设计选择中的一个关键方面。为指导行业和政府开发可靠的产品和系统,不同的标准制定了全面的设计规范、一般要求和工作说明(IEEE 1998;美国MIL-STD-785B 1980;IEC 61160 2005;BS 5760-0 2014)。

Ren 和 Bechta Dugan(1998)提出,设计要求通常考虑可靠性、成本、重量、功耗、物理尺寸和其他系统属性。为了满足这些需求,DM 应该将整个系统视为一套组件,每个设计组件的方案可以从一组设计备选方案中选择。Fu 和 Frangopol(1990)从考虑权重、系统可靠性和系统冗余的多目标视角处理结构优化设计问题。

设计师是在创意过程中提供可靠产品的专家。他们必须知道产品负载的类型和范围,以及产品运行的环境条件。此外,他们必须了解潜在故障模型的物理特性,以确保所需的可靠性水平。设计余量、冗余分配和抗强度退化保护框架可以帮助设计师提高可靠性(Lewis,1987;O'Connor,Kleyner,2012)。

设计余量是一个考虑到可以通过部件容量和载荷的比值来提高可靠性的框架。图 10.1 说明了失效函数在不同载荷水平下的概率机理,其中 $load_1<load_2$。也就是说,对于给定的操作特性,随着部件载荷的减少,故障率会降低。例如,道路网络的路面设计,通过这种分析可以大幅降低失效概率和维修成本。

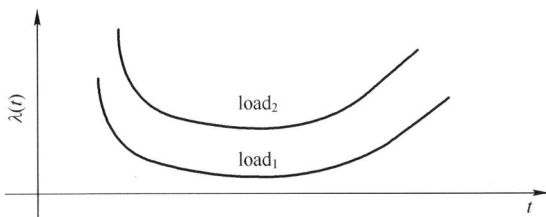

图 10.1　不同载荷水平下的故障率函数

换句话说,产品被设计成具有超过其规格说明的可靠性性能。在设计开发阶段的早期,这通常会导致过度设计。Hurd(1966)提出了这种过度设计的一些例子,例如在结构设计中,使用了 10% 作为因子。一个结构被设计成可以承受10000 磅,而最大规格为 11000 磅。在电子设计中也存在类似的情况,即电子部件的设计用途是超过其额定能力的 10% 或 15%。

设计中的冗余分配允许通过并行添加组件来提高系统的可靠性。这意味着一个或多个组件失效并不会导致系统故障。多状态加权表决系统(k-out-n system)的设计决策就是关于冗余分配问题的一个例子(Li,Zuo,2008)。关于冗余分配问题的设计决策在第 9 章中讨论过。

强度退化包括多种复杂的机制,如金属的疲劳、腐蚀和磨损。基于这些机制,设计人员可以确定一个设备运行的疲劳极限。通过在已知的负载条件下发生故障,测试所需提供的数据,并进行可靠性评估。当没有设计适当的保护措施时,设计人员必须指定检查、润滑或定期更换的维护程序(O'Connor,Kleyner,2012)。在设计阶段需要把发生疲劳故障时的检查和维护纳入计划之中。在设计决策中,必须考虑最小化寿命周期维修成本但满足最低可靠性水平的经济标准。基于可靠性的维修策略可以帮助设计师处理最小化维修成本和最大化可靠性水平之间的冲突,特别是当需要检查一些疲劳机理时(Guedes Soares,Garbatov,1996;Garbatoy,Guedes Soares,2001)。

Sahoo 等人(2012)认为,虽然大多数可靠性优化问题已被规划为单一目标优化方法,但可以认识到,涉及可靠性优化的现实设计问题大多需要更广阔的视角,即同时优化多个目标函数。

10.1.2　系统设计中的可维修性角色

与可维修性相关的问题要求来自工程设计规范。它指定了工程需求,包括可靠性和可维修性问题。设计师应了解国际标准及其具体内容,从而在设计阶段处理可维修性问题时拥有相应的国际标准(IEC 60706-2 2006;BS EN60706-2 2006)。

如上一节所述,可靠性在系统设计中起着核心作用。此外,设备的整体性能也与可维修性有关。设备的有效性取决于中断的频率和停机时间。可维修性是一种设计特性,通过满足某些程序和资源要求的维修操作,反映了在给定的时间内将项目恢复到指定条件的概率(Goldman,Slattery,1977)。

设备的基本功能取决于它的有效性或成熟度。因此,可以在可靠性和可维修性之间进行一些权衡以满足可用性要求。不同级别的可靠性 $R(t)$ 和可维修性 $M(t)$ 可以产生一个有效性 $A(t)$ 级别。

正如 Goldman 和 Slattery(1977)所述,可维修性是一个概念,涉及从设计的基本物理特性到维修功能的战略层面的不同方面。在与可维修性相关的各个方面的不同问题中,有可能突出设计需求、维修策略的选择、后勤规划等。

尽管存在上述不同的问题,本节将重点讨论维护能力所扮演的角色,提供设计规范的指导,以便为整个设备提供一些与有效性和寿命周期支持成本相关的特性。

在设计选择问题中,设计师在开发系统的同时,要考虑到各个方面,包括可维修性,以及预算项目和标准所施加的不同约束;用户必须接受设计的最终配置,并处理与此设计的有效操作相关的挑战。从用户角度和设计师角度的差异来看,有时反馈需要从两个方向考虑:从运行到设计,从设计到运行。

设计开发是一项复杂而非无故障的任务。因此,除了可能存在超出设计阶段的问题之外,还可能出现与设计人员和用户视角之间的不协调相关的其他问题。因此,设计过程的分析是必不可少的,它不仅是处理不同视角的一种选择,也能减少项目阶段出现故障的数量。在这个改进的过程中,反馈是必不可少的。一个简单的原因就是一些问题会在产品发布之后出现。由于任何项目都可能出现故障,维修可能是一项非常频繁的活动。在这种情况下,应该尽快进行维修以便恢复系统的运行状态,使故障导致的中断不影响生产目标。

为了尽快采取行动,维修团队必须考虑到与维修活动相关的困难,处理与设计选择问题相关的一些障碍。在某些情况下,可维修性的属性限制过大,导致难以减少维修时间。例如,停机时间反映了三个主要元素组之间的关系:设计决策、维修策略和技术要求。因此,在设计阶段之后,考虑到项目约束的情况下,决策与其他两个元素十分相关(Goldman,Slattery,1977)。

可维修性不仅是设计选择中的一个标准,还应该在减少停机时间或增加可用性等其他问题中加以考虑。在一些设计问题中,可维修性被表述为自然状态。一旦存在对停机时间(修复时间)影响很大的人为因素,如积极性和能力,停机时间就成为设计配置中一个不可控制的变量。

10.1.3 系统设计中的风险性角色

Lewis(1987)指出,一个系统的失效会产生一系列的后果,影响人类和环境。为了减少这种可能性,可以根据程序、决议和标准、行业类型、行业或设计地点等具体特征,建立若干个风险可接受程度。

系统设计涉及两个方面的风险,第一个是不同行业(如民用、能源和化学工程),可接受程度可能受到特定事故的影响,例如 1986 年切尔诺贝利核灾难。其次是技术水平,它直接影响危险情况的发生(Vrijling 等,1998)。

因此,在系统设计的背景下,为减轻或防止风险的发生,以达到最低的风险水平,有效的风险管理(见第 3 章)是必要的。遵守程序、决议和标准是减少风险发生机会的一个根本问题。在 10.3 节中,说明了如何使用标准作为设计选择的输入。

在系统或设备设计的背景下,一个矛盾的问题应该考虑到以下两个方面:可靠性和安全性。从安全的角度来看,如果发生了危险事件,为了把对公众的风险降到最低,应该关闭工厂。从可靠性的角度来看,工厂应该处于运行状态,等待故障发生后再关闭,作为降低风险的最后手段;如果工厂不能关闭,应该进行维修。因此,在系统的设计环境中,对有效的风险管理的挑战就是去减少事故发生的可能性,通过对设计和安全的详细分析将事故发生的可能性降低到非常低的水平(Lewis,1987)。

另一个关于安全和设计的方面是安全屏障要求的增加,一旦每个安全特性添加到项目中,既增加了项目成本,也降低了设备的盈利能力。2011 年福岛核事故后,核电站就面临这样的情况。事故过后,安全要求进行了修订,具体项目设计的经济可行性做出了让步,这些设计必须提高安全性,以满足更保守的风险接受水平。

10.2 用于汽车设计选择的 MCDM/A 模型

在本节中,根据第 2 章提出的 MCDM/A 方法,给出了一个汽车设计选择的说明性例子。

根据第 2 章所讨论的第一步,重要的是发表一些评论和意见来描述涉及这类问题的 DM(决策者)。在该示例中,DM 是高级工程师,负责在产品开发阶段确定哪个汽车项目应该被选为最佳设计。

在这一点上,重要的是要注意到每个项目都已经达到了所有的标准和要求,因此,决策要考虑到与此决策相关的因素或目标来评估这些备选方案,即第 2 章中指出的第二步。

作为此类决策的目标,可以列出以下目标:可维修性、可靠性、安全性、成本、使用寿命、效率、美观性。

为了简化起见,这个示例将不考虑最后三个目标。关注前四个目标可以更深入地探索在风险性、可靠性和可维修性(RRM)视角下的此类问题。

在产品开发的不同阶段,可以将最初的目标列表作为参考,更加强调其他目标,或者根据与问题环境相关的具体方面添加其他目标。

与每个目标有关的标准的定义参照第 2 章中关于建立标准的第三步。

为了度量可维修性,参考在前几节和第 3 章中给出的概念,因此可维修性的概念与修复期间花费的时间有关。

任何概率分布的可维修性函数可表示为式(10.1)(Dhillon,1999;Stapelberg,2009)。

$$m(t) = \int_0^t f_r(t)\,\mathrm{d}t \tag{10.1}$$

式中:t 为时间;$f(t)$ 为修复时间的概率分布函数。

指数分布、对数正态分布、威布尔分布、法向分布和其他可能代表修理时间的函数取决于相应设备。

在确定性环境中应用了一些指标来分析可维修性。例如,Dhillon(1999)提出了一些可维修性的措施:

(1)平均修复时间(MTTR);

(2)平均主动预防性维修时间和平均主动纠正性维修时间;

(3)最大的修复维修时间;

(4)停机维修时间。

在概率环境中,参考构建 MCDM/A 模型过程的步骤 5(参见第 2 章),可维修性的概率分布函数(pdf)作为一种自然状态被引入到模型中,如第 7 章和第 9 章的决策模型。MTTR 表示给定 $f_{\iota}(t)$ 中 t 的期望值。在其他模型中,可维修性可以作为结果进行建模,例如在本小节中。

使用确定性指标进行简化,它既可以应用于可维修性(可维修性分布的分位数),也可以用于平均修复时间(MTTR)的标准偏差,如第 2 章所述。

正如前面在第 3 章中所提到的,目标的可靠性与设备发生故障时间的概率性概念有关。

为了给 DM 提供一个更容易度量每个汽车项目可靠性的尺度,可以使用平均故障间隔(MTBF)概念。O'Connor 和 Kleyner(2012)曾指出,MTBF 可作为度量可修复物品可靠性的一种备用方法。MTBF 的定义由式(10.2)给出,出自可靠性函数(Stapelberg,2009)。

$$\text{MTBF} = \int_0^{\infty} R(t)\,\mathrm{d}t \qquad (10.2)$$

为了规范每一个汽车项目的可靠性度量,可以将其视为以公路行驶小时数测量的汽车项目来评估其运行情况。

评估汽车项目安全有很多程序,这些程序中的大多数都涉及碰撞测试。因此,有一个关于整个项目和安全产出的评估,如安全带、安全气囊、防破坏性(侧面保护)、层压挡风玻璃、缓冲区、防护性能、安全单元以及其他方面。

对于每一个新车项目,都有一个基于碰撞测试的研究,通过一个新的汽车评估项目(NCAP)来评估其安全性。例如,根据地区不同,欧洲或美国可以通过各自的 NCAP 评估一个新的汽车项目。

考虑到美国 NCAP,碰撞测试包括评估正面碰撞、侧面碰撞,以及在从 1 到 5 星的五星安全等级中翻车的风险,5 星是最好的等级。因此,采用的安全测量标准应该是汽车项目在正面碰撞和侧面碰撞试验中的最低预估等级。

客观成本能够衡量和评估所有可能转化为货币价值尺度的方面。要强调的是,MCDM/A 方法提供了方法支持,以理解和评价不同目标尺度之间的替代方案,并提供了包括所有目标在内的总体评估。

因此,在衡量成本时,为了评估每个汽车项目的成本,应将以货币尺度表示的所有因素相加。在此,应该假设所有这些因素都已经被考虑在每一个汽车项目的成本评估之中。

备选方案集的元素是汽车项目。那么问题就在于根据相应的标准选择最好的汽车项目。

这个说明性问题中的自然状态对应于不在 DM(决策者)控制范围内并且受不确定性影响的因素,但它影响着决策结果,例如何时可能发生故障或者具体维修服务的时间。因此,可以用为每个汽车项目提供性能估计的概率分布来表示不确定性。

假设 DM 偏好适合 MAUT(多属性效用理论)所需的公理化结构,下一步将进行内部标准评估。建立内部标准评估包括通过抽签或其他诱导程序,通过 DM 对每个准则的结果评价来评估其模型和参数,从而为每个准则定义一个效用函数。

对于具有加性无关条件的 DM,加性效用函数为

$$u_a = k_m E_a [u_m(m)] + k_r E_a [u_r(r)] + k_s E_a [u_s(s)] + k_c E_a [u_c(c)] \quad (10.3)$$

式中:u_a 为 a 的期望效用,是基于可维修性(m)、可靠性(r)、安全性(s)和成本(c)的期望效用的加性函数;k_m、k_r、k_s、k_c 是各自的比例常数。

MAUT 中的比例常数是通过抽签的方式得到的,如第 2 章所述。对于这个说明性问题,认定 k_m、k_r、k_s 等于 0.3,k_c 等于 0.1。

每个标准的一维效用函数是 $u_m(m)$、$u_r(r)$、$u_s(s)$ 和 $u_c(c)$。对于每个备选方案 a,其维修性(m)和可靠性(r)将通过修复时间(m)和故障时间(r)两个随机变量及各自的概率分布函数 $f_a(m)$、$f_a(r)$ 作为输出结果。它们各自的期望效用由式(10.4)和式(10.5)分别给出。

$$E_a [u_m(m)] = \int_0^\infty u_m(m) f_a(m) \, \mathrm{d}m \quad (10.4)$$

$$E_a [u_r(r)] = \int_0^\infty u_r(r) f_a(r) \, \mathrm{d}r \quad (10.5)$$

对于安全性(s)和成本(c)也有类似的公式。

考虑这个设计选择问题的 7 个非主导的汽车项目备选方案,称为 Alt1,Alt2,Alt3,…,Alt7。表 10.1 给出了每个备选方案在考虑属性和相应附加效用值之上的期望效用。

在单个属性栏中,备选方案 4、6、3 和 5 分别为可维修性、可靠性、安全性和成本提供了最好的性能。备选方案 1、2 和 7 在属性之间提供了更平均的性能,因此,需要使用 MCDM/A 方法来权衡并评估这些备选方案的总体价值,以便为选择问题提供建议。

表 10.1　设计选择问题中汽车项目备选方案评估

备选方案	维修性 $u(m)$	可靠性 $u(r)$	安全性 $u(s)$	成本 $u(c)$	期望效用 u_a
Alt1	0.558	0.812	0.126	0.453	0.494
Alt2	0.419	0.750	0.106	0.818	0.464
Alt3	0.626	0.586	0.976	0.600	0.716

（续）

备选方案	维修性 $u(m)$	可靠性 $u(r)$	安全性 $u(s)$	成本 $u(c)$	期望效用 u_a
Alt4	0.892	0.761	0.760	0.200	0.744
Alt5	0.139	0.508	0.091	0.941	0.315
Alt6	0.739	0.881	0.626	0.105	0.685
Alt7	0.861	0.563	0.765	0.606	0.717

从表 10.1 给出的结果来看，对于 DM（决策者）最佳的汽车项目是备选方案 4，它在加性效用函数中达到了最高的值。通过评估备选方案 4 的独立效用属性，可以观察到它在可维修性属性上具有最好的性能，尽管它在成本属性上的性能最差，仅比备选方案 6 好。

因此，对于具有这种偏好的 DM，备选方案 4 的可维修性、可靠性和安全性属性补偿了成本属性带来的不良结果。当然，不同的 DM 可能有不同的偏好，应对此做出不同的权衡，从而选择不同的替代方案。正如第 2 章所指出的，敏感性分析是评价初步建议的鲁棒性的一个重要步骤，可以在需要时提高诱导过程的准确性。

对于掌握非补偿基本原理的 DM，由于偏好结构的不同，选择的替代方案可能也不同。这种偏好结构不同的 DM，会设置不同的模型参数，建立不同的比较模式，很多时候反映为不同备选方案的选择。MCDM/A 方法通过在决策模型中准确集成这些 DM 偏好的特殊性，从而丰富了决策过程。

10.3　设计选择风险评价

在设计阶段，可以通过提高系统可靠性和风险壁垒来降低风险，避免项目为调整达到符合要求的风险标准而产生不必要的成本。在此阶段，当决定在项目中使用什么材料和组件时，可能会对事故发生率造成影响。

许多研究认为，风险评估遵循一种趋势，这种趋势反映的是区别于结果的可能性。由于这种趋势，许多决策只考虑概率或后果。在评估总体风险时，没有综合这两个重要因素。

这可能是由于估计或模拟一些过程来量化可能性和结果是十分困难的。然而，如果使用效用函数，这两项指标可以与人的判断相综合，如以下学者所提到的：Baron 和 Pate-Cornell（1999）、Brito 和 de Almeida（2009）、Brito 等（2010）、Almeda-Filho 和 de Almeida（2010）、Garcez 和 de Almeida（2014）。

"二拉平"原则（As Low As Resonablely Practicable，ALARP）的概念在文献中

被许多作者质疑。Melchers 和 Stewart（1993）指出,每个人对不同类型的风险都有不同程度的接受度,而且这种程度也会随着文化的不同而改变。

Aven 和 Vinnem（2005）提出了一个完全不基于风险接受标准的不同的风险分析机制。他们认为,基于成本效益的规则应该比预先定义的风险接受限度做得更好。在某些情况下,将风险降到 ALARP 以下是有可能的。因此,需要一种能够考虑 DM 在成本和其他损失维度(如环境和潜在生命损失)之间权衡的方法。

Aven 和 Kristensen（2005）提出了关于风险的几个观点的讨论,为不同的观点建立了一个共同的基础,强调考虑与不确定性相关的所有可能的后果是多么重要。

当考虑到油气行业中的风险分析环境时,风险管理主要有两种模型,具体关注风险评估和风险减小,通过评估风险水平来指导设计选择和决策。除了这些模型外,在这些文献中还有其他模型可以在设备启动后使用,比如 Oien（2001）提出的在运行过程中为控制风险构建风险指标的框架。

Khan 等人（2002）提出了一个设计选择的例子来实施安全措施。他们提出了一种海上油气设施,并设计出可能降低风险的替代方案。

固有安全设计的方法最初由 Kletz（1985）提出,后来他在 1998 年的报告中进行了详细介绍。Khan 和 Amyotte（2002）提出了一项研究,为了设备在整个寿命周期内降低成本,从它的设计阶段就应该考虑安全措施。

10.3.1　风险评估标准

风险评估的主要模型之一可以在 ISO/IEC 指南 51:2014 和 NORSOK 标准 Z-013 中找到。ISO/IEC 指南 51:2014 中描述的模型更新了 1999 年版本。也可以与 IEC 指南 73:2009 结合使用。它指的是关于风险管理的词汇和含义,进而巩固术语。

NORSOK 标准 Z-013 是由挪威国家石油开发公司(挪威石油理事会)编辑的标准,该公司负责管理北海石油工业活动。

Brandsater（2002）为 EC-JRC"促进基于风险决策的技术协调"国际研讨会(2000 年)做出了贡献,采用定量和定性方法对海上油气行业进行分析,介绍了风险分析的实施和使用。他的论点好像是对研讨会组织者准备的一系列问题的回答,并且两个模型都在讨论中提到了。

在 ISO/IEC 指南 51:2014 中,风险评估是一个广泛的评估和分析过程。对于 ISO/IEC 指南 51:2014,风险分析术语定义为系统地使用信息来识别风险和评估风险,风险评估定义为确定风险是否可容忍的过程。

因此,ISO/IEC 指南 51:2014 模型通过迭代过程来评估和降低可用于定性和定量风险评估的风险。在 ISO/IEC 指南 51:2014 中,显然必须定义一些公差标准,如在 ALARP 中的一样。然而,它并没有提供任何程序来处理已经满足(或不满足)限制的情况,或者在考虑到多重风险维度时,如何在非主导的备选方案中进行选择。

这个迭代过程认为每个危害都必须被考虑并且必须满足一个可容忍的风险水平。根据 ISO/IEC 指南 51,通过预测系统的阶段和环境(包括安装、操作、维护、修理和销毁/处置)来识别每个危险情况或事件是必要的。这个迭代过程考虑了整个风险评估过程。

ISO/IEC 指南 51:2014 从设计阶段提出了"三步法",并在使用阶段提出了额外的措施。风险降低过程从安装的设计开始,从固有的安全设计开始,作为一种开始降低风险的方式。

在设计之后,还必须实施其他降低风险的备选方案。例如,在所有防护措施部署好之后,培训和教学过程将减小剩余风险。

用于评估风险和应急准备过程的 NORSOK 标准 Z-013 模型以类似于 ISO/IEC 的方式描述了这一点。尽管 NORSOK 在它的过程中还包括了对应急准备情况的评估。

在考虑风险评估过程时,标准的上一个版本已经给出了很多强调典型的定量风险分析方法。它强调了在海上油气结构中应用典型定量风险分析方法的评估、分析和评价方法的重要性。它将风险定义为一个概率或一个预期频率,并要求定义一个风险接受标准,该标准应考虑相关后果的概率或频率,从而建立一个风险指数和一个可接受的风险上限。从人类的角度上来说,例如,个人风险可以使用致命事故率(Fatality Accident Rate,FAR)表示,它需要与采用标准的可接受限度进行比较,以建立风险图。

10.3.2 MCDM 设计问题风险评估框架

在整个风险分析过程中,没有关于如何在多个风险维度中聚合首选项的特定框架,特别是在一些备选方案已经达到标准中定义的可接受风险级别的决策问题中。

因此,所有方面都根据必须尊重和按照成本效益评估的限制来考虑。尽管如此,在设计过程中,仍有机会改善安全性并优先考虑安全备选方案。

为了解决这个问题,本节介绍了一个带有数值应用程序的框架,该应用程序通过考虑概率的度量来聚合首选项,为人类对结果的判断及其在风险(试探、中立和风险规避)方面的行为提供了价值。这些度量由效用理论提供。

基于文献和第 2 章给出的框架,本程序支持在评估多维风险背景下决策问题的结构。

本节给出的方法解决了危险设施设计中降低风险和改进安全的决策问题。这些决策问题可以指选择、排序、分类或组合决策问题,并且根据问题的类型(Roy,1996),应该使用特定的方法来聚合 DM 的偏好,而且这种行为应该满足在它的目标之内。

虽然应该适当考虑从两个标准(NORSOK 和 ISO/IEC)进行风险评估、分析和评估的模型,但这个 MCDM/A 过程可以作为评估备选方案降低风险的框架。即使这些风险中的一部分已经达到了可接受的风险水平,并且假设仍然可以实现安全改进,也可以同样使用这种方法。此外,还可以根据每个行为的优先级以及过程中涉及的不同部分其他风险,决定应该执行哪些降低风险措施。

一般来说,这种决定有两个主要执行者,一个是 DM,另一个是能对 DM 提供方法上支持的分析人员。这两类执行者都会在决策过程中产生影响,在决策过程中,DM 会因为认知方面和偏好结构而影响决策。分析人员将以这样一种方式对其施加影响,他可能会因为其对主题的观点和/或因为使用其更喜欢的方法论方法(Almeida-Filho,de Almeida,2010)而对过程产生偏见。

图 10.2 展示了 MCDM/A 方法的步骤,以便根据构建第 2 章中提出的 MCDM/A 模型的过程,选择或优先考虑降低风险的设计方案。

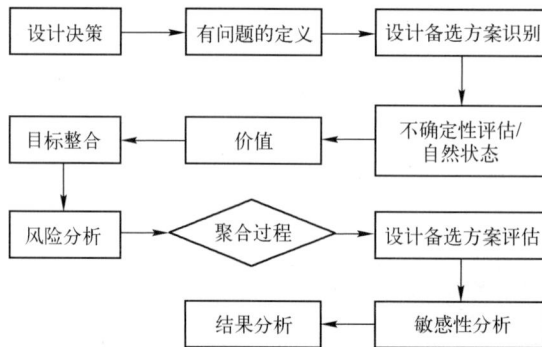

图 10.2 设计问题的多维风险评价

它从一个决策情景开始,这个决策情景表示已经确定或出现了一个决策问题,需要进行概述的阶段,包括确定达到的风险水平和在设计中考虑的风险降低方案。前面的步骤是定义解决问题本身所面临的问题类型(Roy,1996;Vincke,1992)。

确定备选方案的过程应当是广泛和详尽的,从而使这一步包括尽可能多的备选方案,除了那些以前可以被认为是占主导地位的备选方案之外。这是一个非常重要的步骤,因为它设法避免忽略掉好的备选方法。

在确定了备选方案集之后,有必要评估关于每个备选方案(行动)及其可能存在的自然状态等不确定性。在这一阶段,同样的 QRA(定量风险评价,Quantitative Risk Analysis)技术可以应用于其评估,如 NORSOK 标准 Z-013 或 ISO/IEC 指南 51:2014 所建议的,包括模拟和评估不同倾向的损伤半径(DR)模型。为了估计概率,第 3 章中讨论的 QRA 方法可以应用于故障树分析、事件树分析和专家知识获取等技术。

之后,有必要建立 DM 的偏好,以便评估备选方案。在每个标准利用效用理论来评估风险使得概率和 DM 对每一个可能出现的结果评估是关联在一起的,从而为每一个风险维度和在每一个风险维度 DM 的行为(试探、中性和风险规避)提供度量。通常将财务方面、人的潜在损失和环境损害作为通常考虑的三个方面。因此,所需要的是引出 DM 在每个风险维度中的效用(Brito, de Almeida,2009;Brito 等,2010;Alencar 等,2010;Lopez 等,2010;Garcez 等,2010;Almeida-Filho,de Almeida,2010;Garcez,de Almeida,2014)。如第 2 章表 2.1 所示,这些结果是备选方案和可能存在的自然状态相结合的结果。

要聚合所有风险维度评估,必须考虑聚合方法。要做出这样的选择,必须考虑到以下几个方面,即 DM 和其偏好结构应该被建模,以确定其是否具有补偿理性。

正如第 2 章所指出的,DM 偏好背后的合理性指导了兼容聚合方法的选择。至于非补偿性的方法,包括 ELECTRE(Elimination Et Choice Translation Reality)系列方法(Roy 1996)和 PROMETHEE 系列方法(Brans,Mareschal,2002)。

关于补偿方法,有几种方法可以使用,其中 MAUT(Keekey,Raiffa,1976)是考虑风险评估结构最常用的方法之一。

备选方案的评估是选择 MCDM/A 方法的阶段。通过一个可根据各种聚合方法的性质而改变的启发式过程来获得其参数。

这些步骤在第 2 章中有详细介绍,因此可以考虑多个风险维度,并从 DM 的首选项的角度进行汇总。为了减少危险装置的风险和改善安全条件,应考虑不同的设计方案。

MCDM/A 框架不仅允许 DM 使用验收级别作为参考,还可以根据其偏好和风险偏好(倾向、中立、厌恶)对其进行评估。

10.3.3　设计问题风险评估的举例说明

在本节中,基于一个实际的安全项目实施问题,给出了一个说明性的例子来说明 MCDM/A 在设施设计中的风险评估应用。因此,在有一组安全项目可以实施的情况下,DM 必须明确在海上石油和天然气平台特别是在其初级过程中(Khan 等,2002),要实施哪一组安全项目。

石油和天然气是众所周知的危险物质,当提取它们时,有几个危险来源,其中在加工之前从井口分离原油(一种油、气和水的混合物)是一个主要过程。

一般来说,海上油气平台的初级过程由第一个分离器组成,用来将原油与气体和水分离,然后将其输送到运输线上。第二分离器用以分离湿气体和干气体,将剩余的水从气体中分离出来,并将其发送到其他后续装置。其他机组由两个压缩机组、一个闪蒸机组和一个干燥机组组成。

在海上油气平台的主要过程中,通过选择是否实施某些安全特性的设计来提高安全性。因此,一组备选方案可能是全球化的,也可能是分散的。前者包括每个选项都排除了其他选项,而后者考虑的是一组选项的组合(Vincke,1992)。因此,如果考虑到不同的安全特性,备选方案集可能是设计项目可能考虑的所有特性的组合。

在这种决策情况下涉及的问题是选择实现一个或多个特性。在这种特殊情况下,模型可以使用 个选择或 个组合问题。虽然决策同时依赖于最大化安全性和最小化成本,但是技术方面作为约束被构建到模型中,例如,可接受的风险限制。因此,背包问题(Knapsack Problem)(Martello,Toth,1990)将是定义设计时考虑目标和技术方面的模型,如式(10.6):

$$\max E\left[U(x_1,x_2,x_3,\cdots,x_i,\cdots,x_{n-1},x_n)\right]$$

$$\text{s. t.} \quad r_j(x_1,x_2,x_3,\cdots,x_i,\cdots,x_{n-1},x_n)\leqslant \mathrm{AL}_j, \quad j=1,2,\cdots,m \quad (10.6)$$

通过背包问题应用,备用方案集将被分解,每个设计项目备用方案将由矢量 $(x_1,x_2,x_3,\cdots,x_i,\cdots,x_{n-1},x_n)$ 表示,这是设计问题中考虑的 n 个安全特性的所有可能组合。通过最大化 MAU 函数值,在技术约束下,为了简化目标且体现公式中可能包括的其他技术方面问题,$E\left[U(x_1,x_2,x_3,\cdots,x_i,\cdots,x_{n-1},x_n)\right]$ 在式(10.6)所给出的模型中仅由 m 个风险接受水平(AL_j)表示。因此,该模型推荐的设计项目方案符合所考虑的技术方面。对于这个说明性的例子,维度 j 中的备选方案风险级别 r_j 必须小于 AL_j。

对于这一应用,考虑到在设施设计中可以实现的 5 个特性,以提高海上油气平台整个初级过程的安全性。第一个特性介绍了第一个分离器的改进;第二个特性介绍了第二分离器的改进;第三个特性介绍了压缩机单元的改进;第四个特性介绍了闪蒸槽单元的改进;第五个特性介绍了干燥装置的改进。

如果实现了所有这些特性,它们将通过降低风险来提高整个过程的安全性。换句话说,它们会降低发生不同事故的可能性。这可能是通过用一些更坚固、更可靠的材料代替某些材料,或者在整个装置中实现不同的控制程序和自动化。

鉴于 MAUT 的结构,在考虑 MCDM/A 组合分析时,有一些问题必须观察到。不同的效用尺度对 MCDM/A 组合的结果有影响,尤其是在效用尺度评估结果时出现的非线性效应(de Almeida 等,2014)。当涉及这些方面时,必须使用一种不同的方法,将其引入 MCDM/A 组合分析的聚合过程中以避免由于效用尺度问题而产生的偏差。因此,为了避免误导结果,在给定 5 个安全特性的情况下,对组合问题使用完整的枚举方法,以避免与效用尺度相关的可能出现的偏差影响。因此,允许将这个组合问题作为所有考虑到安全特性的设计项目组合中的一种选择进行说明。枚举方案是解决背包问题的另一种方法(Yanasse,Soma,1987;Martello,Toth,1990)。

因此,建模应用了一个选择问题,列出了所有可能的备选方案,以考虑所有 5 个安全特性组合,从而提供表示备选方案集的所有设计项目。因此,从第 2 章给出的选择问题的定义中,DM 可以选择其中的一个子集,在本例中,它是设计项目之一。

选择的识别只考虑上述特征的存在,如果 DM 认为这是值得的,那么他可以选择所有的特征。因此,备选方案集由"实现(1)或不实现(0)每个目标"的所有组合组成。如表 10.2 所列,这可以归纳为 32 个备选方案。

表 10.2　备选方案集

	备选方案作用	A	B	C	D	E
1	不满足特性	0	0	0	0	0
2	满足特性 E	0	0	0	0	1
3	满足特性 D	0	0	0	1	0
4	满足特性 D 和 E	0	0	0	1	1
5	满足特性 C	0	0	1	0	0
6	满足特性 C 和 E	0	0	1	0	1
7	满足特性 C 和 D	0	0	1	1	0
8	满足特性 C,D 和 E	0	0	1	1	1
9	满足特性 B	0	1	0	0	0
10	满足特性 B 和 E	0	1	0	0	1
11	满足特性 B 和 D	0	1	0	1	0
12	满足特性 B,D 和 E	0	1	0	1	1
13	满足特性 B 和 C	0	1	1	0	0
14	满足特性 B,C 和 E	0	1	1	0	1
15	满足特性 B,C 和 D	0	1	1	1	0
16	满足特性 B,C,D 和 E	0	1	1	1	1

（续）

	备选方案作用	A	B	C	D	E
17	满足特性 A	1	0	0	0	0
18	满足特性 A 和 E	1	0	0	0	1
19	满足特性 A 和 D	1	0	0	1	0
20	满足特性 A,D 和 E	1	0	0	1	1
21	满足特性 A 和 C	1	0	1	0	0
22	满足特性 A,C 和 E	1	0	1	0	1
23	满足特性 A,C 和 D	1	0	1	1	0
24	满足特性 A,C,D 和 E	1	0	1	1	1
25	满足特性 A 和 B	1	1	0	0	0
26	满足特性 A,B 和 E	1	1	0	0	1
27	满足特性 A,B 和 D	1	1	0	1	0
28	满足特性 A,B,D 和 E	1	1	0	1	1
29	满足特性 A,B 和 C	1	1	1	0	0
30	满足特性 A,B,C 和 E	1	1	1	0	1
31	满足特性 A,B,C 和 D	1	1	1	1	0
32	满足所有特性	1	1	1	1	1

表 10.3 中总结了考虑到这些单元最可信场景的结果评估（Khan 等,2002）。

表 10.3　最可信场景的结果

项目	差分比 100% 报废/损坏	差分比 50% 报废/损坏	差分比 100% 第三程度燃烧	差分比 50% 第三程度燃烧	溢出可能性
第一个分离器	230	288	333	428	yes
第二个分离器	53	74	69	78	yes
压缩机组	24	35	44	57	no
闪蒸槽	25	42	56	77	yes
干燥器	73	92	106	136	yes

对于第一个分离器,最可信场景是蒸汽爆炸引发火灾;对于第二个分离器,是 VCE(乙烯共聚物)引发火灾;对于压缩机组来说,是气体的释放可能转化为射流火灾;对于闪蒸槽单元,是 VCE(乙烯共聚物)引发火灾;而对于干燥装置来说,最可信场景是蒸汽爆炸引发火灾。

这些场景是最可信的,对于每个场景它们在当前情况下的概率更高,在实现安全特性后的概率更低（Khan 等,2002）。这些概率见表 10.4。

表 10.4　考虑设计实现的概率

场　　景	当前场景下的概率	实现设计后的概率
正常运行	0.9990804690	0.9999998688
第一分离器事故	0.0000107000	0.0000000179
第二分离器事故	0.0009474000	0.0000000155
压缩机组事故	0.0136400000	0.0000013110
闪蒸槽事故	0.0009060000	0.0000000786
干燥器事故	0.0000028310	0.0000000347

DM 要考虑的第一个目标是,仅仅为设备设计选择一个特定的备选方案,就能挽救多少生命。在这种情况下,另一个需要 DM 关心的问题是环境维度,即如果发生事故,环境将受到什么影响。还有许多货币或财政方面的问题需要评估,如财产损失、生产停工、必须支付的若干财政补偿和罚款,以及任何安全改进的费用。聚合过程可以更广泛,取决于用于建模和引出 DM 的偏好结构的方法,如第 2 章所述。还可以考虑一种以价值为中心的思考方法(Keeney,1992),用于构建 DM 的目标,以激发设计特性,从而创建设计项目备选方案。

关于这一问题的标准或目标,可以用这些目的来概括,一种是人为目的,即尽量减少生命损失;另一种是环境目的,即尽量减少环境损失;最后一个是财务上的,即最大限度地减少任何预期的财务损失,并尽量减少由于考虑到上述目的将会产生的实施安全改进(行动)的成本。

对于每个维度,都需要引出条件效用函数。MAUT 作为一种 MCDM/A 方法,把多重风险维度聚合在一起。因此,通过使用 MAUT 对备选方案进行评估,以提供使用加性 MAU 函数[如式(10.7)]得到的所有备选方案的完整排名,其中,k_h、k_e 和 k_f 是加性效用函数的比例常数,用来表示这些目标之间的权衡,即人类(h)、环境(e)和财政(f)。

$$u(h,e,f)=k_h u_{h1}(h)+k_e u_e(e)+k_f u_f(f) \tag{10.7}$$

这些比例常数的引出考虑了结果的范围(可变性)和每个标准的重要性,所以度量代表了这两个数字。对于比例常数的值,人类维度的值为 0.5,环境维度的值为 0.49,货币或金融维度的值为 0.01。这些值反映了每个维度中最佳和最差结果范围之间的差异,以及为 DM 提供各维度之间评估变化的重要关系。这也反映出,如果这将减少对人或环境造成伤害的可能性,DM 将倾向于按一定比例支出。

在对备选方案进行评估之后,可以提供所有考虑的备选方案的完整排名。10 个备选方案的排名如表 10.5 所列,主要结果是为了比较这些备选方案,即它

279

们之间的差分比。

表 10.5　设计备选方案的排名

排　　名	备 选 方 案	差分比 $(u_i-u_{i+1}/u_{i+1}-u_{i+2})$
1	5	0.65
2	7	1.65
3	6	12.07
4	13	0.08
5	8	2.45
6	15	1.70
7	1	0.28
8	21	5.09
9	3	2.25
10	14	0.07

由于效用尺度受正态性与任意事故情景之间巨大差异的影响很大,因此对备选方案差分比的分析显示出比效用尺度本身更多的信息。使用这个度量是由于效用度量的性质,它是基于一个区间尺度,所以真正重要的是效用差比的大小,而不是它们之间的绝对差。

因此,表 10.5 的最后一列显示,备选方案 5 和备选方案 7 之间的差异比备选方案 7 和备选方案 6 之间的差异大 65.39%,而备选方案 8 和备选方案 15 之间的差异比备选方案 15 和备选方案 1 之间的差异大 245.48%(不实现任何安全特性)。这一测度为 DM(决策者)提供了一个清晰的概念,即考虑到概率、后果、他们的个人偏好以及他们对风险的行为后,这些备选方案之间的差异。

通过进行敏感性分析,可以观察到,如果为比例常数选择的值改变,排名的第一个位置不会改变。很有趣的是可以注意到,根据结果显示,安全性会得到改善,而不投资于安全性的选项只出现在第 7 的位置。

10.4　维修性的重新设计要求

从维修功能的角度来看,重新设计是指在无法接受现状时所做的操作。其中的原因有:由于竞争力,有高的性能要求;对环境和安全有更为保守的标准;存在更严重的退化没有被考虑在最初的设计中。

Moubray(1997)指出,如果一个设备故障意味着安全或环境的损失,并且没有相应有效的维修活动来减轻这种结果,那么重新设计必须保证至少达到一个目标,例如:减小故障模式的概率;减轻故障后果;减少故障停机时间。

通过提高部件的质量或进行具体影响可靠性的更改,可以降低临界故障模型发生的概率。对于第二个目标,减轻故障的后果通常是由增加保护装置,从而减少发生严重后果的机会。第三个目标可以通过设计更改使维修活动更快展开来实现。

这样,需要重新设计的部件或设备的选择,可以被定义为一个 MCDM/A 问题,其中备选方案集由设备和维修属性的相关标准构成,其他与重新设计成本和由于目前性能可能导致的故障后果有关。

应该根据减少或增加特定操作系统方面出现频率的潜在收益来计划重新设计的工作。因此,对于具有不同重新设计需求的工厂来说,根据预期收益对这些需求进行排序有助于有效地管理资源(Heins,Roling,1995)。

重新设计过程通常是一个昂贵的过程,它不能解决性能问题的可能性很高。当设计提供了改进的机会,维修行动应该有助于实现理想的性能。然而,当期望的性能超出了设计所能提供的范围时,维修活动是无效的。

参 考 文 献

Alencar MH,Cavalcante CAV,de Almeida AT,Silva Neto CE(2010)Priorities assignment for actions in a transport system based on a multicriteria decision model. In:Bris R,Soares CG,Martorell S(eds)European safety and reliability conference,Prague,September 2009. Reliability, Risk,and Safety:Theory and Applications,Vol. 1－3. 2009. Taylor and Francis,London,UK, p 2480.

Almeida-Filho AT de,de Almeida AT(2010)Multiple dimension risk evaluation framework. In:Bris R,Soares CG,Martorell S(eds)European safety and reliability conference,Prague,September 2009. Reliability, Risk, and Safety:Theory and Applications,Vol. 1－3. 2009. Taylor and Francis,London,UK,p 2480.

Aven T,Kristensen V(2005)Perspectives on risk:review and discussion of the basis for establishing a unified and holistic approach. Reliab Eng Syst Saf 90:1－14.

Aven T,Vinnem JE(2005)On the use of risk acceptance criteria in the offshore oil and gas industry. Reliab Eng Syst Saf 90:15－24.

Baron MM,Paté-Cornell ME(1999)Designing risk-management strategies for critical engineering systems. Eng Manag IEEE Trans 46:87－100.

Brandsæter A(2002)Risk assessment in the offshore industry. Saf Sci 40:231－269.

Brans JP,Mareschal B(2002)Prométhée-Gaia:une méthodologie d'aide à la décision en présence de critères multiples. Éditions de l'Université de Bruxelles.

Brito AJ,de Almeida AT(2009)Multi-attribute risk assessment for risk ranking of natural gas pipelines. Reliab Eng Syst Saf 94(2):187－198.

Brito AJ, de Almeida AT, Miranda CMG(2010) A Multi-Criteria Model for Risk Sorting of Natural Gas Pipelines Based on ELECTRE TRI integrating Utility Theory. Eur J Oper Res, 200:812-821.

BS 5760-0(2014) Reliability of systems, equipment and components. Guide to reliability and maintainability. British Standard.

BS EN 60706-2 (2006) Maintainability of equipment-Part 2: Maintainability requirements and studies during the design and development phase, British Standards Institution.

de Almeida AT, Vetschera R, de Almeida JA(2014) Scaling Issues in Additive Multicriteria Portfolio Analysis. In: Dargam F, Hernández JE, Zaraté P, et al. (eds) Decis. Support Syst. III-Impact Decis. Support Syst. Glob. Environ. SE-12. Springer International Publishing, pp 131-140.

de Almeida AT, Ferreira RJP, Cavalcante CAV (2015) A review of multicriteria and multiobjective models in maintenance and reliability problems. IMA Journal of Management Mathematics 26(3) : 249-271.

Dhillon BS(1999) Engineering Maintainability: How to Design for Reliability and Easy Maintenance. Gulf Professional Publishing.

Fu G, Frangopol DM(1990) Balancing weight, system reliability and redundancy in a multiobjective optimization framework. Struct Saf 7:165-175.

Garbatov Y, Guedes Soares C (2001) Cost and reliability based strategies for fatigue maintenance planning of floating structures. Reliab Eng Syst Saf 73(3) :293-301.

Garcez TV, Almeida-Filho AT de, de Almeida AT, Alencar MH(2010) Multicriteria risk analysis application in a distribution gas pipeline system in Sergipe. In: Bris R, Soares CG, Martorell S(eds) Reliability, risk and safety: theory and applications vols 1-3. European safety and reliability conference(ESREL 2009) , Prague, September 2009. Taylor and Francis, 1043-1047.

Garcez TV, de Almeida AT(2014) Multidimensional Risk Assessment of Manhole Events as a Decision Tool for Ranking the Vaults of an Underground Electricity Distribution System. Power Deliv IEEE Trans 29(2) :624-632.

Goldman AS, Slattery TB(1977) Maintainability: a major element of system effectiveness. Robert E. Krieger Publishing Company, New York.

Guedes Soares C, Garbatov Y(1996) Fatigue reliability of the ship hull girder accounting for inspection and repair. Reliab Eng Syst Saf 51(3) :341-351.

Hurd Jr W(1966) Engineering design and development for reliable systems. In: Ireson W(ed) Reliab. Handb. McGraw-Hill, New York, pp 10-33.

IEC 60706-2(2006) Maintainability of equipment-Part 2: Maintainability requirements and studies during the design and development phase, International Electrotechnical Commission.

IEC 61160(2005) Designreview. International Electrotechnical Commission.

IEEE(1998) Standard Reliability Program for the Development and Production of Electronic Systems and Equipment. IEEE Std 1332-1998:i.

ISO/IEC(2014)Guide 51:Safety aspects-Guideline for their inclusion in standards. ISO/IEC.

Keeney RL(1992)Value-focused thinking:a path to creative decisionmaking. Harvard University Press,London.

Keeney RL, Raiffa H (1976) Decisions with multiple objectives: Preferences and Value TradeOffs. Wiley Series in Probability and Mathematical Statistics. Wiley and Sons,New York.

Khan FI,Amyotte PR(2002)Inherent safety in offshore oil and gas activities:a review of the present status and future directions. J Loss Prev Process Ind 15:279-289.

Khan FI,Sadiq R,Husain T(2002)Risk-based process safety assessment and control measures design for offshore process facilities. J Hazard Mater 94:1-36.

Kletz TA(1985)Inherently safer plants. Plant/Operations Prog 4:164-167.

Kletz TA(1998)Process plants:A handbook of inherently safer design. 2nd ed,Taylor & Francis, Philadelphia.

Lewis EE(1987)Introduction to reliability engineering. Wiley,New York.

Li W,Zuo MJ(2008)Optimal design of multi-state weighted k-out-of-n systems based on component design. Reliab Eng Syst Saf 93(11):1673-1681.

Lopes YG,de Almeida AT,Alencar MH,Wolmer Filho LAF,Siqueira GBA(2010)A Decision Support System to Evaluate Gas Pipeline Risk in Multiple Dimensions. In:Bris R,Soares CG,Martorell S (eds)European Safety and Reliability Conference(ESREL),Prague,Czech Republic,2009. Reliability,Risk and Safety:Theory and Applications. CRC Press-Taylor & Francis Group,p 1043.

Martello S,Toth P(1990)Knapsack problems:algorithms and computer implementations. John Wiley & Sons,Chichester.

Melchers RE,Stewart MG. (1993)Probabilistic risk and hazard assessment. Balkema,Rotterdam.

Moubray J(1997)Reliability-centered maintenance. Industrial Press Inc. ,New York.

NORSOK(2010)NORSOK Z-013:Risk and emergency preparedness analysis. Rev. 2,Norwegian Technology Centre.

O'Connor P,Kleyner A(2012)Practical reliability engineering. John Wiley & Sons,Chichester.

Øien K(2001)A framework for the establishment of organizational risk indicators. Reliab Eng Syst Saf 74:147-167.

Polovko AM,Pierce WH(1968)Fundamentals of reliability theory. Academic press New York.

Rathod V,Yadav OP,Rathore A,Jain R (2013) Optimizing reliability-based robust design model using multi-objective genetic algorithm. Comput Ind Eng 66:301-310.

Ren Y,Bechta Dugan J (1998) Design of reliable systems using static and dynamic fault trees. Reliab IEEE Trans 47:234-244.

Roy B(1996)Multicriteria Methodology for Decision Aiding. Springer US.

Sachon M,Paté-Cornell E (2000) Delays and safety in airline maintenance. Reliab Eng Syst Saf 67(3):301-309.

Sahoo L,Bhunia AK,Kapur PK(2012)Genetic algorithm based multi-objective reliability optimization in interval environment. Comput Ind Eng 62:152-160.

Stapelberg RF(2009) Handbook of reliability, availability, maintainability and safety in engineering design. Springer-Verlag, London.

US MIL-STD-785B(1980) Reliability Program For System and Equipment Development and Production, US Military Standard.

Vanem E, Endresen Ø, Skjong R (2008) Cost-effectiveness criteria for marine oil spill preventive measures. Reliab Eng Syst Saf 93:1354-1368.

Vincke P(1992) Multicriteria Decision-Aid. John Wiley & Sons, New York.

Vrijling JK, van Hengel W, Houben RJ(1998) Acceptable risk as a basis for design. Reliab Eng Syst Saf 59:141-150.

Yanasse HH, Soma NY(1987) A new enumeration scheme for the knapsack problem. Discret Appl Math 18:235-245.

第11章 维修计划优先分配的决定

摘要 本章提出了 MCDM/A 模型对维修的优先顺序进行分类和分配,使维修计划更有效。从传统的维修计划技术,如 RCM(以可靠性为中心的维修)、TPM(全面生产维护),这些技术的一个共同方面是基于 RCM 关键性分类的维修优先级的定义。由于维修计划必须满足多个目标,例如可用性、可维修性、可检测性、安全性和可靠性,除了成本之外,维修经理还是一个决策者(DM),必须在多个标准之间进行权衡。本章提出了一个整合了 RCM 结构的 MCDM/A 模型,该模型使用效用理论原理,在基于多属性效用理论(MAUT)的决策模型中包含自然状态和 DM 对风险(倾向、中立和厌恶)的行为。为了说明当 DM 不具有补偿理性,且需要高优先级的方法时,应用基于 ELECTRE TRI 的决策模型。此外,还讨论了 TPM 方面,以强调可能出现的 MCDM/A 问题。

11.1 引 言

在有关维修计划的决策中,最重要的决策之一是确定哪种维修行动更合适。这个决策涉及主观和技术方面,以评估故障的后果。本章介绍了 MCDM/A 模型,在制定维修计划之前考虑优先级的分配。

维修计划可以用不同的方法定义。选择性维修是构建维修计划的一个例子。这种方法包括多组件系统中每个项目都应该执行的每个操作规范,时间间隔超过一个周期,观察优化单个目标的约束。最初,这个问题制定的是鉴于一个固定的时间窗口(Lust 等,2009)。

在实践中,这个问题需要观察多个方面,MCDM/A 方法通过考虑多个方面来增强解决方案,例如:系统性能、成本、总维修时间、修复的部件数量和备件的可用性。

注意,选择性维修方法也可以用于为项目构建年度维修计划,而不考虑时间窗口约束。另外,由于选择性维修方法需要关于每个周期中发生更改的准确信息,它可能需要太多的信息,使得维修计划制定成为一项复杂的任务。因此,由于建立年度维修计划的挑战,它没有得到相应足够的修改。

构建维修计划的其他方法基于维修策略的定义(Bashiri 等,2011)。Bashiri

等人认为,为了优化特定的标准,每个组件都有一个最合适的操作。一些作者考虑了 MCDM/A 方法来定义维修策略,以构建维修计划(Gomez de Leon Hijes,Cartagena,2006;Zaeri 等,2007;Bevilacqua,Braglia,2000)。一项文献综述考虑了维修中的 MCDM/A 模型(de Almeida 等,2015),并指出越来越多的研究涉及这些模型。

维护文献认为,由于其信息需求,维修策略选择问题可能过于简单和不一致的一些现实,特别是当没有兴趣更新策略,定义的维修计划,在选择性维修方法很难建立一个维修计划。因此,实际情况表明,维修计划需要不断更新和修订(Berrade 等,2013;Berrade 等,2012;Scarf,Cavalcante,2012)。

从这个角度来看,优先级分配是建立、更新或修订维修计划的重要步骤。在考虑 RCM 等用于辅助维修计划的方法时,确定哪个系统(子系统、项目)或故障模式对生产系统任务更关键是一个重要的决策。因此,维修计划或策略只能在定义系统中的关键系统(子系统、项目)或故障模式之后定义。考虑到这一原则,维护将更加有效,维修计划/策略将更加准确。

基于这一观点,本章提出了不同的 MCDM/A 模型,在构建维修计划之前建立危害程度模型。此外,还考虑了传统的方法,例如 RCM 和全面生产维护(TPM)结构及其与 MCDM/A 模型的集成。

11.2 RCM 方法的 MCDM/A 模型

本节给出了一个用于评估故障后果的定量 MCDM/A 模型(Alencar,de Almeida,2011)。在模型的某些阶段参考了第 2 章中提出的解决问题和建立 MCDM/A 模型的过程。该模型考虑了不确定性和 DM 的偏好,通过提供结构化决策过程,增强了 RCM 方法的特性。

11.2.1 传统的 RCM 效果评价

为了更好地理解 MCDM/A 模型,本节介绍了传统 RCM 方法的两个重要方面,过程步骤和故障后果的评估。

Moubray(1997)在第 3 章介绍的 12 个步骤中强调了以下步骤:

(1)在考虑相关的期望性能标准的前提下,在操作环境中建立每个资产的功能;

(2)定义物理资产中可能发生的故障;

(3)识别故障模型;

(4)检查故障的影响;

（5）验证和分析故障的后果；

（6）建立可以通过应用两种技术来验证的维修操作：主动任务和默认操作。

此外，RCM 方法将故障的后果分为 4 类（Moubray，1997）。

（1）隐藏的故障后果：当它不产生直接影响，但可能使组织暴露在多重故障中，并导致严重后果（包括灾难性后果）。

（2）安全与环境后果：考虑到伤害或死亡的可能性而产生的安全后果。环境后果可能意味着某个组织违反了国家或国际环境标准。

（3）操作后果：仅影响生产的故障。

（4）非操作后果：这类故障不影响生产或安全，只涉及直接维修费用。

根据分析的设备，一个故障可能产生无关的后果或危及组织、社会或安全的后果。在 RCM 方法中，通过验证故障模式对系统操作、物理安全性、环境和过程经济性的影响来评估结果。Clemente 等人（2012）指出，当 RCM 与其他方法一起使用时，可以更全面地理解操作环境，为决策提供财务和管理信息。

11.2.2　基于 MCDM/A 方法的 RCM

建立模型时，一些术语是相关的，如所观察的环境、信息的可用性及其准确性、DM 偏好结构的合理性以及存在的问题。一个重要的方面是 DM 在涉及非补偿或补偿方法的问题研究中的合理性。从这个意义上说，本小节中的决策模型通过合并来自 MAUT 的优点来改进 RCM 方法。

根据 de Almeida（2007）的观点，MAUT 认为 DM 的偏好是为计算 MAU 函数而建模的，其中一维效用函数的聚合必须遵循 MAUT 公理结构。此外，Brito 和 de Almeida（2009）指出，MAUT 可以应用于与多个标准相关的综合价值偏好和不确定结果，提供的结果可用于维修管理过程中的输入。

该 RCM MCDM/A 模型的各阶段如图 11.1 所示。传统的 RCM 步骤是：定义资产的功能；识别功能故障；定义故障模型；确定故障的影响；制定维修措施。因此。本节主要关注 MCDM/A 模型，该模型用于评估故障的后果。

对于定义的每个目标，都提出了一个结果维度，表示这个决策模型的目标。由此，建立了一组结果维度。

根据 5 类定义为结果的维度来评估故障的后果，其中一些特征与传统的 RCM 方法不同。

（1）人的方面（h）：考虑到受故障后果影响的人所受到的损害；

（2）环境方面（e）：考虑因故障而受影响的地区；

（3）财务维度（f）：考虑因故障造成的财务损失；

（4）操作方面：

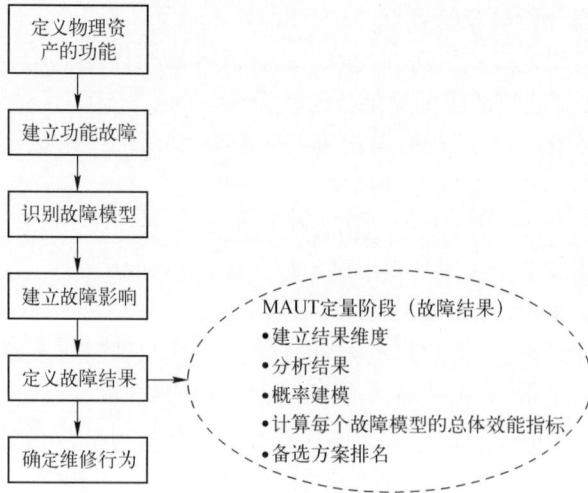

图 11.1　MCDM/A 模型的各阶段

① 操作方面Ⅰ( ):考虑不中断生产系统运行的故障;

② 操作方面Ⅱ( ):考虑中断生产系统运行的故障。

自然状态的识别是基于第 2 章中提出的问题解决程序和构建 MCDM/A 模型的步骤 5。

为了评估结果,应用了决策理论的元素,其中 θ 是自然状态。它用来表示与问题相关的不确定性。结果用 c 表示,研究中的所有行为集合用 A 表示。

应用概率方法将集合 A 中结果的概率分布和通过为这些结果引出效用函数产生的不确定性考虑在内。每个自然状态的概率定义为 $\pi(\theta)$,是考虑到 θ 和动作 a_i 时的效用函数(Berger,1985)。

效用值在 $[0,1]$ 范围内定义,其中 0 表示最不重要,而 1 表示最重要(Keeney,Raiffa,1976)。当结果集是离散的,这些结果的效用函数用下式表示为

$$U(\theta,a_i) = \sum_c P(c \mid \theta,a_i) U(c) \tag{11.1}$$

下式给出了这些结果在连续情况下的效用函数:

$$U(\theta,a_i) = \int_c P(c\theta,a_i) U(c) \, dc \tag{11.2}$$

在步骤 6 之后,构建了首选项建模(Vincke,1992;Keeney,1992)。第 7 步包括标准内评估,强制定义所考虑的结果的函数。

第 8 步由标准内评估组成,用于建立每个标准的比例常数 k_i 和整体效用函数(Keeney,Raiffa,1976)。

假设 MAU 函数为加法函数,则式(11.3)表示总效用:

$$U(h,e,f,o',o'') = k_1 U(h) + k_2 U(e) + k_3 U(f) + k_4 U(o') + k_5 U(o'') \quad (11.3)$$

式中:k_i 为一个比例常数,代表权衡的价值。

当 DM 的偏好需要限制权衡效应时,可以合并考虑否决的模型(de Almeida,2013)。

最后的结果由得到的排序给出,由每个故障模式的多属性效用值建立。

效用函数的区间尺度允许增量值与 Keeney 和 Raiffa 的故障模型进行比较(1976)。应用区间尺度,可以肯定 $U(\mathrm{MF}_x)_{\beta x} - U(MFy)_{\beta x+1}$ 的差值是 $U(\mathrm{MF}_y)_{\beta x+1} - U(\mathrm{MF}_z)_{\beta x+2}$ 的差值的 M 倍。从这些差量的增量比 IR 可以看出来:$\mathrm{IR} = (U(\mathrm{MF}_x)_{\beta x} - U(\mathrm{MF}_y)_{\beta x+1})/(U(\mathrm{MF}_y)_{\beta x+1} - U(\mathrm{MF}_z)_{\beta x+2})$。

11.2.3　说明性举例

在这个例子中,我们考虑了 16 种故障模型,$\mathrm{FM}_x, x = 1,2,\cdots,16$。每个都与人类(h)、环境(e)、财务(f)、操作 I(o')和操作 II(o'')的结果维度(Alencar,de Almeida,2011)有关。

从表 11.1 可以看出,每个 FM_x 有一个先验概率 $\pi(\theta_x)$。

表 11.1　故障模型的先验概率

组件故障模型的先验概率		
模型 1	FM_1	0.0766
模型 2	FM_2	0.0256
模型 3	FM_3	0.0578
模型 4	FM_4	0.0333
模型 5	FM_5	0.0835
模型 6	FM_6	0.0259
模型 7	FM_7	0.0768
模型 8	FM_8	0.0493
模型 9	FM_9	0.0876
模型 10	FM_{10}	0.0087
模型 11	FM_{11}	0.07
模型 12	FM_{12}	0.0563
模型 13	FM_{13}	0.0367
模型 14	FM_{14}	0.0154
模型 15	FM_{15}	0.0958
模型 16	FM_{16}	0.0757

比例常数 $k_1 = 0.19, k_2 = 0.13, k_3 = 0.27, k_4 = 0.11, k_5 = 0.30$ 从 DM 采取的结构化协议中得出。

效用函数的区间尺度允许比较故障模型之间效用的差异。表 11.2(第 4 列)验证了这些差异。

表 11.2　故障模型间效用差异比较

排序位置(β_x)	故障模型 FM_i	效用函数 $U(FM_x)_{\beta x}$	效用函数差值 $U(FM_x)_{\beta x} - U(FM_y)_{\beta x-1}$	差分比
β_{01}	FM_{15}	0	0.08788	0.51200
β_{02}	FM_9	0.08788	0.17164	4.15593
β_{03}	FM_1	0.25952	0.0413	0.40249
β_{04}	FM_3	0.30082	0.10261	1.46064
β_{05}	FM_5	0.40343	0.07025	0.85598
β_{06}	FM_7	0.47368	0.08207	0.70308
β_{07}	FM_{14}	0.55575	0.11673	14.70151
β_{08}	FM_8	0.67248	0.00794	0.41966
β_{09}	FM_{11}	0.68042	0.01892	1.09745
β_{10}	FM_4	0.69934	0.01724	0.19334
β_{11}	FM_{13}	0.71658	0.08917	2.21540
β_{12}	FM_{02}	0.80575	0.04025	0.99187
β_{13}	FM_{12}	0.84600	0.04058	1.33399
β_{14}	FM_{16}	0.88658	0.03042	0.36651
β_{15}	FM_6	0.91700	0.083	—
β_{16}	FM_{10}	1	—	—

表 11.2 中给出的值为 DM 提供了重要信息,故障模型 FM_{14} 与 FM_8 的效用差值为 0.11673,故障模型 FM_8 和 FM_{11} 的效用差值为 0.00794。差异的比值(第 5 列)使 DM 能够理解由效用尺度量化的每个 FM 之间的相对差。

这些数值可以说明 FM_{14} 和 FM_8 之间的相对差大约是 FM_8 和 FM_{11} 之间差的 15 倍。需要强调的是,表 11.2 中的这些值反映了 DM 在 4 个结果维度中的参数选择。从给出的数值算例中,可以看出这些故障模型的差异对 DM 的影响有多大。

11.3　MCDM/TPM 方法的远景市场

毫无疑问,维修活动的质量影响生产系统的性能。在某些情况下,系统故障的发生主要受到人员的影响,而老化是次要故障机理(Levitin,Lisnianski,2000;Wang,Pham 2006;Scarf,Cavalcante,2012)。

此外,任何支持维护有效性的模型、技术或程序的实现都依赖于维护人员的努力。因此,使人员参与和作出高度承诺的工具在业务一级变得必不可少。

全面生产维护(TPM)是一种技术,其中的主要目标之一是让人们积极参与与维护问题相关的改进过程。TPM 原理是为了引起操作员对非规则操作信号的注意,以发现和修复系统中的一些小问题。在缺乏精密的监控系统的情况下,这是一种提供持续检查的方法。因此,人员成为一种监控系统。

日本工厂维修协会(JIPM)在 20 世纪 70 年代创立了 TPM。在日本质量改进运动期间,它考虑了按主题划分的基本支柱。此外,TPM 有一个渐进的结构,它使该技术的实现更加灵活。因此,注意力可以集中在一个阶段。

虽然 TPM 的重要性,但在 TPM 框架下使用 MCDM/A 方法解决维护问题的研究很少(de Almeida 等,2015)。因此,对于在 TPM 计划下出现的 MCDM/A 决策问题,仍然有一个利基(商业用语,指针对企业优势细分出来的市场,这个市场不大,且未得到令人满意的服务)有待探索。

在 TPM 环境中探索决策问题的一些潜在 MCDM/A 模型包括:

(1) 特定 TPM 支柱的成熟度评估,考虑到评估组织中维修计划涉及的多个方面;

(2) TPM 支柱的优先级评估,用于预算分配和团队努力改进 TPM 的潜在成果;

(3) 总体设备效率度量,包括通过 MCDM/A 方法的多维度,以考虑 DM 的偏好。

可以使用第 2 章中描述的框架构建 MCDM/A 决策模型来解决这些问题。

例如,考虑与 TPM 支柱之间的优先级分配相关的问题,重点是指出在实现过程中哪些支柱应该得到更多的关注,以最大化 TPM 成功的机会。在不同的时刻,各组织都受到需要在不同方向上改进的环境的限制。在考虑约束理论时考虑了类似的动态环境,因此部署了具体的努力来实现系统实际状态所需的目标,换句话说,就是代表瓶颈的实际约束。

因此,一组备选方案将与不同的支柱组合相关联,这将导致考虑到维修功能可用的资源,需要对操作组合进行优先级排序。TPM 文献建议采用自顶向下的实现,这意味着 DM 将代表公司的董事会。

对这种问题所考虑的标准包括每一个支柱及其战略考虑,突出了现状与组织目标之间的差距。

11.4　建模识别关键设备的问题

本节介绍一个用于标识关键设备的模型,该模型对关键设备进行了分类。

从工业设备进入预先确定的关键性类别。利用第 2 章提出的一般程序,介绍了 MCDM/A 模型。为了简化,在模型演示中只突出了第 2 章过程的一些步骤。

维修计划要求彻底了解系统和目标,以及与项目故障相关的后果维度。决定"做什么"可能基于技术、环境和财务方面。大多数模型都试图建立一个严重性指数,以代表不同维度的度量,以支持 DM 来决定"做什么"。这些方法的缺点是,在制定此类措施时没有考虑 DM 的偏好。

面对大量的设备,DM 试图将这些设备组织成关键性级别。这种分类有助于 DM 为每个类指定最合适的操作集,考虑到以更有效的方式部署足够的资源。

例如,在一个配电网中,有几个相似的项目,但是它们在网络中的位置不同,尽管它们的相似性增加了特定的分支特征,从而导致不同的关键性水平。这将指向不同的维修操作或策略,取决于此特定项。根据故障的项目,会产生多维的结果。项目的具体位置可以描述受影响的客户数量、公共服务以及在受影响的分销分支机构中提供业务的损失。根据故障的类型,还可能出现安全问题。例如,如果这种故障发生在地下配电网中,并且有可能在高密度地区(如大城市)引起爆炸(Garcez,de Almeida,2014a;Garcez,de Almeida,2014b)。

考虑到本节中提出的将设备分配到优先级类的具体问题,通过基于 ELECTRE TRI 的 MCDM/A 排序模型,利用有关设备特性及其与故障相关的多维后果的信息。

ELECTRE TRI 用来描述有序类别中的操作,它使一组基于多个标准预先定义和排序的可选类别得以分类,如图 11.2 所示,其中每个设备($x=1,2,\cdots,n$)根据设备的关键性进行分类。

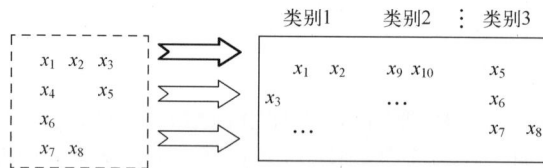

图 11.2 设备的关键性分类

这种 MCDM/A 分类过程可以在不同的层次上进行复制,从设备、装置、组件和故障模式级别开始,可得到所需信息。

因此,MCDM/A 模型将每个设备排序为支持维修管理的优先级类,在处理整个工厂的维修计划细化之前提供一个初始过滤器。以下以 MCDM/A 模型为例进行了应用说明。

所考虑的准则是：

（1）安全与环境损失（g_1）：指有人受伤的可能性；或因设备故障而造成的环境损害；

（2）财务损失（g_2）：考虑设备故障造成的经济损失，包括修理费用和停机引起的其他费用；

（3）设备故障频率（g_3）；

（4）延迟时间（g_4）：从缺陷到达到设备故障的预期时间；

（5）可检测性（g_5）：表示故障检测的困难程度。

一组备选方案由 10 个通用设备组成 $\{x_1,x_2,x_3,\cdots,x_{10}\}$，所有这些标准都是根据语义规模从 1 到 5 来衡量的。这些量表将根据表 11.3～表 11.7，对每个设备分别按每个标准进行详细的性能评估。

表 11.3　安全与环境破坏量表

描　述	规　模
灾难性后果	5
重大后果	4
严重后果	3
较小后果	2
微小后果	1

表 11.4　财务亏损规模

描　述	规　模
损失超过 20000 货币单位	5
损失 15001～20000 货币单位	4
损失 10001～15000 货币单位	3
损失 5001～10000 货币单位	2
损失 0～5000 货币单位	1

表 11.5　设备故障频率表

描　述	规　模
时间区间内故障超过 15 次	5
时间区间内故障 12～15 次	4
时间区间内故障 8～11 次	3
时间区间内故障 4～7 次	2
时间区间内故障 0～3 次	1

表 11.6　延迟时间表

描　述	规　模
平均延迟时间 0~10 个时间单位	5
平均延迟时间 11~20 个时间单位	4
平均延迟时间 21~30 个时间单位	3
平均延迟时间 31~40 个时间单位	2
平均延迟时间超过 40 个时间单位	1

表 11.7　可检测性量表

描　述	规　模
几乎不可能检测	5
很难检测	4
适度检测	3
容易检测	2
直接检测	1

结果矩阵应该从包括专家在内的多学科团队中得出,如表 11.8 所列。

表 11.8　结果矩阵

备选方案 \ 标准	g_1	g_2	g_3	g_4	g_5
x_1	1	1	2	1	3
x_2	4	5	1	3	4
x_3	3	2	3	4	2
x_4	3	4	3	4	1
x_5	5	5	1	5	1
x_6	4	3	2	4	3
x_7	1	2	5	2	2
x_8	2	3	5	3	5
x_9	1	1	3	2	2
x_{10}	2	3	4	5	3

除了每个判据标准的尺度外,还为 ELECTRE TRI 定义了偏置函数的参数。定义了偏好极限和无差异极限的值均为 0。不考虑否决门槛,设置 $\lambda = 0.5$。

与标准内评估相关,DM 定义的权重如表 11.9 所列。

在这项研究中,我们考虑了 5 个类别,根据它们的程度排序。在规划和执行维修行动的优先次序方面具有重要意义。所考虑的类别包括:

表 11.9　标准权重

标　　准	权　　重
g_1	0.25
g_2	0.35
g_3	0.18
g_4	0.12
g_5	0.1

（1）高度关键设备:本类设备出现故障将对组织造成严重损害;

（2）高优先级的设备;

（3）中级优先设备;

（4）低级优先设备;

（5）极低优先级设备:在某种程度上,可以忽视对这类设备的维护,从而使最关键的设备的效率更加集中。

等效类作为设备分类的标准。本研究采用的等效类被定义为上下限（"应用框架"）,如表 11.10 所列。

表 11.10　等效类及其上下限

类　　别	下　　限	上　　限
C_1	4.5	—
C_2	3.5	4.5
C_3	2.5	3.5
C_4	1.5	2.5
C_5	—	1.5

结果如表 11.11 所列:

表 11.11　结果

设　　备	悲观的	乐观的
x_1	C_5	C_5
x_2	C_2	C_2
x_3	C_3	C_3
x_4	C_3	C_3
x_5	C_1	C_1
x_6	C_3	C_3
x_7	C_4	C_4
x_8	C_3	C_3
x_9	C_5	C_5
x_{10}	C_3	C_3

从表 11.11 的结果分析,只有一个设备被归类为极端关键(x_5),这是因为如果该设备发生故障,公司将会在财务、人、环境等方面发生灾难性的损失;除此之外,该装置延迟时间短,值得认真研究。

因此,仿真是有用的,因为它使维护经理能够以一种专注于最关键设备的方式来驱动维修操作,同时它强调了被认为不重要的设备可以被忽略。

MCDM/A 方法的应用对维修管理过程的影响可能反映在设备的运行性能的改善上,因为对每种设备都采用了更有效的维修计划。

参 考 文 献

Alencar MH, de Almeida AT(2011) Applying a Multicriteria Decision Model So as to Analyse the Consequences of Failures Observed in RCM Methodology. In:Takahashi RC, Deb K, Wanner E, Greco S(eds) Evol. Multi-Criterion Optim. SE-41. Springer Berlin Heidelberg, pp 594-607.

Bashiri M, Badri H, Hejazi TH(2011) Selecting optimum maintenance strategy by fuzzy interactive linear assignment method. Appl Math Model 35:152-164.

Berger JO(1985) Statistical decision theory and Bayesian analysis. Springer Science & Business Media, New York.

Berrade MD, Cavalcante CAV, Scarf PA (2012) Maintenance scheduling of a protection system subject to imperfect inspection and replacement. Eur J Oper Res 218:716-725.

Berrade MD, Scarf PA, Cavalcante CAV, Dwight RA(2013) Imperfect inspection and replacement of a system with a defective state:A cost and reliability analysis. Reliab Eng Syst Saf 120:80-87.

Bevilacqua M, Braglia M(2000) The analytic hierarchy process applied to maintenance strategy selection. Reliab Eng Syst Saf 70:71-83.

Brito AJ, de Almeida AT(2009) Multi-attribute risk assessment for risk ranking of natural gas pipelines. Reliab Eng Syst Saf 94(2):187-198.

Clemente T, Almeida-Filho AT de, Alencar MH, Cavalcante CAV(2013) A Decision Support System Based on RCM Approach to Define Maintenance Strategies. In:Poels G(ed) Enterp. Inf. Syst. Futur. SE-9. Springer Berlin Heidelberg, pp 122-133.

de Almeida AT(2007) Multicriteria decision model for outsourcing contracts selection based on utility function and ELECTRE method. Comput Oper Res 34(12):3569-3574.

de Almeida AT(2013) Additive-veto models for choice and ranking multicriteria decision problems. Asia-Pacific J Oper Res 30(6):1-20.

de Almeida AT, Ferreira RJP, Cavalcante CAV (2015) A review of multicriteria and multiobjective models in maintenance and reliability problems. IMA Journal of Management Mathematics 26(3):249-271.

Garcez TV, de Almeida AT(2014a) A risk measurement tool for an underground electricity distribution system considering the consequences and uncertainties of manhole events. Reliab Eng Syst Saf 124:68-80.

Garcez TV, de Almeida AT(2014b) Multidimensional Risk Assessment of Manhole Events as a Decision Tool for Ranking the Vaults of an Underground Electricity Distribution System. Power Deliv IEEE Trans 29(2):624-632.

Gómez de León Hijes FC, Cartagena JJR(2006) Maintenance strategy based on a multicriterion classification of equipments. Reliab Eng Syst Saf 91(4):444-451.

Keeney RL(1992) Value-focused thinking: a path to creative decision making. Harvard University Press, London.

Keeney RL, Raiffa H (1976) Decisions with multiple objectives: Preferences and Value TradeOffs. Wiley Series in Probability and Mathematical Statistics. Wiley and Sons, New York.

Levitin G, Lisnianski A(2000) Optimization of imperfect preventive maintenance for multi-state systems. Reliab Eng Syst Saf 67:193-203.

Lust T, Roux O, Riane F(2009) Exact and heuristic methods for the selective maintenance problem. Eur J Oper Res 197:1166-1177.

Moubray J(1997) Reliability-centered maintenance. Industrial Press Inc., New York.

Scarf PA, Cavalcante CAV(2012) Modelling quality in replacement and inspection maintenance. Int J Prod Econ 135(1):372-381.

Vincke P(1992) Multicriteria Decision-Aid. John Wiley & Sons, New York.

Zaeri MS, Shahrabi J, Pariazar M, Morabbi A(2007) A combined multivariate technique and multi criteria decision making to maintenance strategy selection. Ind. Eng. Eng. Manag. 2007 IEEE Int. Conf. IEEE, Singapore, pp 621-625.

第 12 章　其他风险、可靠性和维修决策问题

摘要　本章描述了备份单元的位置、维修活动的排序、自然灾害、电网运行规划、集成生产与维修调度、维修团队规模、可靠性验收等方面的具体问题。本章提出了一个多准则决策模型,并举例说明了这些问题的应用。本章所考虑的说明性应用的 MCDM/A 方法有多属性效用理论(MAUT)、PROMETHEE Ⅱ、NSGA-Ⅱ。针对可靠性测试,提出了一种 MCDM/A 贝叶斯方法。针对这些问题,考虑了几个方面,例如:人口规模、工业化程度、卫生服务程度(后备单位所在地);损害程度、消耗、电力负荷、特殊客户、医疗服务、SAIDI 和 SAIFI(维修活动顺序);人类规模、环境、金融和基础设施问题(自然灾害);预期的延迟和维修成本(集成生产和维修计划);等待时间及人员成本(维修队伍规模);不符合制造商规定的可靠性验收设备的概率;延迟项目结论(可靠性验收试验)。最后,讨论了多目标优化的几个方面。

12.1　引　　言

一项文献综述发现,1978—2013 年,有 186 篇基于 MCDM/A 的维护和可靠性问题论文发表。来自不同国家的研究对这一主题做出了贡献。事实上,已经确定了 30 多个国家(de Almeida 等,2015)。图 12.1 显示了其在世界各地的分布,图中圆圈的大小表示每个国家相对发现的这种研究的数量。

图 12.2 显示了引用的指数趋势,解释了关于这个主题的出版物的增长。不断增加的出版物表明了该专题的相关性和该领域的观点。

此外,Scopus 数据库显示,1996—2013 年,在 2012 年之前被考虑的 170 篇文章中,平均每篇论文被引用 25.33 次。图 12.3 反映了这个研究领域的影响,以1996 年以来每年被引用的次数来衡量(de Almeida 等,2015)。例如,这些文章在 2012 年被引用 831 次。

从这个角度来看,本章提出了 RRM 问题,这些问题出现在不同的特定环境中,而在前面的章节中没有提到。

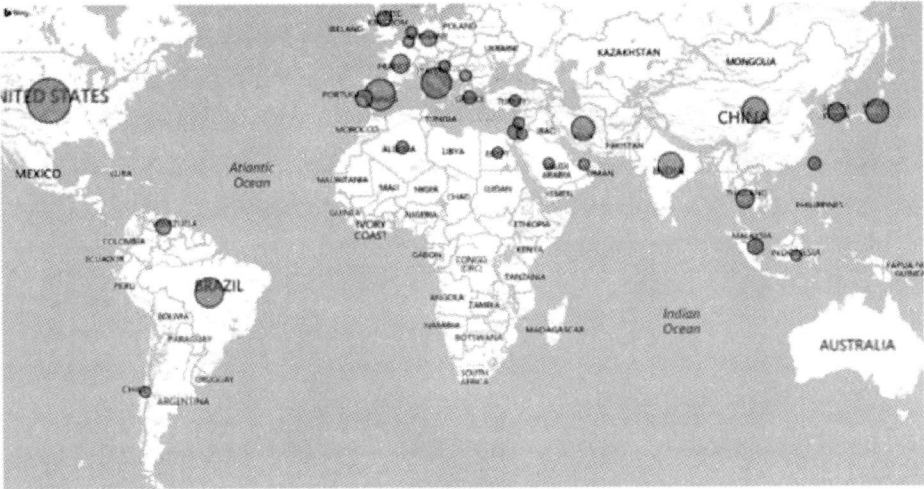

图 12.1　关于在维护和可靠性研究中使用 MCDM/A 的出版物世界地图

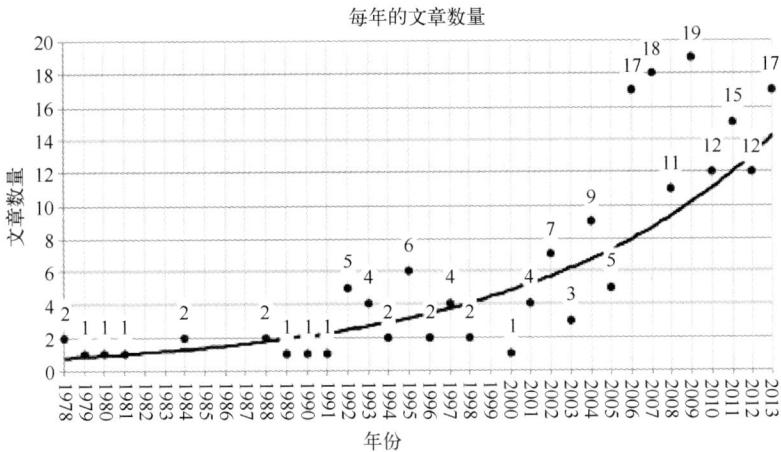

图 12.2　MCDM/A 在维修性和可靠性研究中每年发表的文章数量

在许多需要 MCDM/A 方法的具体问题中,本章说明了需要适当建模的 RRM 问题,以便让 DM 考虑多维结果。

因此,本章讨论了与以下问题相关的主题:

(1) 备份单元的位置;

(2) 维修活动的次序;

(3) 自然灾害;

(4) 电力系统的可靠性;

(5) 完整的生产和维修计划;

（6）维修团队的规模；

（7）验收测试的可靠性。

每年的引用数量

图 12.3　维修性可靠性研究中 MCDM/A 每年被引用的次数

12.2　电力系统备用设备的位置

维修功能的主要目标之一是使故障的发生率最小化，即降低故障频率。这可以通过改进设计、合理使用资产、预防性维护和状态监视来实现。当发生故障时，为了最大限度地提高系统可用性，将花费在纠正措施上的时间减到最少也是十分必要的。

纠正措施通常考虑两个重要的时间部分。每种方法对花费在维修操作上的总时间都有不同的影响。首先，物流需要时间，即从发现故障、下单、获取和准备进行维修所需的资源，如工具、劳动、零件，并将维修人员移至服务地点。当维修团队准备好进行服务时，从服务启动到完成有一段时间，才能使设备返回到正常工作状态。

在许多实际应用中，可以观察到维修所需的维护时间被认为是最相关的时间之一。另外，当可用于执行维护的资源不足时，需要处理一些其他因素以尽可能减少纠正维修操作所需的时间。除了这种稀缺性，一些资产的位置可能在地理上分散，可能对执行维修操作所需的时间有很大影响。

本节中关于备用单元位置的示例考虑了电力分配公司的环境。对于这类公司，在整个分销网络中有几个地理上分散的系统。考虑到地理上的分散，维修功能必须克服物流障碍，以满足要求的性能标准，这些标准要求位于沿网络分布的每个变电站的设备可用性。

一些设备包括高压电力变压器,这是沉重的、昂贵的资产,有很高的使用寿命。这种设备造价数百万美元,使用寿命约为 30 年。此外,订购这类设备的准备时间可能需要几个月,还需要设备安装的物流参考时间。

虽然昂贵且故障率低的设备不能证明投资于电力变电站的大量冗余是合理的,但应评估资源的最佳利用,以应对紧急情况,特别是当系统不可用性的影响很大时。

就电力变压器而言,众所周知,由于故障,电力变电站可更换的备用设备数量有限。决策问题是确定备用变压器头的位置,使故障的总体后果和紧急更换的需要最小化。

当考虑服务生产系统时,这些设备的故障后果在第 1 章中进行了描述。在这种特殊的情况下,受影响的用户数量可能会从数千上升到数百万,这取决于故障和停电的影响。这种后果因设备的位置而异,类似于第 11 章所举的关于维修计划决定的优先分配所涉问题的例子。

为了防止和减少这种后果,必须规划备份单元的位置,以便在出现故障时能够快速恢复系统。

因此,备用变压器的位置涉及很多因素,直接影响配电网的运行。这种过程所涉及的目标超出了由于缺乏后备单位而延长的服务中断所造成的费用。这些因素直接影响系统的可用性和可维修性(de Almeida 等,2006;Ferreira 等,2010;Ferreira,Ferreira,2012)。

因此,此问题的决策模型旨在确保客户受到服务中断带来的不便和相关损失的影响最小。虽然在经典的设备位置上解决了类似的问题结构(Drezner,Hamacher,2004),但是考虑了不同的对象。

针对这一特殊问题,我们考虑了三个维度:顾客数量、医疗服务和当地经济。

Brandeau 和 Chiu(1989)概述了以前研究过的定位问题,重点是在运筹学领域开发的模型,它们被定义为优化问题,例如 p 中值。p 中值是组合优化问题中的一个经典问题。Bornstein 等人(2012)提出了一种多目标组合优化问题的再优化算法。

决策模型由基于三个标准的 MCDM/A p 中值模型组成:

(1) 人口数量(pop_i);

(2) 工业化程度(ind_i);

(3) 医疗服务水平(hs_i)。

p 中值模型被调整以最小化如式(12.1)所示的三个标准。距离系数(d_{ij})表示各变电站之间的距离。距离系数与 pop、ind 和 hs 的关系是乘数权重。

$$
\begin{cases}
\text{Max} \sum_{i=1}^{ns} \sum_{j=1}^{ns} \begin{bmatrix} K_1 \cdot U(pop)_{ij} + K_2 \cdot U(ind)_{ij} + K_3 \cdot U(hs)_{ij} \\ + K \cdot U(pop)_{ij} \cdot U(hs)_{ij} \end{bmatrix} \cdot x_{ij} \\
\text{s. t.} \quad \sum_{i=1}^{ns} x_{ij} = 1; \quad j \in N \\
\sum_{j=1}^{ns} x_{jj} = nb \\
x_{ij} \leqslant x_{jj}; \quad i,j \in N \\
x_{ij} \in \{0,1\}; \quad i,j \in N
\end{cases} \tag{12.1}
$$

式中:K_1,K_2,K_3 和 K 为与各自属性相关的比例常数;N 为一组变电站,N = $\{1,\cdots,\text{ns}\}$;nb 为备用变压器数量;pop_i 为变电站 i 服务的人口规模;ind_i 为变电站 i 的工业化程度;hs_i 为变电站 i 提供的医疗服务范围;x_{ij} 为一个决策矩阵变量,如果变电站 i 的备用变压器分配给变电站 j,则 $x_{ij}=1$,否则 $x_{ij}=0$;如果变电站 j 被分配来存储一个备用变压器(一种中值),$x_{jj}=1$,否则 $x_{jj}=0$。

对于特定的应用,关于标准间评价,除了卫生服务和人口标准之外,所有属性都是与偏好无关的。因此,当人口数量发生变化时,DM 对健康的偏好会受到影响,由式(12.1)给出,这些条件的模型对应于用 MAU 函数表示的多线性模型。

目标函数表示备用变压器位于 j 站时,k 站的效用。为了得到 j 变电站备用位置的指示,需要计算所有 k 变电站的位置效用之和。

通过计算每个变电站的最大效用,建议在变电站中设置一个备用变压器,该变压器将为其提供最大效用。公司必须从考虑过的 19 个选项中决定哪个变电站应该安装一个备用变压器。

对于多属性 p 中值模型,结果如图 12.4 所示,$nb=6$ 时多属性函数最大值为

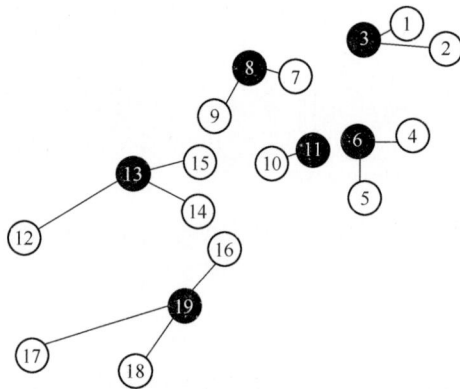

图 12.4 多属性 p 中值模型的求解示例,$S=\{3,6,11,8,13,19\}$

17.071。常量尺度表示当前项目经理的偏好。参数 $k_1 = 0.2$，$k_2 = 0.5$，$k_3 = 0.2$，$K = 0.1$ 采用 Keeney 和 Raiffa（1976）提出的结构化过程得到。选择的变电站 $S = \{3,6,11,8,13,19\}$。

通过对尺度常数 k_1、k_2、k_3、K 的敏感性分析，验证了模型的鲁棒性。

在多维后果和通过使用备份单元恢复系统可用性的后勤之间的权衡方面，该模型建议了最佳的替代方案。

12.3　维修活动的顺序

维修活动的顺序是一个重要的问题，尽管对大多数维护系统来说不一定是问题。根据系统的大小，已经确定的战略和优先次序足以确定维修活动的顺序，当然，技术限制也是如此。

如果考虑到大型系统，例如配电网、铁路网或供水网络，如果有工作人员，就必须进行一些维修服务，如检查和维修。

如果与制造订单的排序和调度相比较，除了需要考虑成本之外，还需要考虑一套不同的标准，如系统的可用性、质量、服务可靠性、产品质量的退化影响等由于系统性质的原因需要考虑的因素。

本节根据第 2 章中给出的构建 MCDM/A 的一般程序描述一个 MCDM/A 决策模型。这个 MCDM/A 模型通过在大量的维护服务中建立最合适的顺序来处理维修活动的计划。该模型用于排序维修活动，并在决策支持系统（DSS）的辅助下应用于电力分配器（Almeida-Filho 等，2013）。

考虑到实际情况，在制定问题和定义模型时考虑了与此情况相关的环境因素。考虑到配电网的规模，需要进行的维修和检查服务的数量是一个很大的排序问题。

这个维护顺序活动的模型是根据从巴西一个特定的配电网络获得的数据建立的，该配电网络的长度超过 128412.5 千米，以便在大约 98500 平方千米的地区供应近 200 个城镇。该公司拥有近 310 万名客户，年消费额为 12.266.246 万千瓦·时。

在整个网络中，有几个元件，如变压器、隔离器等，它们暴露在恶劣的天气条件下，会更快地使这些设备部件和老化部件功能退化。

该配电网络的维护数据库是根据日历上的检查数据更新的，日历上的检查数据涵盖了整个配电网络，每隔 1 年、5 年、10 年更新一次。

所采用的维修策略是，当中断服务供应的故障发生时，或者即使报告说该故障没有中断服务，但它确实会使人群面临风险时，就立即恢复系统。

在此背景下采用的维护与 Moubray(1997)描述的类似,Moubray 提出了与设备模式相关的三个典型状态:正常状态、缺陷和故障。根据故障对项目功能的影响,故障分为以下两类:

(1) 潜在故障,这是一种可观察的条件,意味着如果不采取预防措施,就会出现功能故障(Moubray,1997)。

(2) 功能故障,即一种设备不能在适当的操作限度内执行特定功能(Moubray,1997)。

维修顺序活动问题的重点在于处理潜在故障,这些故障是通过日历中所列的检查确定的,并记录在维修信息系统上。因此,优先考虑这些潜在的故障,以避免服务中断及其对战略和业务目标的影响。维护服务顺序基于 MCDM/A,它定义了要执行的服务之间的顺序。

在处理的具体问题中,检查发现大约有 2.5 万起潜在故障。鉴于维修部工作人员的能力和为预防性维修而拨出的年度预算,每年只能解决 4000 个潜在故障。实际上,潜在的故障是按照优先级排序的,并在一年内得到纠正,这就留下了一组潜在的故障,需要在下一年由维护人员重新评估,并根据检查日历所进行的检查确定其他新的潜在故障。这种预防性维修预算的定义通常是在这样一种意义上,即根据组织目标,已查明的潜在故障和待修理仍处于可容忍的水平。预防性维修时间间隔的定义有几种模型(Jiang,Li,2002;Shafiee,Finkelstein,2015),尽管在实际情况下,DM 还必须考虑可用的资源和生产计划,以确定维修或更换的确切时间。第 12.6 节用决策模型说明了这个问题。

其中一些组织目标的定义是为了满足监管方面的要求,例如 ANEEL 所定义的目标。ANEEL 是巴西政府机构,负责监管电力生产、运输和相关的分销公司。该机构评估了这些公司的运营和服务水平,并有权根据监管规则征收罚款。另一个重要问题是,电价与提供的服务质量成正比。因此,服务水平的提高直接反映了公司的收入。ANEEL 考虑了两种主要的衡量服务质量的方法:DEC 和 FEC。DEC 与服务中断的持续时间相关,FEC 则考虑服务中断的频率(ANEEL,2012)。

ANEEL 使用的可靠性指标与 IEEE(2012)定义的相似,其中 DEC 对应的是系统平均中断持续时间指数(SAIDI),FEC 对应的是系统平均中断频率指数(SAIFI)。

考虑到这个问题的 MCDM/A 性质,决策模型需要一种方法,该方法允许提取标准之间的优先级,以便找到需要执行的最适当的维修顺序。对于这个特定的决策模型,可以使用 PROMETHEE Ⅱ 方法。PROMETHEE Ⅱ 是 PROMETHEE 家族的一种方法,自 1982 年以来一直在发展(Brans,Mareschal,1984;Brans,

Mareschal,2002)。

这种方法的选择是合理的,因为它可以提供一个完整的排序顺序,考虑到广泛的价值函数,并有一个易于理解的启发式程序来评估 DM 的偏好。因此,选择这种 MCDM/A 方法的一个重要因素与它引出和需要参数的简单性有关。这一点很重要,因为它巩固了 DM 理解决策模型提供的建议的准备。

另一个重要问题是计算过程。假设有大约 2.5 万个备选方案,并且这个数字可能会增加,那么 MCDM/A 方法需要能够在适当的时间间隔内给出响应,以便 DM 可以构建场景和推测并使用敏感性分析。

关于 PROMETHEE Ⅱ,文献中提出了当将新的备选项添加到备选项集合中时的秩反转问题,这是使用基于成对比较过程的方法时经常出现的问题。Mareschal 等人(2008)提出了这种情况可能发生的条件,仅限于非常有限的情况。这是选择这种方法而不是其他优先方法的原因之一。

PROMETHEE Ⅱ方法允许 DM 在 6 个不同的价值函数之间进行选择,即将每个标准定义为通常的标准、一个 U 形判据、一个 V 字形标准、标准水平、无差异 V 形标准;或高斯准则(Brans,Mareschal,1984;Brans,Mareschal,2002)。

PROMETHEE Ⅱ在整个过程中使用两两比较来聚合偏好指数和优先流。式 (12.2)表示偏好指数,表示在所有的准则中,a 相对 b 的偏好程度,其中 $W = \sum_{j=1}^{k} w_j$,表示标准 j 的权重,$w_j \geqslant 0$。

$$\pi(a,b) = \frac{1}{W} \cdot \sum_{j=1}^{k} w_j P_j(a,b) \tag{12.2}$$

式(12.3)表示净优先级流,净优先级流由备选 a 的正向流和反向流的差值组成,根据净优先级流,提供一个完整的预排序,对所有备选项进行排序。

$$\phi(a) = \frac{1}{n-1}\left[\sum_{\substack{b=1 \\ b \neq a}}^{n} \pi(a,b) - \sum_{\substack{b=1 \\ b \neq a}}^{n} \pi(b,a) \right] \tag{12.3}$$

在构建问题时,MCDM/A 模型中考虑的标准与 DM 一起进行了评估。因此,由于设备的位置不同,每种类型的潜在故障都具有特定的特征。这是必须考虑的,因为类似的故障位于分布网络的不同部分,会导致不同的后果和损害。

因此,为这个决策模型确定的一组标准是:

(1) 损坏程度(对安装和人员,使用言语量表);

(2) 平均消费的影响;

(3) 电负载;

(4) 区域电网电力负荷百分比(考虑网络支路);

(5) 受影响的特殊客户(附于监管特别规则);

（6）医疗保健服务；

（7）在 DEC/SAIDI 上的松弛（branch DEC/SAIDI 和 Aneel DEC/SAIDI 的区别）；

（8）在 FEC/SAIFI 上的松弛（branch FEC/SAIFI 和 Aneel FEC/SAIFI 的区别）；

（9）故障的政治后果。

DSS 的主屏幕如图 12.5 所示。MCDM/A 的概念和公司的维护文化被合并到 DSS 中。因此，DSS 利用 Moubray 的 RCM 危害性水平，使用言语量表来确定设备的退化程度。

DSS 允许记录场景和应用程序注释，因此有关维修活动计划的决策过程（包括涉及的人员）的信息可以稍后检索，并且在需要这种评估时，还可以与不同的场景进行比较。图 12.5 所示的屏幕顶部部分即表示这样的输入信息。

图 12.5 中的屏幕下部显示了 MCDM 模型参数之间的接口。左边是标准列表，后面是为每个标准选择的首选项函数类型，以及用于设置首选项函数参数的滚动按钮。在右侧，权重的输入以数字和图形的方式显示。

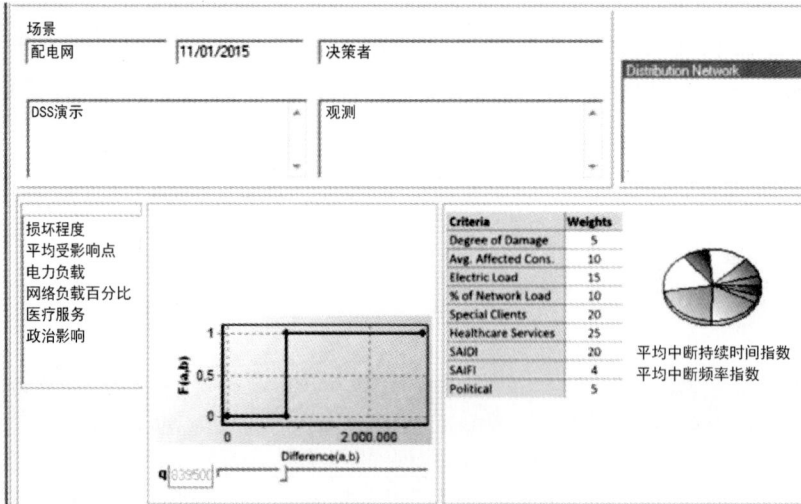

图 12.5　DSS 决策模型参数-主屏幕

将 MCDM/A 模型参数输入决策模型所需的字段并执行 PROMETHEE Ⅱ 方法后，根据评估所有预防性维修订单的一套标准，考虑维修订单的优先级，得到维修订单的排序。

DM 还可以形成关于预防性维修订单的报告，其中考虑到预算限制和敏感性分析报告的分析。DSS 还支持 DM 进行场景分析曲线图,这样,DM 就可以比较每个操作的有效性,同时考虑成本和管理目标(DEC and FEC),并能评估实施预防性维护订单相对于因潜在故障导致的损失之间产生的成本水平(例如收入和罚款),如果出现功能性故障,这些后果就会发生。

值得注意的是,一些优先级的维修操作可能不会在经济上有效。然而,它们确实可以防止其他方面的损失,比如由监管机构(ANEEL)或任何受到影响的特殊客户监控的服务质量。这说明了考虑这些问题的 MCDM/A 性质的重要性;如果不这样做,这些因素将得不到适当考虑。

12.4　自　然　灾　害

众所周知,近年来关于自然灾害及其与气候变化的关系的研究越来越多。此外,人口迁移到城市地区以及随之而来的城市地区人口和密度的增长大大增加了自然灾害的影响。

世界范围内的城市聚落越来越明显。世界上一半的人口居住在城市地区。预计这些数字在未来几十年仍将会增加(Linnekamp 等,2011)。大部分城市人口生活在沿海地区,气候变化的具体影响可能造成最严重的后果。在此背景下,Li 等人(2014)认为,了解未来极端事件对支持行动很重要,以便为社会定义更合适的安全水平。

因此,许多地区和城市人口密度的增加直接影响到导致财政损失(数十亿美元)的事件的发生。Keller 和 DeVecchio(2012)指出,洪水、地震和飓风等自然灾害影响着全世界数百万人的生活,每年造成约 8 万人死亡,此外每年造成约 500 亿美元的经济损失。

考虑到这些事实,如果要适当地计划和采取最适当的减缓行动,自然灾害风险管理是至关重要的。Solecki 等人(2011)指出,气候变化对此类风险有直接影响。气候变化,如温度变化和降水模式的振荡,可以直接影响极端事件发生的概率。降雨强度和分布的变化很可能增加洪水的发生。高温和冰川融化很可能导致海平面上升,从而增加沿海地区发生严重洪水的可能性。洪水背景下的模型也考虑了风险分析(Hansson 等,2013;Vari 等,2003)。

然而,需要对更好地管理自然灾害风险和评估这种风险提出一些意见。其中一个问题与可靠数据库的可用性有关,因为社会环境的动态(例如与气候变化相关的人口占用和土地使用的显著变化)通常使以前时期收集的数据价值不大或没有当前价值。Keller 和 DeVecchio(2012)认为,如今,对于需要与自然灾害分析关联的各种灾害情景,需要进行有效的风险评估。由于气候变化的发生,过去的事件往往不能提供关于今天或将来可能发生事情的充分信息。

此外,对于人口移徙本身,也应记录多个方面,在不同的时间间隔和同一地点与脆弱性有关的不同方面,这是自然灾害风险管理过程中应考虑的一个问题。根据 Pelling(2003)的研究,脆弱性可以从暴露于自然灾害的程度、受影响地区和地区相应准备、不良环境下的恢复能力来定义。

Pine(2009)指出,灾害频率的变化可能是一段时间内自然气候变化的结果,也可能是影响环境变化频率或严重程度的变量变化的结果。在危险地区,例如在易发生滑坡的山区或已知偶尔会发生严重洪水的土地上未经规划许建造住宅,人类活动加剧就是例子。此外,改变环境(比如建筑、技术和基础设施来支持人类居住)导致自然系统的退化也可以增加风险的严重程度。

因此,考虑风险和脆弱性的动态性质至关重要。Karimi 和 Hullermeier (2007)在强调这一观点时指出,由于存在各种不确定性的类型,评估自然灾害损失的风险是一个复杂的活动,主要是由于缺乏足够的物理知识和已发生灾难的起源、特点和后果的统计数据不足等原因。

Bobrowsky(2013)指出,与自然灾害和气候变化相关的风险不是自发的或外部产生的。因此,社会应该能够作出反应,适应或回应它们。这些风险是社会与自然或建筑环境相互作用的结果。因此,风险管理需要更好地理解这种关系及其影响因素。

与传统风险管理所考虑的方面不同,在自然灾害环境中,一些额外的概念是重要的,以便 DM 能够更充分地评估情况。因此,除了风险的概念之外,还需要考虑脆弱性和恢复力等方面。风险、脆弱性和恢复力的概念在自然灾害研究中非常重要,并被用来作为理解自然灾害动态的一种方法(Paul,2011)。

Field 等人(2012)认为,脆弱性是不同条件和过程的结果,必须考虑历史、社会、政治、文化、制度和环境问题以及自然资源。弹性设计在自然灾害的背景下被定义为促进可持续生计的一种手段,它使个人或系统能够在不使用所有可用资源的情况下应对极端事件(Paul,2011)。弹性系统倾向于减少物理损害,从而为极端事件发生后环境的恢复提供时间。因此,它反映了人们对提高人类和物理系统对自然事件作出反应的能力。

Field 等人(2012)认为,灾害风险可以理解为未来社会与环境过程相互作用产生不利影响的可能性,以及暴露的元素中物理危害和脆弱性的组合。同时考虑风险、漏洞和动态变化的危机以及灾难的不同阶段产生的复杂场景的风险和脆弱性的程度,这包含需要识别和评估,是应该需要采取措施降低风险和适应策略。了解极端事件和灾害是制定适应气候变化和降低灾害风险管理风险的战略的先决条件。

自然灾害是独立于已有的经济、社会和自然环境状况而出现的。因此,基础设施、服务和组织很容易受到自然现象(如地震或洪水)或技术事件(如爆炸或煤气泄漏)引发的事件的影响(De-Leon,2006;Guikema,2009)。因此,可以观察到,灾难发生之前至少有两个方面:一个事件发生的可能性,通常称为这种潜在状态的危险;预先存在的脆弱性。换句话说,当事件发生时,人群、过程、基础结构、服务、组织或系统会受到影响或损坏。

将脆弱性和危险性相结合作为灾害风险存在的前提条件,暴露可以看作是另一个前提条件。暴露被理解为可能受特定事件影响的人群数量或其他危险因素(Thywissen,2006)。在其他定义中,风险必须被理解为危害、脆弱性、暴露和恢复力的函数。

与自然灾害相关的研究中讨论的另一个问题是后果分析。事件的发生或两个或多个事件的组合可能在不同维度上造成不同的影响。

气候变化对自然灾害的潜在影响有助于制定战略,以便利用有关人与经济影响的风险的知识来适应风险管理实践(Zischg 等,2013)。

极端自然事件会导致更高的损失,尤其是发生在人口密集的地区和一些脆弱地区(Huttenlau,Stotter,2011)。自然灾害风险分析是用于估计后果并向公众和 DM 提供信息。在这种类型的分析中,不同风险概念的认知导致不同的目标和采取不同的方法,如第 3 章中提到的,在考虑个人或社会风险时也有不同的方法。因此,根据风险评估所采用的方法,可以考虑不同的视角,并根据结果的评估方式,说明 MCDM/A 方法更适合于处理多维结果评估问题。考虑到后果评估活动的复杂性,MCDM/A 方法允许包含不同类型的损失。

经济混乱可能与失业、工作日损失、生产量损失、销售减少和税收减少有关。环境影响可以评估为成本回收,重建水系统或下水道系统,减少不健康的空气天数,提高涉及不吃鱼或限制用水的警告次数(Pine,2009)。

这些方面可以根据所分析的情况的类型加以调整,例如,考虑到自然灾害所造成的损失。因此,损失可以分为直接有形损失和间接损失。在第一种类型的损失中,考虑到的损失是那些在事故发生后立即发生的损失,如死亡、受伤和维修费用。间接损失包括由于失业、收入减少造成的销售损失,生产力损失增加、疾病和犯罪率提高(Pine,2009)。

影响也可以通过区分社会影响和物理影响分类,其中物理影响包括财产损害、死亡和伤害。一旦长期发展,社会影响就很难衡量。更好地了解社会影响对于制定适当的应急计划以预防和/或尽量减少极端事件的不利影响是很重要的。自然灾害的社会影响通常分为人口、经济、政治、制度、心理和健康影响(Paul,2011)。

更严重的情况是工业地区发生自然灾害的可能性,这可能会增加发生具有极端灾难性后果的事件的机会。Krausmann 等人(2011)认为,自然灾害对化学工业、精炼厂、核电站和管道的威胁以及随之而来的有害物质泄漏已被认为是当今社会的一种新兴风险。地震、洪水等自然事件引起的工业事故在自然科学事故的研究中被提及。自然科学事故会产生有害物质泄漏,导致人员伤亡、环境污染和经济损失。自然科学风险不同于技术风险和自然风险,需要一种综合且更复杂的风险管理方法。这种情况的主要问题是同时发生自然灾害和技术事故,两者都需要同时作出反应。此外,受自然灾害影响区域内的各种危险设施的危险物质泄漏可由单一来源或多个来源同时引起。

Krausmann 和 Cruz(2013)认为,2011 年 3 月 11 日袭击日本的地震和海啸就是一个很好的例子,摧毁和摧毁了许多工业工厂,导致 16000 多人死亡,更多的证据来自福岛核电站设施的影响。这一事件表明,即使是准备充分的国家也会受到自然科学事件的影响。在影响范围广泛的自然灾害中,危险物质可能同时发生多次泄漏,在靠近居民区的地区泄漏更为严重。

Girgin 和 Krausmann(2013)强调,由于工业增长以及自然灾害发生模式的变化,自然科学风险可能会在未来变得更频繁,社会正变得越来越脆弱,越来越相互关联的东西正在发生日新月异的变化。

总之,各组织和国家应将寻求更有效的风险管理作为一项基本目标,应尽可能以最佳方式对风险进行充分控制和监测,从而尽量减少灾难性后果的发生。

为了说明 MCDM/A 模型如何处理这些方面,下面的部分构建了一个 MCDM/A 模型,用于考虑洪水作为自然灾害的一个例子进行多维风险评估。

12.4.1 评估洪水风险的 MCDM/A 模型

有几种与气候变化和全球变暖有关的自然灾害。本节给出了一个用 MCDM/A 来评估风险的例子,它考虑了最常见的自然灾害之一,即洪水的多维后果。

因此,本节描述了一个 MCDM/A 模型(Priori Jr 等,2015),该模型侧重于具体方面,包括不同事件/场景的发生、标准的选择、不同的方法以及 DM 偏好结构所要求的不同合理性。

在模型的介绍过程中提到了第 2 章中构建 MCDM/A 模型一般程序的一些步骤。

这种风险评估考虑的是位于海平面的沿海地区、甚至海平面以下的城市地区,例如荷兰。

在不发达国家,由于缺乏基础设施,贫穷社区比其他社区更容易受到洪水的威胁。由于降雨的影响,即使没有洪水影响到这些社区的安全,这种脆弱性也使人们面临山体滑坡的风险。

　　这种类型的评估需要一个概率背景。因此,可以根据效用理论为最关键的领域建立风险层次结构,方法是为风险分配优先次序,以减少或减轻风险,以便更好地分配可用资源,并使其高于所应用的当地安全标准。因此,在考虑构建MCDM/A 模型的一般过程的第 2 步时,总体目标是为风险分配优先级,从而指导如何分配资源(Lins,de Almeida,2012)。根据步骤 3,人类、环境、金融和基础设施被认为是结果维度。这些维度和属性的层次结构如图 12.6 所示。

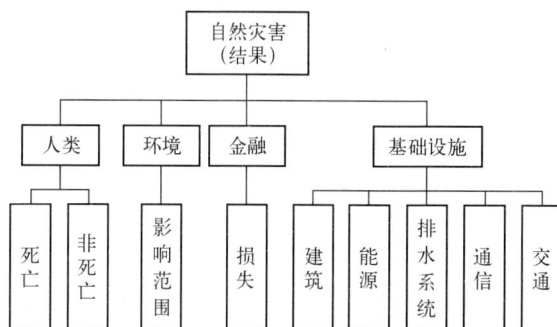

图 12.6　结果维度和属性的层次结构

　　需要特别注意的是基础设施维度有不同的属性,这些属性的定义基于世界银行的一份报告(Jha 等,2013),对自然灾害发生后考虑到的每个后果维度和属性提出了额外的评论:

- 人类后果(h):这方面认为死亡和伤害(不死亡)是可能的后果。
- 财务后果(f):本维度考虑的是由于事件的发生而产生的财务损失,例如生产损失。
- 环境后果(e):本维度考虑受影响的区域(包括被植被、动物和植物覆盖的区域)。
- 基础设施后果(s):本维度考虑了不同的属性。在建筑属性中,考虑了建筑结构倒塌的可能性以及建筑的当前状态。在能源属性中,分析了电网的物理结构。关于排水属性,考虑了排水设施的各个方面。对通信属性通信设施进行了研究。最后,针对传输属性,对现有传输系统的运行情况进行了评估。

　　根据步骤 4,有一组离散的元素 $A = \{a_1, a_2, a_3, \cdots, a_n\}$,定义为有限的城市区域,其中城市区域的范围包括基础设施、居民数量、地形和气候等一些因素。

　　第 5 步处理识别自然状态。DM 必须考虑一系列影响分析问题的可控和不可控输入。此外,DM 做出的决策应考虑到自然状态和各种后果的概率。因

311

此,定义效用函数是为了表示 DM 对不同结果的偏好(Cox,2009)。

运用决策理论的元素来评价结果。结果用 c 表示,用 A 表示备选方案集。自然状态 θ 表示与问题相关的不确定性,用降雨量的大小来度量。在一个确定的降雨事件中,自然状态由一个连续的集合表示,这个集合用实数来表示给定区域每小时(毫米/小时)的降雨量。对数正态或伽玛概率密度函数可用来表示某一特定地点确定的降雨量(毫米/小时)(Cho 等人,2004)。

考虑后果的降雨,可以引入概率方法结合备选方案集 A 中相关的不确定性,考虑到基于自然状态后果的概率分布。通过为这些结果提取效用函数,在模型中表示 DM 的首选项。先验概率 $\pi(\theta)$ 被引入为每种自然状态的概率。因此,预期效用 $E[U(\theta,a_i)]$ 用来表示与每个给定选择相关的风险(Berger,1985)。

效用的计算方法是将结果 c 在 A 中的概率与结果函数 $P(c\mid\theta,a_i)$ 结合起来。潮汐对雨水流量的影响可以包括在这种概率机制中。因此,这些结果的期望效用 $E[U(\theta,a_i)]$ 由式(12.4)表示:

$$E[U(\theta,a_i)] = \int_c P(c\mid\theta,a_i)U(c)\,\mathrm{d}c \tag{12.4}$$

Berger(1985)将失效函数定义为效用函数的负值 $L(\theta,a_i) = -E[U(\theta,a_i)]$。因此,考虑到分析的城市面积和自然状态,对每个准则($L(h);L(f);L(e);L(s)$)的损失进行了计算。此外,城市地区的风险由式(12.5)定义。

$$r(a_i) = \int_\theta \pi_i(\theta)L(\theta,a_i)\,\mathrm{d}\theta \tag{12.5}$$

第 2 章关于偏好建模的第 6 步是评估 DM 的偏好所必需的。该模型认为 DM 的首选项应满足附加效用函数的 MAUT 公理要求。

因此,标准内评价和标准间评价分别考虑步骤 7 和步骤 8。标准内评价是基于条件效用函数,定义为每个维度。标准间评价依赖于附加效用函数,通过抽取的程序实现(Keeney,Raiffa,1976)。因此,用式(12.6)表示附加效用函数。

$$U(a_i) = k_h U(h) + k_e U(e) + k_f U(f) + k_s U(s) \tag{12.6}$$

式中:k_h,k_e,k_f,k_s 为人类、环境、金融和基础设施方面的比例常数。

从属性的层次结构来看,基础设施维度 s 和人的维度 h 呈现出具体的属性。这些属性在 MAU 函数中被考虑,如式(12.7)所示。

$$U(a_i) = k_h[k_{h1}U(h_1) + k_{h2}U(h_2)] + k_e U(e) + k_f U(f) + k_s[k_{s1}U(h_{s1}) + \cdots + k_{s5}U(h_{s5})] \tag{12.7}$$

式中:k_h,k_e,k_f,k_s 是代表权衡值(维度)的比例常数;$k_{h1},k_{h2},k_{s1},\cdots,k_{s5}$ 是代表权衡值(具体属性)的比例常数。

步骤 9 包括在决策模型中应用一个算法来评估备选方案集。在该模型中，利用效用函数的区间尺度，在比较不同选择之间效用值和效用增量比的基础上提供附加信息。

最后，第 2 章提出的解决问题和建立 MCDM/A 模型程序的第 10 步通过进行敏感性分析巩固了第 9 步，结合了分析的数据和参数，验证了模型的鲁棒性。

12.5　电力系统网络运行规划

对电力的需求增加了，目前所有的预测都表明，除了人口增长以外，由于生活质量的改善，电力的增长速度更快。如 12.4 节所述，在讨论气候变化的影响和趋势时，也可以观察到发电和消耗电力的后果。在考虑可再生能源时，气候变化的影响可能会限制发电能力；在考虑煤炭和石油等其他能源时，也会限制发电的环境约束。另外，由于恶劣天气如寒冷的冬天或夏天温度升高，对于电力的需求增加。因此，由于现代社会对持续运转的电力的极大依赖，停电的影响变得越来越严重。

因此，由于许多社会和经济问题的重要性正在上升，关于电力系统可靠性的决策存在许多 MCDM/A 问题。

从这个角度看，由于环境受到不可逆转的破坏的威胁，需要考虑各种形式的能源生产，以满足与需求、环境和成本相关的方面（Jebaraj，Iniyan，2006）。

除了环境和社会的变化，电力系统也根据国家的需要进行了发展和调整，这取决于各国具体的能源政策。因此，有必要从以"最低成本"提供电力的独特观点出发，从更广泛的视角考虑多个方面，这可能会考虑能源系统规划参与者的不同利益（Diakoulaki 等，2005）。

对于主要以水力发电为基础的电力系统，如加拿大和巴西，当依赖这种电源时，会增加复杂性。这种复杂性涉及根据河流流动的动态和在这种能源生产系统中的降水模式来规划电力系统。

关于第 2 章中给出的构建 MCDM/A 模型的一般程序的第 5 步，自然状态反映了随着时间的推移水库中所产生的潜在能量。联系环境，会发现不同程度的不确定性。例如，在加拿大，由于积雪层的累积量的关系，河流的流量更容易预测；在巴西，因为没有这种关系，储存在水库中的潜在能源的预测更加困难（Albuqueroue 等，2009）。

考虑到潜在能源发电预测的重要性，这些电力系统的运行规划比电力系统复杂得多，煤炭、石油和核能发电的比例更高。在这些系统中发电的运行规划并不主要依赖水力发电,与时间和空间数据的匹配关系不大(Diniz,Maceira,2008)。

因此,为了保证供电的可靠性,出现了许多 MCDM/A 问题。另一个必须考虑的方面是电力系统的设计,因为这可能会对系统造成不同的约束和后果。

系统操作员的目标是确保以最低的成本和系统供应的最大可靠性满足需求。因此,这种系统的规划必须采用 MCDM/A 模式,这种模式不仅考虑到成本和系统供应的可靠性,还考虑到与服务质量(如电压、工频和谐波)和环境影响有关的其他方面。

因此,电力系统中的可靠性决策问题包括几个"目标和反映物理系统的各种约束"(Pinto 等,2013)。在经典的优化方法中,通常会删除重要的目标,并将其视为问题约束之一。MCDM/A 方法通过允许一个折中的解决方案(超出将目标建模为约束时定义的约束级别)来进行评估,从而丰富了决策过程。因此,如果 DM 使用了合适的建模方法,那么他就可以做出权衡并找到最合适的建议。

人们越来越关注的是,经历了大气污染的日益严重,需要考虑其他环境问题的标准,这在中国已经发生了。因此,在考虑电力系统规划的 MCDM/A 方法时,温室气体排放是另一个考虑因素(Diakoulaki 等,2005;Batista 等,2011)。

因此,为了满足环保法规的要求,环境方面成为电力系统规划和运行的新标准(Farag 等,1995;Yokoyama 等,1988;Wong 等,1995)。

12.6   综合生产和维修计划

生产计划模型可以支持在制造系统中分配作业的决策,从而优化给定的目标函数。一般来说,目标函数与系统的生产率有关,例如:最大延迟、总延迟、总加权延迟、总加权完成时间、最大延迟、延迟作业数量和最大完工时间(Pinedo,2012)。然而,机器故障会导致通过这些目标函数测量的生产率性能的损失。换句话说,针对特定问题的解决方案(假设故障是不可能的),在出现故障时可能是不现实的。

为了处理故障,维修策略可以建议采取预防措施,以减少机器故障的可能性。这意味着进行预防性维护必然会带来成本,因此必须留出时间。除了必须考虑机器故障和维修的随机特性外,维护性能可能与生产性能发生冲突。在这种情况下,这个问题的主要问题是如何平衡维护和生产目标。

Aghezzaf 和 Najid(2008)认为,大多数情况下,由于故障而导致的生产计划的意外复审是非常昂贵的,而且还会影响产品的质量。因此,预防性维护不仅可以通过减少故障数量来确保生产计划的完成,还可以在适当的水平上保证质量和服务。

与系统类型无关的是,适当的生产计划使生产系统能够实现战略目标,其中可能包括实现最低成本和延迟。因此,在大多数情况下,单独处理生产计划和维修计划在实践中是行不通的。实际上,不可能保证生产远景的持续结果,因为由于故障,生产计划不会持续很长时间。然而,一个非常普遍的假设认为,设备总是在调度期间可用的,即使在密集使用的生产系统中出现故障的概率具有显著的价值(Allaoui 等,2008)。

因此,将预防性维修活动以综合形式包含在生产计划中是很有意义的(Angel-Bello 等,2011)。Allaoui 等人(2008)认为,在文献中,对于生产和预防性维护的集成问题,有两种特别突出的方法。对于第一类,可以确定生产系统的最佳维修计划。第二种方法包括通过考虑预防性维修计划来优化生产计划。这样做,可以在生产计划之前制定维修计划。这种方法的不足是忽略了问题的动态性。

尽管有一些有趣的论文同时处理维护和生产计划,但大多数都只考虑一个决策标准(Alardhi 等,2007;Benmansour 等,2011;Ji 等,2007;Sortrakul,Cassady,2007;Su,Tsai,2010)。事实上,由于这些集成模型来源于生产计划的原始问题,所以其中一些论文仍然只考虑原始目标,例如总加权预期延迟。因此,影响联合调度的维护特性被作为次要方面处理,主要作为约束的元素。

值得指出的是,维修方面与用于定义生产计划的通用标准完全不同。而不是简单地基于客户满意度策略制定一些规则,如预期延迟和最大完工时间;维修方面与设备的性能有关方面,如可用性、计划结束前完成的概率、总成本、考虑预防性维护和中断等。因此,不难理解,操作和维修方面是相辅相成的。

建立一个综合决策模型,该模型同时考虑了两个需要优化的目标:最小化总加权预期延迟和最小化预期维修成本。采用 MCDM/A 方法处理了维修功能与生产的冲突。一些结果表明,在应用 NSGA-Ⅱ(Deb 等,2002)时,可以为集成调度问题找到满意的解决方案。

假设在生产系统中的一台机器上要调度许多作业。每个作业都有固定的处理时间、到期日和重要性权重。除了生产计划之外,假设这台机器可能由于预防性维护或故障而无法使用。这些特性意味着生产和维修目标之间存在冲突。生产目标可能与完成作业的延迟最小化有关,而维修目标可能与不必要的维护行为所造成的时间损失最小化有关,主要以维护的预期成本为特征。为了估计后者,假设这台机器的故障时间服从 Weibull 概率分布(Sortrakul,Cassady,2007)。当更换的预期费用低于预防性维修费用和包括生产损失在内的额外费用时,应建议更换。

假设作业不能被预防性维修活动抢占,并且在作业处理过程中只会发生一个故障。需要确定的基本决策变量是:作业的顺序和预防性维修操作应该在什么时候执行,目的是最小化加权预期延迟和预期维修成本(Cassady,Kutanoglu,2003;Sortrakul,Cassady,2007)。

为了使两个目标函数最小化,由式(12.8)的数学模型定义。设 F_1 为总加权预期延误率,F_2 为维护总预期成本。

$$\begin{cases} \text{minimize} F_1(x_{ij},y_i) = \sum_{i=1}^{n} w_{[i]} \left(\sum_{k=0}^{i} \theta_{[i,k]} \pi_{[i,k]} \right) \\ \text{minimize} F_2(x_{ij},y_i) = \sum_{i=1}^{n} \sum_{k=0}^{i} cm_{[i,k]} \pi_{[i,k]} \end{cases} \quad (12.8)$$

维修费用由式(12.9)给出,完工时间由式(12.10)给出,延迟时间由式(12.11)给出。

$$cm_{[i,k]} = c_b \sum_{l=1}^{i} y_{[l]} + c_a \cdot k \quad k=0,1,\cdots,i;i=1,2,\cdots,n \quad (12.9)$$

$$c_{[i,k]} = t_p \sum_{l=1}^{i} y_{[l]} + \sum_{l=1}^{i} p_{[l]} + kt_r \quad k=0,1,\cdots,i;i=1,2,\cdots,n \quad (12.10)$$

$$\theta_{[i,k]} = \max(0, c_{[i,k]} - d_{[i]}) \quad k=0,1,\cdots,i;i=1,2,\cdots,n \quad (12.11)$$

式中:n 为计划中的工作总数;$p_{[i]}$ 为第 i 个工作步骤的处理时间;$d_{[i]}$ 为完成第 i 个工作步骤的到期日;$w_{[i]}$ 为第 i 个工作步骤的权重;$c_{[i]}$ 为完成第 i 个工作步骤的时间;$\theta_{[i]}$ 为完成第 i 个工作步骤的延迟;β 为威布尔分布的形状参数;η 为威布尔分布的尺度参数;$a_{[i]}$ 为第 i 项工作完成后立即进入工作的机器使用年限;$\bar{a}_{[i-1]}$ 为加工第 i 个工作之前的机器使用年限;$y_{[i]}$ 为在第 i 个作业之前进行预防性维护时的二元变量决策;$\pi_{[i,k]}$ 为第 i 次作业中 k 次故障的概率质量函数;t_p 为预防性维修行动的持续时间;t_r 为修理机器的时间;c_b 为预防性维修行动的费用;c_a 为修理机器的费用。

NSGA-Ⅱ的仿真结果如图12.7所示。可以看出,该算法在 PFtrue 中找到了9个解。

为了解决生产和维护需求,所提出的综合模型很可能会引起工业界的兴趣,因为它考虑到与生产作业调度有关的延迟和维修成本这两个相互冲突的目标。

集成生产和维修调度

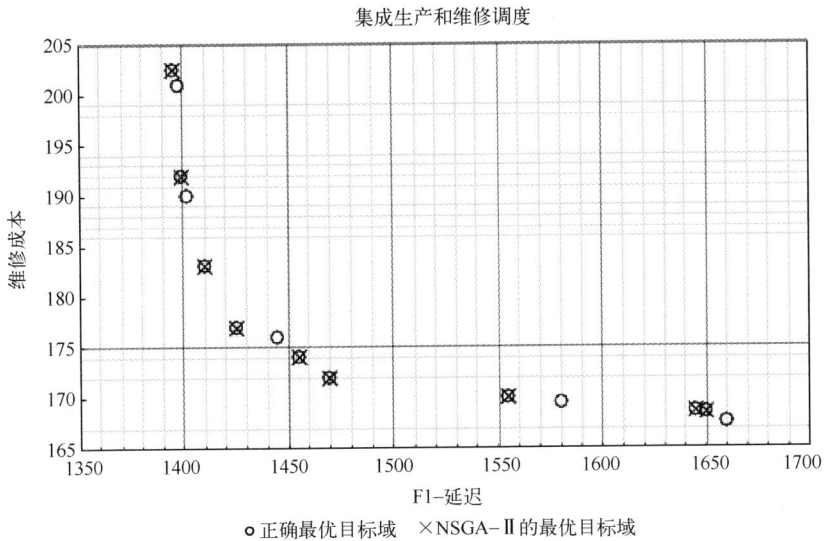

图 12.7　NSGA-Ⅱ在集成生产和维修调度中的结果

12.7　维修团队规模

维修团队规模是一个涉及各种方法的主题。仿真和排队理论是可以用来确定最佳维修人员数量方法的例子。这种方法的目的是尽量减少由于团队规模不适当、投资高和战略原因造成损失而导致的等待时间和服务成本。应该考虑的是两者：雇用人员的成本和系统不可用结果的估计成本，这可以用生产损失的成本来表示。Hillier(1963)提出了将总成本最小化的经济模型，其中包括预期成本和服务成本。

排队理论允许 DM 使用一种结构来分析问题，这种结构可以将系统可靠性和可维修性中的概率机制结合起来。一个维护系统可以由几个队伍组成。客户是需要维修的设备，服务器是执行维修服务的人员，由此最终可能形成等待服务的虚拟队列。

一些排队系统指标显示了随机特性，可以支持关于维修团队规模的决策。例如人员运用因素；在系统中找到 n 个客户的概率，所有服务器忙碌的概率，队列中的平均物品数量以及队列中等待设备和系统的平均时间。

采用排队论的方法研究了柔性制造系统的两种维修模型以及系统的使用特性。机器的故障需要激活备用设备，而故障部件则需要修理。执行一定级别的服务需要有一个备用设备。对于这些类型的系统，以最小化生产损失成本（包

317

括客户不满的成本),这些成本可以通过最大化系统可用性来最小化(Lin 等,1994)。Ighravwe 和 Oke 使用一个分支和绑定算法(2014)找到了一个解决维护人员规模问题的双目标公式。

维修团队的规模可以定义为纠正或预防性维护。在某些情况下,从历史数据估计故障和修复率可能很困难,对此可以利用专家的知识。先验知识的使用以更恰当的方式处理不确定性。因此,提出了一种利用先验知识进行维修团队规模估计的决策模型。

该模型考虑了一个有 p 个维修团队的系统,记为 MT_i,其中 $i=1,\cdots,p$。每个维修团队 MT_i 负责维修设备 j 的 q_i 个不同项目。每一个设备,记为 Eq_{ij},有 n_{ij} 个项目。每个 MT_i 都有 s_i 个团队规模。每个维修团队在修复时间方面都有相似的特性。维修系统一般表示如图 12.8 所示。

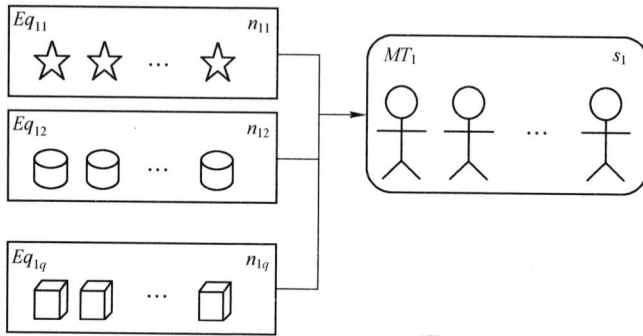

图 12.8　维修系统举例

一般来说,可靠性、维修性和成本的组合直接影响系统性能度量。在某些情况下,获得更可靠的项目可能比增加维修团队的规模更有意义。系统的可靠性和可维修性特征分别由系统的故障率和维修率来表征。

假设设备可靠性函数呈指数概率分布,表示设备故障率,每种设备的值不同且对应于维修团队排队系统中客户的数量。

维修时间是用指数分布来建模的,其中的常数是维修率,对于每个维修团队来说可能有不同的值。

这个问题的目标是确定所需的维修人员人数,以便在业绩指标和有关费用方面达到令人满意的水平。

决策模型的目标是在处理"服务水平和成本之间的权衡"时定义团队规模。因此,可以通过使给出的 MAU 函数式(12.12)最大化来解决这个问题,如图 12.9 所示。

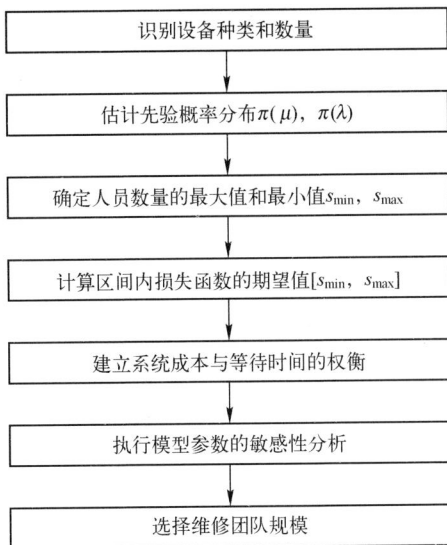

图 12.9　运用先验知识的决策模型结构,$\theta = [\lambda, \mu]$

$$U(s_i) = k_1 U_1 \left(\int\limits_{-\infty}^{\infty} \int\limits_{-\infty}^{\infty} L(\lambda, \mu, s) \cdot \pi(\lambda) \mathrm{d}\lambda \cdot \pi(\mu) \mathrm{d}\mu \right) + k_2 U_2(c_p s) \qquad (12.12)$$

期望队列长度 $L(\lambda, \mu, s)$ 由式(12.13)给出,服务器的最大数量 $s_{\max}$ 由式(12.14)给出。

$$L(\lambda, \mu, s) = \frac{\left(\dfrac{\lambda}{\mu}\right)^s \cdot (\lambda \cdot \mu)}{(s-1)! \cdot (s \cdot \mu - \lambda)^2} \cdot \frac{1}{\displaystyle\sum_{n=0}^{s-1} \frac{1}{n!} \cdot \left(\frac{\lambda}{\mu}\right)^n + \frac{1}{s!} \cdot \left(\frac{\lambda}{\mu}\right)^s \cdot \left(\frac{s \cdot \mu}{s \cdot \mu - \lambda}\right)} + \left(\frac{\lambda}{\mu}\right) \qquad (12.13)$$

$$s_{\max} = \frac{1}{2} + \frac{1}{2} \cdot \sqrt{1 + \frac{4 \cdot \lambda}{\mu \cdot \Delta\rho_{\text{critical}}}} \qquad (12.14)$$

式中:λ 为故障率;μ 为维修率;s 为服务数量;c_p 为人员成本;$\pi(\lambda)$ 为故障率的先验概率;$\pi(\mu)$ 为维修率的先验概率;$\Delta\rho_{\text{critical}}$ 为因子利用率差异的危害值。

考虑一个由维布尔概率分布给出的 $\pi(\lambda)$ 和 $\pi(\mu)$ 的例子,其中,对于 $\pi(\lambda)$,$\beta = 11.3$,$\eta = 0.05154$;对于 $\pi(\mu)$,$\beta = 10.7$,$\mu = 0.01153$。另外,对于式(12.12)给出的 MAU 函数,有一个加法函数,其比例常数 $k_1 = 0.10$,$k_2 = 0.90$。

从反威布尔函数满足的 $\lambda_{\max}$ 和 $\mu_{\min}$ 出发,求出满足 99% 平稳条件的最小服务器数量 $s_{\min}$。因此,$s_{\min} = 8$。

根据式(12.14),服务器的最大数量定义为 $s_{\max} = 23$。因此,对于这个场景,

319

当最大化 MAU 函数时,最佳维修团队规模将是 $s^* = 10$。这个结果如图 12.10 所示。

维修团队规模

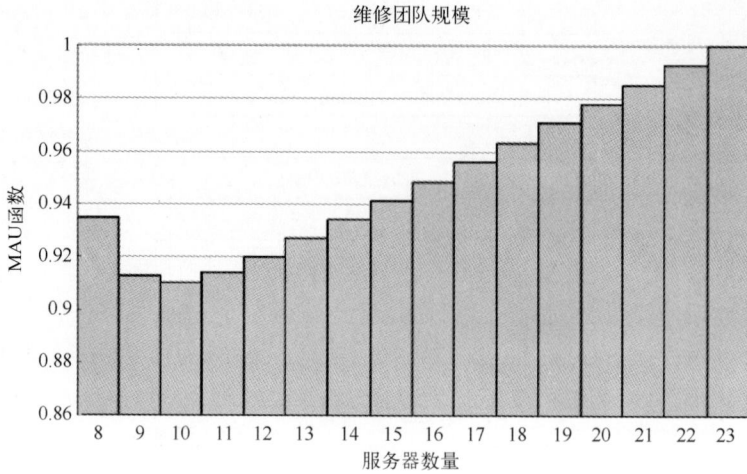

图 12.10 $U(s_i)$ 和 s_i 在 $[s_{min}, s_{max}]$ 范围内的关系图

为了评估推荐方案的鲁棒性,表 12.1 给出了敏感性分析。结果表明,先验分布的比例参数是模型中最敏感的参数。

表 12.1 模型参数敏感性分析

$\pi(\lambda)$的β	$\pi(\lambda)$的η	$\pi(\mu)$的β	$\pi(\mu)$的η	k_1	k_2
+20%	+5%	+20%	+20%	+20%	+20%
−20%	−20%	−20%	−5%	−20%	−20%

敏感性分析结果表明,分析人员应重视从专家处获取比例参数的启发式过程。由于这些都是最敏感的参数,这个提取过程必须比其他不那么敏感的参数更精确。

12.8 基于 MCDM/A 的贝叶斯可靠性验收测试

系统的操作和维修计划要求使用有关设备可靠性的信息,这些信息通常由制造商提供。对反映这种设备真正可靠性的自然状态(θ_λ)的关注已促使需要通过合同确保进行可靠性验收测试(de Almeida,Souza,2001;de Almeida,Souza,1986)。

所订购的成套设备在运行试验阶段可能发生的设备故障数量是有限的,使实际故障率符合规定的。

　　本节所考虑的问题是关于在运行试验阶段接受给定设备的决定,以决定是否退还设备。如果是,这可能会推迟工业工厂项目的启动。如果决定将设备归还给制造商,这意味着推迟项目的完成时间。因此,DM 必须考虑在按时交付工业厂房项目之间的权衡,这可能会对项目的可靠性产生不利影响,因为它接受的设备不符合规定的;并延迟项目结论,以保证项目的可靠性要求。因此,这是一个有两个明确目标的 MCDM/A 问题(de Almeida,Souza,2001;de Almeida,Souza,1986)。

　　因此,决策不仅仅是测试关于的假设,需要对 DM 的偏好进行评估,根据具体的优先级或涉及的方面可能导致不同的决策。例如,如果安全要求因而受到影响,DM 可能会决定推迟项目的完成;或者为了按时完成项目,DM 可能会决定接受可靠性较低的设备。

　　作为一个说明性的例子,考虑到 $N = 36$ 个新项目和运行试验阶段 3 个月的观察时间 Δt 的某些抽样限制的研究。对于这个观测时间,在 36 个项目中观察到 x 个故障,代表 θ_λ,则认为设备制造商在 3 个月中对 36 个项目规定的单位故障率为 $\lambda_\mu = 5.88 \times 10^{-6}/\mathrm{h}$;$\lambda_0 = \lambda_\mu N \Delta t = 0.457$。

　　函数 $p(x \mid \theta_\lambda)$ 对应于 x 故障发生的概率,给定一个真实的故障率 θ_λ。因此,故障 x 的数量可以用泊松过程来解释。

　　因此,DM 试图找出在运行试验阶段的 36 个项目中可能发生的故障数量,以便实际的故障率 θ_λ 与指定的 λ_0 相匹配。

　　有三种方法可以解决这个问题:在 Neymann-Pearson 方法下的假设检验;基于贝叶斯准则的决策问题公式;一个极小极大估计量的定义和一个贝叶斯估计量的故障率 θ_λ(de Almeida,Souza,2001; de Almeida,Souza,1986)。

　　使用指定 MTBF 的模型认为所观察到的 x 故障是随机的,而不是由不当操作、外部影响或制造过程中的故障造成的。此外,还认为在运行试验阶段的初期,经过老化测试和调试,过早失效已经被消除。因此,可以得出结论,即故障率处于浴盆曲线的运行阶段,随着时间的推移,故障率是恒定的。

　　考虑假设检验,自然状态变成了设备的故障率,可以用一组离散数据表示,例如 $\theta = \{\theta_0, \theta_1\}$,其中,$\theta_0$ 表示 $\theta_\lambda \leqslant \lambda_0$;$\theta_1$ 表示 $\theta_\lambda > \lambda_0$。此外,假设没有关于自然状态 θ_λ 的前期研究,可以应用 Neyman-Pearson 方法。

　　通过使用 Neyman-Pearson 方法,问题是对于一个给定的 θ 减少到最佳决策规则的选择最小化风险 R_b,对其他 θ 受约束的风险 R_b 小于或等于预定水平 α,如式(12.15)所示。

$$\begin{cases} \min R_b(\theta_1) \\ \text{s. t.} \quad R_b(\theta_0) \leqslant \alpha \end{cases} \tag{12.15}$$

式(12.15)对应于检验零假设 H_0：与备择假设 H_1 相比，设备的故障率低于或等于指定的故障率。这意味着 $H_0:\theta_\lambda \leqslant \lambda_0, H_1:\theta_\lambda > \lambda_0$。

在假设检验中有两个错误应该最小化。当零假设为真时拒绝零假设的概率 α 即 $R_b(\theta_0)$，和错误接受零假设的概率 β 即 $R_b(\theta_1)$，这些错误分别被称为错误类型 I 和错误类型 II。

虽然 DM 更倾向于增加 α 概率来减少 β 的概率，但是设备制造商寻求减少 α 概率来增加 β 的概率。

通常，在考虑统计假设检验时，常规采用 0.05 的值。但是，对于这个特定的情况，如果 DM 按照约定选择了级别 α，那么该 DM 的首选项没有被考虑，因此也就没有考虑问题的环境。

使用贝叶斯方法，DM 认为 α 级符合其期望。为了解决这个问题，必须定义一个决策规则(de Almeida,Souza,2001;de Almeida,Souza,1986)，用公式表示为

$$\min_i \left\{ \sum_{x=0}^{i} \frac{1}{x!} \int_{a}^{b} \pi(\theta) \left[L(\theta,a_0) - L(\theta,a_1) \right] \cdot e^{-\theta} \cdot e^x d\theta \right\} \tag{12.16}$$

式中：θ 为自然状态；$\pi(\theta)$ 为先验概率分布；$L(\theta,a_i)$ 为损失函数。

在先验分布中，区间 $[a,b]$ 对应于 θ_λ 的给定范围。最小化式(12.16)的解表示不拒绝零假设的最大故障次数。如果在运行试验阶段出现的故障数量大于式(12.16)的解，则必须拒绝原假设。

使用贝叶斯方法的这个过程可以支持 DM 来找到"考虑到可用的目标和知识，可以接受的最大故障次数"。

因此，在考虑设备的可靠性验收时，就像前面讨论的系统的可靠性和按时交付的项目一样，存在着相互冲突的目标。

因此，在某些情况下，DM 可以评估第 I 类错误维度和由于拒绝设备而延迟交付项目之间的权衡。

例如，如果一位 DM 对评估合同中定义的可靠性与所购物品的实际可靠性是否一致感兴趣，可以考虑一个公差水平。这样做是为了包括一个高于设备名义可靠性值的上限，通常是合同中规定的零假设值。因此，这个公差水平代表了DM 为了按时交付项目而愿意在可靠性方面进行交易的程度。这意味着 DM 可能会决定接受零假设，因为可靠性低于合同定义的假设，但会尊重 DM 为了按时交付项目而接受的公差水平。

由于可能被拒绝的项目的特殊性,这个决定可能会导致项目执行时间从几个月延迟到几年。对于这类项目,采购过程和交付所涉及的准备时间足够长,以保证项目按时交付。这是因为制造商通常对这类设备采取"按订单生产"的策略,这意味着在大多数情况下,在订购设备之后,短期内是不可用的。

因此,为了处理具有这样相关和战略目标的决策,MCDM/A 方法提供了建模 DM 首选项的技术和方法,以便考虑到的问题涉及的更广泛方面,对可靠性验收测试提出建议。在第 2 章中定义的构建 MCDM/A 模型的一般过程给出了使用这些特性构建合适的决策模型的方向。

12.9　可靠性和维修性的多目标优化模型

本节根据 MOEAS(多目标进化算法)的生成过程分为两个主题。

12.9.1　20 世纪 80 年代和 20 世纪 90 年代的方法

第一批使用多目标公式寻找帕累托解的论文发表于 20 世纪 80 年代。Dewispelare(1984)针对机载战术导弹的生产前决策,提出了一个非线性多目标问题,其中可靠性、生存能力、作战效能、成本和飞行区域被认为是目标函数。利用约束优化技术研究了所有非支配解的可行空间。虽然应该找到非支配的解决方案,但当 DM 由于帕累托解决方案集的顺序不完整而无法做出选择时,建议使用标量计分函数。

Soltani 和 Corotis(1988)利用获得的多目标线性规划和约束优化技术,构建了结构系统设计的折衷曲线,以确定失效成本与初始成本的目标函数。

Fu 和 Frangopol(1990)在考虑三个目标,即权重、系统可靠性和冗余的结构系统的多目标公式中发现了帕累托最优解。他们使用方法来找到帕累托解。

Misra 和 Sharma(1991)、Dhingra(1992)和 Rao 和 Dhingra(1992)使用 MOEA 进行冗余度分配,见第 9 章。

12.9.2　21 世纪初至 2010 年采取的措施

2000 年前,随着第二代 MOEA 的发展,一些研究已经开始评估这些技术在维护和易用性方面的有效性,例如:NSGA-Ⅱ,SPEA2 和其他方法。

在可靠性和维修性问题中使用第二代 MOEA 已成为帕累托前沿方法最常见的方法之一。表 12.2 列出了文献中的一些案例。

表 12.2　一些运用在可靠性和维修性问题里的帕累托前沿方法

优化方法	参考文献
约束优化技术 约束方法目标规划；目标成就	Dewispelare(1984)，Soltani and Corotis(1988)，Fu and Frangopol(1990)，Dhingra(1992)，Rao and Dhingra(1992)，Barakat et al.(2004)，Azaron et al.(2009)，Moghaddam(2013)
最小-最大概念；精确算法；PSO；GPSIA	Misra and Sharma(1991)，Certa et al.(2011)，Chou and Lc(2011)
MOEA；MOGA；NSGA-Ⅱ	Ramirez-Rosado and Bernal-Agustin(2001)，Marseguerra et al.(2002)，Marseguerra et al.(2004)，Kumar et al.(2006)，Kumar et al.(2008)，Cadini et al.(2010)，Moradi et al.(2011)，Wang and Hoang(2011)，Chiang(2012)，Torres-Echeverria et al.(2012)，Zio et al.(2012)，Gjorgiev et al.(2013)，Jin et al.(2013)，Li et al.(2013)，Lins et al.(2013)，Rathod et al.(2013)，Trivedi et al.(2013)，Zidan et al.(2013)

这些方法已应用于一些可靠性和维修性问题，例如：

- 设计选择(Ramirez-Rosado，Bernal-Agustin，2001；Marseguerra 等，2004；Barakat 等，2004；Azaron 等，2009；Chiang，2012；Torres Echeverria 等，2012；Rathod 等，2013)；
- 维修策略选择(Marseguerra 等，2002)；
- 服务恢复(Kumar 等，2006；Kumar 等，2008)；
- 电力系统规划(Cadini 等，2010；Zio 等，2012；Gjorgiev 等，2013；Jin 等，2013；Li 等，2013；Trivedi 等，2013；Zidan 等，2013)；
- 预防性维修(Certa 等，2011；Chou，Le，2011；Moradi 等，2011；Wang，Hoang，2011；Moghaddam，2013)。

Ramires-Rosado 和 Bernal-Agustin(2001)采用多目标进化算法确定分配系统设计中经济成本和可靠性这两个目标函数的非支配解集。

Marseguerra 等人(2002)考虑到一个连续监测的多部件系统，使用遗传算法和蒙特卡罗仿真来确定最佳降解水平，为了优化两个目标函数：利润和可用性，必须进行预防性维护。Marseguerra 等人(2004)还将多目标遗传算法应用于核安全系统。他们考虑了两个方面：不可用性和估算的方差。

Barakat 等人(2004)提出在设计预应力混凝土梁时采用方法，将系统的总成本最小化、系统抗弯强度可靠性最大化作为目标。方法是将多目标优化分解为一系列单目标优化。这个过程包括最小化一个主要目标，并以不平等约束的形式表达其他目标。整个帕累托集可以通过改变的值得到。

Kumar 等人(2006)提出了一种 NSGA-Ⅱ 模式，用于配电系统的服务恢复，其目标有三个：缺勤区域、开关操作数量和损耗。Kumar 等人(2008)使用 NSGA-Ⅱ 模型进行服务恢复，考虑到分销系统中的各种实际操作问题，如优先客户、远程控制的存在以及手动控制的开关,这与 Kumar 等人(2006)定义的函数相同。

Azaron 等人(2009)发现帕累托解冷备份冗余方案使用遗传算法和目标实现方法,以最小化系统的初始购买成本,最大化其 MTTF(平均失效到达时间),以减少其 VTTF(失效时间方差),也在任务时间最大化其可靠性。

Cadini 等人(2010)利用多目标遗传算法研究了现有输电网络的最优扩展,其目标有两个:最大化可靠性和最小化成本。

Certa 等人(2011)评估了应该在什么时候采取维护行动,以确保在下一次固定的维护之前达到所需的可靠性水平,从而将全球维修成本和总维护时间降至最低。他们提出了一种精确的算法,能够找到整个时间帕累托边界。

Chou 和 Le(2011)利用多目标粒子群优化技术(MOPSO)优化了道路路面养护的可靠性和成本。

Moradi 等人(2011)通过预防性维修活动调查了一个集成的灵活工作间问题,从而优化了两个目标:最小化完成时间和系统不可用性,比较了 NSGA-Ⅱ、NRGA、CDRNSGA-Ⅱ 和 CDRNRGA 四种优化算法,两个规则中包含了一个组合调度规则(CDR)。

Wang 和 Hoang(2011)使用 NSGA-Ⅱ 方法来优化不完善的预防性维修策略的可用性和成本,以应对具有隐性故障的依赖竞争风险系统。

Chiang(2012)讨论了将多目标遗传算法与 DEA 方法相结合,建立了一个具有总预期成本、产品开发总预期时间和产品可靠性目标函数的优化设计链伙伴组合。

Konak 等人(2012)处理了一个多状态多滑动窗口系统问题,并使用 NSGA-Ⅱ,其中每种故障类型构成最小化目标。

Torres-Echeverria 等人(2012)使用多目标遗传算法方法设计和测试使用 NSGA-Ⅱ 的安全仪器系统,并设定了三个目标:计算危险失效需求的平均概率、假跳闸率和生命周期成本。

Zio 等人(2012)分析了意大利高压输电网络的脆弱性,其中最关键的链路群被识别出来。提出了一种多目标遗传算法。考虑了两个目标函数:一组边的中介中心性和一组边的基数。

Gjorgiev 等人(2013)推荐了一种多目标遗传算法来调度电力系统的最优发电,他们为此设定了三个目标:最小化成本、排放和不可用性。

Jin 等人(2013)提出了一种基于遗传算法的多准则模型来设计和运行基于风力的分布式发电,其目标函数有两个:成本和可靠性。

Li 等人(2013)基于 NSGA-Ⅱ 的原理,构建了一个多目标优化模型,用于防止复杂网络中的级联失效,该模型具有三个目标函数:最小化全局连通性损失、局部连通性损失、切断线路数量。

Lins 等人(2013)评估了一种多目标遗传算法,以选择具有两个目标的安全系统的设计:计算成功防御的概率和最小化获取和运营成本。

Moghaddam(2013)使用目标编程技术与蒙特卡罗仿真相结合,确定了一个故障发生率不断增加的多工作站制造系统可修复的帕累托最优预防性维护和更换计划。评价了三个目标函数:成本、可靠性和可用性。

Rathod 等人(2013)提出了一种基于可靠性的设计优化问题的多目标遗传算法,其中使用 NSGA-Ⅰ定义了 7 个具体的目标函数。

Trivedi 等人(2013)利用调度运行成本、排放成本和可靠性三个目标函数,研究了基于遗传算法的日前热发电问题,使用约束 NSGA-Ⅱ的约束支配原则对总体进行排序。

Zidan 等人(2013)建模了如何使用 NSGA-Ⅱ规划配电网,其目标函数有两个:一个是经济函数,涉及线路升级成本、能源损耗、网络重构所需的切换操作,以及分布式发电的资本、运营和维修成本;另一个涉及电网和分布式发电单元排放的环境功能。决策变量的定义包括切换状态、要升级的行、分布式生成大小、位置和类型,以及要实现每个决策的年份。

相关缩略语

MTBF,Mean Time Between Failures,平均故障间隔时间

MTTR,Mean Time to Repair,平均故障修复时间

MCDM,Multi-Criteria Decision Making,多准则决策

MCDA,Multi-Criteria Decision Aiding;Multi-Criteria Decision Analysis,多准则决策分析/辅助

MCDM/A,MCDM or MCDA,多准则决策制定法

MAUT,Multi-Attribute Utility Theory,多属性效用理论

DM,Decision Maker,决策者

RRM,Risk, Reliability and Maintenance,风险性、可靠性和维修性

NCAP,New Car Assessment Program,新车碰撞测试

ALARP,As Low As Resonablely Practicable,最低合理可行原则(二拉平原则)

QRA,Quantitative Risk Assessment,定量风险评估

RCM,Reliability-Centered Maintenance,以可靠性为中心的维修

TPM,Total Productive Maintenance,全面生产维护

SAIDI,System Average Interruption Duration Index,系统平均中断持续时间指数

SAIFI,System Average Interruption Frequency Index,系统平均中断频率指数

MOEAS,Multi Objective Evolutionary Algorithms,多目标进化算法

参 考 文 献

Aghezzaf E-H,Najid NM(2008) Integrated production planning and preventive maintenance in dete-
riorating production systems. Inf Sci(Ny) 178:3382-3392.

Alardhi M, Hannam RG, Labib AW (2007) Preventive maintenance scheduling for multi -
cogeneration plants with production constraints. J Qual Maint Eng 13:276-292.

Albuquerque LL de, Almeida AT de, Cavalcante CAV (2009) Aplicabilidade da programação
matemática multiobjetivo no planejamento da expansão de longo prazo da geração no Brasil(Mul-
tiobjective mathematical programming applicability in long-term expansion planning of generation
in Brazil). Pesqui Operacional 29 :153-177.

Allaoui H,Lamouri S,Artiba A,Aghezzaf E(2008) Simultaneously scheduling n jobs and the preven-
tive maintenance on the two-machine flow shop to minimize the makespan. Int J Prod Econ 112:
161-167.

Almeida-Filho AT de,Ferreira RP,de Almeida AT(2013) A DSS Based on Multiple Criteria Deci-
sion Making for Maintenance Planning in an Electrical Power Distributor. In:Purshouse R,Flem-
ing P,Fonseca C,et al. (eds) Evol. Multi-Criterion Optim. SE-58. Springer Berlin Heidelberg,
pp 787-795.

ANEEL(2012) Agência Nacional de Energia Elétrica, Brazil. Qualidade do serviço(Quality of
service). Available at http://www. aneel. gov. br/area. cfm? idArea = 79&idPerfil = 2. Accessed
05 Mai 2012.

Ángel-Bello F,Álvarez A,Pacheco J,Martínez I(2011) A heuristic approach for a scheduling prob-
lem with periodic maintenance and sequence-dependent setup times. Comput Math with Appl 61:
797-808.

Azaron A,Perkgoz C,Katagiri H,et al. (2009) Multi-objective reliability optimization for dissimilar-
unit cold-standby systems using a genetic algorithm. Comput Oper Res 36:1562-1571.

Barakat S,Bani-Hani K,Taha MQ(2004) Multi-objective reliability-based optimization of pres-
tressed concrete beams. Struct Saf 26:311-342.

Batista FRS,Geber de Melo AC,Teixeira JP,Baidya TKN(2011) The Carbon Market Incremental
Payoff in Renewable Electricity Generation Projects in Brazil:A Real Options Approach. Power
Syst IEEE Trans 26:1241-1251.

Benmansour R,Allaoui H,Artiba A,et al. (2011) Simulation-based approach to joint production and
preventive maintenance scheduling on a failure-prone machine. J Qual Maint Eng 17:254-267.

Berger J(1985) Statistical Decision Theory and Bayesian Analysis(Springer Series in Statistics). Springer, New York.

Bobrowsky PT(ed)(2013) Encyclopedia of Natural Hazards. Springer, Dordrecht.

Bornstein CT, Maculan N, Pascoal M, Pinto LL(2012) Multiobjective combinatorial optimization problems with a cost and several bottleneck objective functions: An algorithm with reoptimization. Computers and Operations Research, 39(9): 1969-1976.

Brandeau ML, Chiu SS(1989) An Overview of Representative Problems in Location Research. Manage Sci 35: 645-674.

Brans JP, Mareschal B (1984) PROMETHEE: a new family of outranking methods in multicriteria analysis. Operational Research 84. Brans JP(eds). Amsterdam: North-Holland, pp. 408-421.

Brans JP, Mareschal B(2002) Prométhée-Gaia: une méthodologie d'aide à la décision en présence de critères multiples. Éditions de l'Université de Bruxelles.

Cadini F, Zio E, Petrescu CA(2010) Optimal expansion of an existing electrical power transmission network by multi-objective genetic algorithms. Reliab Eng Syst Saf 95: 173-181.

Cassady CR, Kutanoglu E(2003) Minimizing Job Tardiness Using Integrated Preventive Maintenance Planning and Production Scheduling. IIE Trans 35: 503-513.

Certa A, Galante G, Lupo T, Passannanti G(2011) Determination of Pareto frontier in multiobjective maintenance optimization. Reliab Eng Syst Saf 96: 861-867.

Chiang T-A(2012) Multi-objective decision-making methodology to create an optimal design chain partner combination. Comput Ind Eng 63: 875-889.

Cho H-K, Bowman KP, North GR(2004) A Comparison of Gamma and Lognormal Distributions for Characterizing Satellite Rain Rates from the Tropical Rainfall Measuring Mission. J Appl Meteorol 43: 1586-1597.

Chou J-S, Le T-S(2011) Reliability-based performance simulation for optimized pavement maintenance. Reliab Eng Syst Saf 96: 1402-1410.

Cox LA Jr(2009) Risk analysis of complex and uncertain systems. Springer Science & Business Media.

de Almeida AT, Cavalcante CAV, Ferreira RJP, et al. (2006) Location of Back-up Transformers. Eng. Manag. Conf. 2006 IEEE Int. IEEE, Salvador, Bahia, pp 300-302.

de Almeida AT, Ferreira RJP, Cavalcante CAV(2015) A review of multicriteria and multiobjective models in maintenance and reliability problems. IMA Journal of Management Mathematics 26(3): 249-271.

de Almeida AT, Souza FMC (1986) Bayes-Like Decisions in Reliability Engineering. In: Proceedings of International Conference on Information Processing and Management of Uncertainty in Knowledge-Based Systems, Paris, 30 June-4 July, 87-90.

de Almeida AT, Souza FMC(2001) Gestão da Manutenção: na Direção da Competitividade(Maintenance Management: Toward Competitiveness) Editora Universitária da UFPE. Recife.

De León JCV(2006) Vulnerability: A conceptual and methodological review. 'Studies of the University: Research, Counsel, Education. No. 4/2006, Institute for Environment and Human Security (UNU-EHS), Bonn, Available at https://www. ehs. unu. edu/file/get/8337. pdf. Accessed 16 Jan 2014.

Deb K, Pratap A, Agarwal S, Meyarivan T(2002) A fast and elitist multiobjective genetic algorithm: NSGA-II. IEEE Trans Evol Comput 6:182-197.

DeWispelare AR(1984) A computer based application of non-linear multiple objective optimization. Comput Ind Eng 8:143-152.

Dhingra AK(1992) Optimal apportionment of reliability and redundancy in series systems under multiple objectives. IEEE Trans Reliab 41:576-582.

Diakoulaki D, Antunes CH, Gomes MartinsA(2005) MCDA and Energy Planning. Mult. Criteria Decis. Anal. State Art Surv. SE-21. Springer New York, pp 859-890.

Diniz AL, Maceira MEP(2008) A Four-Dimensional Model of Hydro Generation for the ShortTerm Hydrothermal Dispatch Problem Considering Head and Spillage Effects. Power Syst IEEE Trans 23:1298-1308.

Drezner Z, Hamacher HW(2004) Facility location: applications and theory. Springer Science & Business Media, New York.

Farag A, Al-Baiyat S, Cheng TC(1995) Economic load dispatch multiobjective optimization procedures using linear programming techniques. Power Syst IEEE Trans 10:731-738.

Ferreira RJP, de Almeida AT, Ferreira HL(2010) Multi-attribute p-median model for location of back-up transformers. Brazilian J Oper Prod Manag 7(2):09-28.

Ferreira RJP, Ferreira HL(2012) Decision support system for location of back-up transformers based on a multi-attribute p-median model. Syst. Man, Cybern. (SMC), 2012 IEEE Int. Conf. IEEE, Seoul, pp 629-631.

Field CB, Barros V et al. (eds) (2012) IPCC-Managing the risks of extreme events and disasters to advance climate change adaptation. A Special Report of Working Groups I and II of the Intergovernmental Panel on Climate Change. Cambridge University Press, New York.

Fu G, Frangopol DM(1990) Balancing weight, system reliability and redundancy in a multiobjective optimization framework. Struct Saf 7:165-175.

Girgin S, Krausmann E(2013) RAPID-N: Rapid natech risk assessment and mapping framework. J Loss Prev Process Ind 26(6):949-960.

Gjorgiev B, Kančev D, Čepin M(2013) A new model for optimal generation scheduling of power system considering generation units availability. Int J Electr Power Energy Syst 47:129-139.

Guikema SD(2009) Natural disaster risk analysis for critical infrastructure systems: An approach based on statistical learning theory. Reliab Eng Syst Saf 94:855-860.

Hansson K, Danielson M, Ekenberg L, Buurman J(2013) Multiple Criteria Decision Making for Flood Risk Management. In: Amendola A, Ermolieva T, Linnerooth-Bayer J, Mechler R (eds) Integr.

Catastr. Risk Model. SE-4. Springer Netherlands, pp 53-72.

Hillier FS(1963) Economic Models for Industrial Waiting Line Problems. Manage Sci 10:119-130.

Huttenlau M, Stötter J(2011) The structural vulnerability in the framework of natural hazard risk analyses and the exemplary application for storm loss modelling in Tyrol(Austria). Nat Hazards 58: 705-729.

IEEE(2012) Std 1366-2012: IEEE Guide for Electric Power Distribution Reliability Indices. IEEE, New York.

Ighravwe DE, Oke SA(2014) A non-zero integer non-linear programming model for maintenance workforce sizing. Int J Prod Econ 150:204-214.

Jebaraj S, Iniyan S(2006) A review of energy models. Renew Sustain Energy Rev 10:281-311.

Jha AK, Miner TW, Stanton-Geddes Z(2013) Building Urban Resilience: Principles, Tools, and Practice. 1-180. © World Bank. http://elibrary.worldbank.org/doi/book/10.1596/978-0-8213-8865-5.

Ji M, He Y, Cheng TCE(2007) Single-machine scheduling with periodic maintenance to minimize makespan. Comput Oper Res 34:1764-1770.

Jiang R, Ji P(2002) Age replacement policy: a multi-attribute value model. Reliab Eng Syst Saf 76(3):311-318.

Jin T, Tian Y, Zhang CW, Coit DW(2013) Multicriteria Planning for Distributed Wind Generation Under Strategic Maintenance. Power Deliv IEEE Trans 28:357-367.

Karimi I, Hüllermeier E(2007) Risk assessment system of natural hazards: A new approach based on fuzzy probability. Fuzzy Sets Syst 158:987-999.

Keeney RL, Raiffa H(1976) Decisions with multiple objectives: Preferences and Value TradeOffs. Wiley Series in Probability and Mathematical Statistics. Wiley and Sons, New York.

Keller EA, DeVecchio DE(2012) Earth's Processes as Hazards, Disasters, and Catastrophes. Natural Hazards. Pearson Prentice Hall, New Jersey.

Konak A, Kulturel-Konak S, Levitin G(2012) Multi-objective optimization of linear multi-state multiple sliding window system. Reliab Eng Syst Saf 98(1):24-34.

Krausmann E, Cozzani V, Salzano E, Renni E(2011) Industrial accidents triggered by natural hazards: an emerging risk issue. Nat Hazards Earth Syst Sci 11:921-929.

Krausmann E, Cruz A(2013) Impact of the 11 March 2011, Great East Japan earthquake and tsunami on the chemical industry. Nat Hazards 67:811-828.

Kumar Y, Das B, Sharma J(2006) Service restoration in distribution system using nondominated sorting genetic algorithm. Electr Power Syst Res 76:768-777.

Kumar Y, Das B, Sharma J(2008) Multiobjective, multiconstraint service restoration of electric power distribution system with priority customers. Power Deliv IEEE Trans 23:261-270.

Li F, van Gelder PHAJM, Ranasinghe R, et al. (2014) Probabilistic modelling of extreme storms along the Dutch coast. Coast Eng 86:1-13.

Li YF, Sansavini G, Zio E(2013) Non-dominated sorting binary differential evolution for the multi-objective optimization of cascading failures protection in complex networks. Reliab Eng Syst Saf 111:195-205.

Lin C, Madu CN, Chien TW, Kuei C-H(1994) Queueing Models for Optimizing System Availability of a Flexible Manufacturing System. J Oper Res Soc 45(10):1141-1155.

Linnekamp F, Koedam A, Baud ISA(2011) Household vulnerability to climate change: Examining perceptions of households of flood risks in Georgetown and Paramaribo. Habitat Int 35:447-456.

Lins ID, Rêgo LC, Moura M das C, Droguett EL(2013) Selection of security system design via games of imperfect information and multi-objective genetic algorithm. Reliab Eng Syst Saf 112:59-66.

Lins PHC, de Almeida AT(2012) Multidimensional risk analysis of hydrogen pipelines. Int J Hydrogen Energy 37:13545-13554.

Mareschal B, De Smet Y, Nemery P(2008) Rank reversal in the PROMETHEE II method: Some new results. Ind Eng Eng Manag 2008 IEEM 2008 IEEE Int Conf 959-963.

Marseguerra M, Zio E, Podofillini L(2002) Condition-based maintenance optimization by means of genetic algorithms and Monte Carlo simulation. Reliab Eng Syst Saf 77:151-165.

Marseguerra M, Zio E, Podofillini L(2004) A multiobjective genetic algorithm approach to the optimization of the technical specifications of a nuclear safety system. Reliab Eng Syst Saf 84:87-99.

Misra KB, Sharma U(1991) An efficient approach for multiple criteria redundancy optimization problems. Microelectron Reliab 31:303-321.

Moghaddam KS(2013) Multi-objective preventive maintenance and replacement scheduling in a manufacturing system using goal programming. Int J Prod Econ 146:704-716.

Moradi E, Fatemi Ghomi SMT, Zandieh M(2011) Bi-objective optimization research on integrated fixed time interval preventive maintenance and production for scheduling flexible job-shop problem. Expert Syst Appl 38:7169-7178.

Moubray J(1997) Reliability-centered maintenance. Industrial Press Inc., New York.

Paul, BK(2011) Environmental hazards and disasters: contexts, perspectives and management. Wiley-Blackwell, Chichester.

Pelling M(2003) Vulnerability of cities. Earthscan Publications Ltd., London.

Pine JC(2009) Natural hazards analysis: reducing the impact of disasters. CRC Press, Taylor & Francis Group, Florida.

Pinedo ML(2012) Scheduling: theory, algorithms, and systems. Fourth Edition. Springer, New York.

Pinto RJ, Borges CLT, Maceira MEP(2013) An Efficient Parallel Algorithm for Large Scale Hydrothermal System Operation Planning. Power Syst IEEE Trans 28:4888-4896.

Priori Jr L, Alencar MH, de Almeida AT(2015) Adaptations to possible climate change impacts: problem structuring based on VFT methodology. CDSID Working report.

Ramirez-Rosado IJ, Bernal-Agustin JL(2001) Reliability and costs optimization for distribution networks expansion using an evolutionary algorithm. Power Syst IEEE Trans 16:111-118.

Rao SS, Dhingra AK(1992) Reliability and redundancy apportionment using crisp and fuzzy multiob-jective optimization approaches. Reliab Eng Syst Saf 37:253-261.

Rathod V, Yadav OP, Rathore A, Jain R (2013) Optimizing reliability-based robust design model using multi-objective genetic algorithm. Comput Ind Eng 66:301-310.

Shafiee M, Finkelstein M(2015) An optimal age-based group maintenance policy for multi-unit de-grading systems. Reliab Eng Syst Saf 134:230-238.

Solecki W, Leichenko R, O'Brien K(2011) Climate change adaptation strategies and disaster risk re-duction in cities:connections, contentions, and synergies. Curr Opin Environ Sustain 3:135-141.

Soltani M, Corotis RB(1988) Failure cost design of structural systems. Struct Saf 5:239-252.

Sortrakul N, Cassady CR (2007) Genetic algorithms for total weighted expected tardiness integrated preventive maintenance planning and production scheduling for a single machine. J Qual Maint Eng 13:49-61.

Su L, Tsai H(2010) Flexible preventive maintenance planning for two parallel machines problem to minimize makespan. J Qual Maint Eng 16:288-302.

Thywissen K (2006) Components of Risk:A Comparative Glossary. Institute for Environment and Human Security(UNU-EHS), Bonn.

Torres-Echeverría AC, Martorell S, Thompson HA(2012) Multi-objective optimization of design and testing of safety instrumented systems with MooN voting architectures using a genetic algorithm. Reliab Eng Syst Saf 106:45-60.

Trivedi A, Srinivasan D, Sharma D, Singh C(2013) Evolutionary Multi-Objective Day-Ahead Thermal Generation Scheduling in Uncertain Environment. Power Syst IEEE Trans 28:1345-1354.

Vari A, Linnerooth-Bayer J, Ferencz Z (2003) Stakeholder Views on Flood Risk Management in Hungary's Upper Tisza Basin. Risk Anal 23:585-600.

Wang Y, Pham H (2011) A Multi-Objective Optimization of Imperfect Preventive Maintenance Policy for Dependent Competing Risk Systems with Hidden Failure. Reliab IEEE Trans 60:770-781.

Wong KP, Fan B, Chang CS, Liew AC(1995) Multi-objective generation dispatch using bi-criterion global optimisation. Power Syst IEEE Trans 10:1813-1819.

Yokoyama R, Bae SH, Morita T, Sasaki H(1988) Multiobjective optimal generation dispatch based on probability security criteria. Power Syst IEEE Trans 3:317-324.

Zidan A, Shaaban MF, El-Saadany EF(2013) Long-term multi-objective distribution network plan-ning by DG allocation and feeders' reconfiguration. Electr Power Syst Res 105:95-104.

Zio E, Golea LR, Rocco S. CM(2012) Identifying groups of critical edges in a realistic electrical net-work by multi-objective genetic algorithms. Reliab Eng Syst Saf 99:172-177.

Zischg A, Schober S, Sereinig N, et al. (2013) Monitoring the temporal development of natural hazard risks as a basis indicator for climate change adaptation. Nat Hazards 67:1045-1058.